新世纪高等学校教材·电子商务核心课系列

U0646181

电子商务项目规划与运作

杨清云　方建生　邱碧珍◎主编

E-Commerce
Project Planning and Operation

北京师范大学出版集团
BEIJING NORMAL UNIVERSITY PUBLISHING GROUP
北京师范大学出版社

图书在版编目(CIP)数据

电子商务项目规划与运作/杨清云,方建生,邱碧珍主编.
—北京:北京师范大学出版社,2023.1
(新世纪高等学校教材·电子商务核心课系列)
ISBN 978-7-303-24056-2

Ⅰ.①电… Ⅱ.①杨… ②方… ③邱… Ⅲ.①电子商务—项目管理—高等学校—教材 Ⅳ.①F713.36

中国版本图书馆 CIP 数据核字(2018)第 180057 号

图书意见反馈: gaozhifk@bnupg.com　010-58805079
营销中心电话: 010-58802181　58805532

DIANZI SHANGWU XIANGMU GUIHUA YU YUNZUO

出版发行:北京师范大学出版社　www.bnup.com
　　　　　北京市西城区新街口外大街 12-3 号
　　　　　邮政编码:100088
印　　刷:北京虎彩文化传播有限公司
经　　销:全国新华书店
开　　本:787 mm×980 mm　1/16
印　　张:21
字　　数:414 千字
版 印 次:2023 年 1 月第 1 版第 4 次印刷
定　　价:49.80 元

策划编辑:陈仕云　　　　　责任编辑:张凤丽
美术编辑:刘　超　　　　　装帧设计:刘　超
责任校对:赵非非　黄　华　责任印制:赵　龙

前　言
Preface

2018 年 6 月 7 日，《人民日报》刊文《应用型本科，走好特色之路》，文中指出："走好地方应用型本科院校的特色发展之路，要统筹做好地方性、应用型、开放性的文章，坚定实施固基础、明特色、强应用、重协同的发展战略。"固基础就是坚持立足区域、立足教学、立足学科；明特色就是打造人才培养、研发服务、产教融合的高地；强应用就是打出"产教对接、产教合作、产教引领"的组合拳；重协同就是构建培养层次、培养过程、学科建设、专业建设、"双创"教育、资源整合的一体化体系。本书的立足点和出发点就是"有特色的应用型本科电子商务规划教材"，以电子商务企业实践作为课程的指导，紧跟电子商务行业发展方向，把新技术、新知识引入课程，构建"理论—案例—实训"一体化的实践教学体系，着力培养学生实践动手、解决问题、创新创业的能力，打造应用新技术人才培养的高地。

本书以满足应用型本科院校需求为出发点，先从电子商务项目规划概述入手，让学生对电子商务项目规划需要完成的工作有个初步的认识；再通过电子商务项目的可行性分析、需求分析的训练使学生对电子商务项目有更深入的理解，进而可以完成电子商务项目的设计、实施与维护、风险管理等规划。本书章节内容的安排符合电子商务规划的工作要求，遵循循序渐进、由浅入深的原则，语言通俗易懂，具备相关专业基础知识的学生也可以通过自学轻松地理解所学内容。与其他理论性较强的读物相比，本书的不同之处在于加入了电子商务项目的营销、资金筹措等内容，使本书更具有应用性和实用性。

本书由杨清云、方建生、邱碧珍主编，各章编写分工为：杨清云编写第 3 章、第 4章、第 5 章、第 6 章，方建生编写第 1 章，邱碧珍编写第 2 章、第 7 章，张娜编写第 8章和附录部分。

本书在编写过程中得到了厦门大学嘉庚学院管理学院黄山河院长的大力支持，也得到了厦门大学嘉庚学院管理学院众多老师的帮助，在此一并表示感谢。

由于编者水平有限，加之时间限制，不足之处在所难免，希望各位读者不吝赐教，以使本书进一步完善。

编者

目录
Contents

第1章
电子商务项目规划概述

【开篇案例】

据中国电子商务研究中心发布的《2017年(上)中国网络零售市场数据监测报告》显示，2017年上半年"天猫"和"京东"就已经占有中国B2C网络零售市场75％的份额，业内人士都认为B2C平台领域已经进入竞争红海，要开展电商业务不是入驻"天猫"就是入驻"京东"，或者两家都入驻。但2017年"拼多多"异军突起，硬是闯出一条发展之路，这也让渴望分享电商平台丰厚利润的企业家看到了希望。

公司领导安排赵树森编制一份自营B2C电商平台规划报告，这让这几年习惯于"天猫"运营和"京东"运营的电子商务部经理赵树森感觉有些吃力，因为他日常的工作不是看经营数据就是想活动策划，而要独立规划一个电子商务平台似乎是一个庞大的工程，并不简单。这时，他想起大学时期的毕业设计正是一个电商网站的规划设计，于是他便翻开毕业论文寻找灵感。

1.1 电子商务运营与电子商务项目规划

我国电子商务经过10余年的发展，已经趋向成熟，特别是B2C电子商务，已经走在世界发展的前沿。电子商务平台的竞争已经进入高度聚集的阶段，全国有超过30万家企业店铺入驻"天猫"和"京东"平台，数百万的电商人才依托着电商平台开展业务，或者从事客服工作、或者从事运营工作、或者从事美工岗位工作、或者从事物流岗位工作。平台的搜索规则、平台的奖罚措施、平台的流量获取成为这些电商人才主要关心的内容。

【延伸阅读1-1】

电子商务(店铺)运营岗的日常工作

1. 数据查看

日常需要查看的数据范围广，主要包括主图数据、详情数据、产品数据、客户数据、市场数据、推广数据、SEO数据等。而作为运营管理人员，不仅要明确这些数据的确切含义，更要明确这些数据的应用意义。运营要综合观察各类数据，并根据数据得出结论，为进一步优化解决方案提供支持。

2. 店铺诊断

店铺诊断是对店铺的运行参数进行分析进而发现问题并改进运营，包括分析访客走势、产品销量、营销策略、推广效果、活动绩效等。这不仅需要具备数据分析能力，更重要的是要有明确的思路，要学会从一些蛛丝马迹洞悉店铺问题。

3. 受众定位

面对的受众不同，消费能力自然就不同。个性化时代，如果店铺对产品受众定位不准确，那就意味着平台所给的流量也不会精准，转化率必然会非常差。

4. 产品布局

产品是定期上新还是一次性布局好？产品是全店推广还是重点打造？产品是各自为战还是合纵联合？产品定价是越低越好还是走高端路线？这些都是运营人员需要认真思考的问题。还要考虑做关联搭配来带动其他产品，只有这样店铺销量才能持续增长。至于定价，要先从人群定位开始。不同的人群对价格定位有不同的感受，只有做好人群定位，才能做好定价。

5. 推广营销

一般的运营管理人员虽然不必样样精通具体操作方法，但在思路和原理上还是要懂，并且要把中心放在店铺整体的运营走向。营销策略是店铺成长的动力。例如，上新优惠、节日打折、清仓处理、活动促销、满减包邮、包裹营销，等等，都是运营人员熟练掌握的技能。所有这些策略的制定者及把控者肯定是运营管理人员，并且需要做好营销计划实施之后的效果评估汇总，以备后续营销策略的策划开展。

资料来源：http://www.sohu.com/a/145614216_369382。

由此可以看出，电子商务运营是日常性事务性的工作，是持续性的。电子商务运营的各类岗位共同创造了企业的经营业绩，电子商务运营的目的就是获取商业经营的利润。而电子商务规划则不同，电子商务规划是从企业战略角度出发，是一个包括商务、技术、电子商务支撑体系(支付、物流)等许多角色与要素的系统工程。不管电子商务项目建设完成之后是自营电商平台还是开放式的第三方电商平台，电子商务项目规划都是企业独立平台开展电子商务业务的第一步。

我国当前已经进入社会发展的第十三个五年规划时期，在整个国家社会的"十三五"发展规划下，我国相关部门还制订了各行业的"十三五"发展规划，例如，电子商务行业有商务部、中央网信办、发展改革委三部门联合发布的《电子商务"十三五"发展规划》，作为一个行业发展在特定时间段内的指引性文件，国家的行业部门的规划都属于宏观层面的规划。而本书要介绍的是更加具体化的、一个企业层级的电子商务业务开展过程中，从企业的电子商务战略选择开始，论证业务和系统是否可行，如何去规划电子商务业务，如何去规划电子商务信息系统，是微观层面的规划。

由此，我们可以给出电子商务规划的定义：电子商务规划是指企业对开展电子商务业务的战略进行分析，确定企业电子商务的商业模式以及盈利模式，确定电子商务平台开发技术路线，对实现以上目标的可行性进行分析，在确定可行的情况下对企业电子商务项目的支撑体系(信息系统、物流、支付)等加以细化，确定出企业开展电子商务业务的路线。

1.2　电子商务项目

企业开展电子商务业务来说不是入驻第三方提供的平台(淘宝、天猫、京东、苏宁易购等)就是通过自己建设的电子商务项目对外开展业务。那么我们有必要了解开展电子商务业务的依托——电子商务项目或者电子商务平台是什么，一个企业的电子商务项目主要包括哪些内容。

1.2.1　电子商务应用系统

用户日常访问的网站、APP以及手机客户端等都可以视为电子商务应用系统的部分，电子商务应用系统是电子商务项目的核心和重要组成部分。电子商务应用系统都是建设在Web Server上，用户通过浏览器访问网站购买商品，互联网是应用的基础条件。

用户购物过程看到的网站首页、商品展示页面、购物车等页面和使用的功能称为电子商务应用系统的前台，而只有项目管理人员登录之后才可以看到的页面和功能称为电子商务应用系统后台，可以把电子商务项目分为电子商务前台和电子商务后台两个部分。电子商务应用系统前台较为简单，主要是商品的展示、搜索、购物车以及支付页面等。图1-1为京东网站前台页面。

电子商务应用系统后台功能相对较多，常见包括商品管理、订单管理、营销推广、会员管理、页面管理、商店配置、统计报表、工具箱、系统安装等。图1-2为ShopEx后台功能模块。

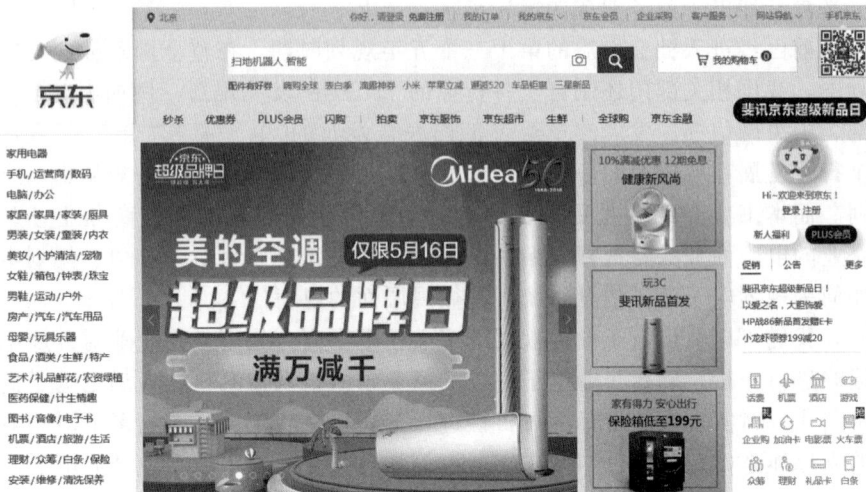

图 1-1 京东网站前台页面

商品

商品分类管理	商品类型管理	商品管理	品牌管理	商品批量处理	商品分类目录
		商品列表｜添加商品		快速编辑｜批量上传	商品分类
分类列表｜添加分类	类型列表｜添加类型	缺货登记｜商品图片水印｜商品图片设置	品牌列表｜添加品牌		

订单　　　　　　　　　　　　　　　营销推广

订单管理	单据管理	促销活动	优惠券	赠品兑换	捆绑销售
订单列表	收款单｜退款单｜发货单｜退货单	活动列表	优惠券列表｜积分换优惠券	赠品列表｜赠品分类	捆绑销售列表
		购物积分	搜索引擎优化		
		积分设置	Sitemaps		

会员

会员管理	站内短消息	购买咨询	商品评论	页面管理	
会员列表｜会员管理	消息列表	咨询列表｜咨询管理	评论列表｜评论设置	网站内容管理	模板管理
联系客户				站点管理｜站点栏目的使用	模板管理
邮件短消息配置					

商店配置

全站设置	支付方式管理	配送方式管理	商店管理员	货币管理	整合管理
基本设置｜图片设置｜Shopex 证书｜商家信息｜备案信息	支付方式	配送方式｜配送管理｜物流公司｜配送方式和配送地区设置	管理员列表	货币管理	论坛管理

统计报表　　　　　　　　　　　　　工具箱　　　　　　　　　　　　　　　　　系统安装

销售统计	访问统计	数据管理类	商店运营类	页面显示类	服务器版安装
销售额总览｜销售量/额排名	统计功能配置｜查看统计结果	数据备份｜数据恢复｜数据清除	暂停营业	无法找到页｜系统错误页	
会员购物量/额排名					
商品访问购买次数｜销售指标分析					

图 1-2 ShopEx 后台功能模块

1.2.2 系统软硬件支撑平台

电子商务应用系统的运转是依托软硬件平台的，主要包括硬件服务器(主机)、操作系统、Web Server、数据库系统等，在以上软硬件平台的支撑下，电子商务应用系统才可以有效地展示在用户面前。

【延伸阅读 1-2】

全球服务器数量排行榜：谁家 Web 服务器最多？

亚马逊对其云服务 AWS 的服务器数向来讳莫如深，但是埃森哲科技实验室的研究员刘欢(音译)近日似乎找到了一个估算亚马逊云计算规模的方法。刘欢在博客上公布了他的评估结果：亚马逊 EC2 云基础设施平台运行着 45.4 万台服务器(分布于全球 7100 个机架上)，如果数据属实，那么将意味着亚马逊在云计算规模上遥遥领先所有对手。

资料来源：https://www.ctocio.com/ccnews/4820.html。

当前，更多的系统应用方选择云端的平台服务，我国主流的云服务提供商有阿里云、百度云、腾讯云等，云服务商为各系统提供专业的配置和服务，能够满足各种规模系统的需求。

1.2.3 第三方服务体系

电子商务交易的开展还需要依托第三方服务的支持，如数据认证中心、第三方支付、第三方物流服务等。第三方服务体系提供的服务减少了每个电子商务项目建设的工作，是专业化的集中，使电子商务业务的开展更加简单和容易。

根据易观近期发布的《2017 年第 4 季度中国第三方支付互联网支付市场季度监测报告》数据显示，第三方互联网支付市场竞争格局仍然延续 2017 年第 3 季度排名，支付宝以 24.50％继续保持互联网支付市场第一名，银联支付保持行业第二的位置，市场占有率达到 23.89％；腾讯金融以 10.17％的市场占有率位列第三，前三家机构共占据互联网支付行业交易份额的 58.56％。而易观发布的《2017 年第 4 季度中国第三方支付移动支付市场季度监测报告》数据显示，支付宝以 54.26％占据移动支付市场头名，腾讯金融以 38.15％的市场份额位列第二，两家企业市场份额总和达 92.41％，占据绝对主导地位。

根据智研咨询发布的《2018—2024 年中国电商物流行业运营态势与投资战略研究报告》，跨境出口电商的主要运输模式分为两大类：一类是直邮模式；另一类是海外仓模式。直邮模式下的物流方式主要为邮政包裹、国际快递、专线物流 3 种。邮政包裹通过邮政部门运输派送，国际快递主要分为 UPS 等商业快递和国际邮政速递两类，专线物流是指通过航空包舱的方式运输货物。由于邮政网络基本覆盖全球，比其他任何物流渠道都要广[这主要得益于万国邮政联盟和卡哈拉邮政组织(KPG)]，且物流成本低，所以是中国跨境出口卖家最常用的国际物流方式。据不完全统计，中国出口跨境电商70％的国际包裹都是通过邮政系统投递，其中中国邮政占据50％左右。国际快递一般在客户强烈要求时效性的情况下才会被跨境出口电商商家使用。专线物流更多被大中型出口电商使用。海外仓模式下，物流分为头程和尾程两段，头程通常使用传统的外贸物流方式(海运、空运、陆运)，尾程通常使用海外当地物流。海外仓物流运输主要被两类公司使用：一类是大型的跨境出口电商通过自建海外仓降低物流成本、提升配送服务；另一类是专门为跨境出口卖家服务的海外仓供应链服务的公司。跨境进口电商常见的三种运输模式有：保税备货模式、海外直邮模式、直采集货模式。保税备货模式是指电商在海外集中采购完成后，将货物先通过国际空运、海运等物流方式存在保税区，待到国内消费者下订单后再进行清关配送。海外直邮模式是指电商收到国内消费者订单后，在海外进行采购打包直接从海外通过国际快递、邮政或转运公司发货、清关、配送。直采集货模式是指电商将货物存放在海外第三方仓库，在收到国内消费者订单后由第三方仓库进行批量发货、清关、配送。

1.3　电子商务项目规划内容

电子商务项目规划看似一个庞大的工程，但只要对其过程和内容有所了解，这项工程就趋于简单化，初学者也是可以完成的。

1.3.1　可行性研究

可行性研究(可行性论证)是电子商务规划中的重要环节。人们既可以把可行性研究作为电子商务规划的整体组成部分之一，也可以把可行性研究作为电子商务规划的前置工作。可行性研究主要是从社会可行性、管理可行性、经济可行性、技术实现可行性等几个维度对项目初步论证，当项目论证可行，则进一步进行规划和设计工作；如果可行性论证的结论是项目不可行，则应该停止该项目规划。可行性研究的开展方法是将在本书后续章节展开。

项目的可行性研究的结论不一定是可行的，在实际工作中不应先入为主，要依据可行性研究方法对项目的可行性做出科学客观的判断。

【延伸阅读1-3】

宝马推出了"BMW Vision E3 Way"，
想要解决北上广深的交通拥堵和环境挑战

2017年11月15日，宝马又推出了一个全新的城市交通出行解决方案，希望从自动驾驶之外的角度去解决超大城市所面临的交通拥堵和环境挑战。宝马集团中国技术中心与同济大学合作研发的"BMW Vision E3 Way"项目正式对外公布，"BMW Vision E3

Way"项目名称中的 3 个"E"提示了这个创意项目的特点：高架的（Elevated）、电动的（Electric）、高效的（Efficient）。该项目希望构建一个安全、高效的两轮电动车高架道路系统，以解决超大城市所面临的交通拥堵和环境挑战。"BMW Vision E3 Way"希望在现有道路系统之外，构建一个低成本、便捷的电动两轮车专用高架通道，使之成为电动自行车、电动摩托车以及电动踏板车专用的贯穿城市中心区的交通系统，为 15km 以内的上班族提供替代出行方案，提升超大城市的交通效率。"BMW Vision E3 Way"通过匝道和闸门系统连接至普通道路网络、地铁站、交通枢纽及大型购物中心，通过独立的电动两轮车出行空间，让上班族的通勤变得更加快捷、安全。

在交通出行领域面临变革的前夜，宝马希望通过各种前瞻技术和商业模式布局走向未来。你认为"BMW Vision E3 Way"在中国的城市是否可行？

资料来源：http://36kr.com/p/5103152.html。

1.3.2 电子商务项目规划

电子商务项目规划是对一个企业电子商务业务的规划，也是对企业电子商务项目的规划。业务的规划决定了项目的构成和实现角度，项目的规划是完成业务规划的延续。

电子商务项目规划过程中我们会对项目的目标市场做调研分析，对企业的基本情况以及竞争对手进行分析，确定出企业电子商务的商业模式，这些都是一个电子商务项目开始建设和运转的框架思考，这决定了后续的运营、营销以及财务的安排，也决定了要设计出一个如何运转的项目来满足这个框架。

电子商务项目规划的过程也包括了风险的评估和规避，要考虑如何降低项目建设和运营的风险，在可控的范围内推进项目的实践。

1. 电子商务项目业务需求分析

在确定电子商务项目建设的可行性之后需要了解和掌握我们准备建设的电子商务项目需求，为后续的电子商务项目设计做好基础准备工作。电子商务项目的业务需求分析就是要分析清楚建设的电子商务项目将采用的业务流程、数据流程，绘制数据流程图。了解是否需要与内部或者外部的管理系统进行数据的对接或交换，创新性地思考电子商务项目与其他系统的协同作用。电子商务项目业务需求分析还要确定如何满足用户对电子商务网站或应用的功能和性能要求，确定出项目的可用性、功能性、可靠性和效果要求等共性需求。

【延伸阅读 1-4】

从营销手段到商业模式，拼多多是如何完成逆袭的？

团购的鼻祖是 Groupon，它创造了通过多人拼团来实现优惠，实现线上与线下打通的购物方式。早期国内的拉手网等团购平台都借鉴了这种模式，后来美团干脆去掉了多人团，从而摆脱了束缚，拓展了消费场景，目前美团等平台发展到最后转变成本地生活服务平台的阶段，而拼多多成了真正意义的团购。站在开发者的角度，在购物过程中有交流、互动的需求，分享给朋友、熟人，一方面可以对该商品进行筛选和甄别，另一方面双方都可以获得优惠的产品价格。站在被分享者的角度，如果这件商品拼团后确实非常优惠，可以和朋友一起买，还顺便帮朋友一把。拼多多的业务逻辑主要围绕拼团模式设计，用户可以选择一件开团也可以单独购买，单独购买优惠力度没有拼团大，价格上的对比鼓励用户选择拼团模式。下单成功以后可以将拼团信息发布到朋友圈、微博等社交圈子，也可以由 APP 内有同样购买需求的陌生用户组团。一旦达到拼团人数的条件，就被认定为拼团成功，各个买家将获得优惠的拼团价格，且商品将分别发货。若无法满足拼团要求，则拼团失败，付款金额将返还给客户。拼多多的业务流程如图 1-3 所示。

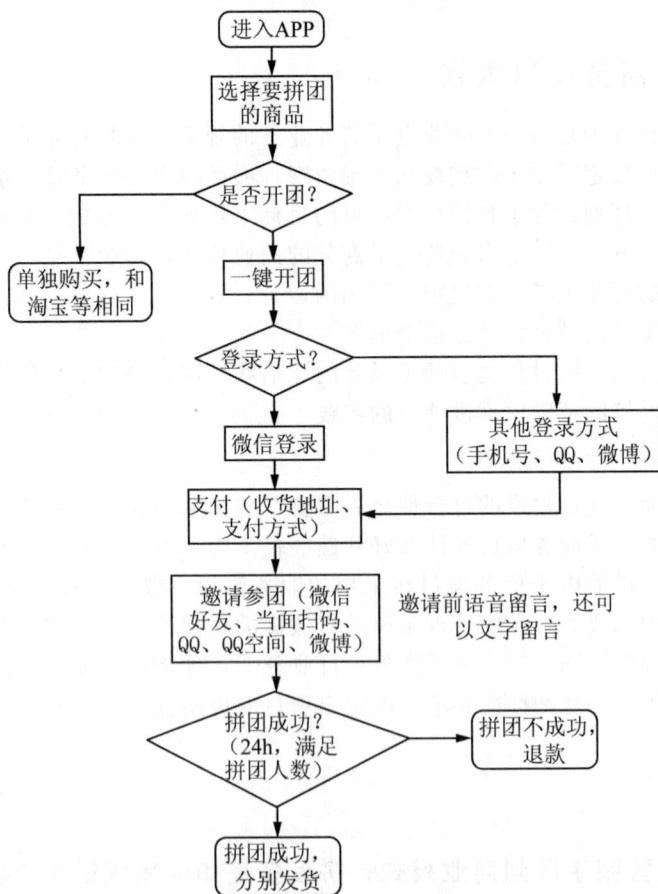

图1-3 拼多多的业务流程

2. 电子商务项目设计与实施

电子商务项目设计包括了网站前台页面设计、后台服务器程序设计、数据库设计，有些项目还包括前端的 APP 或 H5 页面设计工作。而电子商务项目实施主要包括项目测试和项目上线，是电子商务项目设计的延续，是电子商务项目运营的开始。

电子商务项目设计是一个项目的过程，可以运用项目管理的方法；如果把电子商务项目设计中的重要环节——电子商务应用项目设计当作该项工作的重点的话，根据电子商务应用项目是一个软件项目的原则，也可以应用软件工程的管理方法加以开展。而这两种工作方法在工作原理上又是相通的，所以该部分的工作就能满足更多不同学科基础的人员开展。而如果只是基础性的掌握该项技能，也可以把其简化为平台的选择、页面设计、数据库结构设计、项目测试与运维等具体的工作。

软件工程管理是软件工程和项目管理结合而形成的一个交叉学科，是工程管理学科的方法具体到软件工程领域的实际应用。与普通领域上的工程管理不同，软件工程项目具有一定的特殊性和复杂性，所以软件工程管理是保证软件产品的成本、进度、质量以及按时交付的一个不可或缺的重要因素。软件工程管理的特殊性还体现在其管理过程以及内容的特殊性。为保证软件工程获得成功，必须清楚其工作范围、要完成的任务、需要的资源、需要的工作量、进度的安排、可能存在的风险等。软件工程项目的管理工作必须开始于软件开发工作之前，并且要始终贯穿于整个软件开发的过程之中，最后结束于整个软件工程所有工作终止之时。软件工程管理的过程包括五个阶段，即启动、计划、执行、控制、结束。任何一个项目都是由开始到结束的一系列活动，具有从始至终、渐进性的特征。一个项目的具体工作要分为几个步骤的过程来完成，这些过程称为项目中的阶段，一个项目从始至终所有阶段的总和称为一个项目的生命周期。

(1)项目启动阶段：启动阶段的目的是决定某个项目整体或某个项目的某个阶段是否启动。决定一个项目是否启动，首先要建立对一个项目的认同感，要弄明白开发的是什么类型的产品，满足客户什么需求，同时还要对一个项目的工作任务所涉及的范围、具体资源要求、费用要求、面临的风险等，形成一个项目意向书呈现给客户，帮助客户确定他们的要求以及期望，并帮助他们做出一个判断，来确定是否让项目立刻上马。一个项目的意向书得到客户的通过，形成整个项目的起点，并开始组织软件工程管理班子。

(2)项目计划阶段：这个阶段的主要工作就是为整个项目做出一份合理可行的计划。明确出在项目各个阶段的任务，需要做的事情；然后由各级项目经理来确定具体每部分的工作计划，列出每部分需要做的具体事情，并根据整个项目各个部分的重要紧急程度排序；确定每项工作所需要的人员配备及各种资源；并且根据人员具体的配备而制定出各个部分工作的时间节点以及整个项目的时间表。

（3）项目执行阶段：这个阶段的主要任务就是根据项目的计划来完成相关的事情，包括确定落实完成各项任务所需要的资源，比如人员、实施设备、相关费用，以及各种所需信息。然后由项目经理带领全体人员开展各项项目工作。同时跟踪整个项目以及项目各个部分工作开展情况，并通过各种方式向项目利益相关方报告项目进度和执行的具体情况。

（4）项目控制阶段：项目控制阶段的主要任务就是确保项目各个阶段的结果是否和项目的计划保持一致。通过各种方式来控制项目的结果不要和项目计划产生偏离，并且通过衡量结果，对比项目计划，找出项目差别，并且提出相应的策略。这个阶段的任务还包括审核在项目的执行当中提出的一些修改的请求。同时能够调节项目整体进程当中的资源配给，并且根据项目的实际情况对工作的总体进程做出一些修正。

（5）项目结束阶段：这个阶段的主要工作就是使整个项目的最终生产结果能够符合这个项目最初所订的计划，满足客户的需求，并且得到客户方肯定的确认。这个阶段的工作还包括一些项目完成之后的收尾交接等工作，对整个项目进行总结，并且完成文档等项目相关资料的保存等一些善后工作。

3. 电子商务项目的营销与推广计划

电子商务项目建设的一个重要目的是获取经济效益，而电子商务平台的经济效益的高低依赖于平台的交易水平，一个有效的营销和推广计划可以让更多的用户知晓电子商务网站或应用，而根据电子商务漏斗理论，这也为更多的成交带来可能。电子商务项目的营销推广可以采用线上和线下的模式，当然我们更要重视线上的推广模式，线上模式的可触达、可转换的优势非常明显，可以带来更多的用户订单。而在规划阶段做好营销与推广计划还有一个重要作用，即为项目总体的预算提供基础依据，因为当前电子商务平台的营销费用在总成本结构中已经是主要组成部分。

【延伸阅读 1-5】

喜马拉雅 FM 城市合伙人招募广告

成为喜马拉雅 FM 城市合伙人，可全面销售喜马拉雅 FM 平台内付费爆品，以及包括小雅 AI 音响在内的各类智能硬件。喜马拉雅 FM 还会提供各类主播线下巡演，成为合伙人后可共享大咖资源，组织各类活动和企业培训。您还可得到品牌授权，进行主播孵化，共享粉丝经济。加入喜马拉雅 FM 城市站，分享新知，收获财富，共筑音频生态圈，开创知识付费新经济。

4. 电子商务项目经济效益分析与资金筹措

在项目可行性研究环节我们已经对项目的经济效益进行分析，也正是基于项目的经济可行性才有了一系列的规划工作，但我们在规划阶段还需要对项目的营收、成本等进一步展开分析，用更具体的数据说明项目经济效益，对项目建设之后的经济效益有更明确的认识。同时，在规划阶段要对项目开展过程各阶段资金的需求做好规划以及筹划工作，电子商务项目的成功需要有资金的保障和依托，不仅是建设阶段的资金保障还包括运营阶段的资金保障，要使得资金的筹划与项目的进度匹配，要促进项目尽快有所收益，使得项目的现金流保持健康。

【延伸阅读 1-6】

分答获 2 500 万美元 A 轮融资

2016 年 6 月，付费语音应用"分答"宣布获 2 500 万美元(约合人民币 1.67 亿元)A 轮融资，投资方包括元璟资本、红杉资本、王思聪和罗辑思维，估值超 1 亿美元。从"在行"平台上衍生出来的"分答"在朋友圈"强势刷屏"到宣布获得千万美元融资仅有 42 天，据果壳网 CEO、分答创始人透露，目前，分答已有超过 1 000 万授权用户，付费用户超过 100 万，33 万人开通了答主页面，产生了 50 万条语音问答，交易总额超过 1 800 万元。在过去一周，分答每日付款超过 19 万笔。

资料来源：范晓：《分答获 2 500 万美元融资》，载《北京日报》，2016-06-29。

5. 电子商务项目风险分析与应对

电子商务项目建设和运营依赖于内部条件和外部环境，在内外部环境的各种因素中存在不确定的因素，不确定的因素有可能对电子商务项目的成功带来风险。我们要在规划阶段有效识别这些风险因素，对这些风险因素可能带来的影响进行评估，并针对不同的风险因素制定不同的应对举措，提前的预见性举措可以有效地保证项目总体健康稳定运行。

1.4 电子商务规划与项目建设

电子商务规划完成的成果是规划报告，而一旦规划报告得到企业的认同，就需要以规划报告为蓝本开始项目的建设。电子商务规划的优秀程度决定了项目运营的成功与否，电子商务规划是对一个需要运营较长时间的项目的指导，所以要重视电子商务规划环节的各项工作，使得电子商务项目建设的过程和运营的过程稳健可靠。

电子商务规划也不是一成不变的，在项目建设过程中有可能根据市场的变化以及其他条件的变化对规划进行调整，调整后的电子商务规划将继续指导项目的建设与运营。

【本章小结】

本章作为本书的概述性章节，对本书的各章节知识点做了初步的阐述，同时也说明了可行性研究、电子商务项目规划、运营推广以及资金筹措等环节之间的关系。通过本章的学习以期达到帮助同学们建立电子商务规划框架模型的作用。

【应用案例】

案例 1-1 我国电子商务"十三五"发展规划

商务部、中央网信办、发展改革委三部门联合发布《电子商务"十三五"发展规划》（以下简称《规划》）。《规划》遵循中央建设网络强国目标和《国民经济的社会发展第十三个五年规划纲要》总体要求，以适应经济发展新常态壮大电子商务新动能、围绕全面建成小康社会目标创新电子商务民生事业为主线，对于推进我国电子商务领域政策环境创新，指导电子商务健康有序快速发展，引领电子商务全面服务国民经济和社会发展具有重要意义。

《规划》全面总结了"十二五"期间电子商务发展取得的成果，分析了"十三五"期间电子商务发展面临的机遇和挑战，明确了电子商务发展的指导思想、基本原则和发展目标，提出了电子商务发展的五大主要任务、17 项专项行动和六条保障措施。《规划》以"创新、协调、绿色、开放、共享"的发展理念贯穿全文，树立"发展与规范并举、竞争和协调并行、开放和安全并重"三大原则形成明确的政策导向，首次赋予电子商务服务经济增长和社会发展的双重目标，确立了 2020 年电子商务交易额 40 万亿元、网络零售总额 10 万亿元和相关从业者 5 000 万人三个发展指标。《规划》提出了"十三五"时期建设电子商务发展框架的五大任务，包括加快电子商务提质升级，全方位提升电子商务市场主体竞争层次；推进电子商务与传统产业深度融合，全面带动传统产业转型升级；发展电子商务要素市场，推动电子商务人才、技术、资本、土地等要素资源产业化；完善电子商务民生服务体系，使全体人民在电子商务快速发展中有更多的获得感；优化电子商务治理环境，积极开展制度、模式和管理方式创新。围绕"十三五"时期我国电子商务发展目标和主要任务，《规划》从电子商务信息基础设施建设、新业态与新市场培育、电子商务要素市场发展和电子商务新秩序建设等四方面共部署了 17 个专项行动，并提出了加强组织领导、完善顶层设计、推进试点示范、优化资金投入、建立监督机制和增进国际合作六个方面的保障措施。

思考与讨论：

1. 国家相关部委制定和落实《电子商务"十三五"发展规划》对于企业发展电子商务业务有何积极作用？

2. 国家相关部委制定《电子商务"十三五"发展规划》与企业层面对电子商务项目进行的规划的内涵区别。

案例 1-2　电子商务规划报告参考格式

思考与讨论：

1. 以上电子商务规划报告参考格式涵盖的内容和知识点是否已经在你之前的学习过程中掌握？并加以说明。

2. 如果由你来编写一份电子商务规划报告，你在以上的报告框架基础上将如何修改调整？

第 2 章
电子商务项目可行性分析

【开篇案例】

小林的实习工作

　　小林是一名电子商务专业本科四年级的学生，大四寒假期间在某快餐店实习。实习的第一天，该快餐店王总为他介绍了公司的主营业务：该快餐店是一家环境幽雅的大型中式快餐连锁店，总店位于广州市中心区天河北商务区。秉承"注重满足大众日常生活需求"的经营理念，公司经营三年来，业绩不错，以店面就餐、电话订餐为主要销售渠道，在天河、东山、海珠、越秀、荔湾等区开有八家分店，主要经营中式快餐。王总跟他介绍"餐饮市场最为发达的广州市目前人均年餐饮消费达 4 143 元，是全国平均水平的 7 倍以上"。这种情况必然带来餐饮业的迅速成长，因为人们对食品餐饮总的需求是随生活水平提高和社交活动增多而逐渐增多的，但这些需求由家庭厨房满足的部分却越来越少。广州城市地理功能划分较为明显，商业区、工业区和住宅区都是分开的，人们的居住地点和上班地点截然分开。一般人花在上班路上的时间较多，使午餐的市场化趋势日趋明显。食堂等生活服务设施的社会化、市场化也越来越普遍。这样，在市场上购买午餐的比例一将会越来越大。

　　公司决定重点攻击订餐市场，开通网上订餐，将分店扩张改变为"厨房＋配送"模式，从而省去店面成本：在不同的商业区只需租用较小的店铺进行操作，位置也无需选择商业旺铺，大大降低租金，以低成本迅速扩大经营规模。

　　老板为小林安排了工作岗位——电子商务专员，要求他根据公司现有的经营范围、存在的问题，以及采取开通网上订餐、将分店扩张改为"厨房＋配送"模式是否可行进行研究，并出具可行性研究报告供快餐店进行参考和决策。

　　小林对这份工作有足够的兴趣和信心，他马上着手分析快餐店所处的宏观环境、行业环境、现有的竞争对手、市场特点及需求，并进行市场调研以获得更深入的市场信息，同时对快餐店自身进行了详细的分析。在此基础上，小林从技术、经济、管理、市场、社会环境六个角度对开通网上订餐、将分店扩张改为"厨房＋配送"模式进行了可行性分析，并给出了可行性分析报告。小林开始了他忙碌的实习工作。

2.1　宏观环境分析

　　宏观环境是指一个国家或地区的政治法律、经济、社会文化和科学技术等因素影响企业进行电子商务活动的宏观条件。电子商务项目是在一个更大的宏观环境中活动的，宏观环境因素既给电子商务项目带来机遇，也给电子商务项目造成威胁。所以在进行电子商务项目规划时一定要重视宏观环境的分析研究。宏观环境包括政治法律环境、经济环境、社会文化环境和科学技术环境四个方面。

2.1.1　政治法律环境

　　政治法律环境极大地影响着电子商务项目，它是指对电子商务项目有影响的政治因素，如国家政治体制、政治的稳定性、国际关系和网络营销方面的方针政策等，包括价格管制、进出口管制、税收政策、国有化政策等。电子商务项目的法律环境主要是影响电子商务项目经营活动的法律、法规。电子商务项目中涉及的活动如电子合同的订立、电子签名的效力、网上权益的保护、网上争端的解决等，都需要有完整的法律法规来保障。

　　借助互联网，商家和用户可以自由、方便、且不受时空约束地使用网络进行各种信息的交流，但是随之而来的是信息的安全、网络管理、客户的信用和法律纠纷等问题，为此需要加强网络监管。我国政府相关部门先后颁布了一系列与网络监管有关的法律和法规来规范网络市场秩序，保护商家和消费者的利益。相关的法律法规有《中华人民共和国计算机信息网络国际联网管理暂行规定》《中国公用计算机互联网国际联网管理办法》《中国公众多媒体通信管理办法》《计算机信息网络国际联网出入口信息管理办法》《中国互联网域名注册暂行管理办法》《中国互联网域名注册实施细则》《国务院办公厅关于进一步加强互联上网服务营业场所管理的通知》《互联网著作权行政保护办法》《中国互联网络信息中心域名争议解决办法》《网络餐饮服务食品安全监督管理办法》《关于促进跨境电子商务健康快速发展的指导意见》《关于促进互联网金融健康发展的指导意见》《关于加快发展农村电子商务的意见》《网络商品和服务集中促销活动管理暂行规定》《互联网广告管理暂行办法》《网络预约出租汽车经营服务管理暂行办法》《移动互联网应用程序信息服务管理规定》《网络借贷信息中介机构业务活动管理暂行办法》《网络食品安全违法行为查处办法》《中华人民共和国网络安全法》《互联网直播服务管理规定》《互联网信息内容管理行政执法程序规定》《网络产品和服务安全审查办法（试行）》《互联网新闻信息服务管理规定》《互联网群组信息服务管理规定》等。

　　在国家和国际政治法律体系中，相当一部分内容直接或间接地影响着经济和市场。国家政策方针的实施不仅会影响企业的行为，还会影响用户的消费心理和观念。随着经济全球化，企业借助电子商务项目进行国际化经营时，要遵守的与电子商务相关的主要法律条文如下：

- 在每个国家的物理空间内有自己的法律，如每个国家的税收、私人财产、贸易以及广告标准等。
- 域名注册和新网络品牌的商标专用权、域名控制和社区。
- 广告标准。大部分国家都有特别的法律，以避免对消费者的误导和不正当的竞争行为。
- 诽谤和污蔑。如在网站上发表关于其他公司的人或产品的批评信息被认为是污蔑。
- 版权和知识产权。就像在其他媒介中一样，信息或图形的使用必须要得到信息源的许可。
- 数据保护法案和隐私保护法。网站根据当地法律必须保护消费者的各种数据。
- 电子商务的税收。对于电子商务公司，销售税从消费者那里收取。

企业需要对这些法律条文进行特别的法律咨询。电子商务的法律环境一直是人们关注的焦点。一方面，电子商务的各个环节需要相关的法律法规加以规范；另一方面，政策法律的每一项措施也都左右着电子商务的发展前程。

【延伸阅读2-1】

谷歌退出中国

2010年，谷歌公司因内容审查问题与中国政府交涉，谷歌在美国和其他国家可以遵守对互联网内容审查过滤的规定，可是到了中国就不愿遵守中国的法律法规，谷歌最终被迫关闭中国版网页搜索服务。

2.1.2 经济环境

人的需求只有在具备经济能力时才是现实的市场需求。在人口因素既定的情况下，市场需求规模与社会购买力水平成正比关系。经济环境包括许多因素，如产业结构、经济增长率、货币供应量、利率等。而社会购买力正是以上一些经济因素的函数。目前，在人类的商务活动中互联网正在扮演日益重要的角色，互联网上丰富的信息资源和用户资源，不仅能使使用者降低经济活动的交易成本，而且可以获得不可估量的巨大经济利益，因此，互联网经济在当今社会备受关注。

互联网经济是基于互联网所产生的经济活动的总和，是信息网络化时代产生的一种崭新的经济现象。在互联网经济时代，经济主体的生产、交换、分配、消费等经济活动，以及金融机构和政府职能部门等主体的经济行为都越来越多地依赖信息网络，不仅要从网络上获取大量经济信息，依靠网络进行预测和决策，而且许多交易行为也直接在信息网络上进行。

根据 CNNIC 发布的《第 40 次中国互联网络发展状况统计报告》显示，截至 2017 年 6 月，我国网络购物用户规模达到 5.14 亿人，其中，手机网络购物用户规模达到 4.80 亿人，使用比例为 66.4％。当前，居民消费在拉动国民经济发展中的重要性明显提升，网络零售成为促进消费的重要举措，而手机网络购物更成为拉动网络购物用户增长的重要力量。用户购买力的提升，线上消费习惯的养成以及移动、社交网购形式的发展不断推动网络零售市场的壮大，电商企业频繁的低利润促销以及不断提升的用户体验持续地激发用户的使用热情，带动了网购用户规模的增长。网络购物市场消费升级特征进一步显现。一是品质消费，网民愿意为更高品质的商品支付更多溢价，如乐于购买有机生鲜、全球优质商品等；二是智能消费，智能冰箱、体感单车等商品网络消费规模相比 2016 年有大幅度增长；三是新商品消费，扫地机器人、洗碗机等新商品消费增长迅猛。除国民人均收入提升、年轻群体成为网络消费主力等因素外，电商企业渠道下沉和海外扩张带动了农村电商和跨境电商的快速发展，使农村网购消费潜力和网民对全球优质商品的消费需求进一步得到释放，进一步推动了消费升级。在网络购物用户规模庞大的同时，市场结构也进入加速优化期，主要的 B2C 电商企业展开平台化、开放化战略，企业间呈现竞合态势，传统企业成为市场重要组成部分，市场地位得以加固。

截至 2017 年 6 月，我国网上支付的用户规模达到 5.11 亿人，使用率提升至 68％。网上支付用户快速增长离不开网上消费的繁荣发展，随着中国网络零售市场的迅猛发展，线上消费的生活服务类型不断拓宽，交易规模持续增大，也极大地带动了用户网上支付的使用普及。快捷支付、卡通支付等支付便利形式增强了支付的可用性，促进了网上支付在更广泛用户中的覆盖。而移动支付技术标准确立，支付企业在手机支付领域的布局与发力，也带动了手机网上支付用户的快速增长。

截至 2017 年 6 月，在网上预订过机票、酒店、火车票或旅游度假产品的网民规模达到 3.34 亿人，较 2016 年年底增长 3 441 万人，增长率为 11.5％。在网上预订火车票、机票、酒店和旅游度假产品的网民分别占比 37.6％、19.1％、20.5％和 9.3％。其中，手机预订机票、酒店、火车票或旅游度假产品的网民规模达到 2.99 亿人，较 2016 年底增长 3 717 万人，增长率为 14.2％。我国网民使用手机在线旅行预订的比例由 37.7％提升至 41.3％。其中，手机预订酒店的使用率提升幅度最大。

随着火车票网上预订的快速普及，网上预订火车票的用户群体有了大规模的增长。与其他商务应用相比，我国的机票、酒店、旅游度假产品网上预订用户相对狭窄，应用渗透水平还较低，未来增长空间广阔。随着居民休闲旅游需求的快速增长，高铁网络进一步扩大，旅游内容的深度挖掘，将持续激发用户的使用行为，推动旅行预订市场的增长。

所以，企业必须密切注意其经济环境的动向和支出模式，以及支出模式下的消费热点，实时观察在不同经济环境下消费者的收入，尤其要着重分析社会购买力及其支出结构的变化，敏感于促成其变化的各种因素，努力使自己的产品和服务适合经济环境的需要。

2.1.3 社会文化环境

企业作为社会的一个组成部分，存在于一定的社会环境中，不可避免地受到社会环境的影响和制约。社会文化主要指一个国家或地区的民族特征、价值观念、生活方式、风俗习惯、伦理道德、教育水平、语言文字等的总和。电子商务的用户分布在世界各个国家和地区，这些用户的文化背景对电子商务的影响是全方位、多层次的。社会文化环境的内容很丰富，在不同的国家、地区、民族之间差别非常明显。电子商务是一种跨文化的商务活动，消费者80%以上的购买行为是受社会文化习惯影响的，企业要对目标市场的社会文化环境进行全面考察和分析，探究该市场社会文化环境对消费者的消费心理和消费行为的影响，特别是对电子商务的影响。在营销竞争手段向用户价值型转变的今天，企业在实施电子商务项目时必须重视对社会文化环境的研究。

【延伸阅读2-2】

易贝的信用评价体系

易贝在C2C拍卖市场取得了巨大的成功，其早期成功的制胜法则是行之有效的信用评价体系。易贝最早的信用评价系统是通过一个信誉评价分数和相关的反馈论坛来督促拍卖参与者相互监督。后来这一体系逐渐发展成熟起来，每一个曾经参加过拍卖的成员会根据对方的反馈信息积累起一个信用分数。如果一个用户收到其他用户的好评，他的评分就会增加一分，反过来就会减少一分。如果一个用户的评分低于4分，他就会被取消参与拍卖的资格。除了显示一个成员的信用分数外，系统还会在用户旁边根据分数的等级显示不同颜色的小星星。易贝在有了充裕的发展资金后，开始向国际市场扩张，但随即遇到了社会文化差异的问题。1999年6月，易贝购买了当时德国最大的网络拍卖公司Analdo.de，也就是后来的德国易贝。尽管Analdo.de的最初发展轨迹与易贝看起来非常相似，但由于文化的不同，这两个网站的运作机制也有一些显著的不同，其中最主要的区别是用户对信用评价的关注态度。德国网站的用户如果收到了负面或者是中性的评价，都会主动联系网站管理人员，要求对方解释为什么给出这样的评价，甚至有时如果拍卖的一方没有给另一方留下评价，另一方也会抱怨。这些文化差异使得易贝在美国市场行之有效的社区发展模式在国际市场上遇到了一定的挑战。

2.1.4　科学技术环境

电子商务是利用计算机技术、网络技术和远程通信技术,实现整个商务(买卖)过程中的电子化、数字化和网络化。通过电子商务,人们不受时间的限制,不受空间的限制,不受传统购物的诸多限制,可以随时随地在网上交易。通过跨越时间、空间,使我们在特定的时间里能够接触到更多的客户,为我们提供了更广阔的发展环境。电子商务要实现这种超越时空的交易,离不开技术的支持,没有科学技术,电子商务就不可能实现。电子商务对所需要的信息技术环境和企业信息网络环境提出了新的要求。电子商务并不是简单的商务活动工具。历史已经证明,新工具的出现,必将对社会产生巨大的影响。作为现代知识经济社会的重要基本技术,电子商务能否正常、持续和有效地发展,将对整个社会的发展产生重要影响。

作为一种新的商务模式,电子商务的相关技术几乎囊括了全部的网络和信息技术。常用的电子商务技术包括网络技术、数据库技术、EDI技术、WWW技术、安全技术、物流信息技术。其中网络技术构建出纵横交错的网络,将大量的计算机连接在这个网络之中;电子数据交换技术(EDI)实现了网络中高效可靠的信息交流;数据库技术解决了大量信息在网络中存储、共享的难题;WWW(World Wide Web)技术将电子商务信息的链接扩展到整个Internet上,极大地丰富了Internet上的信息;网络安全技术为网络信息的交流提供了安全保障;物流信息技术为电子商务物流实现信息化和现代化提供了基础。

网络技术是电子商务技术中最底层、最基础的技术,包括TCP/IP等协议和路由器、交换机等相应的网络互联设备。数据库技术对电子商务的支持是全方位的,电子商务作为新型的商务模式,从底层的数据基础到上层的应用再到数据库技术,主要包括Web数据库技术、数据仓库(DW)技术、联机分析处理(OLAP)技术、数据挖掘(DM)技术和商务智能(BI)技术。数据库技术正在为推进电子商务应用发挥巨大的作用。WWW技术俗称万维网、3W、Web。Web采用超文本、超媒体的信息链接方式,使互联网用户不仅能从一个文本跳到另一个文本,而且可以激活一段音频,播放一段视频,显示一个图片,从而将信息的链接扩展到整个互联网上。WWW是电子商务中的基本技术,广泛应用于企业的信息检索、浏览、发布和处理。安全技术是保证电子商务系统安全运行的最基本、关键的技术,主要包括防火墙技术、入侵检测技术、虚拟专用网技术和病毒防治技术等保障网络安全的核心技术以及基本加密技术、数字信封技术、数字签名技术、身份认证技术以及安全电子交易协议等电子商务安全管理手段。利用这些安全技术可以保证信息传输的安全性、完整性,同时可以完成交易各方的身份认证并防止交易中的抵赖行为发生。电子商务的实现与离不开现代物流的支撑,而物流信息技术是物流现代化的标志，也是物流技术中发展最快的领域，从信息采集的条形码系统，到物流配送的全球定位系统都在日新月异地发展。随着物流信息技术的不断发展，产生了一系列新的物流理念和新的物流经营方式，推进了物流的改革。物流信息技术包括条形码技术、射频（Radio Frequency，RF)技术、GPS技术、GIS技术。

2.2　行业分析

行业是由许多同类企业构成的群体。如果只进行企业分析，虽然我们可以知道某个企业的经营和财务状况，但不能知道其他同类企业的状况，无法通过比较知道企业在同行业中的位置。而这在充满着高度竞争的现代经济中是非常重要的。另外，行业所处生命周期的位置制约着或决定着企业的生存和发展。

汽车诞生以前，欧美的马车制造业曾经是何等的辉煌，然而时至今日，连汽车业都已进入稳定期了。这说明，如果某个行业已处于衰退期，那么属于这个行业中的企业，不管其资产多么雄厚，经营管理能力多么强，都不能摆脱其惨淡的前景。还有谁愿意去大规模投资马车生产呢？

投资者在考虑新投资时，不能投资到那些快要没落和淘汰的"夕阳"行业。投资者在选择股票时，不能被眼前的景象所迷惑，而要分析和判断企业所属的行业是处于初创期、成长期，还是稳定期或是衰退期，绝对不能购买那些属于衰退期的行业股票。

由此可见，只有进行行业分析，我们才能更加明确地知道某个行业的发展状况，以及它所处的行业生命周期的位置，并据此作出正确的投资决策。

2.2.1　基本状况分析

行业基本状况分析包括行业概述、行业发展的历史回顾、行业发展的现状与格局分析、行业发展趋势分析、行业的市场容量、销售增长率现状及趋势预测、行业的毛利率、净资产收益率现状及发展趋势预测等。

【延伸阅读2-3】

艾瑞咨询经过调查分析，对2016年第一季度至2017年第二季度的中国在线旅游行业市场容量及趋势预测如下：2017年第二季度在线旅游市场交易规模1 759.9亿元，同比增长24.8%，相比2016年第二季度增长率下降3.9个百分点(见图2-1)。艾瑞咨询认为，随着互联网人口红利逐步消失，线上获客成本不断提升，行业巨头纷纷在线下开设门店，线上市场交易规模将受到影响，增长逐步放缓。

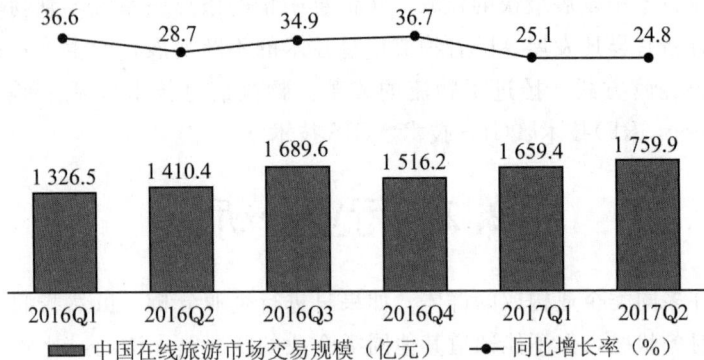

图 2-1　2016Q1—2017Q2 中国在线旅游市场交易规模

2.2.2　所处行业生命周期

　　行业生命周期是每个产业都要经历的一个由成长到衰退的演变过程，是指从行业出现到完全退出社会经济活动所经历的时间，主要包括四个发展阶段：幼稚期、成长期、成熟期、衰退期，如图 2-2 所示。

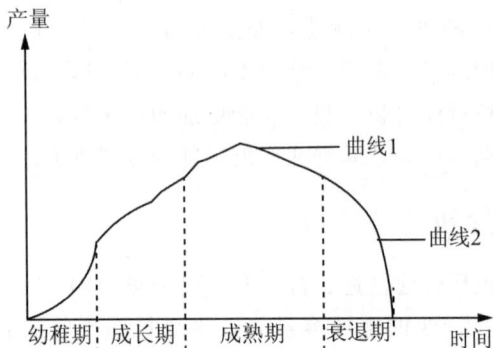

图 2-2　行业生命周期曲线

　　行业的生命周期曲线忽略了具体的产品型号、质量、规格等差异，仅仅从整个行业的角度考虑问题。行业生命周期可以从成熟期划为成熟前期和成熟后期。在成熟前期，几乎所有行业都具有类似 S 形的生长曲线，而在成熟后期则大致分为两种类型：第一种类型是行业长期处于成熟期，从而形成稳定型的行业，如图 2-2 中右上方的曲线 1；第二种类型是行业较快地进入衰退期，从而形成迅速衰退的行业，如图 2-2 中的曲线 2。行业生命周期是一种定性的理论，行业生命周期曲线是一条近似的假设曲线。

　　识别产业生命周期处于哪个阶段主要从以下几个方面来考虑：市场增长性、需求增长率、产品品种、竞争者数量、进入壁垒和退出壁垒、技术变革、用户购买行为等。这些因素在产业生命周期各阶段的表现为：幼稚期，这一时期的市场增长率较高，需求增长较快，技术变动较大，产业中的用户主要致力于开辟新用户、占领市场，但此时技术上有很大的不确定性，在产品、市场、服务等策略上有很大的余地，对产业特点、产业竞争状况、用户特点等方面的信息掌握不多，企业进入壁垒较低。成长期，这一时期的市场增长率很高，需求高速增长，技术渐趋定型，产业特点、产业竞争状况及用户特点已比较明朗，企业进入壁垒提高，产品品种及竞争者数量增多。成熟期，这一时期的市场增长率不高，需求增长率不高，技术上已经成熟，产业特点、产业竞争状况及用户特点非常清楚和稳定，买方市场卖方市场形成，产业盈利能力下降，新产品和产品的新用途开发更为困难，产业进入壁垒很高。衰退期，这一时期的市场增长率下降，需求下降，产品品种及竞争者数目减少。

从衰退的原因来看，可能有以下四种类型的衰退。

(1)资源型衰退，即由于生产所依赖的资源的枯竭所导致的衰退。

(2)效率型衰退，即由于效率低下的比较劣势而引起的产业衰退。

(3)收入低弹性衰退，即因需求—收入弹性较低而衰退的产业。

(4)聚集过度性衰退，即因经济过度聚集的弊端所引起的产业衰退。

行业生命周期各个阶段的特点如表2-1所示。

表2-1 行业生命周期各个阶段的特点

发展阶段	市场增长率	需求增长率	产品品种	竞争者数量	进入壁垒和退出壁垒	技术	用户购买行为
幼稚期	较高	较快	较少	较少	企业进入壁垒较低	变动较大	企业对用户特点等方面的信息掌握不多
成长期	很高	很高	增多	增多	企业进入壁垒提高	渐趋定型	特点已比较明朗
成熟期	不高	不高	稳定	稳定	产业进入壁垒很高	已经成熟	特点非常清楚和稳定
衰退期	下降	下降	减少	减少	—	—	—

【延伸阅读2-4】

图2-2和表2-1为分析某个行业的生命周期提供了理论依据，如对当前的在线旅游行业进行分析，可以得出在线旅游行业属于成长期。根据数据显示，2017年中国在线旅游市场交易规模达7 106.9亿元，增长率为20.4%，线上渗透率为12.8%，比去年同期

提升了 0.9 个百分点。而从 2009 年至 2017 年，在线旅游市场都在保持增长，尽管当前在线旅游行业进入稳定发展阶段，行业增长速度开始放慢，但在线旅游行业整体增长速度仍高于中国旅游业总收入的增长速度，线上渗透率将保持增长，预计 2019 年线上渗透率将接近 15%（见图 2-3）。

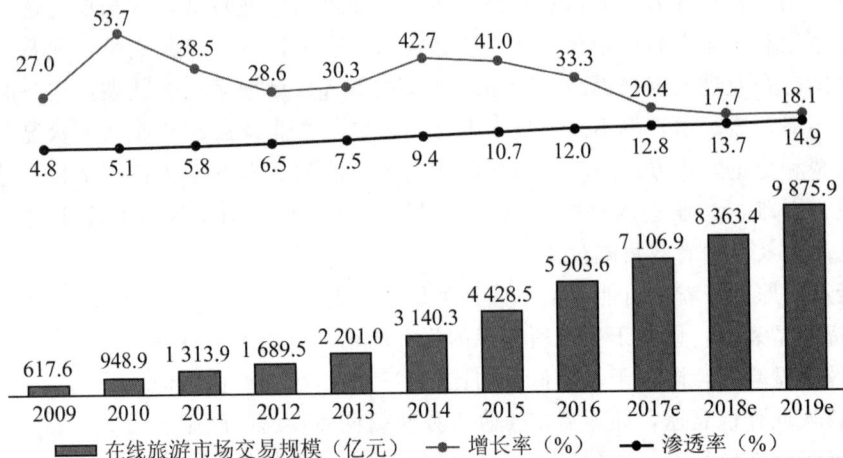

图 2-3　2009—2019 年中国在线旅游度假行业分析

资料来源：http://www.sohu.com/a/152284649_760770。

2.2.3　行业市场结构分析

1. 行业内产品结构

行业产品结构是指一个行业内各类型产品在整个行业经济中的构成情况，通俗地说，就是指一个行业商场的产品中各类产品的比例关系，它能够反映一个行业的性质和发展水平，资源的利用状况以及满足社会需要的程度。通过行业内产品结构分析，可以获知市场的潜力。在显示一个行业的产品结构时可以利用饼状图来直观地加以显示，饼状图可以显示各项产品的大小与各项总和的比例，如图 2-4 所示。

【延伸阅读 2-5】

艾瑞数据显示，2017 上半年在线度假市场中，出境游交易额占比 52.9%，周边游23.5%，国内游 23.6%，出境游交易额贡献最大，占比 50% 以上。根据国家旅游局数据，2017 上半年，中国公民出境旅游人数达 6 203 万人次，比 2016 年同期增长 5%。目前，全国有效的因私普通护照持有量超过 1.2 亿本，未来出境旅游市场潜力巨大，如图 2-4 所示。

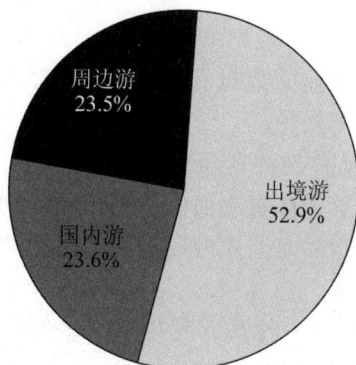

图 2-4 2017 年上半年中国在线旅游度假市场结构预估

（按交易规模，从周边、国内、出境维度分析）

2. 各厂商市场份额结构

市场份额指一个厂商（企业）的销售量（或销售额）在市场同类产品中所占的比重，反映了厂商对市场的控制能力。企业市场份额的不断扩大，可以使企业获得某种形式的垄断，这种垄断既能带来垄断利润又能保持一定的竞争优势。分析行业内各厂商的市场份额可以清晰地获知行业内各主要厂商的市场份额，从而知道行业内各企业的竞争地位和盈利能力。

例如，艾瑞数据显示，2017 年上半年中国在线旅游度假市场份额（见图 2-5）中，途牛在线旅游市场份额占 20.3％。途牛服务出游人次增速较快，主要得益于途牛细分产品线的扩充。同时，途牛在广告营销及品牌打造上的投入也促进了其在线度假市场的扩张。

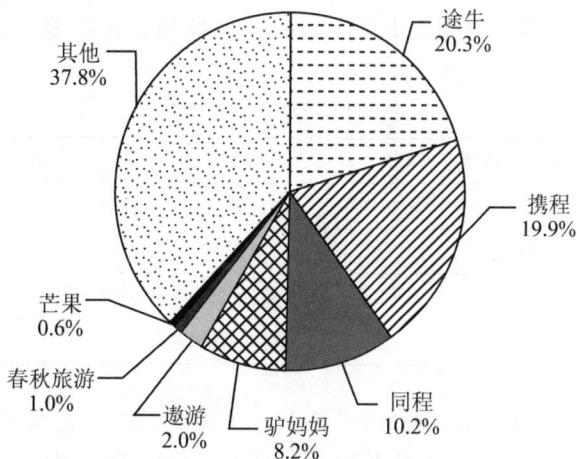

图 2-5 2017 年上半年中国在线旅游度假市场份额

（按交易规模，含平台部分）

3. 竞争格局分析

行业竞争结构是指行业内企业的数量和规模的分布，从理论上可以分为完全竞争、垄断竞争、寡头垄断、完全垄断四种。

(1) 完全竞争。完全竞争又称纯粹竞争。在这种市场上，不存在任何垄断因素，竞争可以充分展开，市场机制在资源配置方面的作用不受任何阻碍和干扰，这种市场的主要特征是：产业集中度很低、产品是同质的、经济运行主体具有完全的市场信息、资源完全自由流动、厂商可自由进退。

(2) 垄断竞争。垄断竞争是指一种既有竞争又有垄断，竞争与垄断相结合且偏向完全竞争的市场结构类型。之所以称之为垄断竞争，首先是因为它与完全竞争有类似之处，即存在数量较多的竞争者能够自由地进入和退出市场；其次，它又具有垄断的特征，不同企业生产的产品不具备完全替代关系，即存在着所谓的产品差别，企业对其产品又具有一定的垄断力量。这种市场的主要特征是：产业集中度较低、产品有差异、进退壁垒较低。

(3) 寡头垄断。寡头垄断就是少数人的垄断，是指在某一产业中只存在少数厂商对市场的瓜分与控制。寡头垄断是既包含垄断因素，又包含竞争因素但以垄断为主的一种市场结构。它在现实中是一种普遍的市场结构形式。这种市场的主要特征是：产业集中度高、产品基本同质或差别较大、进退壁垒较高。

(4) 完全垄断。完全垄断，又称纯粹垄断，是同完全竞争相对的另一个极端的市场结构，指一家厂商控制了某种产品全部市场供给的市场结构，或者说是只有一个卖者的市场。这种市场的主要特征是：市场上只有一个厂商，故产业集中度为 100%、没有替代品、进入壁垒非常高，使得其他企业的进入成为不可能。

四种不同结构的市场在行业集中度、产品差异性和进入壁垒等方面有不同的特征，具体见表 2-2。

表 2-2　行业竞争结构

市场类型	行业集中度	产品差异性	进入壁垒(进出容易程度)
完全竞争	很低	无差异	容易
垄断竞争	较低	有差异	比较容易
寡头垄断	高	有一定的差别或完全无差别	比较困难
完全垄断	100%，集中在一家	无相近替代品	非常困难

其中，行业集中度(Concentration Ratio, CR)又称行业集中率或市场集中度(Market Concentration Rate)，是指某行业的相关市场内前 n 家最大的企业所占市场份额(产值、产量、销售额、销售量、职工人数、资产总额等)的总和，是对整个行业的市

场结构集中程度的测量指标,用来衡量企业的数目和相对规模的差异,是市场势力的重要量化指标。例如,CR_4 是指 4 个最大的企业占有该相关市场份额。同样,5 个企业集中率(CR_5)、8 个企业集中率(CR_8)均可以计算出来。

根据美国经济学家贝恩和日本通产省对产业集中度的划分标准,将产业市场结构粗分为寡占型($CR_8 \geqslant 40$)和竞争型($CR_8 < 40\%$)两类。其中,寡占型又细分为极高寡占型($CR_8 \geqslant 70\%$)和低集中寡占型($40\% \leqslant CR_8 < 70\%$);竞争型又细分为低集中竞争型($20\% \leqslant CR_8 < 40\%$)和分散竞争型($CR_8 < 20\%$),如表 2-3 所示。

表 2-3　美国贝恩对市场结构进行的分类

集中度 市场结构	CR_4 值(%)	CR_8 值(%)
寡占 I 型	$CR_4 \geqslant 85$	
寡占 II 型	$75 \leqslant CR_4 < 85$	$CR_8 \geqslant 85$
寡占 III 型	$50 \leqslant CR_4 < 75$	$75 \leqslant CR_8 < 85$
寡占 IV 型	$35 \leqslant CR_4 < 50$	$45 \leqslant CR_8 < 75$
寡占 V 型	$30 \leqslant CR_4 < 35$	$40 \leqslant CR_8 < 45$
竞争型	$CR_4 < 30$	$CR_8 < 40$

资料来源:http://wiki.mbalib.com/wiki/行业集中度指数。

【延伸阅读 2-6】

表 2-3 为分析某个行业的竞争结构提供了理论依据,例如,对当前的在线旅游度假行业进行分析,可以得出当前在线旅游度假行业的市场格局为垄断竞争市场。按照艾瑞提供的数据,2017 年上半年中国市场在线旅游度假行业集中度 CR_8 为 62.2%,结合贝恩的产业集中度的划分标准,是属于寡占 III 型,行业的集中度较高。同时这个行业里的一些产品有一定的差别,退出或进入的壁垒比较高,因而可以得出这个行业的市场结构属于寡头垄断类型。

2.2.4　行业品类机会分析

商业机会首先是品类机会。通常所说的"风口上的猪"的"风口"指的就是品类机会,"猪"指的是品牌机会。对于品牌,大家都很熟悉,如三星、小米、华为、苹果是品牌,但手机就是个品类。商业机会,首先是品类机会。智能手机就是一个品类机会。再如,呼机这个品类机会已经成为过去式,这时就算做一款苹果牌的呼机,也卖不出去。在电商行业,这个特点尤为明显。许多电商平台的崛起,都与品类机会有关。

亚马逊于 20 世纪 90 年代中期起家，就是选准了品类切入点。当时互联网虽然历经了 20 余年的发展，却还处在蛮荒时代，电商更是鲜为人知，所以贝佐斯要解决两个核心问题：一个是信任问题，当时的网民还没有在网络上消费的习惯，他们更青睐于亲眼见到的商品，而不是网络上的照片；另一个问题是一旦真的下单购买，送来的货物是否会和预期的差别太大。

经过深思熟虑，贝佐斯选择了图书音像作为品类切入。一是因为图书音像在网民心中的购买门槛低；二是买书的人或者买音像产品的人，要的是书的内容或者 CD 播放出来的音乐，而不是纸张或者塑料片，这样就不存在心理预期差异过大的情况。

其实还有一个更为核心的原因：图书和音像有相当大密度的购买人群和比较高的购买频次。电商的逻辑就是高频带低频、高密度带低密度、低价带高价。电商实质是在做频次组合、密度组合和价格组合，如图 2-6 所示。

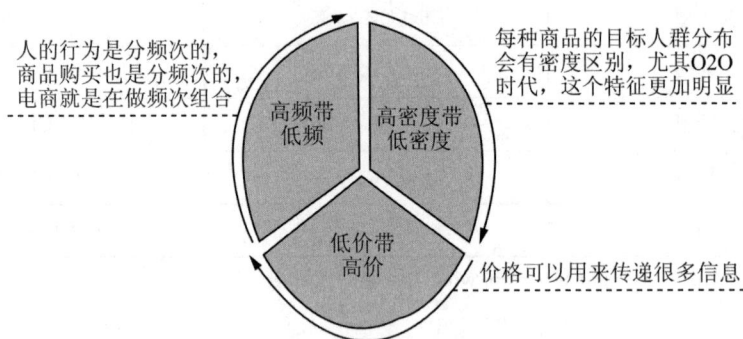

图 2-6　电商的三个实质

在中国，当当、卓越也是选择了图书音像作为品类切入。到了京东，图书音像这个风口已经过去了，但它抓住了 3C 数码，尤其抓住了手机这个风口，成就了它的霸业。近几年出现的诸如多点、饿了么、本来生活网等电商，是以一小时送达品类切入市场。一旦用户习惯了 1 小时送达，那么购买习惯就会从 1 小时送达品类延伸到其他商超的产品。这就是电商一个未被充分挖掘的逻辑——快服务带慢服务，如果买一个电火锅，或者一个水壶也能 1 小时送达，那何乐而不为呢？

当我们要解决的问题是普遍存在并且是高频出现的，这样的问题往往能推动一个大品类的出现。例如，绝大多数人每天都会出行，随着城市规模的扩大，跨区域交流的频繁，出行中对于代步、快捷、舒适、安全的需求就越来越强烈，于是围绕出行的交通品类创新波澜壮阔地展开。汽车不停地更新换代，轮船载货量和远航的能力越来越强，人们还创造了飞机。

相反，当有的问题只在一定范围内存在，并且出现的频次没有那么高时，就只能出现一个小品类。小品类意味着市场容量很有限。

【延伸阅读 2-7】

高频业务可以击败低频业务。例如，"陌陌"这类主打与陌生人快速交友的产品天然地比"世纪佳缘"享有十倍甚至百倍的市场规模。后者是相亲网站，一旦服务成功，用户在未来十年以内通常不需要再次光顾，而陌陌的第二单消费可能出现在同一星期乃至第二天。高频业务与低频业务市场规模天然不同。最高频率的交互产品如微信，中等频率如陌陌，低频甚至极低频业务如世纪佳缘，它们相互之间的规模差距跨数量级。高频业务的经济市值是中频业务的百倍，中频业务又是低频、极低频业务的百倍。

2.3　目标市场分析

电子商务项目是在企业所处的宏观和行业环境下，针对目标市场用户，结合企业的自身情况而进行的，目标市场特点、数量的多少、购买行为等都对项目产生重大的影响，因而在做电子商务项目可行性分析时，需要对目标市场进行详细分析，以确定电子商务项目是否具备成功的可能性。

2.3.1　目标市场分析的概念

电子商务项目的目标市场一般指在某一领域或地理区域内，基于这种商务模式建立的网站的浏览者、使用者和消费者。目标市场可以是个人用户（即消费者市场），也可以是企业客户（即组织市场）。

目标市场分析就是从目标客户的角度分析他们是否具有网络使用基础，能否接受电子商务方式以及有什么电子商务需求。与企业业务分析相比，前者研究的是企业自身是否具有开展电子商务的需求，而后者研究的是企业的客户需不需要、能否接受电子商务业务方式，二者分析的出发点是不同的。

2.3.2　目标市场分析的过程

1. 明确目标客户群和目标市场

要从企业目标客户的角度分析电子商务的需求，首先就要明确在电子商务方式下，目标客户集中在哪些人群，目标市场在哪里。

确定合适的目标市场是十分重要的。如果目标市场的范围确定得太大，将会耗费大量的物力和财力；如果目标市场的范围确定得太小，又很难找到利润的增长点。企业的目标市场主要是根据企业的产品定位或服务内容来确定，即分析是哪些人对产品或服务感兴趣。确定目标市场范围的基本原则是巩固现有市场，开拓潜在的新增市场。

2. 细分目标市场

将企业的目标市场细化为可供分析、度量的分组，为目标市场的特点提供基础。目标市场可以按照以下特性进行划分。

(1)统计特性：主要依据一些特定的客观因素，诸如性别、民族、职业和收入等。

(2)地理特性：主要是客户所在的国家、地区、工作环境和生活环境等。

(3)心理特性：主要包括人格特点、人生观、信仰、阅历和愿望等。

(4)客户特性：客户的上网情况、网上购买频率和网上购买欲望等。

3. 总结目标客户的特点

根据需求调研资料，结合分析中设想的电子商务开展方式，有针对性地总结目标客户有什么特点，能否接受、是否需要电子商务。这一步骤可使用的方法很多，如将企业的客户资料和中国互联网信息中心所做的统计报告(CNNIC)进行比较，了解客户上网和网上购物的情况，以此衡量电子商务的市场基础。又如可以定期跟踪与分析 CNNIC 的统计报告，以了解网民的变化情况与网上购物的发展趋势，以确定电子商务市场的发展空间。

4. 分析目标客户的需求

分析电子商务给目标客户带来哪些好处，目标客户的具体需求是什么。这里分析的角度很多，列举如下。

(1)从职业需求出发，顾客需要什么？你提供的电子商务产品或服务能与顾客所需要的某些职业教育结合在一起吗？

(2)从家庭生活需求出发，顾客需要什么？你目前的产品能满足这些需求吗？你提供的电子商务产品或服务能否更好地满足这些需求呢？你能为众多用户在网上创造出他们所需要的社区环境吗？

(3)从利益出发，顾客需要什么？你提供的电子商务产品或服务能够为顾客带来财富吗？能帮助他们开发额外的机会吗？如果你在网上为消费者提供同样品质，但价格大大低于线下的商品，一定会赢得消费者的拥护。

(4)从生活出发，顾客需要什么？你提供的电子商务产品或服务能减轻顾客的生活负担吗？一个经常乘坐飞机的人，如果能在他的移动电话上提供短信息服务，使他及时了解有关飞机航班延误的信息，他会非常高兴；如果你的产品还能在目的地为他安排一辆机场班车，来弥补损失掉的时间，那就更好了。

(5)如果顾客使用了你提供的电子商务产品或服务，能够使他们节省钱财或减少精力方面的付出吗？

（6）是否增进了顾客的乐趣或社会地位？

通过分析，说明客户存在哪些电子商务需求（如追求廉价、方便性和个性化等），电子商务是否满足了他们的这些需求。

5. 总结并提出目标市场分析结论

以文字形式表述企业市场分析的内容，大致包括企业的目标市场、目标市场的特点和目标市场的电子商务需求等几个部分。

下面先以芬芳网上鲜花店为例说明企业市场分析的过程。

对于芬芳网上鲜花店来说，主要业务是鲜花销售，目前的配送能力范围为广州市区，因而其目标市场就锁定在广州市区范围内的鲜花消费者。那么这些鲜花消费者能否接受网上购花呢？可以用直接和间接两种方法来回答这个问题。

直接的方法是根据调研得到的有关数据，经过分析得出结论。通过对实体花店的客户进行有奖问卷调查的方式，了解到实体花店的目标市场中 20～40 岁的人群占 83%，大专以上教育程度的占 75%，具有上网习惯的占 89%，月收入在 3 000～5 000 元的占 90%，能接受网上支付方式的占 73%。根据上述调研数据得出结论：芬芳网上鲜花店现阶段的目标市场主要集中在 20～40 岁的白领人群，其中大多数都有上网习惯，可以接受网上购花的方式。

间接的方法是结合 CNNIC 的统计报告得出结论。根据 CNNIC 发布的《第 40 次中国互联网络发展状况统计报告》，截至 2017 年 6 月，我国网民仍以 10～39 岁群体为主，占整体的 72.1%；其中 20～29 岁年龄段的网民占比最高，达 29.7%，10～19 岁、30～39 岁群体占比分别为 19.4%、23.0%；我国网民依然以中等学历群体为主，初中、高中（中专、技校）学历的网民占比分别为 37.9%、25.5%，截至 2017 年 6 月，网民中月收入在 2 001～3 000 元及 3 001～5 000 元的群体占比较高，分别为 15.8%和 22.9%；我国网络购物用户规模达到 5.14 亿人。这些数据都说明网络购物用户以年轻、学历相对较高和有一定的经济基础为主。

此外，从芬芳网上鲜花店业务的特点入手，根据经验或观察可以了解到芬芳网上鲜花店的客户以有一定经济基础的、追求浪漫时尚的年轻人为主，与 CNNIC 网络购物的主流人群相重合，由此可以推断芬芳网上鲜花店的目标市场具备网络购物的基础，可以接受网上购花的方式。

在确定芬芳鲜花店具备市场基础后，下一步就要分析网上鲜花店能给目标客户带来哪些好处。经过分析，有了网上鲜花店，顾客只需上网轻点鼠标，就可以完成选购花卉和在线支付过程，无须再亲临实体店，节省了时间和精力，大大方便了客户。此外，网站还可以提供各种定制服务，如允许客户通过网站设计个性化花束，以满足客户追求浪漫时尚和个性化需求。

对以上分析进行浓缩和提炼，按要求以文字形式表述出来，就完成了下面的芬芳网上鲜花店的市场需求分析。

【延伸阅读2-8】

芬芳网上鲜花店目标市场分析

1. 企业的目标市场

芬芳网上鲜花店主要提供鲜花、礼品以及相应的服务。目前的配送能力范围为广州市区。为了全面了解鲜花需求人群的情况，芬芳对实体花店的客户进行了有奖问卷调查，结果显示花店的目标市场中20～40岁的人群占83％，大专以上教育程度的占75％，具有上网习惯的占89％，每月收入在3 000～5 000元的占90％，能接受网上支付方式的占73％。因此网上鲜花店现阶段的目标市场是主要集中20～40岁的白领人群，网上鲜花店的各种服务以满足他们的要求为主。

2. 目标市场的特点

根据问卷调查，芬芳网上鲜花店目标市场的特点可以概括如下。

(1)年龄在20～40岁的白领人群，有一定的经济基础，经常上网，可以接受网上支付方式。

(2)工作繁忙，闲暇时间少。

(3)追求浪漫时尚，讲究品位，消费观念比较开放，具有个性。

3. 目标市场的电子商务需求

以上分析说明目标市场不仅能够接受网上花店，而且还会主动去使用网上花店提供的服务。

(1)年轻的白领阶层由于工作繁忙，他们需要以最简便快捷的方式选购鲜花。而通过花店，客户在网站上选购花卉，在网上支付，节省了客户选购、支付和取送时间，实现了足不出户便能送花，很好地满足了他们的要求，为此实现网上在线支付是关键环节。

(2)由于他们的消费观念比较开放，网上订购和网上支付等新的交易方式容易被他们接受，还能满足他们追求新鲜时尚的生活态度。

(3)他们追求浪漫时尚，对服务有个性化的需求，网站可以采取各种服务方式满足他们的需求。

总之，做企业市场分析要掌握正确的方法。

首先，要认识到企业的目标市场、目标市场的特点和目标市场的电子商务需求3个部分之间有内在的逻辑关系。只有确定了目标市场，才能分析这个目标市场有哪些有利于开展电子商务项目的特点，而这些特点恰恰是目标客户产生电子商务需求的基础，三者环环相扣。

其次，要紧密结合企业客户的需求进行分析，牢牢抓住电子商务能给客户带来实质性的收益这一根本点。目标市场的文化程度高、是年轻白领，说明开展网上业务有基础，有基础不代表有动力，最吸引客户使用网上服务的动力还在于客户能否得到实质收益。

最后，要不断跟踪 CNNIC 等相关的报告，使分析能与互联网的快速发展紧密结合。

2.4 竞争对手分析

所谓竞争对手分析，就是从企业竞争对手的角度分析电子商务的需求，了解竞争对手电子商务的开展情况、运作效果如何，是否对本企业的业务构成威胁，是否已成为本企业开展电子商务的障碍，对其中效果良好的内容是否可以借鉴。

和传统的商务活动一样，竞争对手的产品、服务、营销等一直影响着企业的管理、生产、经营和营销等，甚至会造成很大的威胁。当竞争对手已经开展了网上业务，那么竞争对手在的经营状况对于一个新进入的企业在行业竞争中的成败是至关重要的，竞争对手在网络运营方面的优势可能会成为后来者进入的很大的障碍。电子商务项目竞争对手分析的步骤主要包括选择竞争对手和竞争对手分析。

2.4.1 选择竞争对手

1. 竞争对手的类型

确认竞争对手首先要对本行业主要的竞争者的类型作一个全面的了解，大致可以分为以下几种类型。

(1)直接竞争对手。他们的产品或服务与本企业具有极大的相似性，客户很容易转向这些企业购买产品或接受服务。因此他们是最激烈的竞争对手。

(2)间接竞争对手。他们提供与本企业相似的替代产品或服务。这类竞争者可能具有相的或相似的价值取向，所以具有相同的目标市场，只是提供的产品不同。

(3)未来竞争对手。他们是那些虽然还没有进入，但随时都有可能进入的公司。就网上销售而言，一旦间接竞争者看到你的产品在他们的市场取得成功，他们就会模仿，这样间接竞争者就变成了直接竞争者，或许是可怕的竞争者。

竞争对手可能会有数十个甚至上百个，界定已经存在的和潜在的竞争对手存在一定的难度。因此要有所限制地确定主要竞争对手，即那些将会给你的商业活动带来现实威胁的主要竞争者。在明确竞争对手的同时，也就确定了本公司在竞争中的地位。

2. 寻找竞争对手的方法

通过网络寻找竞争对手的方法有如下三种。

(1)直接将原来竞争对手的公司名称或主导产品名称作为主要域名进行模糊查找。

(2)利用搜索引擎从分类或者关键词入手进行查找。

(3)利用行业协会网站的链接进行查找。

此外,还可以通过渠道商、供应商等获得竞争对手。

2.4.2 竞争对手分析

1. 竞争对手调查分析的内容

竞争对手调查分析应包括如下内容。

(1)分析竞争对手的数量与经营实力:包括各个对手的产能、产量、性质、背景、销售量、经济实力、组织结构等。

(2)分析竞争对手网站的定位:竞争对手网站的定位是什么,目标客户是谁,这些要根据具体的网站进行分析,一个网站的定位决定着网站的成败。分析自己的网站与对手网站的定位差异。

(3)分析竞争对手网站的运营模式:分析竞争对手网站的盈利模式是什么?是采用会员制还是采用线下的活动和杂志,赚取广告费,还是采用什么其他形式?网站的产品都有什么?网站收费会员与免费会员的区别,会员费用是多少?

(4)分析竞争对手的市场占有率:因竞争对手在不同的行政区域和行业领域的市场份额不尽相同,因此对其进行市场占有率计算时也要根据不同的区域和领域数据统计分析。

(5)分析竞争对手的经营方式:包括其销售渠道、物流、公关、服务、回款周期与收款方式、营销人员的素质与职能、销售人员的工作模式等。

(6)分析竞争对手的产品:包括其产品价格、性能、质量、附加值、稳定性、产品组合等。

(7)分析竞争对手的技术:包括各竞争对手原材料的采购、技术人员素质、研发实力与动向、生产设备、生产管理、生产人员素质等。

(8)分析竞争对手的客户分布:包括对手的客户分布区域、行业侧重面、各区域市场的经营状态等。

(9)分析竞争对手网站的内容形式、设计结构与运行效果:分析竞争对手网站的栏目和内容,内容的来源是原创还是转载,文章的侧重点在哪里,是否是一个大而全的网站?分析竞争对手网站的功能和信息结构分析、设计风格、产品种类与服务特色、商务模式和业务流程分析、客户服务效率、信息更新频率等内容。

(10)分析竞争对手网站的推广：竞争对手网站都运用了什么推广方式，知名度如何。

分析竞争对手的内容可以从以下几个渠道获取：一是年报，如果竞争对手是一家上市公司，你可以从网上或报刊上直接获取；二是证券公司，每家大型的证券公司都有相关的部门负责收集分类和分析各种经济数据；三是政府部门，政府的相关管理部门，如证监会、商务部等；四是互联网，除各种公司网站以外，还可以通过各种搜索引擎搜索相关的信息。

2. 建立竞争对手分析档案，并进行系统分析

在对竞争对手进行充分、全面、彻底地调查后，即可对所收集的信息进行分析整理。从中找出有用的信息进一步验证其真实性，然后加以分类整理，对竞争对手建立电子档案，以备日后取得进一步资料加以补充完善。可以借助表格建立和保存竞争对手分析档案。表2-4 是广州地区主要星级酒店的网站技术参数。它的第一列是竞争对手名单，第一行是能反映竞争对手同质性和异质性的一组判别标准，包括从公司咨询到竞争策略的信息。将本公司的相关信息列入表中后，就可以将本公司与竞争对手进行比较，从而对本公司与其他公司的市场竞争地位等相关情况一目了然。

表2-4　广州地区主要星级酒店的网站技术参数

酒店名称	网址	星级	语言	网上订房	会员系统	论坛社区	信息发布系统	行业资讯	页面设计	站内搜索
花园酒店	http://www.gardenhotel.com/	5	中文、英文、日语	有	有	无	无	无	精美	无
中国大酒店	http://marriott.com/property/propertypage/canmc	5	英文	有	有	无	有	有	一般	无
广东胜利宾馆	http://www.vhotel.com	3	中文、英文	有	有	有	无	无	一般	无
白天鹅宾馆	http://www.whiteswanhotel.com/zh	5	中文、英文	有	无	无	无	无	一般	无
白云宾馆	http://www.baiyun-hotel.com	4	中文、英文、日语	有	无	无	有	有	简单	无
广东迎宾馆	http://www.gdyingbinhotel.com/	4	中文、英文、日语	有	无	无	有	有	一般	无
江湾大酒店	http://www.riverside-hotel.com.cn	4	中文、英文	有	无	无	有	无	简单	无

2.4.3 与竞争对手进行分析比较

通过对成功的竞争者进行深入分析，就能发现他们成功的原因所在，从而帮助企业构建自己的商业蓝图；对竞争者的弱点进行分析，可以让企业接受失败的教训，从而发现市场机会。对竞争对手之间，以及敌我双方之间进行比较。

1. 优势

对竞争对手与自身的产品、价格、公关、服务、规模、声誉、客户分布、行业经验、技术水平、主要客户、付款方式、销售渠道、销售管理成本、供应商、采购渠道、采购成本、物流成本、投资情况、地理位置、社会作用、经营效益、执行力、市场占有率、市场影响力、产品生命周期等情况进行分析，找出各个对手的优缺点，同时也要对自身的优缺点进行详细分析。

2. 劣势

对竞争对手与本企业的资料进行系统分析。这时可多听取销售部和客户的建议，找出市场营销组合中各自尚待完善的地方。

对竞争对手与自身之间进行分析比较，必须坚持客观、中肯的原则，以数据为依据，以市场需求为标准，兼顾政府政策和社会利益，从而为公司做出决策提供可靠的理论依据。

总之，竞争对手调查与分析的目的是了解原来的竞争对手是否上网，洞察已经在网上开展了业务的竞争对手的情况，分析其优势和劣势，研究其电子商务运作的效果。通过竞争分析，可以明确企业在竞争中的地位，以便制定本企业具有竞争力的发展战略。

【延伸阅读 2-9】

芬芳鲜花店与我喜欢花店的对比分析

我喜欢花店是一家中型鲜花销售公司，与芬芳鲜花店相距不太远，是芬芳鲜花店的老竞争对手。它也位于天河区，花店产品种类、产品质量和硬件条件与芬芳鲜花店不相上下。该公司在 2 个月前开通了网上销售系统，知名度有所提高，客户数目增加，芬芳鲜花店的一些客户也转到了他们那里。但是他们的网站主要存在以下问题：

(1)网站的知名度还不算很高，没有下力气去推广；

(2)网站只面对大批量的花束销售，没有面对零售市场；

(3)网站销售的流程比较复杂，不能做到在线支付。

以上情况均可以作为芬芳鲜花店开发网站时的参考。

2.5　企业自身分析

在掌握了顾客真实的意愿与相关的数据后，就应该从员工和公司内部找出可以满足顾客需要的产品，这样才能在竞争中取胜。竞争策略的精髓在于有所差别，这意味着企业需要仔细地选择一系列各异的活动，来传递一种特定的价值组合。这需要从企业入手思考下面的问题。

(1)企业拥有的核心能力是什么？

(2)顾客为什么要从企业这里购买，并保持忠诚？

(3)电子商务系统对于提高企业的产品质量有什么帮助？

(4)企业未来业务的增值点和延伸范围是什么？

产品和服务应该以一种独特的方式将优势与经验组合起来，以提高与顾客及供应商进行在线交互的可能性。全面分析企业价值链，从而开发新的产品，分析在哪些领域拥有独到的技术，这种技术是否能够转化为一种在线的产品，使企业的顾客从中获益。

除了分析企业的价值链之外，还必须分析目标市场的价值链。当心目中有了明确的市场目标之后，再一次认真地审视一下企业最初所具有的优势与弱点，在哪些方面比较擅长？与企业并肩作战的人认为企业在哪些方面比较擅长？是否能从市场中获益？

一种必备的核心能力是了解企业的顾客，并在顾客寻求帮助的领域里积累经验。在网络时代，这种经验要求有细心的管理层。消费者通过互联网的聊天室、专题论坛、电子邮件等获得信息，而迅速地分享他们的经验。所有研究人员必须通过文件的方式分享他们的新见解，并使这种文件能够为所有的人获取。

在具有优势的领域里，必须把这些优势运用到营销信息及营销推广活动中去。如果能够用它去说服潜在客户，那将会产生巨大的影响。对于一个买书的人来说，最好是能够让他看到其他人是如何喜欢这本书的。一个潜在的软件购买者，当他听到了其他使用者富有热情的建议，说他们从该软件的使用中获得了很多的好处，就会更容易使他做出购买的决定。

在所有进入的领域中，应该永远追求完美，以便把竞争者甩在后面。但是，如何才能够变得更出色呢？既然业务已经全面展开，还有时间改进企业的产品吗？如何管理企业所拥有的经营诀窍呢，尤其是那些包含在产品和服务中的东西，那种"动手"的经验，对市场动态的理解，对竞争态势的看法？

反过来，企业的弱点又表现在哪些方面呢？在薄弱的领域中为改善地位的努力，比起在优势领域中提高地位的努力，其效率是非常低的。因此，与其改善弱点，不如寻找合作伙伴，来弥补这个弱点。寻找这种补偿，可以把这项业务委托给企业外部的资源去做，或者雇一个人，用他的特长来弥补企业的不足。创业者往往把他们的注意力集中在技术性的解决方案上，但是，他们缺少营销与销售方面的技能，那么就招聘一个销售人员，但是自己也应该保持与顾客的直接联系，以便时刻了解市场的动态。

对企业分析主要分析企业的价值链和目标市场的价值链，其目的是确定企业的竞争优势。那么在开展电子商务后，企业可能有哪些竞争优势呢？

(1)通过电子商务，更加具体地描述产品，顾客能更方便地得到产品更详细的信息，使顾客在挑选产品时节省精力和时间。

(2)通过电子商务，企业是否能把物流做得更好，是否能在规定的时间内把顾客需要的产品送到正确的地方？

(3)通过电子商务，企业是否能展开个性化的服务，如对顾客展开定制产品的服务，在顾客生日时送问候卡或者问候的信息，通知顾客其配偶、孩子、同事或客户的生日，根据顾客的档案建议送什么礼物给他？

(4)是否能提供免费的产品、电子信息、电子游戏和电子邮箱来吸引顾客？

(5)是否能提供更好的搜索引擎方便顾客查找信息？

(6)能否提供以顾客忠诚度为目标的计划项目，如老顾客优惠政策等？

(7)企业本身的品牌如何？

企业的品牌是一个非常大的优势，特别是大公司的品牌价值连城。所以大公司开展电子商务活动时需要对自己的品牌加以检验，分析它对顾客追随传统品牌具有积极的还是消极的意义。而对于小型创业公司来说，要分析电子商务系统能否为自己创建一个好的品牌，创造出一种更为实实在在的企业形象。

一个企业的电子商务要取得成功，就需要利用自己的优点开展各种独特的服务，并把它们组合起来支持特定的目标市场。

2.6 电子商务业务模式与经营模式

2.6.1 业务模式

影响一个电子商务项目绩效的首要因素是它的业务模式。电子商务的业务模式是电子商务项目运行的秩序，是指电子商务项目所提供的产品、服务、信息流、收入来源以及各利益主体在电子商务项目运作过程中的关系和作用的组织方式与体系结构。它具体体现了电子商务项目现在如何获利以及在未来长时间内的计划。电子商务的业务模式要包括以下内容。

1. 战略目标

一个电子商务项目要想成功并持续获利，必须在商业模式中明确战略目标，这种战略目标本质上表现为这一项目的客户价值，即企业必须不断向客户提供对他们有价值的、竞争者又不能提供的产品或服务，才能保持竞争优势。换句话讲，客户价值的社会定位，即企业使命。如阿里巴巴的战略目标就是为中小企业提供一个销售和采购的贸易平台，让全球的中、小企业通过互联网寻求潜在的贸易伙伴，并且彼此沟通和达成交易。"让天下没有难做的生意"成为阿里巴巴的使命。按照迈克尔·波特的竞争优势理论，电子商务项目对客户提供的价值可以表现在产品（服务）差别化、低成本、目标集聚战略上。

(1)产品（服务）差别化战略。产品（服务）差别化战略主要表现在以下几个方面。

①产品特征。公司可以通过提供具有竞争者产品所不具有的特征的产品来增加差别化。拥有独有的特征是最普遍的产品差别化形式，使用互联网能够使公司为客户提供更好的产品。例如，Dell 公司通过网络直销的形式，为客户提供个性化计算机产品。

②产品上市时间。公司率先将产品投向市场，往往因产品是市场上唯一的，自然而然就是产品具有差别性了，进而可以获得丰厚的利润。电子商务的应用，可以使企业在产品的开发与设计、推广与分销等方面大大地缩短周期，取得产品的市场先机，从而战胜竞争对手。比如，网景公司曾经在线分发自己的浏览器软件，使它很快就在市场上占据了主导地位。

③客户服务差别化。电子商务可以帮助公司更好地实施以客户为中心的发展战略。一方面，利用电子商务所提供的电子化服务，公司可以通过对出现故障的产品提供服务的快慢来实现差别化，大大提高公司对顾客投诉的反应速度，能够有针对性地为顾客提供提供更周到的服务。另一方面，由于信息更加容易获取，公司可以为顾客提供大量的商品选择机会，从而使客户有更多的选择余地。公司提供的这种产品的多种组合形成了明显的差别化。

④品牌形象。公司可以通过互联网来建立或强化自己的品牌形象，使客户感受到他们的产品是差别化的，进而建立和保持客户的忠诚度，谁拥有了客户，谁就拥有了未来。

(2)低成本战略。低成本战略是一种先发制人的战略，这意味着一家公司提供的产品或服务比其竞争者让客户花费更少的金钱。这种成本的降低表现在生产和销售成本的降低上。一方面，公司通过电子商务方式与供应商和客户联系，大大提高订货和销货效率，使订货、配送、库存、销售等成本大幅度降低。另一方面，通过互联网，企业可以为客户提供更加优质的服务，甚至可以让客户通过互联网进行自我服务，大大减少了客户服务成本。其实，电子商务在减少公司的产品或服务成本的同时，也可以大大降低客户的交易成本。

(3)目标集聚战略。目标集聚战略是一种具有自我约束能力的战略。当公司的实力不足以在产业中更广泛的范围内竞争时，公司可以利用互联网以更高的效率、更好的效果为某一特定的战略对象服务，往往能在该范围内超过竞争对手。比如，在竞争异常激烈的保险经纪行业中，有的保险经纪人利用互联网专门为频繁接触互联网而社交范围比较窄的研究、开发人员提供保险服务，取得了良好的经营业绩。

通过以上分析，对于电子商务项目的策划，需要考虑以下问题：

- 公司所运营的电子商务模式的核心价值是什么？
- 电子商务项目能够向客户提供哪些独特的产品或服务，或者使公司的产品或服务具有哪些独特的客户价值，差别化、低成本还是目标聚集？
- 对传统企业而言，要明确企业实施电子商务是为了生产受益、减少开支、改善客户关系还是支持传统商务？
- 电子商务能否为客户解决由此产生的一系列新问题？

2. 目标用户

电子商务模式的目标用户一般指在市场的某一领域或地理区域内，基于这种商务模式建立的网站的浏览者、建设者、使用者和消费者。电子商务项目业务模式的目标用户定位是提升网站流量，吸引客户的重要步骤，也是项目收入来源定位的重要基础。目标用户可以是广大个人用户，即通常所谓的网民；也可以是企业客户，即所谓的网商。对目标用户的界定，一方面要从地域范围界定，即判定用户的地理特征；另一方面还要从用户的性别、年龄、职业、受教育程度、生活方式、收入水平等人口学特征来划分。

进行电子商务案例的目标用户分析，需要回答以下几个问题。

(1)电子商务项目网站的用户范围是哪些？具有什么特征？

(2)电子商务项目的服务对象范围是哪些？具有什么特征？

(3)对传统企业的电子商务项目而言，电子商务能够使公司接触到哪些范围的用户？是面向全球的用户还是一定地理范围的客户？是面向商家还是面向消费者？这些用户具有什么特征？

3. 产品或服务

当公司或网站决定了目标用户后，必须决定向这些用户提供什么产品或服务。例如，一家定位于大学生的互联网公司必须决定要满足他们多少需求。它可以在基本的连接服务、聊天室、电影、音乐、游戏、网上教学、考研答疑等方面来选择要提供的服务内容。

电子商务突破了传统的商业经营的产品和服务的范畴，使得产品和服务本身的存在形式更加多样化。借助电子商务，买卖双方可以开展纯粹的在线交易，也可以对传统的产品和服务做必要的补充和支持，以提高原有产品或服务的价值。根据产品本身的存在形态和性质，可以把电子商务产品分为实体产品和虚体产品两大类(见表2-5)。

表2-5 网络产品类型、形式和特征

产品类型	产品形式	主要目的	网络特征	例子
实体产品	在线销售或分销	销售或分销离线交付的产品	聚集需求；有助于减少库存	网上购书、网上拍卖、网上购电器
虚体产品	在线数字化产品	在线提供作为核心利益的、以数字化形式存在的实物产品	无消费次数限制；易复制；可传输	网上可供下载的软件、电影或音乐，在线新闻、免费或付费杂志等
	在线交互式服务	在线完成作为核心利益的服务产品	标准化服务；允许生产商和消费者在时空上的分离	网上找工作、远程医疗、远程教育、网络金融证券交易服务
	在线增强产品	为某一服务或产品增加额外的服务或利益	以较低的增量成本提高产品的差异化程度	旅游服务预定、顾客常见问题回答、产品使用、安装与维修指导等

(1)实体产品。实体产品是具有物理形态的物质产品。其网络营销主要表现为对传统产品进行在线零售或分销，如易趣网销售的产品涵盖了书籍、影像资料、手机、数码相机等标准产品和服装、化妆品等个性产品。该类产品本身与离线销售的产品无异，但网络延长了营业时间，拓宽了营业空间，向顾客提供24小时全天候订购服务与异地订购服务，在线运作拓宽了分销商的产品市场，丰富了分销商的营业模式，顾客购物感到更灵活、更便捷。通过网络进行该类产品销售的好处在于：网络能聚集来自于各地的需求，这有助于使产品的库存维持在最低水平。

(2)虚体(无形)产品。虚体产品一般不具形态或有一定形态但需通过其他载体才能表现出来。网络销售虚体产品一般分为在线数字化产品、在线交互式服务、在线增强产品。

①在线数字化产品。产品为能实现在线交付，必须是可数字化的。网络以一系列离散的比特(由0和1表示的)形式传输数字化的数据，也就是说，任何可数字化的信息产品都可通过网络直接交付给客户。软件、音乐、影像和新闻等都属此类品。数字化产品的在线交付突破了传统的交付形式在时间和空间上的局限，具有明显的快捷、及时与低成本等优势。然而，由于数字化了的信息产品很容易被复制后广泛传播，因此该类产品的生产商或经销商对其产品的所有权很难控制，网上的免费电影和音乐就是很好的证明。

②在线交互式服务。在线交互式服务指那些在线完成的作为核心利益的服务产品。

其特征主要表现为该类服务质量的好坏程度依赖于储存的信息，并由此完成供应商与客户间的沟通互动，如远程医疗、远程教育、网上金融证券交易等。由于传统服务产品本身所具有的无形性、同时性、异质性、易腐性，使得这类产品在生产与交付上会受到时间、空间与服务人员数量的限制，而网络可以减少这种限制。

③在线增强产品。在线增强产品指那些为某一产品或服务增加的额外的服务或利益。它通常可归为三类：售前支持、售后支持和履行选项。它们能以较低的增量成本提高产品的差异化程度。

售前支持（Presales Support）。许多公司通过自己的网站向客户提供网上预订、产品选择指南等能促进产品购买过程增强的功能。

售后支持（Postsales Support）。产品的在线售后服务作为公司与客户间持续对话的一种形式，将会给产品与服务本身带来附加值，为公司创造更多的收入。一些公司通过自己的网站向客户提醒例行的产品维修、软件升级、安装与使用在线演示、在线注册、在线问答、客户投诉处理与反馈等，公司能增加向客户交付的价值。

履行选项（Fulfillment Options）。增强产品的另一项增强的形式是，它能显著提高产品的差异化程度并为顾客增加价值。网络技术的发展使企业越来越擅长收集个体消费者的信息，进而为每个客户设计个性化的产品、服务、信息和宣传媒介。如新加坡航空公司根据不同乘客的健康状况和宗教需求，提供多样化的机上食物。当乘客预订机票时，公司允许乘客根据自己的饮食习惯和口味偏好在不同食物类别中选择一种，电脑会记录下来，并且将一张确认了该要求的登记卡打印出来，然后将此要求通过公司网络下载传输给餐饮服务部门。公司还将常客的身份信息与饮食习惯连同其他相关数据永久性地保存在客户数据库中。对于机票，许多航空公司还规定，乘客可以选择现金支付或信用卡支付，这样，企业通过对乘客提供此类选项服务，使顾客从纯粹的消费者（Consumers）转变为生产消费者（Prosumers）。

4. 盈利模式

电子商务项目策划的一个极为重要的部分是确定公司的收入和利润来源，即盈利模式。在现实的市场中，很多公司直接从其销售的产品中或者从其提供的服务中获得收入和利润。但是，在电子商务市场中，因为互联网的特性，使公司利用互联网从事电子商务的收入和利润的来源变得更加复杂。例如，网络经纪电子商务模式的公司的收入来源有交易费、信息和建议费、服务费和佣金、广告和发布费等；一个采取直销模式的公司的收入则主要来自于对客户的直接销售，还可以来自于广告、客户信息的销售和产品放置费，也可以通过削减直接向客户提供服务的成本或减少配送环节来增加利润。

从为客户提供的产品或服务中获取利润的非常重要的一个环节是，对所提供的产品或服务正确地定价。在电子商务市场中，大多数产品和服务是以知识为基础的，以知识为基础的产品一般具有高固定成本、低可变成本的特点，因而产品或服务的定价具有较大的特殊性，企业定价的目标不在于单位产品的利润率水平，而应更加重视产品市场占有率的提高和市场的增长。而且这种产品还具有能够锁定消费者的特点，使许多消费者面临着较高的转移成本，同时使已经在竞争中占有优势的公司不断拉大与其竞争者的距离。

对于传统企业，在利用电子商务来创建、管理和扩展商业关系的过程中，可能很难计算其直接的收入和利润。但是，仍然可以分析其盈利模式，这种电子商务模式的盈利模式在很大程度上表现为电子商务对公司价值链结构的改变：基本活动中的信息处理部分，如商品信息发布、客户沟通、供应和分销商订单处理乃至支付都可以通过电子商务在网上完成，带来大量的成本节约，产生了电子商务的收益递增利润；基本活动中的采购、进货、发货、销售等环节的物流活动，则可以通过第三方物流加以完成或通过信息化水平的提高而提高效率，将大大减少企业的经营成本，因而产生经营成本降低收益；辅助活动中的人力资源管理和技术开发中的部分活动也都可以通过电子商务方式在网上完成，将会使企业的管理成本大幅度下降，产生管理成本降低的收益。

进行电子商务项目的收入和利润来源分析与策划，需要考虑如下问题。

(1)电子商务项目的网站从哪些客户获得哪些收入？

(2)对传统企业来讲，公司原有的收入来源有哪些途径？电子商务使公司收入来源产生了哪些变化？公司实施电子商务后有哪些新的收入来源？

(3)电子商务对公司已具备的能力有哪些影响？

(4)公司的哪些能力是其他公司所难以模仿的因素？

(5)公司如何才能保持它的竞争优势？

(6)公司在形成和保持这些竞争优势的过程中，采用哪些营销战略？

5. 核心能力

核心能力是相对稀缺的资源和有特色的服务能力，它能够创造长期的竞争优势。核心能力是公司的集体智慧，特别是那种把多种技能、技术和流程集成在一起以适应快速变化的环境的能力。

电子商务具有快速的实现周期，对信息和联盟也具有很强的依赖性，而且要坚持不懈地改革商务活动的方式。因此，它需要有一种能综合考虑以上所有因素的分析工具，将公司的技术平台和业务能力进行集成。经过集成后的公司的核心能力应该包括以下几个方面。

(1)资源。公司需要有形的、无形的以及人力资源来支持向客户提供价值的一系列关键活动。有形资源包括厂房、设备以及现金储备。对于从事电子商务的公司来讲，有形资源主要表现在公司的网络基础设施以及电子商务的软、硬件建设水平。无形资源包括专利权、商誉、品牌、交易秘密、与客户和供应商的关系、雇员之间的关系以及不同形式存在于公司内部的知识，例如含有重要的客户统计数据的数据库以及市场研究发现的内容。对于从事电子商务的公司来讲，这类资源往往包括公司自行设计的软件、访问者或客户的登录信息、品牌和客户群。人力资源是公司员工具有的知识和技能，是公司知识资源的载体，在知识经济时代的作用显得更加突出。

（2）竞争力。竞争力是指公司将其资源转化为客户价值和利润的能力。它需要使用或整合公司的多种资源。根据哈梅尔（G. M. Hamel）和普拉哈拉德（C. K. Prahalad）的观点，当公司遇到客户价值、竞争者差别化和扩展能力三个目标的时候，公司的约束力就是公司的核心能力。客户价值目标要求公司充分利用其核心能力加强其向客户提供的价值。如果公司在多个领域使用其竞争力，那么这种竞争力是可扩展的。例如，本田公司设计优良发动机的能力使它不仅能够向汽车，而且能够向便携电力发动机、割草机和轮船提供发动机。

（3）竞争优势。公司的竞争优势来源于公司所拥有的核心能力。其他公司获得或模仿这些能力的难易程度决定了公司保持这些优势的难易程度。这些核心能力难以取得或模仿的往往是由于拥有这种优势的公司在发展进程中处于领先或者这些核心能力的形成需要较长的时间，模仿者难以在短期内获得。进行电子商务项目的核心能力分析，需要考虑以下几个问题：

- 公司拥有的能力是什么？
- 公司实施电子商务需要哪些新能力？
- 电子商务对公司已有的能力有哪些影响？
- 公司的哪些能力是其他公司所难以模仿的？
- 公司如何才能保持它的竞争优势？
- 公司在形成和保持这些竞争优势的过程中，采用哪些营销战略？

2.6.2 经营模式

电子商务项目的经营模式是公司面向客户，以市场的观点对整个商务活动进行规划、设计和实施的整体结构。它包括如何让客户知晓并认同企业的电子商务商业模式和如何实现公司的电子商务商业模式，以满足客户需求。

经营模式与业务模式是密切相连的，电子商务业务模式具体体现了电子商务项目现在如何获利以及在未来长时间内的计划，注重对整体环节的设计和具体路径的选择。经营模式则主要是考虑如何展开具体的商务活动，实现商业模式的各环节设想，促进预期经济目标的达成。这不仅包括选择各环节的具体合作者、协作者、协作方式、分成方法，经营的工具、手段、方式、方法，还包括非业务模式环节的市场开拓、广告宣传等事宜，经营模式将商业模式主体化、动态化、丰富化、灵活化、具体化。

进行电子商务项目的经营模式策划，需要进行以下几个方面的分析。

(1)公司采用何种策略和方式推广自身的业务模式，来扩大客户规模？

(2)客户搜寻商品和服务信息的渠道与方式有哪些？商品展示采取什么方式？客户与公司的信息交流采取什么方式？

(3)商务咨询洽谈的方式与途径是什么？交易订单签约方式是电子化的还是纸质的？

(4)交易的货款支付采取何种方式？具有什么特点？商品的物流配送采取什么方式？具有什么特点？公司提供什么样的电子化服务方式？

2.7 可行性分析

2.7.1 可行性分析的概念

对于电子商务项目来说，可行性分析是企业根据自身发展战略和所面临的内外部环境，从技术、经济和业务实施等方面分析企业是否具备开展电子商务的资源和条件，并进行综合评价，最终做出该项目是否可以实施的结论。因而可行性分析是决定该系统能否立项以及立项后大致按什么规模、什么模式开发的决策性分析。

电子商务项目可行性研究以市场为前提、以技术为手段、以经济效益为最终目标判断，目的是为了避免盲目决策而给企业带来损失，减少投资失误。实现一个电子商务系统通常需要较长的开发周期和大量人力、物力的支持，系统建成后还需要不断地维护和管理，所以在完成了项目的需求分析，确认企业有必要开展电子商务的前提下，还必须对拟建的电子商务项目在投资前涉及的各方面因素进行全面分析，主要是对项目技术经济条件进行综合分析，系统地认证项目的可能性、有效性和合理性，以确定现阶段项目的投资条件是否成熟，技术水平是否适宜，经济上投入产出是否合算，怎样可以规避风险、达到最佳效益，以避免造成资金、人力和时间的浪费。

一般说来，电子商务项目的可行性研究要考虑以下问题：

- 技术上是否可行？经济上是否有生命力？财务上是否有利可图？
- 需要投资多少？能否筹集到全部资金？
- 需要多少时间完成？需要多少人力、物力资源？

2.7.2 电子商务项目可行性分析的内容

1. 技术可行性分析

技术可行性分析主要包括以下三方面的内容。

(1)技术先进性和成熟性分析。所谓技术先进性，是指系统设计应当立足先进的技术，采用最新的技术成果，从而使系统具有一个较高的起点。之所以要选择先进的技术，是因为电子商务系统的实现技术发展很快，而系统的建设需要一定时间，如果在设计的开始阶段没有在技术上领先，将对企业电子商务的竞争能力产生不利影响。

当然，采用的技术也不是越先进越好。一方面，技术相对于项目本身的需求过于超前会导致费用升高，造成浪费；另一方面，过于超前的技术未必成熟稳定，电子商务系统建设在注重先进性的同时还要注重成熟性。

所谓技术成熟性，是指建设系统时应选用符合标准的或者是受到市场欢迎并广泛认同的技术。电子商务项目是一项复杂的工程，如果选用的技术不注重标准化，将难以保证系统运行的稳定可靠，可能给企业带来损失，也可能对企业的服务、形象等方面带来不利的影响。因而企业的电子商务在技术上应坚持先进性和成熟性并举的原则。一方面，要选择先进的技术，在满足需求的基础上要适度超前并具备良好的可扩充性，以保证系统建成后的性能和应用周期；另一方面，要选择一些比较成熟的技术，以确保采用技术的可实现性以及日后系统运行的可靠性。

（2）技术支持度分析。技术支持度包括两个方面。一是项目建设的技术支持度，分析满足应用功能需要使用哪些技术以及这些技术的可得性。首先在技术的选择上要充分考虑对系统功能实现的支持程度，要选择能够充分支持功能需求的技术。例如，企业建立商务网站的目标是在网上销售商品并与供应商、合作伙伴等进行网上的信息交流，那么网站的主要功能应包括信息浏览、信息检索、信息反馈、网上支付和网上认证等，为此可能需要配备包括 WWW 服务器、数据库服务器、邮件服务与认证服务器、防火墙（代理服务器）、中间件组件和网络服务操作系统等在内的软硬件，还需要开发商务应用系统。经分析，以上需求可分为平台构建和应用系统开发两大部分，目前市场对这些技术的支持程度是充分的，其中平台构建部分可在众多厂家的产品中进行优选并集成，应用系统开发部分如果自身没有技术力量维护，可采用外包的方式开发。二是项目运行的技术支持度，分析项目建成后，企业是否具备足够的技术力量维持系统的正常运行。例如，以网上销售为目的的商务网站，建设方案从性能、开放性方面考虑选择了小型机和UNIX 系统，如果企业没有相配套的 UNIX 运行维护队伍，那么系统投入运行后的技术支持程度就会产生问题。在这种情况下，要么调整采用的技术以满足技术支持要求，要么建设与系统运行相配套的技术支持体系，如投入资金培训 UNIX 维护人员或服务外包。

（3）与原有技术或资源的衔接程度分析。很多企业为提高生产和管理的需要，在电子商务系统建设之前已经建立了相关的信息系统，因而在考虑采用技术时，应优先选择与企业原有技术衔接程度高的技术，这样无疑可以节省大量人力、物力和财力等方面的开支。

【延伸阅读 2-10】

芬芳网上鲜花店技术成熟度及支持度分析

芬芳网上花店是一个中小型的电子商务网站，主要在线销售鲜花和礼品，具有商品多级检索、购物车、订单提交和查询、自助订花等功能，涉及数据库、动态网页、安全电子支付(SSL)和防火墙等多种技术，这些都是现阶段已经相当成熟可靠的技术，可以确保日后网站的性能和运行的可靠性。

技术支持方面，网站平台构建有多种现成的软硬件应用集成技术解决方案可供选择。网站应用系统开发方面，虽然实体鲜花店没有太多的技术开发力量，但可以通过系统外包、主机托管等方式实现。

2. 经济可行性分析

电子商务项目的经济可行性研究，是通过对项目成本与可能取得的效益进行比较分析，即通常所说的成本效益分析，来判断项目的可行性程度。经济可行性分析用于对电子商务项目的可行性进行量化分析，其分析内容要考虑电子商务项目的特点。

(1)经济可行性分析方法。经济可行性分析主要是根据成本、收益分析，确定项目建设的经济可行性，同时也可以估算出整个项目的投资回收期。可利用财务分析方法测量电子商务系统项目的可行性。财务分析方法主要是通过一套指标体系来进行。指标体系共包括四项：投资回报率、财务净现值、差额内部收益率、投资回收期。根据上述财务评价方法来确定项目在经济上是否可行。

①投资回报率(Return on Investment，ROI)法。ROI 表示投资的净收益与投入金额的比率。在系统建设规划中，电子商务项目商务模型规划的优劣直接影响到企业的投资回报率。对电子商务项目投资回报率进行分析的目的，是创建一个框架来理解、明晰电子商务项目的潜在效益。针对大型企业电子商务项目的规模大的特点，在项目计划启动阶段建立可信的 ROI 模型对整个项目的论证、投资都将十分重要。通过 ROI 模型的建立，分析投资与回报，可以帮助企业选择最佳的商务模型，有效规避项目风险，降低项目超期、投资超出等风险，保证项目顺利完成。

ROI 计算基本公式为：

$$ROI = \frac{收益 - 投资}{投资} \tag{2-1}$$

困难之处在于如何确定应用电子商务项目的费用与收益，并进一步量化。由于在电子商务项目中涉及的应用和环节很多，似乎很难准确衡量电子商务模型的 ROI。

因此，确定相应的 ROI 衡量准则十分重要。对 ROI 的分析可以从三个方面进行：一是以企业的信息化建设的角度来衡量，企业建立电子商务系统是为建立一个更为完整、灵活、高效的信息化组织，从而更好地通过技术来满足业务的需求；二是从各业务部门的角度来衡量，业务部门希望通过电子商务系统来构建集成化的业务组织，从而更好地实现其战术及战略目标；三是从企业的战略目标的角度来衡量，企业希望借助电子商务系统来增强综合适应力与总体竞争力。

②净现值法（Net Present Value，NPV）。NPV 是把所有预期的未来现金流入与流出都折算成现值，以计算一个项目预期的净货币收益与损失。其表达公式为：

$$NPV = \sum_{t=0}^{N} (CI - CO)_t (1 + ic)^{-t} \tag{2-2}$$

式中，NPV 为净现值；CI 为现金流入量；CO 为现金流出量；$(CI-CO)_t$ 为第 t 年的净现金流量；N 为计算期；ic 为标准折现率。如果一个项目的净现值是正值，该项目就是可取的；如果不存在具有更高净现值的其他项目，该项目就应当实施。NPV 是决定实施还是放弃一个项目的良好标准，因为它衡量的是该项目创造的对社会财富的净增加。

③差额内部收益率法。内部收益率（Internet Rate of Return，IRR），也被称为时间调整收益，是指在当前现金流入值与初期投资完全相等时的折扣率。换句话说，内部收益率就是在当前净值等于零时的折扣率。差额内部收益率法的表达公式如下：

$$\sum_{t=0}^{N} \left[(CI-CO)_2 - (CI-CO)_1 \right] (1+\Delta IRR)^{-t} = 0 \tag{2-3}$$

式中，ΔIRR 为差额投资内部收益率；$(CI-CO)_2$ 为投资大的方案净现金流量；$(CI-CO)_1$ 为投资小的方案净现金流量。首先分别计算各个方案的 IRR，然后将 IRR≥ic 的方案按投资额由小到大依次排列。计算排在最前面的 2 个方案的差额收益率 ΔIRR，若 $\Delta IRR \geq ic$，则说明投资大的方案优于投资小的方案。反之，若 $\Delta IRR \leq ic$，投资小的方案优于投资大的方案。最后，将保留的较优方案分别与相邻方案两两比较，最后保留的方案为最佳方案。

④投资回收法。回收期（Payback Period）是企业由现金流入情况计算得出收回初期投资所需要的确切时间长度。它是最简单的、应用最广泛的一种衡量投资效益的指标。

投资回收期法又称"投资返本年限法"，是计算项目投产后在正常生产经营条件下的收益额和计提的折旧额、无形资产摊销额用来收回项目总投资所需的时间，与行业基准投资回收期对比来分析项目投资财务效益的一种静态分析法。

投资回收期计算公式为：

$$\sum_{t=0}^{N} C_t - C_0 = 0 \tag{2-4}$$

式中，t 为投资回收期，C_t 为 t 时期的现金流入量，C_0 为初始投资额。

在投资项目各期现金流量相等的情况下，只要用投资的初始投资额除以一期的现金流量即可。公式为：

$$投资回收期 = \frac{初始投资额}{一期现金流量} \qquad (2-5)$$

如果投资项目投产后每年产生的净现金流入量不等(绝大多数情况下是这样)，则需逐年累加，最后计算出投资回收期。

也可以表示为：

$$投资回收期 = \frac{项目总投资}{年收益额 + 年计提折旧额 + 年无形资产摊销额} \qquad (2-6)$$

式中，项目总投资包括项目建设期间借款利息的总投资。年收益额是项目投产后达到设计年产量后第一个年度所获得的收益额和计提的折旧额、无形资产摊销额。年收益额可按税前利润和税后利润，目前一般都按年税前利润计算。在计算投资回收期时，在年收益额外还要加上计提折旧额和无形资产摊销额，是因为折旧额和摊销额是重新购置固定资产和无形资产的资金来源，它虽不是项目的收益，但是它是用以补偿固定资产和无形资产投资的，所以也应将它与收益额一起作为收回的投资。上式算得的投资回收期是从投产之日开始计算的。如按建设期初算起，还要加上建设期。

投资回收期指标的特点是计算简单，易于理解，且在一定程度上考虑了投资的风险状况(投资回收期越长，投资风险越高，反之，投资风险则减少)。因此在很长时间内被投资决策者们广为运用，目前也仍然是一个在进行投资决策时需要参考的重要指标。但是，投资回收期指标也存着一些致命的弱点。

首先，投资回收期指标将各期现金流量给予同等的权重，没有考虑资金的时间价值。其次，投资回收期指标只考虑了回收期之前的现金流量对投资收益的贡献，没有考虑回收期之后的现流量对投资收益的贡献。最后，投资回收期指标的标准确定主观性较大。

对于电子商务项目而言，回收期通常需要几年的时间，即在整个项目开始实施之后的几年内。当面对两个可选方案有相似的 ROI 或 NPV 时，具有较短回收期的方案则是理想的选择。

(2)经济可行性分析内容。经济可行性分析内容包括成本估算和效益评估，并采用合适的财务评价方法来确定项目在经济上是否可行。

在电子商务项目生命周期中企业的人员、技术、设备和材料等的投入构成了电子商务的成本。在项目可行性研究期间要对所有这些成本费用进行估算。

电子商务项目的效益评估包括直接效益评估和间接效益评估。其中直接效益是可以量化的效益，可以应用财务分析方法进行评估。

由于电子商务的特殊性，电子商务项目的效益并不仅仅体现在可以货币化的直接经济效益上，还包含间接经济效益。直接的经济效益通常以项目投入运营后一段时间给企业带来的利润来计算，相对比较容易，而间接经济效益是隐性的，但对企业影响却是长远的、战略性的，分析起来相对困难。

不是所有的电子商务项目投资都有足够的直接经济效益，甚至未必有直接经济效益。例如，银行、餐饮和物业管理等服务行业的企业，直接经济效益可能比较难以评估，或者评估出来的直接经济效益可能不是很大；而如果是制造业，由于有制造环节，有库存，一般来说这个直接经济效益可能就会比较可观，往往是即使不考虑间接经济效益，这个回报也已经很大了。但这并不是说直接经济效益不大项目就不可行。企业需要根据间接经济效益的情况进行综合评估。如由于直接经济效益不显著，银行就不投资在安全系统上，这个决策显然是有问题的。因为银行有这个策略，有这个需求，能够带来许多间接经济效益，对长远发展有好处，因而是可行的。

所以进行电子商务项目的可行性分析，一定要认真考虑项目能产生什么效益，既可以是直接经济效益，也可以是间接经济效益。这个效益的叙述一定要把握好，否则企业管理层不会通过项目立项。例如，某大型企业要开发一个物流系统，在经济可行性分析中，对项目的效益主要提到了将提高物流的工作效率：以前是手工输入，将来是无线条形码机器扫描；以前是人工打单，将来是机器自动生成和打印等。该企业的高层管理人员认为投资这么大，只取得这样一些间接经济效益，主要的好处只是"自动化"和"减少人工"，于是判定这样的投资不合理、不合算，要求重新考察项目的可行性。物流和IT部门经过重新考察，修订了投资的策略和目的，提出的新报告补充并细化了效益内容，如通过快速出物流系统能够降低库存2~3天，相当于多少资金；通过自动化的系统能够全面实现自动的"先进先出"，减少物料过期，根据过去的历史数据，相当于每年减少多少金额的物料损耗等。这个调整后的报告再次向企业高层管理人员进行汇报时，很快就获得了通过。

说到底，直接经济效益和间接经济效益并不是一个单一的关系，而是相互影响的，对于电子商务项目来说，往往间接经济效益的比重反而更大，因而在确定项目的经济可行性时要认真分析、综合考虑，才能得出客观、准确的结论。

【延伸阅读 2-11】

芬芳网上鲜花店经济可行性分析

1. 成本估算

芬芳网上鲜花店的建设成本包括系统规划、软硬件系统购买、网站系统开发、网站推广、网站运营维护等几部分费用。

2. 收益估算

建设芬芳网上鲜花店可以取得多方面的收益来源。

（1）网上销售带来的业务量的增加。网上鲜花店能够突破距离和地域的限制，吸引广州市天河区以外的鲜花需求，带来新的业务增长点。芬芳网上鲜花店的年收入在70万元左右。

（2）网上销售带来的成本节约。通过网上销售，可以减少鲜花在门店存储的损耗，也可以减少鲜花流通成本。每枝花在网上销售的成本可以减少20％～30％，销售成本的节约也是增加了花店的收益。

（3）品牌增值带来的收益。网站提供的在线订购和个性化服务功能实现了实体花店不能做到的事情，更好地满足了客户的需求，对提升芬芳鲜花店的形象，实现品牌增值将产生积极的作用。

（4）加盟服务带来的收益。对于配送能力不能达到的广州市区以外的地区，芬芳鲜花店计划采用加盟策略。在网站成功运营，有一定的品牌知名度以后，可吸引其他鲜花店加盟，在带来服务收益的同时，与加盟店共同做大鲜花市场，实现共赢。

芬芳网上鲜花店的年收入在70万元左右，网站开始阶段的投入适中，与网站的收益相比，花店的投资还是值得的。

3．成本与收益对比

芬芳网上鲜花店的收入除了预计年销售额在70万元左右，还会带来销售成本的节约以及品牌提升带来的增值和未来加盟服务带来的收益。而网站开始阶段的投入适中，与网站的收益相比，花店的投资还是值得的。

3．管理可行性分析

在创新的电子商务项目实施过程中，需要具有专业管理能力、能及时应对项目发展变化、方向判断准确、新项目管理经验丰富的决策团队和先进的管理机制。进行电子商务项目的管理可行性分析主要考虑对于新项目的实施所能获得的管理资源和所能具备的管理能力，要从决策机构、管理人员、管理机制等方面进行分析研究，可考虑的因素如下所述。

（1）领导、部门主管对电子商务项目建设是否支持？态度是否坚决？

（2）业务管理基础工作如何？企业现行业务流程是否规范？

（3）电子商务系统的开发运行可能导致企业部门利益调整，如它降低了某个部门的贡献，而目前的激励机制是基于部门的，那些部门能否接受？是否配合？会产生多大的阻力？

（4）企业管理人员和业务人员对电子商务应用能力和认可程度如何？新系统的开发运行导致业务模式、数据处理方式及工作习惯的改变，他们能否接受？

4．市场可行性分析

电子商务新项目的市场可行性分析是结合项目所定位市场的发展现状、市场对项目的实际需求和应用前景进行预测分析。需求预测是项目可行性分析的基础工作，随着环境的发展，市场需求也会不断发生变化，需求预测不仅要对当前的市场进行分析和预测，也要对未来市场可能的变化趋势进行判断分析。在当前社会经济状况下，市场变化非常迅速，特别是电子商务市场，创新项目、创新模式层出不穷，进行电子商务新项目的策划就必须把握市场先机，并且具备足够的发展潜力和应对市场因素发展变化的能力。对于电子商务新项目来说，应该重点考虑的市场可变因素主要包括行业内技术状况、市场构成、竞争状况、需求状况、市场渠道和市场增长趋势等。

5. 社会环境可行性分析

电子商务系统是在社会环境中运行的，除了技术因素与经济因素之外，还有许多社会环境因素对项目的发展起着制约的作用。社会文化的发展变化、消费者的心理状态、社会法律法规的保障，社会环境的变化和发展都会对项目的实施及项目目标的实现产生重要影响。社会环境可行性分析就是要通过对社会文化、政治、法律、自然条件等环境的发展变化趋势进行准确把握和预测，使电子商务项目的发展顺应时代的潮流、引领时代的潮流，从而展现出其旺盛的生命力。因此还要从外部环境上分析电子商务项目的可行性。外部环境可行性分析可考虑的因素如下所述。

(1)准备开发的系统是否可能违反法律？比如有些电子商务活动在一个国家是合法的，但是在另外一个国家就可能是非法的。

(2)准备开发的系统是否符合政府法规或行业规范要求？

(3)外部环境的可能变化对准备开发系统的影响如何？

电子商务项目的可行性分析是一个精细而复杂的过程，经过针对各方面因素的可行性分析研究，项目的发展脉络应该更加清晰可见，项目策划者对项目发展的优劣势及项目实施后可能遇到的各种状况有了更为详尽的把握。在此基础上，项目策划者应该对前期项目策划方案进行修改完善并编制可行性研究报告。通过分析和研究得到的可行性研究报告是进行项目方案选择的重要参考，优秀的可行性研究报告应该是规范、客观、有说服力和易于比较的。

【延伸阅读 2-12】

芬芳网上鲜花店管理可行性和社会环境可行性分析

从管理可行性和社会环境可行性角度分析，建设芬芳网上鲜花店有以下几项有利条件。

(1)网上鲜花店预期效益明显，总经理高度关注并支持。这对项目实施是一个非常有利的条件。

(2)芬芳鲜花店有五年的实体花店运作经验，货源保障可靠，有成熟的配送流程和队伍，广州市区内能够按照客户要求按时配送，网上花店只要求在销售业务流程的接单和客户服务环节做一些变动，其他方面基本不变，不涉及供应商和内部人员的利益调整，业务流程整合难度不大。

(3)花店员工大多是30岁以下的年轻人，会上网及进行基本的电脑操作，经过短期培训即可掌握网上业务操作。

(4)网上花店的主要业务是在线销售鲜花和礼品，符合国家有关法律法规及行业规范要求。

2.8　可行性分析报告的撰写

电子商务项目的可行性研究报告是项目审批立项、领导决策的重要依据，关系到整个工程的质量和投产后的经济社会效益。为了保证报告的质量，应切实做好编制前的准备工作，占有充分的信息，进行科学的分析、比较与论证，做到编制依据可靠，报告结构内容完整，文本格式规范，附图、附表、附件齐全，报告的表述形式应尽可能数字化、图表化，满足投资决策和编制项目初步设计的需要。一般情况下，电子商务项目的可行性研究报告应按照以下结构和内容编写。

2.8.1　可行性研究报告的格式

1．项目概要说明

该部分简要说明项目的要点，主要包括项目名称、承办单位、项目负责人和经济负责人等基本情况。

2．市场及市场预测

(1)建设的必要性：说明该项目建设的重要性和必要性。

(2)市场现状预测：说明当前的市场背景，以及在项目实施阶段的市场预测。

3．产品规模和产品方案

(1)产品规模：项目设定的正常生产运营年份可能达到的产品生产、销售和服务等。

(2)产品方案：拟建项目的主导产品、辅助产品或副产品及其生产能力的组合，包括产品品种、产量、规格、质量标准、工艺技术、材质、性能、用途和价格等。

(3)产品销售收入预测。

(4)产品生产工艺：当该电子商务项目涉及生产产品时，要说明生产的工艺。

4．项目技术方案

(1)生产技术方案。

(2)网络系统技术方案。

（3）网站布局和性能。

（4）主要软硬件设备选型。

5. 厂址选择和建厂条件

虽然电子商务项目主要通过网络完成，但项目的实施仍然需要选择厂址、建设办公场地，项目建设地点选址要直观准确，要落实具体地块位置并对与项目建设内容相关的基础状况、建设条件加以描述。具体内容包括项目具体地址位置（要有平面图），项目占地范围，项目资源、交通、通信、运输以及水文地质、供水、供电、供热、供气、采暖和通风等条件，其他公用设施情况，地点比较选择等。此外，还需说明建厂的相关条件是否符合。

6. 电子商务项目节能目标

说明该项目实施过程中的节能目标和节能措施，同时需要说明设定这些目标和措施的依据和原则。

7. 组织结构

主要包括项目建设期的组织机构设置、人员配置与职能分工情况，项目建成实施后的组织机构设置、人员配置、职能分工、运行管理模式与运行机制等，此外还需要说明人员的来源、培训措施等其他相关内容。

8. 电子商务项目实施进度

根据确定的建设工期和勘察设计、仪器设备采购（或研制）、工程施工、安装、试运行所、检测等所需时间与进度要求，选择整个项目实施的最佳实施计划方案和进度。主要包括实施进度情况和工程进度表。

9. 电子商务项目投资估算与资金筹措

依据建设内容及有关建设标准或规范，分类详细估算项目固定资产投资并汇总，明确投资筹措方案。主要包括以下内容。

（1）投资估算主要编制依据。

（2）投资估算范围。

①土地、土建：占地面积、建筑面积及费用。

②水电增容：水、电增容数量与费用。

③设备与安装费用。

④固定资产投资调节税。

⑤建设期贷款利息。

⑥不可预见费用。

⑦流动资金。

⑧其他费用：技术转让费、培训费、设计费和咨询费等。

(3)资金筹措。

①自筹。

②内引外联。

③贷款：贴息贷款、银行贷款。

(4)投资使用计划。

本部分对资金的使用作出计划。

10. 项目财务评价

在财务预测的基础上，根据国家现行财税制度和现行价格，分析预算项目的效益和费用，考察项目的获利能力、清偿能力及外汇效益等财务状况，以判别项目财务上的可行性。主要内容如下。

(1)成本费用估算。

(2)销售收入估算。

(3)财务分析。

(4)不确定性分析。

(5)技术经济总评价。

本部分应从项目投资意义、经济效益和社会效益情况得出项目可行的结论。论述应简单扼要。

11. 结论

在编制可行性研究报告时，必须要有一个研究结论。结论可以是以下内容。

(1)可以立即开始。

(2)需要推迟到某些条件(如资金、人力和设备等)落实之后才能开始进行。

(3)需要对开发目标做某些修改以后才能进行。

(4)不能进行或不必进行(如技术不成熟、经济上不合算等)。

2.8.2　可行性研究报告编制的注意事项

在很多电子商务的可行性研究报告中往往存在一些具有普遍性的问题，使得报告失去了真实性和科学性，无法满足市场的需求。因此，在编制过程中需要注意以下几个方面的问题。

(1)缺少量化指标，结论依据不足，可靠性差。

(2)研究深度不够，投资估算精度差。

(3)工作周期短，缺乏多方案比较。

(4)融资方案不落实。

(5)风险性分析不详细，缺少多因素分析。

【本章小结】

在开展电子商务项目时首先要进行电子商务项目可行性分析，避免项目投资的盲目性，其过程和作用对于电子商务项目管理来说是至关重要的。在对电子商务项目进行可行性分析时，需要对电子商务所处的宏观环境、行业环境进行分析，同时要对电子商务的市场、竞争对手和企业自身进行深入的分析，从而确定企业是否可以开展电子商务。可借助市场调查获得市场的更详细的信息。目前常用的调研方法包括一手资料分析法、问询法、座谈会法和观察法等。电子商务的业务模式是电子商务项目运行的秩序，是指电子商务项目所提供的产品、服务、信息流、收入来源以及各利益主体在电子商务项目运作过程中的关系和作用的组织方式与体系结构。电子商务项目的经营模式是公司面向客户，以市场的观点对整个商务活动进行规划，设计和实施的整体结构。电子商务项目可行性分析的内容有电子商务项目技术可行性分析、电子商务项目的经济可行性分析、电子商务项目的管理可行性分析、电子商务项目的市场可行性分析、电子商务项目的社会环境可行性分析。

【应用案例】

案例 2-1　2017 年中国在线短租行业宏观环境分析

1. 政策环境分析——共享经济纳入国家规划，鼓励挖掘旅游消费新热点。

近年来，国家大力鼓励发展旅游产业，丰富国民休闲消费项目，如乡村旅游、个性化自由行等，促进旅游产业的多元化发展；并且，在 2015 年 11 月，国家首次将共享经济概念写入党的全会决议中，说明当下国家重视新型经济模式能给发展注入新的力量，社会资源的有效再配置，能优化部分市场弊端。

2015—2016 年中国在线短租行业相关的国家政策包括以下几点。

(1)2015 年 7 月，国务院常务会议，特别指出挖掘旅游消费新热点。

住宿分享行业在为游客提供获取房屋租赁信息的平台的同时，还能满足其多场景个性化需求，有望形成旅游业新的经济增长点，从而进一步扩大旅游规模。

(2)2015 年 11 月，《中共中央关于制定国民经济和社会发展第十三个五年规划的建议》提出创新、协调、绿色、开放、共享五大发展理念，这是在国家级会议首次明确提出共享概念，并将共享经济写入党的全会决议中。

(3)2015 年 11 月，《国务院办公厅关于加快发展生活性服务业促进消费结构升级的指导意见》。首次点名"积极发展客栈民宿、短租公寓、长租公寓等细分业态"，并将其定性为生活性服务业，将在多维度给予政策支持。

(4)2016 年 1 月，《关于落实发展新理念加快农业现代化实现全面小康目标的若干意见》提出，大力发展休闲农业和乡村旅游，有规划地开发休闲农庄、乡村酒店、特色民宿、自驾露营、户外运动等乡村休闲度假产品。

(5)2016年8月，《福建省旅游条例》。该条例的施行将有助于民宿业者告别"半合法"的身份(只有营业执照，没有办理民宿登记证)，破解发展困局。

(6)2016年12月，《关于确定民宿范围和条件的指导意见》规范民宿，更在于拉长民宿产业链周边，带动整个乡村旅游的发展，实现更合理的社会分工。

2. 经济环境分析——国民经济稳中有进，旅游行业持续快速发展

根据国家统计局的数据，2015年我国人均国民生产总值已达4.9万元，同比增长4.6%(见图2-7)，虽然增速放缓，但国民经济运行仍然稳中有进，为在线短租行业创造了良好的经济环境。2015年国内旅游消费支出达到3.4万亿元，同比增长12.8%(见图2-8)，旅游行业持续快速增长，已步入大众消费时代，也会带动相关的在线短租行业迅速增长。

图2-7 2015年我国人均国民生产总值

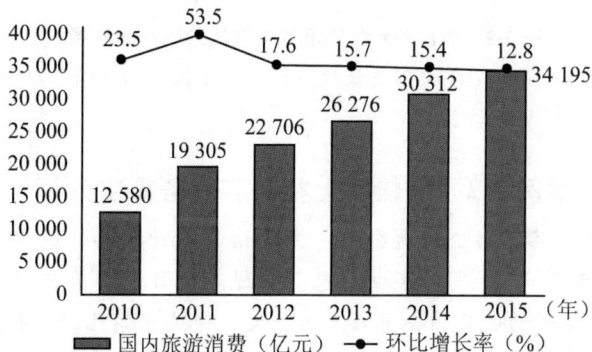

图2-8 2015年国内旅游消费支出

3. 社会环境分析——社会环境逐渐成熟，住宿行业需求旺盛

随着共享经济概念的火热，移动互联网的飞速发展以及社会信用体系不断建立和完善，住宿分享所需的社会环境已经渐渐成熟；中国出游者对于住宿的多样化需求以及房地产行业空置率居高也助推着住宿分享行业的发展；关系文化是阻碍中国共享经济发展的一个主要原因，但随着全球一体化，文化融合的趋势发展，熟人圈子也终将被打破。

4. 科技环境分析

随着互联网技术的快速发展，创造一个由第三方创建、以信息技术为基础的市场平台成为可能，极大地降低了信息搜索成本，使分享成为了有利可图的商业行为，人们不出门就能了解远在千里之外的房源和房东信息，AR、VR技术也有望实现实景看房，这促使消费习惯的转变。移动互联网及APP应用的普及让出行变得智能，指尖一点，即可完成车票、房间预订。智能门锁、人脸识别技术等新科技手段有望加入到解决安全问题的领域中，如图2-9所示。

图 2-9 中国的科技环境改变在线短租行业发展

资料来源：艾瑞咨询：《2017年中国在线短租行业研究报告》，http://report. iresearch. cn/wx/report. aspx? id＝2944,2017-03-02。

案例 2-2 美佳网上礼品店业务需求分析

美佳公司是一家礼品销售公司该公司，主要销售各种玩具、服饰、首饰及各种附属产品(如包装纸、包装盒等)，同时经营礼包、快递等项目，目前公司主要的营销方式还是传统营销。随着互联网的普及和公司的不断壮大，传统营销已经显得力不从心。为了拓宽业务，吸引更多客户，降低营销成本，减少中间环节，节约配送时间，公司非常有必要引进网络营销手段，尽快建立自己的网上销售系统，这样可以扩展业务范围，使公司与国际接轨，是把公司做大做强的必经之路。美佳网上礼品店的需求主要包括以下几个方面。

1. 通过网上礼品店树立全新企业形象

对于一个以礼品销售为主的大型连锁企业而言，企业的品牌形象至关重要。特别是在互联网技术高度发展的今天，大多客户都是通过网络来了解企业产品、企业形象及企业实力。因此，企业网站的形象往往决定了客户对企业产品的信心，建立具有国际水准的网站能够极大地提升企业的整体形象。

2. 通过网上礼品店增强销售力

销售力指的是产品的综合素质优势在销售上的体现。现代营销理论认为，销售即是传播。销售的成功与否，除了取决于能否将产品的各项优势充分地传播出去之外，还要看目标对象从中得到的有效信息有多少。由于互联网所具有的"一对一"的特性，目标对象能自主地选择对自己有用的信息。这本身已经决定了消费者对信息已经有了一个感兴趣的前提。使信息的传播不再是主观加给消费者，而是由消费者有选择地主动吸收。同时，产品信息通过网站的先进设计，既有报纸信息量大的优点，又结合了声、光、电的综合刺激优势，可以牢牢地吸引住目标对象。因此，产品信息传播的有效性将远远提高，同时也提高了产品的销售力。

3. 借助网上礼品店提高附加值

许多人知道，购买产品不仅买的是那些看得见的实物，还有那些看不见的售后服务。这也就是产品的附加值。产品的附加值越高，在市场上就越有竞争力，就越受消费者欢迎。因此，企业要赢得市场就要千方百计地提高产品的附加值。在现阶段，传统的售后服务手段已经远远不能满足客户的需要，为消费者提供便捷、有效、即时的 24 小时网上服务，是一个全新体现项目附加值的方向。世界各地的客户在任何时间都可以通过网站下载自己需要的资料，在线获得疑难解答，在线提交自己的问题。

上述案例的主要问题是需求分析没有结合美佳的礼品业务展开，让人感觉很空洞。美佳"使用传统营销已经显得力不从心"表现在哪里？建个网站就能"树立全新企业形象"？美佳网上礼品店怎样增强礼品的销售力？提高了什么附加值？这些问题案例中都没有具体说明，也就难以得到认同。这种"放之四海而皆准"的通用性需求分析实际上是没有什么价值的。企业业务分析不能只考虑企业本身是否有电子商务需求，还要考虑企业的产品和服务是否适合采用电子商务方式。

在企业生产经营的商品中，不同的商品对于消费者来讲，在选购和决定购买的行为上是有区别的。并不是所有的商品都适宜网上销售，因而在企业需求分析的过程中，不仅要分析企业是否有电子商务需求，同时也要根据企业产品特色来选择网上开展的业务。适合网上销售的商品一般具备以下条件。

（1）数字化产品。数字化技术和信息技术的发展使许多数字化的产品可以直接通过网络进行配送，省去了物流成本。比如软件、电子书籍就是典型的数字化产品。

（2）标准化产品。网络的虚拟性使购买者在购买前不能像传统购买那样尝试或体验产品，而标准化产品使购买者能够通过产品的规格型号知道其功能，经网上网下对比了解就可以激起购买欲望。如果这件商品必须亲自看见、触摸或试用才可以确定品质，那么就不适合在网上销售。

（3）目标市场覆盖面大。网上市场是以网络用户为主要目标的市场，在网上销售的产品要适合覆盖广大的地理范围。如果产品的目标市场比较狭窄，可以考虑采用传统营销策略。

（4）体积较小、附加值较高。主要是方便运输，降低运输的成本。价值低于运费的单件商品不适合在网上销售。

（5）价格有优势。通过互联网进行销售的成本低于其他渠道的产品，因此，在网上销售产品都有一定的价格优势，而且互联网在发展初期是采用共享和免费策略发展起来的，网上用户比较认同网上产品的低廉特性，如果网下可以用相同的价格买到，就未必有人在网上购买了。

（6）具备独特性或时尚性。独具特色或十分时尚的商品，网下没有或难以见到，只有网上才能买到，这样就比较容易获得买家的订单。比如外贸订单产品或者直接从国外带回来的产品。

根据以上条件，目前事宜在网上销售的商品主要包括数码产品、电脑软硬件、手机及配件、保健品、化妆品、工艺品、体育及旅游用品等。

案例 2-3　新浪微博的业务模式分析

1. 战略目标

新浪微博有明确的战略目标规划。它的目标是发展成为一个适合中国用户的 SNS 应用平台，其定位是成为一款为大众提供娱乐休闲生活服务的信息分享和交流平台。新浪微博相较于其他平台的微博，互动性强，流动性广。

2. 目标客户

新浪微博的目标客户面向全球，用户包括个人用户、机构及组织。个人用户包括普通用户（即草根用户，主要以青年和中年为主）和名人（明星、企业领导、媒体人、学者等），机构及组织主要有公司、慈善机构、政府部门及相关机构等，注册微博主要是为了进行营销、树立品牌、参与社会活动等。拥有大学以上高等学历的用户是微博的主力用户；17～33 岁青年群体构成移动互联网的主要用户，占全部移动用户的 83%；17～24 岁年龄段的女性使用率相对较高；24 岁及以上的男性用户占比相对较高。

受区域经济、人口结构等多因素影响，华东、中南地区的微博活跃用户规模相对较大。珠三角、长三角、北京等经济发达地区以及人口大省的微博用户占比较大。

3. 产品和服务

新浪微博宣称"随时随地发现新鲜事！微博带你欣赏世界上每一个精彩瞬间，了解每一个幕后故事。分享你想表达的，让全世界都能听到你的心声。"为此，新浪微博提供的产品服务包括：发布功能、转发功能、关注功能、评论功能、搜索功能、私信功能。它独特的产品价值是门槛低、随时随地、快速传播、实时搜索、分享到新浪微博、用户排行功能。

4. 盈利模式

新浪微博主要的收入来源有广告的投放、微博会员的充值、粉丝头条、关联广告、实时搜索、微博问答、流量分享。电子商务的不断发展使微博在后期不断增加收入来源，包括越来越多的广告投放位，限流需要花钱上头条，花钱买流量。但最主要的收入来源依旧是广告投入。有偿的附加产品和增值服务的提供是微博拓宽利润点的方法。微游戏也早已成为微博的第二大盈利点。

5. 核心能力

新浪微博拥有庞大的用户群体和高强度的用户黏度。平台入驻很多明星大咖，有强大的名人效应。有事件策划能力和强大的背景。电子商务的不断发展也能带动微博平台的发展，特别是移动端的高速发展，会让微博不断出现新的增长点。微博最难模仿的因素是，这几年不断累积增大的用户人群。用户壁垒已经建立，用户迁移成本很高，同类产品难以超越。

【实验内容】

1. 分析共享单车企业所处的宏观环境。
2. 试对共享单车企业的行业环境进行分析。
3. 对摩拜单车的竞争对手进行分析。
4. 结合市场调研对摩拜单车进行目标市场分析。
5. 对芬芳网上鲜花店项目进行可行性分析。

芬芳鲜花店是一家鲜花零售店，主要销售各种鲜花、绿色植物和各种鲜花附属产品（如花篮、水晶土、养料、鲜花包装纸等），同时经营鲜花包装、快递等项目。现有员工10人，每天的鲜花销售额为2 000～2 500元。芬芳鲜花店现有店面地处广州市天河区，这是一个办公大楼集中的区域，也是休闲娱乐和消费中心。该店开张五年来，采用传统的营销方式，以零售为主要销售渠道开展业务，经营平稳，业绩尚可，进货、销售和配送都已比较成熟，也积累了一批老客户。但芬芳鲜花店目前存在以下几个问题。

（1）鲜花零售利润可达50%～80%，十分可观。但是由于鲜花很容易枯萎，所以它的损耗率相当大，采购回来1 000枝花，最多只能卖出去200～300枝，卖不出去的只好作损耗处理扔掉。现在进货的数量和品种主要凭经验，难免会出现进货和销售之间的偏差。这使得鲜花的损耗高居不下，这是经营成本高的一个主要原因。

（2）芬芳鲜花店地处天河办公区，在这几年的经营中赢得了一定的口碑，客户忠诚度也比较高。但是光顾花店的大多是附近的客源，距离远的客户由于选购不方便，加之"芬芳"的品牌知名度不高，难以吸引他们光临。芬芳鲜花店也曾考虑过加开分店，并加强宣传，提升"芬芳"的品牌知名度，但计划投入较大，而且难以确定效果，实施的风险较高，因而一直没有付诸实施。这使得鲜花店销售规模停滞不前，发展遇到瓶颈。

（3）芬芳鲜花店计划发展礼品、贺卡、饰品等配套业务，但由于店面面积有限，难以对多样货品进行展示。

（4）芬芳鲜花店还计划发展公司礼仪、生日派对等鲜花的集中订购，但相对于大南路鲜花一条街，花店的知名度不高，店面展示的鲜花品种和数量也有限，使得该类业务未能开展起来。

为了解决上述问题，芬芳鲜花店希望突破传统的营销方式，建设芬芳网上鲜花店，实现网络营销与传统营销双通道同时运行的新型鲜花营销模式。

第 3 章
电子商务项目需求分析

【开篇案例】

如何理解项目经理的抱怨？

"软件工程师毫无用处，我宁愿雇用雷达专家教会他如何编程，也不愿意雇用程序员来教会他雷达信号流程"。这段措辞严厉的声明来自一位大型政府项目的经理，他所在部门的电脑系统曾经错误地发出了 ICBM 导弹来袭的警报。更加令他不能忍受的是程序员拒绝对此错误的功能承担责任。

程序员抱怨说这是由于系统说明不够全面造成的，而并非自己的原因。这位经理意识到，需求文档没有指出特定的环境会导致错误的警报，但他仍认为他所在部门的编程人员应该具备这样的基本知识的。"没有任何雷达专家会犯如此基本的错误。"他坚持说。

3.1 电子商务项目需求分析概述

3.1.1 电子商务项目需求及产生

需求分析对于软件系统的开发是非常重要的，详尽而且全面的系统说明对于电子商务项目的成功至关重要，也是使电子商务项目成功且不出纰漏的保证。

要进行电子商务项目的需求分析，首先需要清楚需求是什么，它是怎样产生的。

经济学定义需求，是从定义"需要"开始的。"需要"是指所感受到的匮乏的状态。"需要"经文化和个性塑造后以"欲望"的形式表现出来，"欲望"可用满足需要的实物或服务来描述。而当有了购买力作为后盾时，"欲望"就变成了"需求"。

用这个概念来研究电子商务，可以认为电子商务项目需求是企业为适应生产经营环境的变化，改善或发展业务而产生的开展电子商务的需要，并有满足这种需要所需的资源。发现、识别电子商务的需求，是产生电子商务项目的第一步，也是电子商务项目生命周期的第一阶段的首要工作。

企业之所以会产生电子商务项目需求，一般来说有以下几个原因。

(1)企业为了自身发展的需要产生了需求。绝大多数企业为了自身发展的需要，都会考虑到如何利用新技术来节约成本、提高效率、提高竞争力，考虑如何在一个新的、比较高的起点上来发展新的业务。电子商务的应用普及为企业解决现存问题、发展业务提供了一个新的机遇和方法，从而形成了对电子商务的需求。

(2)电子商务领域本身处于发展时期会创造需求。电子商务领域和产业正处于发展、上升时期，有很好的发展前景，其中蕴藏着许多新的商业机会，激发企业去探索、去开拓，从而形成了对电子商务的需求。

(3)社会的发展、经济和经营环境的变化产生需求。随着国家信息化基础建设的步伐加快，企业开展电子商务的基础条件在不断改善，原来制约企业开展电子商务的许多瓶颈问题(如网络带宽、网上支付、物流配送、安全认证等)将逐步得到解决，每一个问题的解决都是产生电子商务项目需求的契机。

现实世界中多数电子商务项目需求都是企业出于自身发展的需要而产生的。比如威达企业机构的电子商务项目需求就是来自分销业务中存在的问题。原来，威达采用中国典型的分销企业管理方法，即各个分销商在需要进货时，把单子发给相关的分公司，由分公司进行处理；如果该分公司的仓库中有货，就直接向其发货，如果没有货，则上报到总公司；总公司到各个分公司的仓库中去查询哪个分公司的仓库有货，并完成相应的调货过程；如果没有货，就通过相应的产品助理，向供货商进货，再发给该分公司，进而到达该分销商。

这样一个典型的分销型企业，在操作时会有很多问题。存在的问题，威达过去无法解决。随着电子商务的出现，威达就可以利用这个新兴的手段，直接管理各个分销商来解决这些问题。实施电子商务后，各个分销商在需要进货时，可以利用互联网直接将订单发给总公司，总公司中的产品助理对订单的品种和价格进行审核，确认可行后，即发给能够供货的最适当的分公司，由其向分销商发货。如果需要补货，则由产品助理进货后，直接发给分销商，并把多进的货发给适当的分公司。这种电子商务方式使销售的层次减少到只有一层，销售成本大大降低，周期也得以缩短，各个分销商也不再多压货，资金占用成本随之降低；而总公司可以直接向各个分销商进行催款，使回款慢的问题得到缓解。另外各种渠道政策的执行都是在总公司实现的，因此可以确保其贯彻，补贴信息也在总公司这里得到了集中，不会发生差错，而且各个分销商的状况一目了然，使总公司可以掌握最准确的市场信息。

3.1.2　电子商务项目需求分析的概念

1. 电子商务项目需求分析的定义

电子商务项目需求分析就是通过需求调研，了解企业的内、外部环境和条件，分析企业存在的问题，发现电子商务带来的机会，掌握现阶段企业具有哪些电子商务项目需求，以便确定是否有必要开展电子商务，以及用什么方式开展电子商务的过程。需求分析是开展电子商务项目时必须做的第一项工作，对后续各项工作的进展具有决定性作用。

2. 电子商务项目需求分析的目的

我们知道，互联网的出现，使人们借助网络开展商务活动成为可能，这不仅极大扩展了交易范围，而且有效缩短了交易时间，降低了交易成本。在这种背景下，形形色色的网络创新企业不断诞生，传统企业也纷纷走上"鼠标＋水泥"的企业 e 化道路，通过电子商务战略来增强市场竞争力的思路深入人心。

然而，许多企业往往是从媒体的报道和渲染中了解到电子商务的概念，激发了开展电子商务的冲动，而对企业实际有哪些需求，是否具备开展电子商务的条件是不清晰甚至是模糊的，这样贸然开展电子商务就很可能得不到预想的效果。

实际上，不同的企业对电子商务的需求是存在巨大差异的。比如大型企业和中小企业同样是开展电子商务，其重点就有很大的不同：一般来说大型企业外部交易结构相对稳定，而内部供应链和外部供应链却比较复杂，所以其开展电子商务的重点会落在降低供应链成本、提高企业反应速度上，建设内容可能包括整合在 EIP（企业信息门户）之下的包括 ERP（企业资源计划）、CRM（客户关系管理）和 SCM（供应链管理）在内的电子商务综合应用系统。而中小企业的外部交易结构相对脆弱，供应链也相对简单，开展电子商务更多是着眼于开拓市场，建设内容多数是建立商务网站或者到阿里巴巴之类的第三方平台上开设网店以寻找商机、拓展业务。

不仅不同的企业对电子商务的需求存在差异，即使同一企业在不同的发展阶段对电子商务的需求也是不同的。只有需求明晰了，才能目标明确，策划好项目。另外若项目进行招标，承建商也要根据需求准确把握项目的意图，才能规划出好的项目。而在实际中由于技术局限，企业往往难以准确地把电子商务系统的需求传达给承建商，导致承建商不能准确获取企业真实的电子商务应用需求，需求信息的不对称和需求描述的错位，容易引起电子商务设计的缺陷，最终导致项目应用不理想，甚至使该项目失败。

因此，在开展电子商务之前，首先需要进行需求分析，系统地梳理企业存在哪些电子商务项目需求，把握开展电子商务的必要性，避免项目投资的盲目性，其过程和作用对于电子商务和项目管理都是至关重要的。

3.1.3　电子商务项目需求分析的方法

电子商务项目需求分析实质上就是要清楚了解企业现阶段具有哪些电子商务项目需求，以便确定是否有必要开展电子商务。而要准确地发现和识别电子商务的需求，就必须对企业的运行状况、经营环境、竞争态势和市场机遇进行细致的观察和准确的分析。所以，电子商务项目需求分析主要包括以下任务。

1. 开展电子商务项目需求调研

没有调查就没有发言权。要准确地分析企业的电子商务项目需求，首先就要开展需求调研，掌握大量一手或二手资料，充分了解企业的内部和外部情况，作为后续分析的基础。

电子商务项目需求调研主要包括行业发展调研、企业业务调研、目标市场调研和竞争对手调研等几个方面的内容。

2. 进行需求分析

在需求调研收集大量信息的基础上，还要进行需求分析，采用科学的方法对收集的资料进行分析整理、归纳综合，全面地认识企业存在哪些电子商务项目需求，需求的迫切性以及这些需求将给企业带来哪些市场机会或多大的市场空间，并提出相应的建议。

3.1.4　电子商务项目需求分析的内容

电子商务项目建立之初，需要去了解和发掘什么样的功能及非功能需求才能满足企业本身以及企业客户的需求，这就需要从以下三方面对电子商务项目进行需求分析。

1. 从电子商务项目的客户处进行需求分析

对客户进行需求挖掘，需要使用调研等相关手段，对客户的业务流程、所处环境等进行功能需求和非功能需求的分析。同时，需要对客户的需求信息量、信息源、信息内容、信息表示方式、信息反馈方式等方面的要求进行分析，据此为客户提供最新、最有价值的信息。全面的客户需求分析是使电子商务项目能够成为真正的应用型电子商务项目。

2. 从电子商务企业自身处进行需求分析

电子商务项目的需求还来源于电子商务企业自身。在项目的提出之初，需要明确电子商务项目的主要业务和主要盈利模式以及相关的站内促销手段等。这些同样也对电子商务项目的功能和非功能方面提出了具体的需求。在需求分析过程中，需要采用访谈等方法对企业内部的员工、管理者等进行需求了解，了解和分析项目的具体业务流程，企业在产品研发、生产和销售等过程中需要使用电子商务项目进行的所有操作和业务流程等需要进行详细的需求分析。

3. 从电子商务企业竞争对手处进行需求分析

每个电子商务项目都会有一定的竞争对手，而竞争对手的网站功能也是电子商务项目需求分析的一个重要来源。在进行需求分析时，可以使用对比分析等方法，对竞争对手的电子商务项目进行详尽的分析，对其功能模块、业务流程等进行分析，取其所长、补其所短，充分完善自身项目的需求。

同类型的电子商务项目，其功能都有类似之处。典型的电子商务功能需求可以给具体的电子商务项目需求分析提供许多功能需求上的借鉴之处。

3.2　电子商务项目需求调研

要准备地分析企业的电子商务项目需求，必须充分了解企业的内部和外部情况，包括企业的运行情况、企业的经营环境、竞争态势和市场机遇等，掌握大量一手或二手资料，才能得出企业开展电子商务的真实需求。为此，开展需求调研是必不可少的一项工作。

3.2.1　需求调研的流程

要确保需求调研的质量，必须制订周密的调研计划，遵循科学的调研程序。需求调研通常分为制订调研计划、实施需求调研、调研资料整理分析及撰写调研报告四个具体步骤。

1. 制订调研计划

(1)确定调研目标。就是明确本次调研要达到什么目的，是了解企业存在什么问题、具体有哪些电子商务项目需求，还是发现电子商务能给企业带来哪些新的商机，又或者是了解企业的经营环境和竞争情况，明确的调研目标是确定后续工作内容的基础。

(2)选定调研对象。调研对象是指电子商务系统的使用者或者管理者，既可能是企业内部相关人员和部门，也可能是相关的供应商或渠道商，还可能是普通(网络)客户。调研对象可以是一个企事业单位，也可以是某个单位的一些部门或某些个人。调研对象应该尽量明确，只有通过调研人员与调研对象的直接沟通，才能取得第一手的资料。

(3)确定调研方法。是指通过什么方式来收集资料。目前常用的调研方法包括现有资料分析法、问询法、座谈会法和观察法等。为了达到调研的总体目标，应该根据每次调研的目标、调研对象等因素采用不同的调研方法或不同方法的组合。在互联网高度发达的今天，有些调研项目可以通过网络来完成。

(4)确定调研时间、人员、资金预算。调研时间是指根据调研内容的多少和时间的要求，有计划地安排调查研究的进度，以便使调研工作有条不紊地进行。如应该何时做好准备工作，何时开始并在多长时间内完成某一调研项目等。调研时间表应包括调研计划的制订、实施需求调研、调研资料整理分析及撰写调研报告等时间安排。

调研人员数量是根据调研工作量与调研时间表安排而确定的。通常，调研人员由领队、调研员、需求分析人员等组成，形成调研小组。在调研过程中，与调研对象协调是极其重要的工作，往往由调研小组的领导人员担任或者专门设立协调机制，以保证最大可能搜集到调研对象的信息。

调研的资金预算主要包括调研所需要的交通费、场所使用费、人力资源费用、耗材费等。

2. 实施需求调研

(1)调研准备。在调研计划的基础上，对调研小组的每个成员进行分工，让每个调研人员了解调研目标及任务，做好实施前的准备。如对于问卷方式，要设计好调查问卷；座谈方式则对每一个调研对象要分别列出需要调研的问题，由此制作出有针对性的调研问题列表。

(2)需求调研。需求调研是将调研计划付诸实践的行为，这一工作就是以调研计划为指导，执行事先设计好的调研表中所列的任务。如座谈方式就要将所列问题与调研对象进行沟通，明确业务流程与调研对象的期望，收集相关的文字资料与数字资料。

这个环节成本最高、耗时最久，并且由于信息的质量直接影响到对其进行分析所得的报告结果的可靠性，所以在此环节一定要采取各种监管措施，保证能收集到所要的全部信息并保证信息的准确可用性。

3. 调研资料整理分析

由于调研过程收集的资料是杂乱的，有的是重复无用的，这就需要按照调研目标进行归类整理，剔除与调研目标无关的因素以及可信度不高的信息，对余下的信息进行全面系统的统计和理论分析。使资料系统化与条理化。

在进行该项工作时，首先应审查信息的完整性，如所需信息并不完备，则需要尽快补齐；其次，应根据本次调研的目的以及对所收集信息的质量要求，对信息进行取舍，判断信息的真实性；再次，对有效信息进行编码、登录等，建立起数据文件库；最后，依据调研方案规定的要素，按统计清单处理数据，把复杂的原始数据变成易于理解的解释性资料，并应用科学的方法对其进行分析综合从而得出有价值的结论。在分析的过程中，应严格以原始资料为基础，实事求是，不得随意扩大或缩小调查结果。

4. 撰写调研报告

调研报告是对调研成果的文字反映，其主要内容包括调研目标、调研过程、调研方法、调研总结，是调研工作的最终成果，应该具有真实性、客观性和可操作性，能切实为企业提供有用的信息和建议，为企业规划电子商务提供各种依据和参考。调研报告除正文以外，还应该将调研过程中各种详细记录作为调研报告的附件，供日后参考查阅。

3.2.2 需求调研的方式

需求调研有多种方式，包括现有资料分析法、问询法、座谈会法和观察法等。在电子商务项目需求调研中主要使用现有资料分析法和问询法。

1. 现有资料分析法

(1)调研资料的分类。调研资料按来源可分为一手资料和二手资料两种。

一手资料是指向被调研者收集的、尚待汇总整理，需要由个体过渡到总体的统计资料，也称为原始资料或初级资料。一手资料必须由企业进行首次亲自收集，作为本次调研专门收集的资料，它更详细、更富有针对性，但同时需要花费更多的时间和成本。一般通过实地调研、访问有关人员等方式获得一手资料。在收集一手资料时应考虑成本因素，重点收集与调研目标有关的重要信息。

二手资料是指已经经过整理加工，由个体过渡到了总体，能够在一定程度上说明总体现象的统计资料，也称为次级资料或现成资料。它与一手资料相比，具有成本低、获得速度快，能及时使用的优点，可以节省人力、物力和财力。二手资料可以来自企业内部，也可从外部获得。随着网络应用的普及，从互联网上可以获得大量的二手资料。

(2)现有资料分析法的概念。现有资料分析法也叫文案调查法，或二手资料调查法，是调研人员充分了解调研目的后，搜集企业内部现有资料及企业外部现有资料，通过衔接、对比、调整、融会等手段，综合分析后得出市场调研报告的方法。

(3)现有资料的主要来源如下所述。

- 企业内部档案，如财务报告、销售记录、剪报、影音资料等。
- 外部机构调研资料，如政府的统计调查报告、学术研究机构的调查报告、调研公司已有的调研报告等。
- 外部期刊或专业书籍、杂志。
- 各类展会的免费或有偿资料、展品、宣传品等。
- 竞争者的对外宣传、公报，正面或侧面的报道、采访等。

伴随互联网的高速发展，信息在网络中发布和传送十分方便快捷，大大提高了信息容量，网络信息内容包罗万象。通过使用网络，现有资料分析法变得无所不能：在搜索引擎输入感兴趣的关键词，成百上千的相关信息将呈现在你的眼前；网上 BBS 和 QQ 群组有许多友好和乐于表现的朋友和专家，由于其开放性、自由性、平等性、广泛性和直接性等特点，使得收集大量信息非常方便。互联网已逐步成为二手资料的新的重要来源。

(4)现有资料分析法的优点。

• 成本低廉且节省时间。对于广大中小企业，这无疑是最有吸引力的一点，而所需仅是耐心和平时的积累。

• 提供解决问题的参考方法。决策者所面对的问题，很少是史无前例的。通过查阅现有资料，往往能发现已有的案例，甚至可以通过调研报告直接发现什么是正确的决策。

• 提供必要的背景或补充材料，可作为一种调研支持手段。当使用不止一种调研方式时，选择现有资料做补充或支持，可以使结论更具说服力。

(5)现有资料分析法的局限性。

• 可得性。很多时候，一般是没有现成的资料或资料不充分。如果找不到需要的资料，只能另外采取其他调研方式。

• 相关性。经常看到由于对象、形式、方法的原因，虽然有现有资料，但缺乏相关性，无法使用。比如看到有关建设网上书店的需求分析报告，可是无法用到时装网站的需求分析中，因为相关性成问题。

• 准确性。不可避免地，现有资料中会存在错误或问题：合作关系上隔了一层甚至数层的来源、可信度不高的出具机构、去年或前年的数据、研究倾向或立场差异，都造成现有资料的准确性问题。对于网络信息，虽然来源充分，但是其中鱼龙混杂、真假难辨，其准确性也受到挑战。

2. 问询法

问询法也叫问卷法或访问法，是通过直接或间接询问的方式搜集信息的调研方法。通常做法是由调研机构根据调研目的设计调研问卷，选定调研对象，通过调研人员对调研对象的访问，得到调研的第一手资料，最后经统计分析得出调研结果。

问询法的具体形式多种多样，根据调研人员同被调研者接触方式的不同，可以分为访谈法、电话法、邮寄调研法和留置问卷法等方法。

(1)访谈法。它是指调研人员同被调研者直接面谈、询问有关问题，当面听取意见，收集大家反映的方法。通过访谈法，调研人员可以提出已经设计好的各种问题，收集比较全面的一手材料，同时还可通过被调研对象的回答表情或环境的状况，及时辨别回答的真伪，有时还可能发现意想不到的信息。访谈法需要调研人员有较高的素质、熟练掌握访谈技巧，并事前做好各种调研准备工作。访谈法可采取个别访谈的方式，也可采取小组访谈和集体座谈的方式。

个别访谈是指调研人员与被调研者面对面进行单独谈话来收集资料的方式。个别访谈有许多优点：调研人员可以提出许多不宜人多的场合讨论的问题，深入了解被调研者对问题的看法；记录的真实性可以得到当场的检查，减少调研的误差，在取得被访者的同意后，还可以使用录音设备等辅助手段帮助提高记录的可靠性；调研的灵活性较高，访谈员可以根据情况灵活掌握提问题的次序，随时解释被访者对问题提出的疑问；拒答率较低。但个别访谈也有它的缺点：由于需要一个个地进行面谈，调研周期较长，调研的时效性较差，调研费用较高。个别访谈法一般只适用于调查范围小、但调研项目比较复杂的调研项目，比如要了解企业自身对开展电子商务有什么需求，对相关业务人员和管理人员的调研就比较适合采用个别访谈方式。

小组访谈指将选定的调研样本分成若干个小组进行交谈，由调研人员分头收集信息。它可以按调研对象的特点或调研的某个具体问题进行分组，每组 3～5 人。这样可以比个别访谈节省一些时间，同时也具有个别访谈的一些特点。

集体座谈指将选定的调研样本以开座谈会的方式收集意见，取得信息。集体座谈可互相启发、节省时间和费用，但参加人数较多，需要调研人员有较高的能力，充分了解每个参加者的意见。

（2）电话法。电话法是指调研人员借助电话，依据调研提纲或问卷，向被调研者进行询问以收集信息的一种方法。

电话法的优点是可以在较短的时间里获取所需信息，节省时间和费用；电话号码是随机抽取的，无须受访者的个人信息即可找到他们，非常方便。但它也有一定的局限性，电话问询的时间不可能太长，调研项目要简单明确，所以调研的内容及深度不如面对面个别访谈和问卷调研；调研过程中无法显示照片、图表等资料，无法对比较复杂问题进行调研；由于调研人员不在现场，难以辨别回答的真伪，记录的准确性也受到一定影响；拒访率高，很多受访者感到贸然打入的电话干扰了他们的正常生活。

采用电话问询时，由于时间的限制，多采用两项选择法向通话者进行询问，即要求被访者从两项要求中选择其一，这种方法可以得到明确的回答，便于汇总，但无法了解被访者的意见差别，在实际操作中还需要同时使用其他方法以弥补不足。

电话法的主要特点在于可以迅速获得有关信息，所以特别适用于调研项目单一，问题相对比较简单明确，需要及时得到调查结果的调研项目。

（3）邮寄调查法。邮寄调查法是指将设计印刷好的调研问卷通过邮寄的方式送达被调研者，由被调研者根据要求填写后再寄回来的一种调研方法。

使用邮寄调研，调研样本的选择受到的限制较少，调研的范围可以很广泛，并可以节约可观的调研费用。同时，由于只靠问卷与调研对象进行问询，可避免访谈法中受调研人员倾向性意见的影响，也增强了调研的匿名性，可以得到一些不愿意公开谈论而企业又很需要的一些比较真实的意见。

邮寄调研的缺点在于回收率较低，对问卷设计有较高的要求，缺少调研人员与调研对象之间的交流，而失去了对回答的准确和完整性的有效控制，但是在调研过程中可以加大样本容量，从而抵消一部分由于低回收率造成的调查误差。

随着互联网的应用普及，邮寄调研法已越来越多地采用电子邮件方式。该方式将设计好的调查表以电子邮件的方式直接发送到被调查者的电子邮箱中，或者在邮件正文中给出一个网址链接到在线调查表页面，被访者回答完毕将问卷回复给调研机构。

使用电子邮件进行市场调研，应注意以下几点。

• 尽量使用 ASCII 码纯文本格式文件。邮件尽量使用纯文本格式，使用标题和副标题，尽量使电子邮件简单明了，易于浏览和阅卷。

• 首先传递最重要的信息。主要的信息和重点内容应安排在第一屏可以看到的范围内。

• 邮件主题明确。一般可以把文件标题作为邮件主题，主题是收件人最先看到的，如果主题新颖富有吸引力，可以激发兴趣，才能促使他们打开电子邮件。

• 邮件越短越好。因为电子邮件信息的处理方法不同于印刷资料，应尽量节约收件人的下载和浏览时间。

• 应争取被访问者的同意，或者估计被访问者对调查的内容感兴趣，至少不会反感并向被访者提供一定补偿，如有奖问答或赠送小件礼物，以降低被访问者的敌意。

（4）留置问卷法。留置问卷法是指访问者将调研表当面交给被调研者，经说明和解释后留给调研对象自行填写，由调研人员按约定的时间收回的一种调研方法。

留置问卷的优点是填写时间充裕，被调研者意见不受调研人员的影响；访问员经验之间的差异对调研质量的影响不大；可以对被访问者回答的完整性和可信性给予及时评价和检查；保证问卷有较高的回收率。与电话调研相比，留置问卷调研可以克服或降低调研时间的限制，因而可以适合较复杂问题的调研。

留置问卷调研的缺点是调研地域范围有限，调研费用较高，不利于对调研人员的监督管理，对调研人员的责任心有较高的要求。

互联网在线问卷调查可以有效克服上述地域范围限制。在线问卷调查将调查问卷放置在 WWW 网络站点上，等待访问者访问时主动填写问卷，如 CNNIC 每半年进行一次的"中国互联网络发展状况调查"就是采用这种方法。这种方法省却了问卷印刷、邮寄、数据录入的过程和费用，效率得到大幅度提高，而且填写一般是自愿性的；但缺点是无法核对问卷填写者真实情况，为达到一定问卷数量，站点还必须进行适当宣传，以吸引大量访问者参与调查。

上述四种收集信息的方法各有所长，在实际中进行具体应用时，应根据调研目的和要求，扬长避短，选用不同的方法组合，及时有效地取得所需资料。

3. 座谈会法

座谈会法也叫客户沙龙法或焦点小组访谈法，一般是由 8～15 人组成，在一名主持人的引导下对某一主题或观点进行深入讨论。座谈会法的关键是使与会者相互激发，引导话题深入进行，使参与者对主题进行充分和详尽的讨论，从而全面彻底地了解他们对某种产品、观念、组织或者社会现象等的看法和见解。

合格的受访者和优秀的主持人，是座谈会能否成功的关键。座谈会的小组成员应该在大背景上一致，以避免冲突和陌生感。太大的差异会抑制讨论，比如在员工座谈会中如果有主管在场，座谈会可能难以展开。对主持人的要求包括：一方面，对于调研委托者，他要有较高的市场调研能力，充分全面领会调研要求，有强烈的服务意识，可靠，顽强；另一方面，对与会者，他要对人情世故有深刻的理解，在倾听、表达、观察、交流能力方面缺一不可，还要耐心、谨慎、灵活。

座谈会法通常用于在进行大规模调研之前所进行的试探性调研中，它可以了解到参与者的态度、感受和满意的程度。调研人员应避免将调研结果推广到所有的受众，毕竟这种方法的样本规模太小，很难具广泛的代表性。

4. 观察法

观察法是调研人员通过观察被调研者的活动而取得一手资料的调研方法。与在调研中向人们提问不同，观察法主要是观察人们的行为。在实际操作中，一般由调研人员采用耳听、眼看的方式或借助各种摄像录音器材，在调研现场直接记录正在发生的行为或状况。

成功地运用观察法，并使其成为市场调研中的数据收集工具，必须满足三个条件：其一，所需信息必须是能够观察到的或者是能从观察到的现象中推测出来的；其二，所要观测的对象必须是充分的、频繁发生的，或在某方面是可预测的，否则成本无法控制；其三，所要观测的行为或现象必须是相对短期的，比如一些家庭的汽车购买决策过程，如果是一周或数周，还可以接受，但如果是一个月或数个月，就无法使用观察法了。

观察法是一种有效的信息收集方法，它可以避免许多由于调研员或问卷法中的问题所产生的误差和错误，更快更准确地收集资料；观察法可以避免让调研对象感觉到正在被调研，被调研者的活动不受外在因素的干扰，从而提高调研结果的可靠性。但现场观察只能看到表面的现象，而不能了解到其内在的因素和缘由，并且在使用观察法时，需要反复观察才能得出切实可信的结果。同时也要求调研人员必须具有一定的业务能力，才能看出结果。

3.2.3 需求调研的内容

作为企业，电子商务项目需求可能来自管理、研发、生产、营销、市场、服务的各个业务环节当中，要分析电子商务在哪些环节能有所作为，首先就要开展需求调研，获得企业及其所在行业、目标市场和竞争对手的一手和二手资料。企业的需求调研通常使用现有资料分析法和问询法，在以下几个方面开展调研。

1. 行业发展调研

通过查阅行业分析报告等途径了解企业所在行业的情况，了解该行业的市场规模、特点以及电子商务发展前景。本项调研对于网络创业企业的项目设计是必需的。行业调研可能包括以下内容。

- 行业规模有多大？
- 行业有什么特点？
- 行业发展程度如何？
- 行业发展趋势是怎样的？
- 电子商务目前在该行业扮演怎样的角色？
- 电子商务发展前景如何？

2. 企业业务调研

通过查阅企业内部档案及业务人员访谈等方式了解企业的有关情况，以发现问题、寻找机会。企业业务调研大致包括以下内容。

- 企业的主营业务是什么？
- 企业目前采用什么商务模式？
- 企业的业务流程是怎样的？
- 企业拥有哪些资源？
- 企业的优势在哪里？
- 生产经营中存在哪些问题？
- 企业网站当前以及今后可能出现的功能需求。
- 企业网站当前以及今后可能出新的信息需求。
- 网站的维护的要求。
- 网站运行的软硬件环境。

3. 目标市场调研

通过查阅各类互联网分析报告及开展问卷调查等方式了解企业目标客户对电子商务的接受程度和需求情况，为后续市场分析提供依据。该项调研可能包括以下内容。

- 企业主要的客户对象。
- 目标客户的基本特点（年龄构成、教育情况、收入情况等）。
- 目标客户的区域分布。
- 目标客户的信息化程度。
- 目标客户的网上购物倾向。
- 目标客户的个性化需求。

- 目标客户对价格的敏感程度。
- 目标客户对网站性能(如访问速度)的要求。
- 目标客户对网站功能的要求。
- 目标客户对网站页面总体风格以及美工效果的要求(必要时用户可以参考站点或者由公司向用户提供)。

在目标市场调研中经常会使用中国互联网信息中心(CNNIC)所做的调查报告。CNNIC作为国家级的互联网信息中心,会定期或不定期地开展互联网有关调查,如一年两次的"中国互联网络发展状况统计调查"、不定期的"中国互联网络热点调查"等。从调查报告中能得到许多有参考价值的数据和结论。

4. 竞争对手调研

通过问卷调查、搜索引擎搜索或对竞争对手网站进行研究等方式查找竞争对手的相关资料,了解竞争对手电子商务的实施情况,为后续市场分析提供依据。该项调研可能包括以下内容。

- 竞争对手是谁?
- 竞争对手是否已经实施电子商务?
- 竞争对手的数量与经营实力。包括各个对手的产能、产量、性质、背景、销售量、销售额、经济实力、企业形象、经营历史、团队组成等。
- 分析竞争对手网站的定位。竞争对手网站的定位是什么?目标客户是谁?这些要根据具体的网站进行分析,一个网站的定位决定着网站的成败。分析自己的网站与对手网站的定位差异。
- 分析竞争对手网站的运营模式。盈利模式是什么?是采用会员制还是采用线下的活动和杂志,赚取广告费,抑或其他形式?网站的产品都有什么?网站收费会员与免费会员的区别,会员费用是多少?
- 竞争对手的市场占有率。因竞争对手在不同的行政区域和行业领域的市场份额不尽相同,因此对其进行市场占有率计算时也要根据不同的区域和领域数据统计分析。
- 竞争对手的经营,包括其销售渠道、物流、公关、服务、回款周期与收款方式、营销人员的素质与职能、销售人员的工作模式等。
- 竞争对手的产品,包括其产品价格、性能、质量、附加值、稳定性、产品组合等。
- 竞争对手的技术,包括各竞争对手原材料的采购、技术人员素质、研发实力与动向、生产设备、生产管理、生产人员素质等。
- 竞争对手的客户分布。包括对手的客户分布区域、行业侧重面、各区域市场的经营状态等。

- 分析竞争对手网站的内容形式。分析竞争对手网站的栏目和内容，内容的来源是原创还是转载，文章的侧重点在哪里，是否是一个大而全的网站。
- 竞争对手网站的推广。竞争对手网站都运用了什么推广方式，知名度如何？
- 调查竞争对手的网站，分析其网站名称、网址、该网站相关说明、开发背景、主要访问对象、功能描述、评价等。
- 竞争对手网站功能分析，调查可采用的功能描述、用户页面、性能需求等。
- 调查竞争对手网站产品的弱点和缺陷以及本公司产品在这些方面的优势。

3.3 电子商务项目业务需求分析

3.3.1 电子商务项目业务需求分析的方法

所谓业务需求分析，就是从电子商务企业自身业务的角度分析企业存在哪些电子商务的需求，以及采取什么方式可以满足这种需求。一般可按照以下思路进行分析。

(1)综合分析需求调研获得的一手和二手资料，重点分析企业拥有的核心能力是什么，运作中存在哪些主要问题；电子商务能否巩固企业的核心能力，解决存在的问题。在解决问题方面，电子商务主要能帮助企业提高效率、降低成本、提高客户服务水平、低成本扩大销售范围、增加销售量。

(2)根据需求调研资料，从业务拓展的角度分析开展电子商务能给企业带来哪些新的商业机会，发现企业的电子商务项目需求。在业务拓展方面，电子商务主要能帮助企业扩大销售范围、增加销售量、提升品牌知名度、提供伴随互联网诞生的新的产品和服务。

(3)针对发现的问题和机会，结合企业的发展状况和经济实力，提出需求建议，说明企业存在哪些电子商务项目需求，以什么方式可以满足这些需求。目前常见的方式包括到阿里巴巴等第三方平台开设商铺，建立企业商务网站，建设包括 ERP(企业资源计划)、CRM(客户关系管理)和 SCM(供应链管理)在内的电子商务综合应用系统等几大类。

(4)以文字形式表述企业业务分析的内容，大致包括行业发展分析、企业基本情况、企业存在的问题、电子商务项目需求及建议等几个部分，其中行业发展分析对于网络创业企业的项目设计是必需的，对于传统企业 E 化项目，该项内容在不影响分析结果的情况下可以省略整合到企业基本情况中说明。

下面以芬芳鲜花店为例说明企业业务分析的过程。

芬芳鲜花店是以售卖鲜花为主营业务的鲜花零售店，行业发展调研资料显示花卉业发展快、利润高、市场大，是典型的"朝阳产业"，另外电子商务在其中所占的份额还不到10%，存在巨大的发展空间。因此从行业角度分析，花卉业电子商务可以说是一块潜力大、尚待开发的领域。

通过企业业务调研发现企业经营中存在的主要问题是经营成本较高，其原因是鲜花很容易枯萎，进货多会导致损耗率加大，采购回来1 000枝花，最多只能卖出去200～300枝，卖不出去的只好作为损耗处理。有时某些品种进货不足又不能满足客户要求。根据目前的业务流程，每天进货的数量和品种主要凭经验，免不了会出现进货和销售之间的偏差，这种偏差时多时少，难以控制，从而使得鲜花的损耗居高不下，导致经营成本增加。

企业业务调研还发现花店存在的另一个问题是销售规模停滞不前。由于鲜花销售通常是区域经营，客户基于方便的原因一般都光顾就近的花店，附近没有花店的客户会去品牌知名度较高的鲜花集市选购花束。芬芳鲜花店品牌知名度不高，基于成本和风险控制因素，只在天河某办公区域开设有一家实体店，因而遇到发展瓶颈。

电子商务能否为芬芳鲜花店解决经营中遇到的问题呢？经过分析，建设网上花店就可以帮助芬芳花店降低经营成本、扩大销售规模。有了网上花店，即使是距离较远的客户，只要在网上轻点鼠标就可以直接订购鲜花，距离远近不再成为问题，客户得到了方便和实惠，自然会产生上网订购鲜花的动力，对芬芳花店来说无须加开分店就可以有效扩大销售规模。在成本控制方面，有了网上订购，芬芳花店就可以改变目前先进货后销售的业务流程，直接根据客户的订单按需进货，既能满足客户的需要，又能做到进货与销售之间的偏差可控，降低鲜花损耗，从而达到降低成本的目的。

经过分析还发现，电子商务还有助于芬芳鲜花店拓展新的配套业务。芬芳鲜花店可以在网上花店使用图片、动画等手段展示并销售礼品、贺卡、饰品等其他商品，拓宽花店经营的种类和范围。

对调研资料和以上分析进行浓缩和提炼，按要求以文字形式表述出来，就完成了以下芬芳网上鲜花店的业务需求分析。

【延伸阅读3-1】

芬芳网上鲜花店业务需求分析

1. 行业特点

芬芳鲜花店属于花卉经营行业，花卉业被誉为"朝阳产业"。10多年来，世界花卉业以年均25%的速度增长，远远超过世界经济发展的平均增长速度。鲜花的利润高、市场大，是世界上最具有活力的产业之一。中国花卉业起步于20世纪80年代初期，经过近20年的恢复和发展，取得了长足的进步，增长迅速。虽然鲜花业销售额迅速增长，但是电子商务在其中所占份额还不到10%，处在起步阶段。我国绝大多数鲜花销售公司还处于传统营销阶段，所以鲜花的网上销售蕴含着巨大的商机。

2. 企业简介

芬芳鲜花店是一家鲜花零售店，主要销售各种鲜花、绿色植物和各种鲜花附属产品（如花篮、水晶土、养料、鲜花包装纸等），同时经营鲜花包装、快递等项目。现有员工10人，每天的鲜花销售额2 000～2 500元。芬芳鲜花店现有店面地处广州市天河区，这是一个办公大楼集中的区域，也是休闲娱乐和消费中心。该店开业五年来，采用传统的营销方式，以零售为主要销售渠道开展业务，经营平稳，业绩尚可，进货、销售和配送都已比较成熟，也积累了一批老客户。

3. 存在问题

(1)鲜花零售利润可达50%～80%，十分可观。但是由于鲜花很容易枯萎，所以它的损耗率相当大，采购回来1 000枝花，最多只能卖出去200～300枝，卖不出去的只好作损耗处理。现有的采购的数量和品种主要凭经验，难免会出现进货和销售之间的偏差。这使得鲜花的损耗高居不下，这是经营成本高的一个主要原因。

(2)芬芳鲜花店地处天河办公区，在这几年的经营中积累了一定的口碑，客户忠诚度也比较高。但是光顾花店的大多是附近的客源，距离远的客户由于选购不方便，加之"芬芳"的品牌知名度不高，难以吸引他们。芬芳鲜花店也曾考虑过开分店，并加强宣传，提升"芬芳"的品牌知名度，但计划投入较大，而且难以确定其效果，实施的风险较高，因而一直没有付诸实施。这使得鲜花店销售规模停滞不前，发展遇到瓶颈。

(3)芬芳鲜花店计划发展礼品、贺卡、饰品等配套业务，但由于店面面积有限，难以对多样货品进行展示。

(4)芬芳鲜花店还计划发展公司礼仪、生日派对等鲜花的集中订购，但相对于大南路鲜花一条街，花店的知名度不高，店面展示的鲜花品种和数量也有限，使得该类业务未能开展起来。

4. 企业的电子商务项目需求

为了解决上述问题，芬芳鲜花店希望突破传统的经销方式，建设芬芳网上鲜花店，实现网络营销与传统营销双通道同时运行的新型鲜花营销模式。开办网上花店的需求建议如下。

(1)将现有的预估鲜花需求数量和品种，先进货后销售的流程，改为根据客户的订单按需进货，减少进货与销售之间的偏差，降低鲜花的损耗，降低经营成本。为此网站建设必须具备网上订购、网上支付和配送管理功能。

(2)通过网络，使花店突破时空限制，无论地理距离的远近，客户都可以方便地访问网上花店订购鲜花，不再受到地域的限制，拓宽了客源范围，扩大了销售规模．为此项目实施必须考虑配送能力、配送方式、配送范围和时效等问题。

(3)通过网站，运用图片、动画等手段，可以大量展示各种花卉品种及其配搭，还可以展示礼品、贺卡、饰品等其他配套商品，不会受店面面积受限制，可以拓宽花店经营的种类和范围。为此网站建设需考虑带宽和客户响应速度等问题。

(4)可以通过网络广告等推广方式提高花店的知名度，并且无须扩充店面或加开分店，就能达到扩大经营规模和经营范围的效果，大大降低了实施风险。为此项目实施应将网站推广放在重要位置。

3.3.2　电子商务业务需求分析过程中需注意的问题

1. 做企业需求分析时必须考虑商机的可达性，应避免空中楼阁式的伪需求

通过需求分析发现的电子商务给企业带来的商机必须具备一定的可达性，站在企业的角度要既能看得见，又能摸得着，否则"即使蛋糕客观存在，但不具备吃蛋糕的条件"，这一需求也是不切实际的伪需求，后面所有围绕这一不可能实现的需求而展开的项目设计都将成为空中楼阁，变得毫无意义。

2. 应结合调研实际说明实施电子商务对企业有哪些好处，避免脱离企业实际业务空谈电子商务项目需求

理论上说，电子商务能为企业带来多项收益，如帮助企业提高效率、降低成本、扩大销售范围、增加销售量、提高客户服务水平、提升品牌知名度等。但是不同的企业基于其业务和发展现状不同所能得到的收益是有区别的，例如，电子商务能够降低企业成本，有的企业通过网上订货系统，可以按需组织生产和货源，减少材料的损耗，从而降低成本；有的企业通过网上销售，其产品可以直接和消费者见面，减少中间环节，减少对销售人员的需求，降低渠道销售费用；有的企业通过建设商务网站，无须增加营业场地就可以展示更多的产品，降低了场租费用；有的企业通过互联网将传统管理过程许多由人处理的业务通过计算机和互联网自动完成，从而降低人工费用；还有的企业利用网上促销来降低促销费用。

所以一定要结合企业的实际业务来分析电子商务能帮助企业解决哪些问题，带来什么商机，这样的分析才具有说服力。

3. 企业业务分析不能只考虑企业本身是否有电子商务项目需求，还要考虑企业的产品和服务是否适合采用电子商务方式

在企业生产经营的商品中，不同的商品对于消费者来讲，在选购和决定购买的行为上是有区别的。并不是所有的商品都适宜于网上销售，因而在企业需求分析的过程中，不仅要看企业是否有电子商务项目需求，同时也要根据企业产品特色来选择电子商务业务。

【延伸阅读3-2】

亿联网上教材专卖店业务需求分析

为了做好网上教材专卖店，我们对广州市的学校进了初步的调查，得到下列一组数据：广州市各区小学合计 537 所，广州市各区中学合计 190 所，广州市区高中合计 170 所，广州省属中专 61 所，市属中专 32 所，成人中专 19 所，技工学校 52 所，大学 36 所。若按照一所小学平均每学期采购学生学习用的教材 5 000 册、采购图书馆馆藏图书资料 1 000 册；一所中学平均每学期采购学生学习用教材 9 000 册，采购图书馆馆藏资料 1 200 册；一所高中平均每学期采购学生学习用的教材 1.1 万册，采购图书馆馆藏资料 1 500 册；一所中专学校或技校平均每学期采购学生学习用的教材 1 万册，采购图书馆馆藏资料 1 300 册；一所大学平均每学期采购学生学习用的教材 6 万册，采购图书馆馆藏资料 8 000 册计算，我们得出广州市各类学校平均每年所需的教材是：（5 000＋1 000）×537×2＋（9 000＋1 200）×190×2＋（11 000＋1 500）×170×2＋（10 000＋1 300）×164×2＋（60 000＋8 000）×36×2＝2 317.24（万册/年）。

假设各学校采购的教材平均每册 15 元，那么广州市各类学校每年所需购买教材图书费用是：2 317.24×15＝34 758.6（万元）人民币。这是多么巨大的数字！

为此我们准备成立一个亿联网上教材专卖店，专门在网上经营各类学校的各种教材及图书资料，该专卖店直接与多家出版社签订协议，成为出版社的一级分销商，同时设有物流配送服务，并且采用无仓库、零库存、按需物流配送的经营方式以降低成本，提高市场竞争力，力求在该专卖店推向市场后第一年就占 0.5% 的市场份额，以后逐年增加。预计到 2010 年占市场份额的 5%，2015 年占市场份额的 10%，2020 年占市场份额的 20%。到一定规模后还计划在其他大中城市开设连锁店，使之成为一所全国联网的网上教材店。以此数据估算亿联网上教材专卖店首年的营业额是 173.793 万元，2010 年的营业额将达到 1 737.95 万元，2015 年的营业额将达到 3 475.86 万元，2020 年的营业年的营业额额将达到 6 951.72 万元。

我们的结论是亿联网上教材专卖店市场前景广阔，十分值得投资。

上面这一案例就是伪需求的典型。案例中提供了大量的数据对教材销售市场进行定量分析，表面上看教材的需求强劲，收入有保证，项目前景很好。但实际上教材是有专门流通渠道的，目前还不是在市场上自由竞争的产品，稍加分析就可以发现这个庞大的市场是不属于新成立的亿联的，教材的市场需求对亿联来说是不切实际的伪需求。需求不正确，后面的所有工作都将成为无用功，整个项目也因此被否定。

3.3.3　电子商务项目业务流程分析

1. 业务流程分析的内容

业务流程分析首先要了解现有业务的具体过程，然后根据电子商务目标定位的要求，修改其中不合理的部分，进行业务流程优化，构造适应于电子商务模式的核心业务流程。业务流程分析主要包括以下内容。

（1）原有流程的分析。分析原有业务的整个处理过程，了解原有业务流程，确认各个处理过程是否具有存在的价值，哪些过程不尽合理，需要进行改进或优化。

（2）业务流程的优化。原有业务流程中不尽合理的部分，或者与电子商务活动不相适应的过程，可以按业务流程重构的原则进行优化。

（3）确定新的业务流程，以文字说明电子商务下的核心业务流程，并绘制业务流程图。

下面以某公司分销业务为例说明业务流程分析的内容。

【延伸阅读 3-3】

分销业务流程

1. 原有的分销业务流程

（1）分销商接受代理商的订单。这一阶段是从分销商将代理商的一个采购的意向变成实际订单的过程。当代理商有一个采购需求的时候，和分销商通过电话、传真或者以面对面的方式洽谈价格，核实是否有现货等事宜，确认后，填写订单、盖公章，然后传真订单给相应的分销商业务人员，业务人员凭借该订单开具销售单据，交给商务人员办理，商务人员将该票据信息输入内部 ERP 系统，进行审核信用、查验库存数量等工作，如果信用和库存数量有问题，该订单失败；如果没有问题，ERP 系统打印出提货票据。这一步对几乎所有的分销型公司，都是一个复杂的流程，根据麦肯锡公司的调查，国内的分销商完成这一步骤大约要花 1.5 小时的时间。对分销商和代理商来讲，都是很大的时间耗费。

（2）准备配送。分销商将提货票据进行内部处理，准备配送。由于受运力的限制，不可能做到一单一送，要积攒到一定货量时送出。

（3）货物配送阶段。由于配送的是几家客户的货物，而且是按订单产生的先后顺序一一送达，不是按照最佳线路配送，同时还受到交通状况的制约，往往要花更长的时间。这样多次的订货，代理商需要分销商不断地提供诸如货物发出时间、订单详细信息、资金往来明细、信用状况查询等信息。在上述环节中，分销商和代理商希望耗时越短越好，而且可以在最短的时间内提供与订单有关的所有信息。而从订单到配送的时间耗费，就成为了客户满意度的最重要衡量指标。

2. 实施电子商务后新的分销业务流程

（1）代理商通过 Internet 登录分销业务网站，在网上查询产品等信息。

（2）选购产品，生成网上订单。

（3）该订单通过接口服务器自动传输到公司后台 ERP 系统。

（4）几秒钟后，代理商的界面上就返回了系统自动处理后的订单状态。

（5）合格订单会通过 ERP 系统自动发送到库房，由其统一备货和发货。

在上述过程中，代理商还可以随时获得交易中的各种信息，如货物发出时间、资金往来对账表等，即便订单填写出现了失误，也可以立刻从交易系统中得到提示。这样不但订单的处理速度大大提高，同时由于交易数据可以立刻反馈在系统中，后续的商务操作也大大简化，从而有效解决了分销业务中代理商向分销商采购商品的订单处理效率及服务信息传递的问题。

2. 业务流程图的绘制方法

业务流程图是一种描述企业内各部门之间业务关系、作业顺序和管理信息流向的图表，是描述和分析系统业务流程的重要工具。业务流程图的基本图形符号非常简单，只有 5 个，如图 3-1 所示，其意义和作用解释如下。

(1)业务处理单位，用圆圈符号表示，里面注明某项业务发自或交由处理的部门或单位。

(2)业务处理功能描述，用方框符号表示，里面注明该环节处理的业务内容。

(3)业务过程联系，用箭头线符号表示，用于连接业务处理过程，箭头说明业务处理顺序或管理信息的流向。

(4)存储文件，用右侧不封口的方框符号表示，里面注明存储信息的内容。

(5)输出的信息，用报表符号表示，里面注明在此输出什么信息(如报表、报告、文件和图形等)。

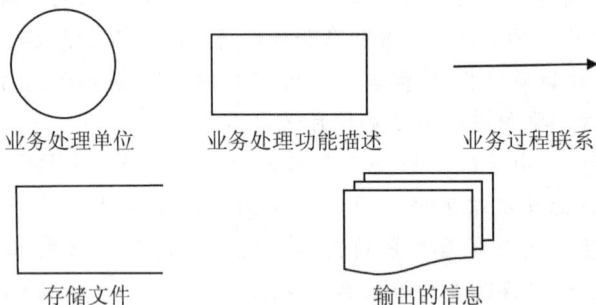

业务处理单位　　　业务处理功能描述　　　业务过程联系

存储文件　　　　　　输出的信息

图 3-1　业务流程图的基本图形符号

例如，某工厂成品库管理的业务过程如下。

成品库保管员按车间送来的入库单登记库存台账。发货时，发货员根据销售科送来的发货通知单将成品出库，并发货，同时填写三份出库单，其中一份交给成品库保管员，由他按此出库单登记库存台账，出库单的另外两联分别送销售科和会计科。成品库管理的业务流程如图 3-2 所示。

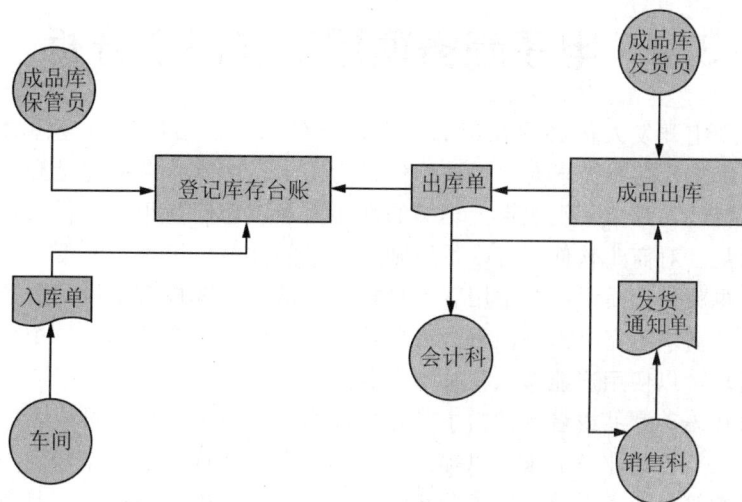

图 3-2 某工厂成品库管理的业务流程图

又如，某公司的销售业务流程如下。

销售部门根据销售生成销售单，销售单除了销售部门存档外，同时将销售记录送到财务部和库房，分别用于应收款处理和出库处理，并交给顾客用于提货，其业务流程图如图 3-3 所示。

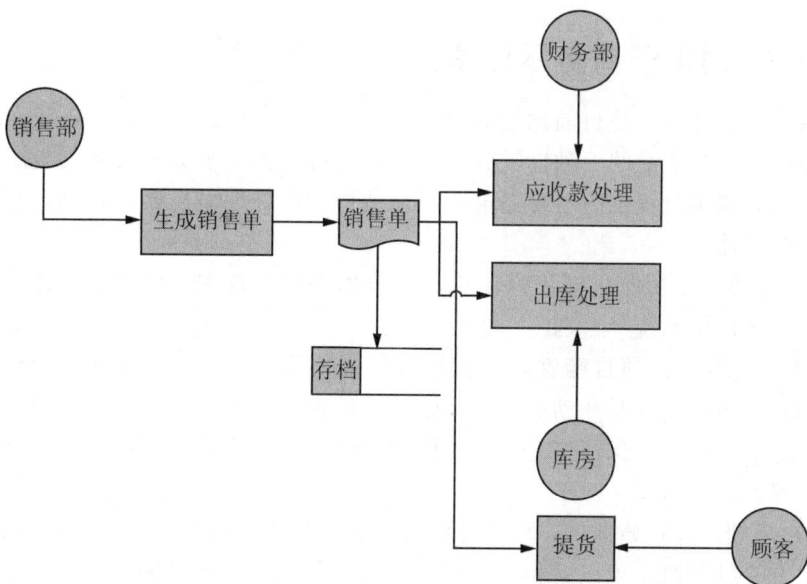

图 3-3 某公司销售业务流程图

3.4　电子商务项目功能需求分析

　　功能需求规定开发人员必须在产品中实现软件功能，用户利用这些功能来完成任务，满足业务需求。功能需求有时也被称作行为需求。功能需求描述是开发人员需要实现什么。产品特性，是指一组逻辑上相关的功能需求，它们为用户提供某项功能，使业务目标得以满足。对商业软件而言，特性则是一组能被客户识别，并帮助客户决定是否购买的需求，也就是产品说明书中用着重号标明的部分。客户希望得到的产品特性和用户的任务相关的需求不完全是一回事。一项特性可以包括多个用例，每个用例又要求实现多项功能需求，以便用户能够执行某项任务。

　　功能需求代表着产品或者软件需求具备的能力。一般是管理人员或者产品的市场部门人员负责定义软件的业务需求，以提高公司的运营效率或产品的市场竞争力。所有的用户需求都必须符合业务需求。需求分析员从用户需求中推导出产品应具备哪些对用户有帮助的功能。开发人员则根据功能需求和非功能需求设计解决方案，在约束条件的限制范围内实现必需的功能，并达到规定的质量和性能指标。

　　企业的电子商务可以划分为 B2B、B2C 等模式，尽管具体到某个企业，可能因为产品和服务的不同，其需求也千差万别，但是几种典型的商务模式的业务和功能需求都有一定的共性。了解这些典型需求，能够帮助具体企业进行电子商务项目分析，总结项目的需求。

3.4.1　B2C 的电子商务零售项目的基本需求

　　B2C 的电子商务项目是目前比较成熟的一种电子商务模式，也是服务于个体消费者的零售企业应用最为广泛的一种电子商务模式。支持这种电子商务模式的电子商务项目应当满足消费者购买过程中的各种需求，帮助消费者更好地做出购物选择，它一般应该具备以下这些功能。

　　(1)注册功能。该功能包括用户注册，注册用户信息查询、修改和注销。各类人员必须注册后才能应用系统平台购物。

　　(2)动态信息展示。项目能够将企业销售的最新商品信息、市场动态及时传达给用户，方便用户了解最新商品和动态。网站管理员通过管理界面对动态信息进行相应的添加、删除、修改等操作，保证信息的及时性和实效性，而商品管理由销售企业的企业管理员和销售员共同负责。

　　(3)用户反馈。通过该项目，用户可以将顾客对公司的意见或建议及时反馈给公司，网站管理员和企业管理员可以对相应的用户信息进行回复，改进服务质量，了解市场需求和顾客的购买倾向，调整经营策略和方向。

(4)企业信息查询。销售企业信息包括企业简介、业务范围、联系方式、具体商品、企业资质等信息。用户可以对这些信息进行查询。

(5)商品信息显示。用户通过该项目能够方便地查看销售企业所提供的所有上架商品以及其他服务信息，所有商品均可以进行查询(查询包括各种方式)，方便用户选购。用户可以给某销售企业或所有销售企业留言，预约订购某服务或商品。

(6)订单管理。用户通过平台选购商品后即可通过订单提交给该商品的销售企业，销售企业业务员对订单进行相应的处理，处理结束后则可即时通知相应的工作人员进行配送等处理，用户还能查看、修改和撤销订单。

(7)汇总统计功能。项目可以按照各种条件对相关数据进行统计和汇总，统计出所有可能的反馈信息，供销售企业参与。统计的条件包括统计会员地域范围，统计商品点击率，统计不同类别商品的销售数量，统计不同时间、季节的销售情况。这些统计还应该可以交叉进行。

(8)用户管理系统。通过对用户的身份识别，方便对用户进行管理，可以进行奖励和惩罚，甚至包括注销该用户，保证商务活动正常有秩序地进行。

(9)销售企业界面。销售企业要有自己的企业页面，以使用户能够购买特定企业的商品，也便于企业推销自己的品牌、树立企业风格与形象。

(10)公告板功能。项目提供给系统管理员和管理委员会发布系统信息和公共信息的地方，对于发布的信息，按照发布时间先后显示，可以对自己发布的信息进行管理和删除。

(11)留言板功能。留言板是提供给会员、系统管理员、管理委员会、商户管理员留言和发表意见以及互相交流的地方，留言者可以管理自己的留言，系统管理员也可以对违规的留言进行管理，但只能删除留言，不能更改内容。

(12)客服中心。为顾客进行网上购物提供帮助信息，并开展售后服务。

(13)实现比较购物。和同类产品比较，帮助用户进行购买决策。

(14)商品的评估。对商品进行评估，查询其他用户对商品的评估和意见。

(15)电子购物车。实现现实中超市的购物车功能。

(16)电子支付。能够通过网络付款。

(17)电子拍卖。能够进行电子拍卖；对有些产品能以拍卖的方式进行销售。

(18)广告管理。能够发布和管理网络广告。

(19)商品库存管理。能够对商品库存进行管理。

(20)产品跟踪。能够跟踪产品销售情况。

(21)外部接口。和物流配送系统建立接口；和银行之间建立接口。

而从目标系统的构成上看，B2C的电子商务项目至少包括以下三个部分：一是商品管理子系统，主要功能是进行商品信息管理和发布；二是交易子系统，主要负责处理订单、完成支付环节；三是客户管理或客户关系管理子系统，主要对客户的信息进行管理。

3.4.2　B2B 电子商务项目的基本需求

B2B 电子商务项目必须能够准确地反映现实世界的商务活动，实现企业之间各种商务流程，给各种企业的营销管理提供一种利用国际互联网进行营销的手段和方法，以解决商品信息流通慢、信息不准确和流通面狭小的问题。B2B 电子商务项目旨在为企业提供一个简捷、合理、方便、公正、公平和公开的交易方式，并且适当解决企业资金及经营状况不清、影响企业的经营决策等现实存在的问题。B2B 电子商务项目的企业内部管理需要把企业内部的各业务人员(主要有系统员、销售员、采购员、财务等)的权限划分清楚，不得越权操作。另外，B2B 电子商务项目还应具备拍卖、招标和智能搜索引擎功能。

基于这些需求，B2B 电子商务项目至少需要实现以下功能。

(1)网上客户的注册与管理。该功能包括用户注册，注册用户信息查询、修改和注销。各类人员必须在注册后才能应用项目平台购物，可以检查注册信息，包括客户资质上传和资信评价。

(2)会员权限管理。该功能包括网上客户的内部业务人员角色的分配及其业务管理，包括登录时身份及角色的验证，会员采购员可主动参与"自由求购"模式的业务活动；会员采购员＋审批员可参与"拍卖"模式的业务活动；会员的销售员＋审批员可参与"反向拍卖"模式的业务活动。

(3)商品信息的分类录入和发布。让商家在网上录入和发布自己商品的信息，包括商品的促销和特卖信息的录入和发布。

(4)网上在线信息的查询、统计和管理。该功能包括会员基本信息的查询(公司的名称、地址、资金等情况)，某种商品的信息(商品名称、计量单位、数量、单价等)查询和商品统计等。

(5)网上商务流程的管理。网上采购、求购、销售、退货、付款和物流配送等商务处理过程的管理，实现商业流程管理的网络化。

(6)网上拍卖、招标的管理。商家可以提出拍卖或招标申请和登录到拍卖场、招标场中参加拍卖或投标。

(7)网上电子签证的识别及认证。支持商务安全的电子签证的识别，保证交易的不可否认性。

(8)网上在线支付的安全和管理。实现在线支付的安全和管理。

(9)网上重要信息和交易信息的加密和保密。对网上重要信息和交易信息进行加密，做到交易的保密性。

(10)网上物流配送方式的最佳选择建议。项目根据用户提供的信息自动生成物流配送方式供用户选择。

(11)网上留言、公告、短信及邮件等辅助信息交流手段的运用。利用网络辅助信息交流手段和客户进行沟通。

这样，B2B的电子商务平台既可以促进业务流程自动化，降低生产成本，提高企业整体效益，又保障了电子商务的安全可靠。

3.4.3 企业信息门户的基本需求

企业信息门户是电子商务项目的一个重要组成部分，而企业在设计和开发电子商务项目之前，只能对企业业务活动和数据流程进行分析，很难完整提出有关信息门户的用户需求，所以在项目需求分析中，必须考虑这一典型需求。一般而言，企业信息门户网站的需求主要包括以下内容。

(1)企业基本信息发布。企业向外发布企业的基本信息，使外界对企业有一个基本的了解。

(2)企业动态与新闻。发布企业的最新动态和新闻，让企业员工和外界对企业的当前发展状况有清楚的认识。

(3)企业产品和服务。向用户介绍企业的产品和服务，使用户对企业提供的产品和服务类别有一个大体的认识。

(4)企业产品信息目录与导航。方便用户查找商品信息。

(5)搜索与索引。帮助用户尽快搜索到相关的信息。

(6)电子邮件与客户反馈。接受用户的反馈意见，改进企业的产品和服务。

(7)用户访问统计。对用户的访问进行统计，识别用户的特点，为对用户展开个性化服务提供方便。

(8)网站访问分析与统计。可以按照各种对相关数据进行统计和汇总，统计出所有可能的反馈信息，供销售企业参考。

(9)个性化服务。对用户展开个性化服务，提高用户的满意度。

(10)电子社区。使用户有家和社区的感觉，通过电子社区把用户联系到一起，使用户感到网站就是他们的家和社区，用户就会经常登录网站。

(11)相关链接。方便用户通过网站找到他们需要的其他资源，让用户登录网站就能找到企业销售产品和服务的所有信息和资源。

【延伸阅读 3-4】

基于经销商的电子商务网站功能需求分析

经过分析，基于经销商的电子商务网站应具有如下功能。

(1)经销商登录。经销商登录并经过身份验证后，经销商能执行该子系统的所有功能。

（2）经销商信息管理。

①配置经销商的收货信息（收货人、收货地址、邮编），每个经销商允许有多个收货信息，下订单时如果是第一次下订单，则要求添加收货信息。否则使用最近使用过的收货信息，允许对最近使用的收货信息进行修改。

②配置经销商的送货方式，每个经销商允许有多个送货方式，下订单时如果是第一次下订单，则要求添加送货方式。否则使用最近使用过的送货方式，允许对最近使用的送货方式进行修改。

③修改经销商的基本信息，除了分配给该经销商的用户名外，经销商可以修改其他信息。

（3）浏览目录：经销商能够浏览目录。在主页上，应向经销商显示目录清单，经销商选择了一个目录之后，应能显示该类别下的实际商品的图片（如果有）、名称、简单描述、价格信息，并允许把商品加入购物车，不同级别的经销商浏览产品的价格信息应不同。

（4）显示商品详情：显示商品的较大图片和该产品的详细说明、价格信息，并允许把商品加入购物车。

（5）搜索商品：经销商能够根据商品的特征搜索符合条件的商品。

（6）购买商品：经销商能够把商品放入购物车。

（7）管理购物车：

①删除购物车中的商品。

②更改某些商品的数量。

③清空购物车。

（8）结账：结账前必须再次验证经销商，验证后，可以配置经销商的收货信息、送货方式、付款方式、接下来就可下订单。

（9）下订单：计算订单的运费、税金和总价，显示订单的订单号、日期、运费、税金和总计、收货信息、送货方式、付款方式以及订单项目明细。

（10）订单管理。

①查看订单：经销商可基于订单号、时间段、订单状态的组合条件查找；查看所有订单，当订单数超过一页时，要提供"第一页、上一页、下一页、最后一页"的网页浏览功能。

②修改订单，只允许对未审核的订单进行修改。

③删除订单，只允许对未审核的订单进行修改。

（11）经销商反馈：经销商可以给总部提一些建议。

（12）查看反馈信息：经销商可查看所有的反馈信息，也可基于时间段查看反馈信息。

(13)显示新品、特价品：向经销商展示最新的产品和特价品。

(14)查看积分：经销商可以查看其积分情况。

(15)修改经销商信息，不能修改经销商的ID。

3.5 电子商务非功能需求分析

软件产品的需求可以分为功能性需求和非功能性需求，其中非功能性需求是常常被轻视，甚至被忽视的一个重要方面。其实，软件产品非功能性定义不仅决定产品的质量，还会在很大程度上影响产品的功能需求定义。如果事先缺乏很好的非功能性需求定义，结果往往是使产品在非功能性需求面前捉襟见肘，甚至淹没功能性需求给用户带来的价值。

下面对软件产品的非功能性需求的某些指标加以说明。

1. 系统的完整性

系统的完整性指为完成业务需求和系统正常运行本身要求而必须具有的功能，这些功能往往是用户不能提出的，典型的功能包括联机帮助、数据管理、用户管理、软件发布管理和在线升级等。

2. 系统的可扩充性和可维护性

系统的可扩充性和可维护性指系统对技术和业务需求变化的支持能力。当技术变化或业务变化时，不可避免地带来系统的改变。不仅要进行设计实现的修改，甚至要进行产品定义的修改。好的软件设计应在系统架构上考虑能以尽量少的代价适应这种变化，常用的技术有面向对象的分析与设计、设计模式。

3. 技术适应性与应用适应性

系统的适应性与系统的可扩充性和可维护性的概念相似，也表现产品的一种应变能力，但适应性强调的是在不进行系统设计修改的前提下对技术与应用需求的适应能力，软件产品的适应性通常表现为产品的可配置能力。好的产品设计可能要考虑到运行条件的变化，包括技术条件(网络条件、硬件条件和软件系统平台条件等)的变化和应用方式的变化，如在具体应用中界面的变化、功能的剪裁、不同用户的职责分配和组合等。

3.6 电子商务项目需求分析报告编写

需求分析阶段的成果就是需求分析报告。需求分析报告是下一步进行设计及实现系统的纲领性文件。项目需求分析报告应该不但能够充分描述调查的结果，而且还能反映项目分析的结果和项目的逻辑方案。项目分析报告形成后，必须组织各方面的人员（包括组织的领导、管理人员、专业技术人员和系统分析人员等）一起对已经形成的逻辑方案进行论证，尽可能地发现其中的问题、误解和疏漏。对于问题、疏漏要及时纠正，对于有争论的问题要重新核实当初的原始调查资料或进一步地深入调查研究，对于重大的问题甚至可能需要调整或修改系统目标，重新进行系统分析。需求分析报告的内容主要包括以下几方面。

1. 概述

主要是对企业和欲开发的系统的基本情况做概况性的描述。应该包括以下几点：

(1)欲建系统的背景材料。

(2)企业概况和组织结构。

(3)电子商务系统开发的目标。

2. 业务需求

对每个业务进行业务描述、审查依据、申报条件、输入数据、输出数据、业务处理过程、处理时限、业务指导科室和业务流程图的梳理和确认。对项目动态管理过程进行阶段划分和描述。

(1)业务描述。

(2)输入数据。

(3)输出数据。

(4)资料附件。

(5)业务处理过程。

(6)业务流程图。

3. 功能分析

功能分析是在业务分析的基础上，从软件功能实现的角度对电子商务系统进行模块划分，把电子商务系统分为功能相对独立但又彼此联系的功能子系统，并提出各子系统的功能需要，是下一阶段系统分析和设计过程的设计依据。

(1)功能模块划分。

(2)功能需求描述(对划分好的每个子系统功能进行分别描述)。

4. 非功能需求分析

在功能需求以外，还需要电子商务系统能够做到系统运行稳定，功能完整实用，操作方便易用，具有充分的扩展性和前瞻性。

(1)系统的完整性需求。

(2)系统的可扩充性和可维护性需求。

(3)系统的性能需求。

5. 系统实施计划

系统的需求提出后，需要对系统进行任务分解，专人分工负责。并制定各项工作的开始和结束时间，逐项列出项目所需要的劳务以及经费的预算，同时提出项目需要的软件、硬件和数据等资源。

(1)工作任务的分解。

(2)时间进度计划。

(3)经费预算。

(4)资源需求。

6. 参考文献

列出有关资料的作者、标题、编号、发表日期、出版单位或资料来源，可包括以下几个方面。

(1)项目经核准的计划任务书、合同或上级机关的批文。

(2)与项目有关的已发表的资料。

(3)文档中所引用的资料，所采用的软件标准或规范。

【本章小结】

电子商务项目需求分析是电子商务系统分析与设计的重要环节。本章从电子商务项目需求的产生开始，描述了电子商务项目需求的概念、分析的方法等，详细地介绍了需求调研的流程、方法和内容，并且介绍了电子商务的业务流程分析、功能需求分析和非功能需求分析。最后给出了需求分析报告的格式和范例。

【应用案例】

某商贸集团电子商务网站需求分析报告

1. 项目目标

该系统作为商贸集团的形象、产品信息宣传平台，通过电子商务系统的建设，应实现商贸集团的产品信息发布在互联网上，以供更多的人查看、了解该商贸集团，而管理员可以很灵活地控制这些信息在网络上的展现内容。

2. 项目面向的用户群体

本项目面向以大众为主的用户群体，为它们提供 B/S 交易的平台及商贸集团发布的产品信息，本系统的用户分为管理员和普通用户。

3. 产品范围

本产品包括用户注册、登录、商品管理、订单管理、前台商品显示、商品购买以及结账 7 个主要范围。用户注册包括：用户注册，建立账号。用户登录包括：用户登录后可以查看自己的订单还可以购物。商品管理包括：管理员对商品的查看、增加、修改、删除 4 种功能。订单管理包括：管理员对订单的删除、修改、查询 3 种功能。前台商品显示包括：显示商品的图片及链接地址。商品购买包括：购物车以及生成订单。结账包括：通过生成订单来进行结账。

4. 产品的角色

本产品主要包括管理员、普通用户两个角色。管理员在职责内对商品进行增、删、改、查的操作，并对用户的订单进行删、改、查的操作。普通用户则是购买商品以及查看自己的订单。

5. 功能需求

(1)功能划分。完整的电子商务系统包括多个模块，每个模块有多个功能，通过整合，它们形成一个完全集成的基于 Web 的方案。电子商务系统主要包含以下模块：前台商品显示、商品管理、订单管理、登录注册、商品购买、结账 6 大模块。功能结构图如图 3-4 所示。

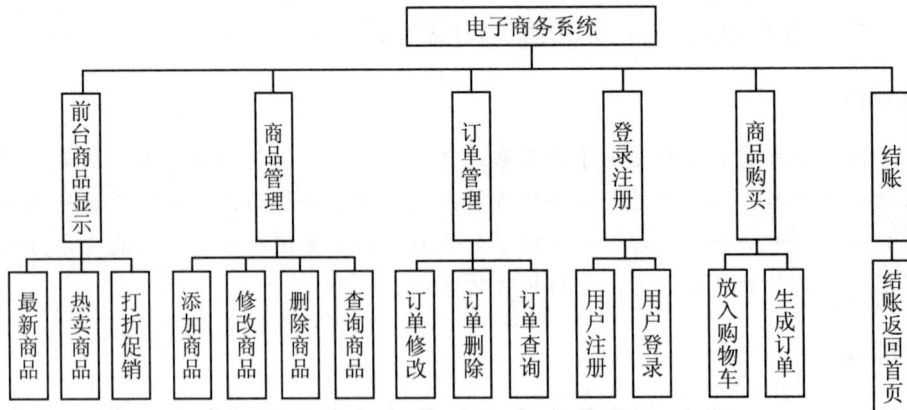

图 3-4 电子商务系统功能结构图

(2)功能描述。

①前台商品显示：该模块主要是展示商品，包括最新商品、热卖商品以及打折促销

的商品。同时，用户和管理员登录也通过该页面进行。当用户点击查看更多时将跳转到商品列表页面，在此页面中将列出所有商品，并进行分页显示，每页10个。

②商品管理：通过商品管理来完成以下任务添加新的商品，向数据库中添加最新商品和打折促销的商品，并在首页中显示出来。

• 修改商品，可以修改商品价格，名称等数据，以刺激消费者产生购买欲望。

• 删除商品，可以将一些过期或者受召回事件影响的商品下架，以免带来负面影响。

• 查询商品，便于即时掌握商品的信息。

③订单管理：当消费者购物完以后，点击"结账"按钮，首先将产生一个虚拟账单，上面将罗列此次用户的购物信息；用户确认以后，将转到结账功能，而订单将存入数据库中进行保存以供用户以后的查询及管理员的管理。

④登录注册：当网民想要购买商品，系统会自动进行判断，该网民是否已登录，如果已登录，则可以购买商品，否则系统将会进行提示。当输入正确的账号密码后，系统判断数据库中是否存在该用户，若存在，便可以继续购物，若不存在，则会提示是否注册新用户。经过该网民同意后，跳转到注册页面，根据流程完成注册，成为系统的正式用户。完成注册后，将转到首页，登录后，系统判断用户身份，如果是普通用户就可以购买任何喜欢的商品，若是管理员，则可以对商品和用户的订单进行管理。

⑤商品购买：消费者点击某个商品时将跳转到商品详细页面，在此页面中点击购买图标，便可以将此商品信息存入网络购物车中，从而方便消费者继续购物。

⑥结账：当购物完成，生成订单，用户确认无误以后，就进入结账的环节。用户输入姓名、地址、邮编、联系电话、银行卡号等以便将商品顺利送到。完成填单以后，系统自动跳回首页，方便用户继续浏览。

6. 非功能需求

(1)用户页面需求。

用户页面需求如表3-1所示。

表3-1 用户页面需求

用户页面需求名称	详细要求
首页显示	网站发布后首先浏览到的页面是网站的首页
页面风格	品红购物网站
页面字体显示	以黑色为主

(2)软硬件环境需求。

软硬件环境需求如表3-2所示。

表 3-2 软硬件环境需求

软硬件环境需求名称	详细要求
CPU	1.0GHz 以上(推荐)
内存	256MB 以上(推荐)
操作系统	Windows Server 2003 及以上版本
技术选择	JSP
DBMS 选择	SOL Server 2005
架构选择	三层架构

(3)产品质量需求。

产品质量需求如表 3-3 所示。

表 3-3 产品质量需求

主要质量属性	详细要求
正确性	确保各项资料数据的准确有效,禁止数据遗漏,重复,丢失
健壮性	数据异常捕获,灾难性恢复
可靠性	数据校验,人机稽核,平衡检查
性能,效率	一般
易用性	操作简单,符合用户工作习惯
清晰性	流程清晰易记,分类管理
安全性	错误提示,数据验证
可扩展性	不同平台之间数据共享
兼容性	自适应各种系统环境
可移植性	自由选择不同类型的数据库

【实验内容】

1. 结合"网上门诊"项目拟订调研计划,并进行需求调研。
2. 对"网上门诊"项目进行企业业务流程分析。
3. 对"网上门诊"项目进行功能需求分析。
4. 对"网上门诊"项目进行非功能需求分析。
5. 试编写"网上门诊"项目的需求分析报告。

第 4 章
电子商务项目设计

【开篇案例】

布局还是内容，谁更优先？

如果你要开始准备新网站的设计且恰好有一堆文字图片的话，内容优先的战略肯定是没错的。当你力图让新网站能在小屏幕上有不错的体验时，最好基于那些按照用户需求优化后的内容采用渐进增强原则及响应式设计。然而在大公司里，细致的分工往往意味着布局会在还没拿到确切内容的情况下（比如文案还没有准备好，或者内容校审正在进行）就着手进行设计。

不幸的是，当你把文字和其容器（译者注：container，布局的主要构成部分，用来包裹文字图片等内容，下文称为"容器"；比如在画线框图时，这个"容器"是用来放文章标题的，那个"容器"是用来放一张图片和一段注释的）结合之时很可能会出现意料之外的结果，这将导致高成本的重复工作抑或无奈裁剪内容以适配布局等。为了避免这些常见的问题，最好是让内容和布局能有针对性地进行设计。

以上案例说明，电子商务项目设计过程中，内容设计和布局设计都是非常重要的。电子商务项目的内容设计是项目开发的重点，它直接影响到电子商务项目的运转。电子商务项目的内容设计除了直接与网页的版面和多媒体设计有关之外，还与项目的开发技术有关。尤其是目前电子商务项目中的内容资源不只是一些静态的网页，更多是以交互方式出现的动态网页，这些信息资源是保证电子商务项目正常运行的前提，也是吸引用户之所在。

4.1 电子商务项目内容设计的流程

要将企业项目作为在互联网上展示企业形象、企业文化，进行电子商务活动的信息空间，除了要进行项目的总体规划、确定项目的目标和定位等，还要进行电子商务项目的内容设计与制作，这是项目开发的重点。

4.1.1 项目内容设计的流程

一般来说，在电子商务项目的内容设计过程中，企业应首先成立电子商务开发项目小组，然后由小组内的设计人员和开发人员共同确定项目的基本要求和主要功能。而且不同企业的电子商务项目是不同的。比如，卖衣服的项目和卖化工原料的项目做起来就不可能一样。因此，采用快速原型法更适合电子商务项目的内容设计，它使得项目开发的效率更高，对开发人员和用户的素质要求也更高。

一般来说，电子商务项目的内容设计流程都必须经过如下步骤：首先，在项目总体规划阶段所确定的信息需求和站点目的的基础上，收集与项目内容主题相关的关键信息；其次利用一个逻辑结构有序地将这些信息组织起来，确定其信息结构，并开发出一个项目内容设计的原型，选择代表用户进行测试；最后逐步完善这个原型，形成正式的企业项目的内容模块。具体流程如图4-1所示。

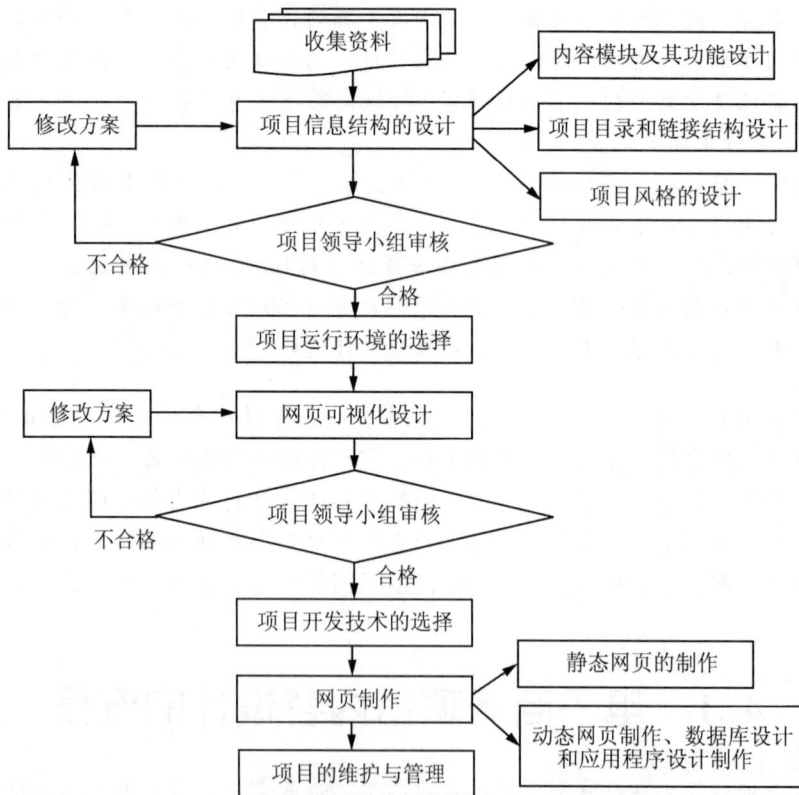

图4-1 电子商务项目的内容设计流程

1. 收集关于该项目的一些关键信息

建立一个行之有效的电子商务项目决不能马马虎虎、草率行事。文字、图片等资料应由公司内部专人负责整理，最好是熟悉市场营销并有一定文字组织能力的人，他们能够站在企业、市场和消费者等多个角度考虑文字的组织方式。为了避免遗漏某些信息，可以根据以下几个方面来收集项目的内容样本。

(1)根据载体类型收集内容样本。如文本文档、软件应用程序、音频和视频文件、归档的电子邮件等；此外，还可考虑一些离线资源，如书籍、人、设备和组织，他们在项目中都有相应的信息反映。

(2)根据文档类型收集内容样本。一般有产品目录、市场开发小册子、新闻稿、新闻文章、年度报告、技术报告、白皮书、在线统计、演示文件、电子表格等。

(3)根据内容来源收集内容样本。一般包括不同部门在项目上发布的资料，如工程、市场、顾客、财务、人力资源、销售、研究开发等部门的资料。

(4)根据内容主题收集内容样本。即反映本项目的主题分类体系，通常要寻找一个适合于组织业务性质的公共分类表、主题词或自定义主题分类体系，由此来对项目资料进行分类或主题表达。

2. 项目信息结构的设计

设计人员根据收集到的信息和总体规划阶段对项目提出的主要需求与功能，运用一定的项目信息构建(IA)理论进行项目信息内容结构的构思，确定项目应具有的基本功能，人机界面的基本形式、项目的链接结构和总体风格等。在此阶段中，可以使用自顶向下或自底向上的方法，通过精确的组织方案(按时间、字母等顺序)和非精确的组织方案(主题式、面向任务的、特殊用户的)来进行信息的组织，确定项目的内容系统、表示系统及它们之间的关系。通常设计人员要把整个项目结构的构思用顶层设计图和详细设计图形式提交给企业电子商务项目的领导小组，经审核通过后才能进行下一步的工作，否则必须反复修改直到项目领导小组同意。

3. 项目运行环境的选择

根据项目信息结构的设计，结合企业的实力进行电子商务项目运行平台的选择，包括网络操作系统、Web 服务器、数据库系统的选择。

4. 网页可视化设计

设计人员根据以上步骤获得的信息，通过草图的方式，以尽可能快的速度和尽可能完备的开发工具来建造一个仿真模型。该模型应包括主页和其他网页的版面设计、色彩的设计、HTML 布局和导航、相关图像的制作与优化，然后将该模型提交给企业电子商务项目领导小组，经审核通过后才能进行网页的制作，否则必须反复修改直到项目领导小组同意该仿真模型。以聚划算网站为例（见图4-2），从以下几个方面介绍网页的可视化设计原则。

（1）体现项目信息结构的页面内容是每页的焦点，需要放在第一位。因此，制作网页时应尽量缩减与页面内容相关的其他信息空间，例如全局导航和局部导航的空间等。公司的商标应出现在每个页面上。

（2）Web浏览器的大小是有限的，因此项目的布局首先要求简洁、清晰，即能以最少的屏幕元素表达最多的信息。制作网页时，为了达到美观的效果，设计者往往采用许多颜色、字形、文字、图像等，但实际上，同一页面中出现太多的屏幕元素会给人造成杂乱无章的印象。

一般来说，项目制作应该只有一个重点屏幕元素作为页面主体，这一重点屏幕元素可以是文字块或图像等，具体应以Web页面的内容而定。为了突出Web页面的主体，次要的屏幕元素不能太多，也不应该比页面主体醒目，这样才能增强页面的表现力，当用户的目光落在页面上的时候，可以清楚地判断哪些内容是最重要的，哪些内容是不太重要的。

图4-2　聚划算首页可视化设计

（3）在绘画与摄影中常常采用将画面横竖三等分的方式得到四个三等分叉点，这四个点基本上符合美学中的"黄金分割"定律，因此制作网页时，也应尽量放置在这四个点附近。一般来说，不应该将页面主体放置在页面的中央，因为这是一种十分呆板的页面布局方式。

（4）依据人机交互页面设计的认知学原则，同站点上的每个页面设计应该拥有风格大体一致的页面布局，这样可以有效地减轻用户的认知负担，使用户在访问站点时感到十分方便。

（5）在设计网页布局时，还需要注意保持页面的平衡。所谓页面平衡，是以页面中心为支点，页面的上、下、左、右在分量上应给人以匀称的感觉，不会使人感觉到页面的某些地方特别拥挤，而有的地方又特别空旷。

另外，为了保持统一的页面风格，还应该在同一站点上使用统一的图标，设计人员一般需要设计好一套标准的页面模板。所谓页面模板实际上是一种具有特定页面布局风格与样式的文档样板。

5. 网页制作

将确定好的仿真模型利用各种网页开发技术（HTML、CSS、JavaScript、Flash、PHP、CGI 等），使模型中的各种类型的内容有机地整合在一起。通常情况下，在网页制作过程中，需利用一定的 Web 数据库技术进行信息和数据的动态发布和提供。

6. 项目的维护与管理

项目建好后并不是一劳永逸，建好项目后还需要企业精心的运营才会彰显成效。一般来说，企业的电子商务项目建好之后，要做以下几个方面的工作。

（1）项目内容的维护和更新。项目的信息内容应该适时更新，如果现在客户访问企业的项目看到的是企业去年的新闻，或者说客户在秋天看到新春快乐的项目祝贺语，那么他们对企业的印象肯定大打折扣。因此，注意适时更新内容是相当重要的。在项目栏目设置上，也最好将一些可以定期更新的栏目如企业新闻等放在首页上，使首页的更新频率更高些。

（2）项目服务与回馈工作要跟上。企业应设专人或专门的岗位从事项目的服务和回馈处理。客户向企业项目提交的各种回馈表单、购买的商品、发到企业邮箱中的电子邮件、在企业留言板上的留言等，企业如果没有及时处理和跟进，不但丧失了机会，还造成很坏的影响，以致客户不会再相信你的项目。

（3）网上推广与营销不可或缺。要让更多的人知道你的项目、了解你的企业就要在网上进行推广。网上推广的手段很多，大多数是免费的。主要的推广手段包括搜索引擎注册、加入行业项目、邮件宣传、论坛推广、新闻组、友情链接、互换广告条、B2B 站点发布信息等。除了网上的推广外，还有很多网上与网下结合的渠道。比如将网址和企业的商标一起使用，通过产品、信件、名片、公司资料等途径可以很快地将企业的项目告知你的客户，也方便他们从网上了解企业的最新动态。

（4）不断完善项目系统，提供更好的服务。企业初始建设项目一般投入较小，功能也不是很强。随着业务的发展，项目的功能也应该不断完善以满足顾客的需要，此时使用集成度高的电子商务应用系统可以更好地实现网上业务的管理和开展，从而将企业的电子商务带向更高的阶段，也将取得更大的收获。

4.1.2 项目内容设计的几个原则

现在很多企业都建立了自己的项目，但由于对项目的认识还不够深入，多数企业并不知道自己的项目能做什么，更不了解项目设计需要把握的规律。这样做出来的项目可能根本达不到最初的目的，更不要说实现其电子商务功能了。一般来说，企业要在互联网上开展电子商务，就应该在项目的内容设计方面遵循一些基本原则，应注意以下三个要点：信息内容、访问速度和页面美感。

1. 新、精、专的信息内容

(1)信息内容永远处于第一位。企业建立项目的目的就是要表现一定的内容，并且需要用户根据这些内容进行电子商务活动，而用户访问项目的主要目的就是想发现自己感兴趣的信息。要提高电子商务项目的访问率，增加企业的效益，就必须先在信息内容上多下工夫。信息内容要新、精、专，要有特色，否则即使企业电子商务项目开发出来也是一个失败的系统，不能够对企业的效益有所提高。同时，项目要提供可读性的内容，如公司营销的特色、产品的特点、如何做好售后服务、如何更好地为消费者服务，这要求建站者一定要站在消费者的立场去考虑问题。总之，要让客户在项目内找到他想要的信息内容。

(2)内容设计要有组织。设计一个网页也许并不困难，这一工作就像在出版黑板报一样，但都需要网页设计人员谨慎处理和筹划。开发人员首先要确定企业需要表达的信息和用户想要知道的主要信息，然后仔细斟酌，把所有的想法合情合理地组织起来，然后设计一个个页面式样，试用于有代表性的用户，听取用户的反馈意见，再重复修订，务求做到尽善尽美。

(3)及时更新信息内容。网页的内容应该是动态的，或者说是与时俱进的。这里说的动态并不是指使用动态代码，而是应随时进行修改和更新，以紧紧抓住用户。特别是有关产品和技术方面的信息、动态等，应该及时展现，并且每次更新的页面内容应尽量在主页中提示给用户。当一个浏览者在一段时间后又返回到企业站点时，发现站点在内容设计或信息量方面有了新的变化，会进一步增加他们对企业站点的信任度。时常更新项目的内容，让项目一直保持新鲜感，消费者才会一再光临。

2. 安全快速的访问

(1)要有安全、良好运转的硬件环境和软件环境要确保有 7×24 小时都可以连续工作的性能良好的服务器硬件，这是至关重要的。特别是在电子商务交易过程中，一定不要发生服务器死机、病毒发作等现象，以免由于硬件的原因而造成用户网上交易中断、信息丢失等问题。

项目后台代码方面则要尽可能完善，要杜绝诸如 SQL 注入、外部数据提交等常见漏洞。在项目运行期间，要不断地对原来的程序源代码进行测试，发现存在的问题及隐患，要及时改正。

(2)提高浏览者的访问速度。相信大家都很清楚，在网络上，浏览的速度很重要。不管你的项目制作多么美观，信息内容有多么充实，但是如果用户浏览起来，速度非常慢的话，那用户也就很快失去耐心，从而影响项目的访问量。因此，在设计项目内容时，考虑网页的实际访问速度是非常有必要的。

(3)遵循"三次点击"原则。则项目的任何信息都应在最多三次点击之内得到。比如一个闭路监控行业公司的项目，如有用户想了解某种型号的产品信息，应该能够在三次点击之内得到信息。一般步骤是：项目首页内有指向产品网页的链接，产品网页有指向各型号产品网页的链接，型号产品有指向该产品的更详尽的产品信息的链接。很多情况下，由于在项目内容设计中犯下了项目结构层次太深的错误，导致无法满足"三次点击"的要求，这样会使有价值的信息被埋在层层的链接之后，一般浏览者不会有足够的耐心去找到它们，以致放弃浏览。如图 4-3 所示，京东商城首页分类导航就较好地遵循了"三次点击"原则。

图 4-3 京东商城网站首页分类导航

另外，一个好的项目也会有一个好的搜索系统，方便用户以最快的速度找到所要了解的信息。

3. 交互性强、方便用户访问的页面

(1)具有良好交互性。缺乏互动的项目一定缺少对浏览者的吸引力，企业也很难去了解用户的使用感受和建议。要加强项目的营销效果，就必须加强项目互动方面的投入，包括采用即时的留言簿、反馈表单、在线论坛等各种方式，并投入专门的人员负责维护。只有当用户能够很方便地与企业项目进行信息的相互交流，企业项目才能吸引用户，才能加强与企业客户的联系，企业在网上销售产品和服务的机会才会增加。

(2)完善的帮助功能。当前运营比较好的电子商务项目都会有一套很好的联机帮助功能。千万不能让用户在项目中不知所措，不知道如何才能找到所需要的信息。一个好的帮助和客户服务系统一般包括以下几个方面：在线帮助系统，在线客服答疑，7×24小时的客户服务热线。

(3)清楚透明的用户交易电子商务项目很重要的一项功能就是网上购物，或者说网上交易。那么，交易的方便性和安全性原则是最重要的两个原则。为此要减少用户交易过程中的干扰信息(广告等)；项目要能为用户提供个性化服务，与用户建立一种非常和谐的亲密关系；要使订购流程清晰、流畅，如用户下订单的流程是否清楚、是否随时可以中断购买、订单上是否有所买产品及其价格、运费内含还是外加、货物几天内收到、货款的支付方式、产品退货的处理、对于交易安全的保证、使用何种交易技术等；要尽可能地提供商品的细节，越详细越好，必要时提供产品的详细图片，以激发购买欲望等。目前电子商务项目中普遍引入了购物车系统以方便用户访问和购买。

4.2 电子商务项目信息结构的设计

一个电子商务项目应该包括哪些信息内容、具备什么样的功能，以及采取何种表现形式，并没有统一的模式。不同形式的项目及其项目的内容、实现的功能，经营方式、建站方式、投资规模也各不相同。一个功能完善的电子商务项目可能规模宏大，耗资几百万元，而一个最为简单的电子商务项目也许只是将企业的基本信息搬到网上，将项目作为企业信息发布的窗口，甚至不需要专业的人员来维护。一般来说，电子商务项目建设与企业的经营战略、产品特性、财务预算以及当时的建站目的等因素有着直接关系。

4.2.1 项目主题及风格策划

1. 项目的主题

项目的主题也就是项目的题材，是项目设计开始首先遇到的问题。项目题材千奇百怪，琳琅满目，只要想得到，就可以把它制作出来。而针对电子商务项目来说，对于特

定的项目，主题可以说已经是确定下来的，都离不开以下几个方面：公司的基本情况介绍、公司产品介绍、网上交易、用户交互等。不同行业的企业建立项目的主题定位又不一样，不过一般都会遵循以下几个原则进行。

（1）主题要小而精。定位要小，内容要精。如果想制作一个包罗万象的站点，把所有认为精彩的东西都放在上面，那么往往会事与愿违，给人的感觉是没有主题、没有特色，样样有，却样样都很肤浅，因为你不可能有那么多的精力去维护它。项目的最大特点就是新和快，目前最热门的电子商务项目都是天天更新甚至几小时或几分钟更新一次。最新的调查结果也显示，网络上的"主题站"比"万全站"更受人们喜爱，就好比专卖店和百货商店，如果只是需要买某一方面的东西，肯定会优先选择专卖店。

（2）题材由企业的产品来决定。比如说卖衣服的企业建立的电子商务，除了在网页内有介绍产品分类、详细资料等信息外，还可以设置一些衣服购买常识、衣服的保养注意事项等信息栏目。这样，也可以从某种程度上提高项目的可信任度。

（3）题材不要太滥或者目标太高。如果题材已经确定，就可以围绕题材给项目起一个名字。项目名称，也是项目设计的一部分，而且是很关键的一个要素。例如"电脑学习室"和"电脑之家"，显然是后者简练；"迷笛乐园"和"MIDI乐园"，显然是后者明晰；"儿童天地"和"中国幼儿园"显然是后者大气。和现实生活中一样，项目名称是否正气、响亮、易记，对项目的形象和宣传推广也有很大影响。下面是关于项目名称的一些建议。

①名称要正。其实就是要合法、合理、合情，不能用反动的、色情的、迷信的，危害社会的名词语句。

②名称要易记。最好用中文名称，不要使用英文或者中英文混合型名称。另外，项目名称的字数应该控制在六个字（最好四个字）以内，四个字的也可以用成语。字数少还有个好处，适合于其他站点的链接排版。

③名称要有特色。名称平实就可以接受，如果能体现一定的内涵，给浏览者更多的视觉冲击和空间想象力，则为上品。如音乐前卫、网页陶吧、e书时空等。在体现项目主题的同时，能突出特色之处。

（4）定位项目的CI形象。所谓CI（Corporate Identity），意思是通过视觉来统一企业的形象。一个杰出的项目，和实体公司一样，需要整体的形象包装和设计。准确的、有创意的CI设计，对项目的宣传推广有事半功倍的效果，简单地说就是形成一种自己独特的风格。具体做法如下。

①设计项目的标志（Logo）。就如同商标一样，标志是站点特色和内涵的几种体现，看见标志就让大家联想起站点（见图4-4）。标志的设计创意来自项目的名称和内容。

图 4-4　网站 logo 示例

• 项目有代表性的人物、动物、花草等。可以用它们作为设计的蓝本，加以卡通化和艺术化，如阿里巴巴的笑脸等。

• 项目有专业性的，可以以本专业有代表的物品作为标志。比如中国银行的铜板标志，奔驰汽车的方向盘标志，等等。

• 最常用和最简单的方式是用自己的项目的英文名称作标志。采用不同的字体、字母的变形、字母的组合可以很容易地制作好自己的标志。

②设计项目的标准色彩。项目给人的第一印象来自视觉冲击，确定项目的标准色彩是相当重要的一步。不同的色彩搭配产生不同的效果，并可能影响到访问者的情绪。

③设计项目的标准字体。和标准色彩一样，标准字体是指用于标志、标题、主菜单的特有字体。一般国内中文网页默认的字体是宋体。为了体现站点的与众不同和特有风格，可以根据需要选择一些特别字体。例如，为了体现专业可以使用粗仿宋体，体现设计精美可以用广告体，体现亲切随意可以用手写体等。

但必须说明的是，如果使用的不是操作系统自带的默认字体，则建议做成图片的形式，避免用户没有安装相应字体的情况下不能正确显示。而且这类特有字体做成的图片也不适宜太多，能达到相应的效果即可，太多则会影响用户的浏览速度。

④设计项目的宣传标语。项目的宣传标语可以说是项目的精神、项目的目标，用一句话甚至一个词来高度概括，类似实际生活中的广告金句。例如：雀巢的"味道好极了"；麦斯威尔的"好东西和好朋友一起分享"；Intel 的"给你一颗奔腾的心"等。

2. 项目的风格策划、创意设计

项目的整体风格策划及其创意设计是人们最希望掌握的，也是最难以学习的。难就难在没有一个固定的程式可以参照和模仿。给定一个主题，任意两个人都不可能设计出完全一样的项目。那么如何设计一个和普通项目有区别的站点呢？这就必须学习项目整体风格策划的一些基本步骤与创意设计的基本知识。

树立项目风格。风格是抽象的，是指站点的整体形象给浏览者的综合感受。这个整体形象包括站点的 CI(标志、色彩、字体、标语)、版面布局、浏览方式、交互性、文字、语气、内容价值、存在意义、站点荣誉等诸多因素。例如：人们觉得网易是平易近人的，迪士尼是生动活泼的，IBM是专业严肃的。这些都是项目给人们留下的不同感受。

风格是独特的，是站点不同于其他项目的地方。或者色彩，或者技术，或者是交互方式，能让浏览者明确分辨出这是你的项目独有的。风格是有人性的。通过项目的外表、内容、文字、交流可以概括出一个站点的个性、情绪，是温文儒雅，是执著热情，是活泼易变，是放任不羁。像诗词中的"豪放派"和"婉约派"，你可以用人的性格来比喻站点。

有风格的项目与普通项目的区别在于：普通项目你看到的只是堆砌在一起的信息，你只能用理性的感受来描述，比如信息量大小、浏览速度快慢。但浏览过有风格的项目后你能有更深一层的感性认识，比如站点有品位，和蔼可亲，是老师，是朋友。简而言之，风格就是与众不同。

项目风格是项目的特色之一，通常应包含以下内容：
- CI(标志、色彩、字体、标语)；
- 版面布局；
- 显示方式；
- 交互方式；
- 文字风格等。

要使项目具有独特的风格，可以从以下方面考虑：
- 明确项目的服务对象；
- 明确设计的想法与目的，以及追求的艺术效果；
- 加强印象效果和艺术特色，使之形成特有的风格；
- 树立项目风格的步骤。

(1)风格是建立在有价值内容之上的。一个项目有风格而没有内容，就好比绣花枕头一包草，好比一个性格傲慢但却目不识丁的人。策划者首先必须保证内容的质量和价值性。这是最基本的，毋庸置疑。

(2)策划者需要彻底搞清楚自己希望站点给人的印象是什么。可以从以下几方面来理清思路。
- 如果只用一句话来描述你的站点，应该是：_____
(参考答案：有创意、专业、有(技术)实力、有美感、有冲击力……)
- 想到你的站点，可以联想到的色彩是：_____
(参考答案：热情的红色、幻想的天蓝色、聪明的金黄色……)
- 想到你的站点，可以联想到的画面是：_____
(参考答案：一份早报、一辆法拉利跑车、人群拥挤的广场、杂货店……)
- 如果项目是一个人，他拥有的个性是：_____

（参考答案：思想成熟的中年人、狂野奔放的牛仔、自信憨厚的创业者……）

• 作为站长，你希望给人的印象是：_____

（参考答案：敬业、认真投入、有深度、负责、纯真、直爽、淑女……）

• 用一种动物来比喻，你的项目最像：_____

（参考答案：猫（神秘高贵）、鹰（目光锐利）、兔子（聪明敏感）、狮子（自信威信）……）

• 浏览者觉得你和其他项目的不同是：_____

（参考答案：可以信赖、信息最快、交流方便……）

• 浏览者和你交流合作的感受是：_____

（参考答案：师生、同事、朋友、长幼……）

可以自己先填写一份答案，然后让其他网友填写。比较后的结果会告诉你：项目现在的差距、弱点及需要改进的地方。

（3）在明确自己的项目印象后，开始努力建立和加强这种印象。经过第二步印象的量化后，需要进一步找出其中最有特色的东西，就是最能体现项目风格的东西，并以它作为项目的特色加以重点强化、宣传。例如：再次审查项目名称、域名、栏目名称是否符合这种个性，是否易记；审查项目标准色彩是否容易联想到这种特色，是否能体现项目的性格等。具体的做法没有定式。这里提供以下一些参考。

①将标志 Logo 尽可能地出现在每个页面上，或者页眉，或者页脚，或者背景。

②突出标准色彩。文字的链接色彩、图片的主色彩、背景色、边框等色彩尽量使用与标准色彩一致的色彩。

③突出标准字体。在关键的标题、菜单、图片里使用统一的标准字体。

④想一条朗朗上口的宣传标语。把它做在 Banner（旗帜广告、横幅）里，或者放在醒目的位置，告诉大家项目的特色是什么。

⑤使用统一的语气和人称。即使是多个人合作维护，也要让读者觉得是同一个人写的。

⑥使用统一的图片处理效果。比如，阴影效果的方向、厚度、模糊度都必须一样。

⑦创造一个站点特有的符号或图标。比如在一句链接前的一个点，可以使用"☆※○◇□△"等特殊符号（特殊符号对应的网页区位码，请读者们参看相关技术文档）。虽然很简单的一个变化，却给人与众不同的感觉。

⑧用自己设计的花边、线条、点。

⑨展示项目的荣誉和成功作品。

⑩告诉网友关于你的真实故事和想法。

风格的形成不是一次定位的，要在实践中不断强化、调整和修饰。在确定项目结构时，可尝试不同的装饰风格。好的装饰风格会在帮助用户使用和导航项目上走得更远。但是，不存在完美无瑕的装饰风格，所以不必顽固地坚持一种风格，可以把几种装饰风格中最好的部分融合到一起。

4.2.2 项目内容策划

企业电子商务项目的内容策划至少要考虑到以下三个方面：一是要把企业的特点或者说是本企业特有的信息展示出来；二是要清楚认识到用户所期望浏览和了解的信息；三是要如何才能让各类搜索引擎更多地收录本站信息。

(1)确保网页内容能显示出本企业的特点当前在互联网上各行各业都有不少杰出的电子商务项目代表。要想在众多的电子商务项目中脱颖而出，就一定需要建立一个有自己特色的电子商务项目。这个特色尤其是指内容方面，切记要避免整个项目的内容都是从互联网上转载过来，否则这个项目一定不长久。下面以黄山风景区官方项目为例说明一下（见图4-5）。

图4-5 黄山风景区官网

从以上图中可以看出，黄山旅游电子商务项目针对本身的特点，在内容策划上分别有大美黄山、玩转黄山、特色专题、预订中心、游客中心、人文徽州等。这些都是与黄山旅游区密切相关的信息内容，是其他旅游类电子商务项目所没有的。

当然，项目内容要突出企业的特色并不意味着别的项目有的信息内容就不要有，只是应该要有所侧重，不要照搬全抄。

(2)"确解用户之意，切返用户之需"是最重要的。一个项目的重要性一般依次为：

市场需求及目标用户理解、产品(服务)开发、技术、市场推广。项目要专注用户体验，永远不能夸大市场推广的炒作，项目的核心在于用户体验与产品(服务价值)。市场推广是输血，一个项目不能永远靠输血，主要还是要靠项目的价值与产品发展。

目前，在中国(也包括国外)大大小小的企业项目中存在着非常严重的通病，项目中的内容是怎么想怎么写，全然不顾访问者感受如何。正确的观念是：访问者真正需要的是什么，就紧紧围绕这种需求展开。以客户为中心，以客户想了解的信息为标题并做相应链接，点击后出现解决问题的内容。客户在最短的时间内得到了想得到的信息。此外，每一个相关页面中尽可能出现鼓励访问者点击在线订购的词语。

(3)搜索引擎营销导向的项目内容策略。简单来说，搜索引擎营销导向的项目内容策略就是在制定和实施项目内容策略时，在保证用户获取有效信息的基础上，应进一步考虑搜索引擎检索信息的特点，使项目尽可能多的网页被搜索引擎收录，并且在相关检索结果中获得好的表现，这种表现包括网页的排名位置及摘要信息与用户检索关键词之间的相关性等。根据搜索引擎营销的目标层次原理，经过这样优化设计的网页才能通过搜索引擎营销获得理想的效果。

搜索引擎营销导向的项目内容策略主要包括下列几个方面的含义。

①项目内容是项目的基本组成部分，也是有效的项目推广资源，无论什么项目，如果期望通过搜索引擎获得潜在用户，都应将项目内容策略与搜索引擎营销原理结合考虑。

②项目内容建设在确保用户获取有效信息的基础上，还应考虑到搜索引擎检索的特点，为搜索引擎索引网页信息提供方便，以获得尽可能多的被搜索引擎收录的机会。

③应重视每个网页的内容设计，因为用户通过搜索引擎检索结果中的网页标题和摘要信息来判断是否有必要进一步点击进入项目，并且可能是通过任何一个被搜索引擎收录的网页进入项目，而不仅仅是项目首页，任何一个网页都有可能为项目带来潜在用户。

④有效的项目内容是一个项目赖以生存的基础，尤其是含有丰富核心关键词的文字信息，是项目内容策略的灵魂，一个有效的关键词，远远胜过许多华而不实的图片信息，从项目推广运营的意义上说，项目的美观性远远没有项目的核心关键词重要。很多企业在进行项目策划时，通常将项目功能、结构、项目运营和推广等方面作为主要内容，很少对项目内容进行全面、深入的规划，尤其缺乏将项目内容建设与搜索引擎营销思想紧密结合起来。

4.2.3 项目栏目规划及目录设计

设计项目的中心工作之一，就是设置项目的板块和栏目设计。栏目的实质是项目的大纲索引，索引应该将项目的主题明确地显示出来。在制定栏目的时候，要仔细考虑，合理安排。划分栏目需要注意的是：尽可能删除与主题无关的栏目；尽可能将项目最有价值的内容列在栏目上；尽可能方便访问者的浏览和查询。

在圈定企业项目的主要目标访客群体后进行项目整体结构及栏目设计。信息结构的设置能否符合访客的使用习惯将在很大程度上影响项目的实际功效。整体架构要合理，要从设计与功能方面加以考虑，要考虑以后的可扩展性、可升级性。

1. 项目栏目规划

项目栏目结构与导航奠定了项目的基本框架，决定了用户是否可以通过项目方便地获取信息，也决定了搜索引擎是否可以顺利地为项目的每个网页建立索引，因此项目栏目结构被认为是项目优化的基本要素之一，项目栏目结构对项目推广运营将发挥至关重要的作用。项目结构要求结构简单、层次清晰、导航明晰、方便浏览。

项目栏目须兼具以下两个功能，两者不可或缺。

(1)提纲挈领，点题明义。网速越来越快，网络的信息越来越丰富，浏览者却越来越缺乏浏览耐心。打开项目如果超过 10 秒，用户还找不到自己所需的信息，项目就有可能被浏览者毫不客气地关掉。要让浏览者停下匆匆的脚步，就要清晰地给他们项目内容的"提纲"，也就是项目的栏目。

项目栏目的规划，其实也是对项目内容的高度提炼。即使是文字再优美的书籍，如果缺乏清晰的纲要和结构，恐怕也会被淹没在书本的海洋中。项目也是如此，不管项目的内容有多精彩，缺乏准确的栏目提炼，也难以引起浏览者的关注。

因此，项目的栏目规划首要做到"提纲挈领，点题明义"，用最简练的语言提炼出项目中每一个部分的内容，清晰地告诉浏览者项目在说什么，有哪些信息和功能。记住：主题栏目个数在总栏目中要占绝对优势，这样的项目可显出专业化，主题突出，容易给人留下深刻的印象。

(2)指引迷途，清晰导航。项目的内容越多，浏览者也越容易迷失。除了"提纲"的作用之外，项目栏目还应该为浏览者提供清晰直观的指引，帮助浏览者方便地到达项目的所有页面。

项目栏目的导航作用，通常包括以下四种情况(见图 4-6)。

①全局导航。全局导航可以帮助用户随时到项目的任何一个栏目，并可以轻松跳转到另一个栏目。通常来说，全局导航的位置是固定的，以减少浏览者查找的时间。

②路径导航。路径导航显示了用户浏览页面的所属栏目及路径，帮助用户访问该页面的上下级栏目，从而更完整地了解项目信息。

③快捷导航。对于项目的老用户而言，需要快捷地到达所需栏目，快捷导航为这些用户提供直观的栏目链接，减少用户的点击次数和时间，提升浏览效率。

④相关导航。为了增加用户的停留时间，项目策划者需要充分考虑浏览者的需求，

为页面设置相关导航，让浏览者可以方便地去到所关注的相关页面，从而增加对企业的了解，提升合作概率。

图 4-6　中国制造网导航系统

1—全局导航；2—路径导航；3—快捷导航；4—相关导航

板块比栏目的概念要大一些，每个板块都有自己的栏目。例如，网易的站点分新闻、体育、财经、娱乐、教育等板块，每个板块下面有各自的主栏目。一般的中小企业站点就没太多必要设置多个板块，有主栏目（主菜单）就够了。如果觉得的确有必要设置板块的，需要注意的是：

- 各板块要有相对独立性。
- 各板块要相互关联。
- 板块的内容要围绕站点主题。

如上面所说，栏目的内容与功能往往决定项目的质量以及受欢迎程度。项目的题材确定后，相信设计者已经收集和组织了许多相关的资料，并且认为这些都是最好的，肯定能吸引网友们来浏览项目。但是有没有将最好的、最吸引人的内容放在最突出的位置呢？有没有让好的内容在版面分布上占绝对优势呢？因此，当项目的栏目设计出来时，还需要反问自己下列几个问题：

- 项目的栏目是否满足了用户的需要？
- 项目的栏目是否可以让用户很快了解信息并且方便与项目的交流？

- 假设你是用户，你如何评价这个项目？

- 我有足够的能力及时组织项目的信息资料吗？

弄清楚了上面的问题，项目的结构就应该非常清晰明确了。

一个项目的建设是一项长期的工作，是需要分阶段、按步骤进行的。根据项目的目标和用户需要，有针对性地设计栏目，按步骤地实施计划，这是项目建设的基本原则。一般的项目栏目安排还要注意以下几个方面。

- 设计一个最近更新或项目指南栏目。如果项目首页没有安排版面放置最近更新的内容信息，就有必要设计一个"最近更新"的栏目。这样做是为了照顾常来的访问客户，让项目主页更具人性化。如果项目主页内容过于庞大、层次较多，而又没有站内的搜索引擎，建议该项目设置"本站指南"栏目，这样可以帮助初访者快速找到他们想要的内容。

- 设定一个可以双向交流的栏目。双向交流的栏目不需要很多，但一定要有，如论坛、留言本、邮件列表等，可以让浏览者留下他们的信息。有调查表明，提供双向交流的站点比简单地留一个电子邮件的站点更具有亲和力。

- 设计一个下载或常见问题回答栏目。网络的特点是信息共享。如果读者看到一个站点有大量优秀的、有价值的资料，肯定希望能一次性下载，而不是一页一页浏览存盘。因此，如果在项目主页上设置一个资料下载栏目，肯定会得到大家的喜欢。

另外，如果站点经常收到网友关于某方面的问题来信，最好设立一个常见问题回答的栏目，这样既方便了网友，又节约了自己的时间。至于其他的辅助内容，如关于本站、版权信息等可以不放在主栏目里，以免冲淡主题。

综上，成功的栏目规划，还是基于对用户需求的理解。对于用户和需求理解得越准确、越深入，项目的栏目也就越具吸引力，能够留住越多的潜在客户。

2. 目录设计

为了实现信息的有效传递，也为了便于项目的更新和维护，站点的目录设计结构十分重要。主次分明、脉络清晰的站点结构使访问者对项目内容一目了然，便于获取所需信息。同时，规划合理的目录结构对于项目所有者来说，可以在以后的内容更新和维护中，节省大量时间和精力。

项目的目录结构指建立项目时创建的路径，它们通常是一个个的文件夹。大部分初学者在刚接触网页开发的时候，并不太了解合理的目录结构的重要性，可能把所有的网页都放在了根目录下面，然后在经过一段时间的学习和实践之后，会发现这种方式给后期的项目维护造成了不便，当然网页命名也是很重要的一部分。先来看看一个好的项目目录设计应该是什么样的，见图4-7。

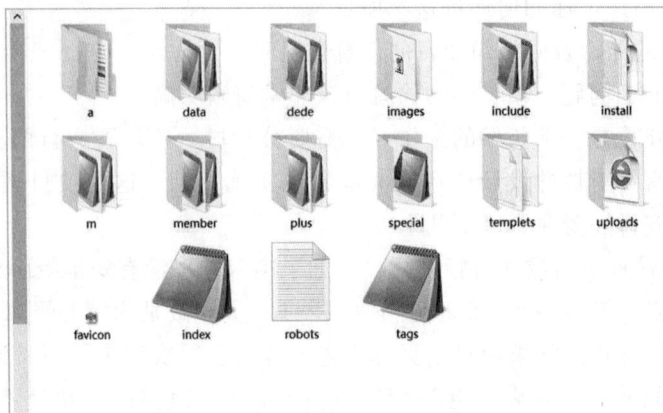

图 4-7　项目目录结构

在建立目录结构的过程中，应注意下面几个问题。

(1)合理安排文件的目录，不要将所有文件都应放在根目录下。有的项目为了方便，将所有文件都放在根目录下。这样做造成的不利影响有以下两点。

①文件管理混乱。常常搞不清楚哪些文件需要编辑和更新，哪些无用的文件可以删除，哪些是相关联的文件，这会影响工作效率。

②上传速度慢。服务器一般都会为根目录建立一个文件索引。如果将所有文件都放在根目录下，那么即使只上传更新一个文件，服务器也需要将所有文件再检索一遍，建立新的索引文件。很明显，文件量越大，等待的时间也越长。

所以，建立尽可能减少根目录的文件存放数。

(2)按栏目内容建立子目录。子目录的建立应首先按主菜单栏目建立。例如，网页教程类站点可以根据技术类别分别建立相应的目录，像 Flash、Dhtml、JavaScript 等。企业站点可以按公司简介、产品介绍、价格、在线订单、反馈联系等建立相应的目录。其他的次要栏目，如类似新闻、友情链接等内容较多，需要经常更新，可以建立独立的子目录；而一些相关性强、不需要经常更新的栏目，如关于本站、关于站长、站点经历等，可以合并放在一个统一的目录下。

所有程序一般都存放在特定的目录下，例如 CSS 样式表放在 CSS 目录。为便于维护管理，所有需要下载的内容也最好放在一个目录下。

(3)在每个一级目录或二级目录下都创建独立的 images 目录。每个站点根目录下都有一个 images 目录。初期进行主页制作时，人们习惯将所有图片都存放在这个目录里。可是后来发现很不方便，当需要将某个栏目打包供网友下载或者将某个栏目删除时，图片的管理相当麻烦。经过一段时间发现，为每个主栏目建立一个独立的 images 目录是最方便管理的，而根目录下的 images 目录只是用于放首页和一些次要栏目的图片。

（4）目录的层次不要太多，一般目录的层次不超过 3 层。原因很简单，为了维护管理方便。

（5）不要使用中文目录。网络无国界，使用中文目录可能对网址的正确显示造成困难。也不要使用过长的目录名，尽管服务器支持长文件名，但是太长的目录名不便于记忆。尽量使用意义明确的目录，如可以用 Flash、Dhtml、JavaScript 来建立目录，也可以用 1、2、3 来建立目录，但是哪一个更明确、更便于记忆和管理呢？显然是前者。

下面可以尝试着设计一个比较通用的目录结构。

①首先需要建立一个项目目录，它用来存放所有的网页文件，命名尽量能体现它的内容，例如可以用域名（如 kuaibigou）来命名，这样在你拥有多个项目的时候，比较容易地区分他们。

②有了项目根目录，接下来可以根据项目需要的功能来建立子目录。

• 需要一个用来存放网页图片的文件夹，那么创建一个新目录 images，当然你也可以用其他的名字命名，如 Pics、Img 等。

• 需要一个用来存放网页 CSS 文件的目录，可能你现在还不太了解 CSS 样式的使用，不过这没关系，因为它并不难，你只需要花上一两天的时间，就可以了解个大概。CSS 样式目录可以创建名为 CSS 的子目录。

• 需要一个用来存放所有网页 JavaScript 文件的目录，如果你现在还不太熟悉 JavaScript 也没关系，它是一种非常成熟、在多种浏览器（如 IE、FireFox 等）中都支持的客户端脚本语言，关于它的学习，需要长时间的实践和积累。可以将它命名为 Js 或者 Script 等。

• 可能还需要一个用来存放数据库文件的目录（如 Database），当然可能会觉得这只是针对采用 Access 做数据库的情况，其实不然。如果采用的是 MSSQL 数据库，而且项目可能需要多个人来开发或者会共享给别人使用，就可能需要将数据库文件公用，那么可以将数据库导出成 SQL 脚本或者备份成文件，然后就可以把这些数据存放在 Database 文件夹中。

• 刚开始接触动态项目开发的时候，可能对网页的重复利用有点茫然，可以通过建立自己的函数库来提高代码的重用性，例如可以建立一个 Include 或者 Inc 目录来存放网页的被包含文件，也就是写有通用函数或者重要函数和代码的文件。

• 如果项目提供了文件上传功能，那么需要建立一个 Upload 文件夹存放上传的文件。

• 项目通常还需要一个后台管理的目录，例如 Admin 文件夹，可以将后台文件存放在里面。当然，如果项目的后台功能非常简单，那么直接存放在根目录下面也可以，但尽量使用文件前缀名或者后缀名加以区分，如 admin_login. asp。

随着网页技术的不断发展，利用数据库和其他后台程序自动生成静态网页越来越普遍，项目的目录结构也将升级到一个新的结构层次。

4.2.4 导航设计

在页面中，项目导航条的位置一般在接近顶部或网页左侧的地方，它为用户提供一个直观的指示，让用户知道现在所在项目的位置。

导航条所占的位置大多是被用户第一眼所关注到的，它的样式设计往往也代表了整个页面的设计风格。一个项目导航设计对提供丰富友好的用户体验有至关重要的作用，简单直观的导航不仅能提高项目易用性，而且方便用户找到所需要的信息，可有助于提高用户转化率。

1. 导航设计易用性问题

项目的导航，包括顶部、底部和侧面的导航都应该尽可能地对用户友好、易用，保证用户想看到的在尽可能的显眼位置，导航里的各要素应该反映出各个目录和子目录，以及各个主题之间的逻辑性、相关性，帮助用户找到主要相关内容。

（1）辅助导航。为用户提供一个直观的指示，让用户知道现在所在项目的位置，每一级位置的名称都有链接可返回，在每一个网页都必须包括辅助导航以及左上角的项目功能标识。

（2）项目 Logo 链接。每一个出现的项目 Logo 都要加上回到项目首页的链接，用户已经习惯了点击项目 Logo 作为回到项目首页的方法。

（3）导航条的位置。主导航条应该在接近顶部或网页左侧的位置，如果因为内容过多需要子导航时，要让用户容易地分辨出哪个是主导航条，哪个是某主题的子导航条。

（4）联系信息。进入"联系我们"网页的链接或者直接呈现详细的联系方式都必须在项目的任何一个网页中可以找到。

（5）导航使用的简单性。导航的使用必须尽可能的简单，避免使用下拉或弹出式菜单导航。而事实上，站在搜索引擎的角度来看，下拉菜单、弹出式菜单以及用 Flash 制作的菜单都很难被搜索引擎的"爬虫"识别出来，也不利于项目的搜索推广。如果没办法一定得用，那么菜单的层次不要超过两层。

（6）网页指示。应该让用户知道现在所看的网页是什么和与现在所看网页的相关网页是什么，例如通过辅助导航"首页＞新闻频道＞新闻全名"里的对所在网页位置的文字说明，同时配合导航的颜色高亮，可以达到视觉直观指示的效果。

（7）已浏览网页的指示。最简单的可以通过已点击超链后的变色，如果不在同一网页的超链接网页，可以在其他位置显示用户已浏览过的内容。

（8）登录出入口。登录入口和退出登录出口要在全项目的每一个网页都可以找到，让用户进入任一网页都可以登录和退出。

2. 导航设计功能性问题

导航的功能设计可以提高或降低整个项目的表现，功能完善的导航可以让用户快速地找到他们想要的东西，否则就会"赶走"用户。

（1）导航内容明显的区别。导航的目录或主题种类必须清晰，不要让用户困惑，而且如果有需要突出主要网页的区域，则应该与一般网页在视觉上有所区别。

（2）导航的链接必须全是有效链接。无论是一般导航还是有下拉菜单的导航，里面的所有文字都应该是有效的链接。

（3）准确的导航文字描述。用户在点击导航链接前对他们所找的东西有一个大概的了解，链接上的文字必须能准确描述链接所到达的网页内容。

（4）搜索导航结果。搜索的结果一定不要出现"无法找到"，这是很让用户失望的，如果无法精确找出结果，搜索功能应该实现对错字、类似产品或相关产品给出一个相近的模糊结果。

以一个有关营销茶叶的项目为例来说明问题。通常，主页中的导航条大致可描述成这样：

"主页公司　介绍产品　我们的服务　与我们联系"

访问者通过点击进入相关页面。在最主要页面的最显眼位置滔滔不绝地介绍公司的规模如何大、实力雄厚、技术先进，并配以办公楼、厂房等图片，总裁坐在老板椅上向大家说，"我代表我们茶叶生产基地全体同仁欢迎各位光临，并竭诚为大家提供优质的产品和服务……"

有些人喜欢与小公司打交道。为什么？因为很多时候，小公司所提供的服务更具个性化，更人性化，更能体贴客户。

对互联网营销而言，如上有关营销茶叶项目的导航条是在自说自话，在向访问者说教，绝对不利于站点的在线营销。企业应非常尊重每一位来访者，来访者的需求理所当然地成为站点的中心议题。

项目中好的内容不应埋藏太深，不应让访问者在站点中来回寻找所需信息。对比上边例子和"华祥苑茗茶"网站的导航（见图4-8），看看效果会如何。

图4-8　华祥苑茗茶首页导航

在这个网站中，将了解到：

- 华祥苑茶叶的特点，你为什么要选择华祥苑茶叶。
- 如何在此项目订购我们的茶叶。
- 茶叶文化知识、技术、功效等茶文化你知道多少。
- 你可以批发我们的茶叶。
- 你可以加盟我们公司的茶叶销售。
- 买了我们的茶叶后，你会得到什么样的售后服务。
- 我们的公司。
- 如何联系我们。
- 新闻媒体对华祥苑茶叶的报道等。

不难看出，华祥苑茗茶网站的导航条从内容覆盖面、主题突出、简单明了等方面都比较出色，这也是其电子商务项目网络营销比较好的一个因素。

3. 导航设计的测试

一个测试导航的方法就是去竞争对手以及其他一些项目，使用它们项目的导航记录下哪些是你喜欢的，哪些是你不喜欢的，并对任何的异常现象进行简单记录。做完这些工作后再回到自己的项目以同样的流程对比一下，这样就会找到一些提高项目导航的方法。

上面的方法当然还不够全面，不能只依赖个人用户经验，可以发动身边不同年龄和不同互联网应用水平的用户，了解和不了解你项目的用户，到项目"独自走一下"，并回访或让他们记下一些问题或意见。完成以上工作后相信你可以很好地优化项目导航，改善用户体验。

4.2.5 链接设计

一个好项目的基本要素是用户进入后，与本项目相关的信息都可以方便快捷地找到，其中要借助于相关的站点，所以做好引导工作是很重要的。超文本这种结构使全球所有接入 Internet 的计算机成为超大规模的信息库，链接到其他项目轻而易举。在设计网页的导引组织时，应该给出多个相关项目的链接。

项目的链接结构是指页面之间相互链接的关系，它建立在目录结构基础上，但可以跨越目录。形象地说，每个页面都是一个固定点，链接则是在两个固定点之间的连线。一个点可以和一个点连接，也可以和多个点连接。更重要的是，这些点并不是分布在同一个平面上，而是存在于一个立体的空间中。如果将其画成示意图表，就像一个拓扑结构图。

研究项目链接结构的目的在于，用最少的链接，使得浏览最有效率。一个电子商务项目，内容丰富，容量巨大，就必须设计合理的链接关系，否则，有些内容就可能与浏览者见面的机会很少。要想设计一个比较好的电子商务项目的链接，则先必须清楚常见的链接有哪些。

(1)根据链接载体的特点，一般把链接分为文本链接与图像链接两大类。

• 文本链接：用文本作链接载体，简单实用。

• 图像链接：用图像作为链接载体能使网页美观、生动活泼，它既可以指向单个的链接，也可以根据图像不同的区域建立多个链接。

(2)按链接目标分类，可以将超级链接分为以下几种类型。

• 内部链接：同一项目文档之间的链接。内部链接一般使用相对路径或根目录路径。

• 外部链接：不同项目文档之间的链接。外部链接一般使用绝对路径。

• 锚点链接：同一网页或不同网页中指定位置的链接。

• E-mail 链接：发送电子邮件的链接。

通常，建立项目的链接有两种基本方式。

(1)树状链接结构(一对一)。该结构类似 DOS 的目录结构，首页指向一级链接，一级指向二级链接。这样的链接结构浏览时，一级级进入，一级级退出。其优点是条理清晰，访问者明确知道自己在什么位置，不易迷路；缺点是浏览效率低，一个栏目下的子页面到另一个栏目的子页面，必须绕经栏目页，如图 4-9 所示。

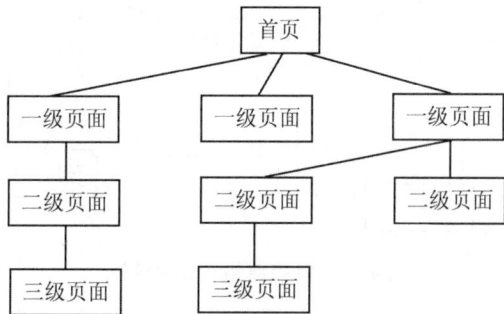

图 4-9 链接结构：树状链接

(2)星状链接结构(一对多)。该类结构类似网络服务器链接，每个页面相互之间都建立有链接。立体结构像电视塔上的钢球。在不同网络服务器链接，在每个网页设置一个共同的链接枢纽，使所有的网面都可以通过枢纽保持链接。这种链接结构的优点是浏览方便，随时可以到达自己喜欢的页面；缺点是链接太多，容易使浏览者迷路，搞不清自己在什么位置、看了多少内容。另外，这种链接要求每次翻页都会将页面全屏刷新，在显示速度上会稍微慢一点，如图 4-10 所示。

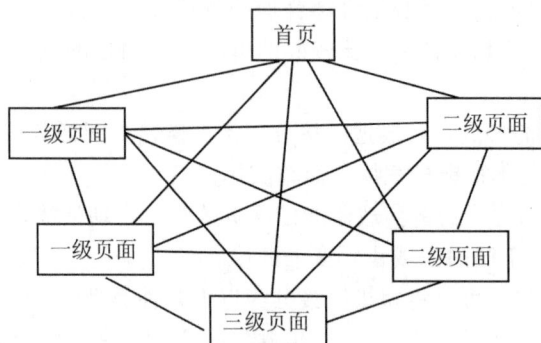

图 4-10　链接结构：星状链接

　　这两种基本结构都只是理想的方式，而在实际的项目设计中，可以将这两种结构混合起来使用。希望浏览者既可以方便快速地达到自己需要的页面，又可以清晰地知道自己的位置。所以最好的办法是首页和一级链接之间用星状链接结构，一级和二级之间用树状结构，如图 4-11 所示。

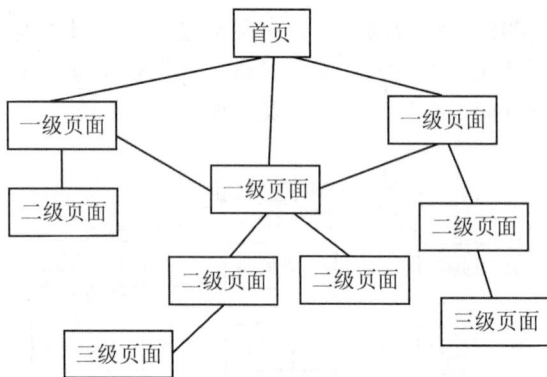

图 4-11　链接结构：混合链接

　　如果站点内容庞大、分类明细，需要超过三级页面，那么建议在页面里显示导航栏，这样可以帮助浏览者明确自己所处的位置。许多项目顶部可看到类似的表示：

　　"您现在的位置：首页＞财经新闻＞股市信息＞深圳股＞深发展"

　　关于链接结构的设计，在实际的网页制作中是非常重要的一环。采用什么样的链接结构直接影响到版面的布局。例如，主菜单放在什么位置，是否每页都需要放置，是否需要用分类框架，是否需要加入返回首页的链接。在链接结构确定后，再考虑链接的效果和形式，是采用下拉菜单，还是用 DHTML 动态菜单等。

　　随着电子商务的推广，项目之间的竞争越来越激烈，对链接结构设计的要求已经不仅仅局限于可以方便快速地浏览，而更加注重个性化和相关性。例如，在爱婴主题项目里，在 8 个月大的婴儿的营养问题页面上，需要加入 8 个月大的婴儿的健康问题链接、智力培养链接，或者是有关奶粉宣传的链接，以及图书和玩具的链接。因为服务不可能到每个栏目下去寻找关于 8 个月大的婴儿的信息，来访者可能在找到需要的问题后就离开项目了。如何能留住访问者，是项目设计者必须考虑的问题。

了解了链接的大体分类与一些基本方式后，再来看看在网络营销或者说电子商务时期，链接设计过程中一些必须注意的事项。

(1)让搜索引擎更容易找到通过链接收录站内网页。当今越来越多的用户更热衷于利用 Baidu、Google、Yahoo 等搜索引擎寻找信息。那么各类搜索引擎收录项目的信息记录越多，就意味着会有更多的用户会通过搜索来访问项目。鉴于当前各搜索引擎的特点，除了收费提高搜索排名外，项目内合理的链接结构设计也会提高搜索排名。先来看看 Google 对项目页面链接设计的一些建议。

①让项目有着清晰的结构和文本链接，所有的页面至少要有一个静态文本链接入口，尽量不要用图片和 JavaScript。

②为用户提供一个站点地图：转向项目的重要部分。如果站点地图页面超过 100 个链接，则需要将页面分成多个页面。索引页不要超过 100 个链接，搜索引擎的机器人只考虑页面中前 100 个链接。

③用一些有用的、信息量丰富的站点，清晰并正确地描述你的信息。

④用户可能用来找到你的关键词，并保证这些关键词在项目中出现。少用"最大""最好"之类的形容词。用户最关心的词一般都会是动词或名词，比如下载、空调、MP3 等，而不是一些抽象名词。

⑤尽可能使用文本，而不是图片显示重要的名称、内容和链接。Google 的机器人不认识图片中的文字。

⑥保证页面链接标签＜a＞中属性 title 和 alt 正确的精确描述。

⑦检查坏链接并修正这些 HTML 错误。

⑧如果打算使用动态页面链接中包含"？"，则必须了解，并非所有的搜索引擎的机器人能向对待静态页面一样对待动态页面，保持动态页面的参数尽可能少也会很有帮助。

(2)链接外观禁忌。

①看上去链接不像链接。项目设计有一个一般的设计原则：一眼看上去用户就应该知道交互式系统中什么是可操作的，什么是不可操作的。

②文本链接。所有的 Web 用户和设计人员都知道文本链接的习惯：带下划线，最好是蓝色或类似颜色。

③图片链接。图片链接和文本链接一样，可以伪装成非链接。在默认情况下，图片

链接周围有蓝色边框，许多项目设计者认为影响可视化设计都去掉了蓝色边框，但没考虑到去掉边框会使用户失去图片链接的线索。

④按钮。网页上显示的大多数按钮实际上是图片链接，或者是分割成链接区域的映射图。只有一小部分是真正的按钮，如标准浏览器表单的提交按钮。因此，Web 按钮容易设计不好，使它们看起来不像按钮。

解决方法：通常最好的方法是遵照下列惯例：带下划线的文本链接，最好是蓝色字体；没点击过的链接和点过的链接颜色要不同；图片按钮看上去应像按钮，其他图片链接应该做链接标记。如照片，一种方法是显示图片时带有默认的蓝色边框，另一种方法是将他们标注为链接。

(3)尽量使用相对链接。在制作图像或文本链接时，尽可能地使用相对链接，这是因为这样制作的网页可移植性比较强。例如把一组源文件移到另一个地方时，相对路径名仍然有效，而不会需要重新修改链接的目标地址。另外，使用相对链接时输入量也比较少，在同一页的链接项应该使用相对地址，因为使用绝对地址后可能会每次选择一个链接都要把该页重新装载一次。

4.3　网页可视化设计

网页可视化设计包括网页版面设计、网页色彩设计等方面的内容。现在比较流行使用 Dreamweaver 等软件来进行网页的可视化设计。但无论是网页版面设计还是网页色彩设计，都应该要遵守以下几个设计原则。

(1)网页命名要简洁。由于一个项目不可能就是由一个网页组成，它有许多子页面，为了能使这些页面有效地被连接起来，网页设计者最好给这些页面起一些有代表性的而且简洁易记的网页名称。这样既有助于以后方便管理网页，又会在向搜索引擎提交网页时更容易被别人索引到。在给网页命名时，最好使用自己常用的或符合页面内容的小写英文字母，这直接关系到页面上的链接。

(2)确保页面的导览性好。不要主观地认为用户和项目开发人员一样了解该企业项目，所有的用户在寻找信息方面总会存在困难，因此他们需要所浏览的企业项目的支持，以便有很强的结构感和方位感。一般来说，项目应提供一个关于本站点的地图，让用户知道在哪里以及能去哪里。具体已经在本章的导航设计和链接设计里学习过，这里不再详说。

(3)网页要易读。这就意味着需要规划文字与背景颜色的搭配方案。注意不要使背景的颜色冲淡了文字的视觉效果。也不应该用太复杂的色彩组合，让用户很费劲地浏览网页。此外，网页的字体、大小也是需要考虑的因素。

(4)合理设计视觉效果。视觉效果对于网页来说是相当重要的成分，它主要体现在网页结构和排版上。要善用表格来布局网页，不要把一个项目的内容像作报告似的一二三四地罗列出来，要注意多用表格把项目内容的层次性和空间性突出显示出来，使人一眼就能看出项目的重点所在。不要在页面上填满图像来增加视觉趣味，应尽可能多地使用彩色圆点，它们较小并能为列表项增加色彩活力，此外，彩色分隔条也能在不扰乱带宽的情况下增强图像感。

(5)为图片添加文字说明。给每幅图像加上文字说明，在图像出现之前就可以看到相关的内容，尤其是导航按钮和大图片更应该如此。这样一来，当网络速度很慢不能把图像下载下来时或者用户在使用文本类型的浏览器时，照样能阅读网页的内容。

(6)不宜使用太多的动画和静态图片。要确定在进行网页设计时是否必须要用 Gif 或 Flash 动画，如果可以不用，就选择静止的图片，因为它的容量要小很多。如果不得不在项目上放置大量的图像，最好使用图像缩微图，把图像的缩小版本的预览效果显示出来，这样用户就不必浪费时间去下载他们根本不想看的大图像。不要使用横跨整个屏幕的图像，要避免用户横向滚动屏幕。此外，还要确保动画、静态图片和网页内容有关联，它们应和网页浑然一体，要表现出一定的网页内容，而不是空洞的。

(7)页面长度要适中。一个长的页面的传输时间要比较短的页面的传输时间长，太长的页面传输会使用户在等待中失去耐心，而且为了阅读这些长文本，浏览者不得不使用滚动条。虽说现实中网页中绝大部分都使用上了垂直滚动条，但太长的滚动条仍然不受用户的喜欢。如果有大量基于文本的文档，比如产品的使用说明书、产品的增值软件、企业的合同等，可以下载的形式提供出来，以便企业用户能离线阅读，从而节省宝贵的时间，或将所有关键的内容和导航选项置于网页的顶部。

(8)整个页面风格要一致。项目上所有网页中的图像、文字，包括背景颜色、区分线、字体、标题、注脚等，要统一表现风格，这样用户在浏览网页时会觉得舒服、流畅，会对该项目留下深刻的印象。

(9)不要滥用尖端技术。在网页开发中，要适当地使用新技术，但不要过多地使用最新的项目开发技术，因为企业电子商务项目的主流用户关注更多的是项目有无有用的内容和企业提供优质服务的能力。使用最新和最棒的技术可能会打击企业部分用户访问项目的兴趣和积极性，因为如果用户缺乏合理使用新技术的经验，加上用户系统太慢而导致在访问项目期间崩溃，那么他们将不会再来。另外，最新的项目开发技术还存在用户浏览器的版本支持问题，有些较低版本的浏览器还不能支持当前最新的项目开发技术。

4.3.1 网页版面设计

版面指的是用户在浏览器中看到一个完整的页面(可以包含框架和层)。因为每个用户所使用的显示器分辨率不同，所以用一个页面的大小可能出现 800 像素×600 像素、1024

像素×768 像素，以及最近流行的宽屏显示器的 1280 像素×800 像素、1600 像素×1200像素等不同尺寸。布局，就是以最适合用户浏览的方式将图片和文字排放在页面的不同位置。鉴于当前显示器技术的发展和显示器价格的降低，用户使用 800 像素×600 像素分辨率的已经比较少，一般以 1024 像素×768 像素的居多，所以一般页面的横向设计最好不要超过 1180 像素（预留右边滚动条的宽度。如果是为了要照顾使用 800 像素×600像素显示器的用户，则页面横向不要超过 755 个像素）。

设计版面就像传统的报刊编辑一样，将网页看做一张报纸、一本杂志来进行排版布局。虽然动态网页技术的发展使得人们开始趋向于学习场景编剧，但是固定的网页版面设计基础依然是必须学习和掌握的。它们的基本原理是互通的，读者可以领会其要点，举一反三。

1. 版面布局的步骤

(1)草案。属于创造阶段，不讲究细腻工整，也不必考虑细节功能，只以粗陋的线条勾画出创意的轮廓即可。尽可能多画几张，最后选定一张满意的作为继续创作的脚本（见图 4-12）。

图 4-12 网页设计草图

(2)粗略布局。在草案的基础上，将需要放置的功能模块安排到页面上。功能模块主要包含项目标志、主菜单、新闻、搜索、友情链接、广告条、邮件列表和版权信息等（见图 4-13）。注意，这里必须遵循突出重点、平衡协调的原则，将项目标志、主菜单等最重要的模块放在最显眼、最突出的位置，然后再考虑次要模块的排放。

(3)定案。将粗略布局精细化、具体化，最后达到满意定案。对于版面布局的设计，应当重视以下原则：加强视觉效果；加强文案的可视度和可读性；统一感的视觉；新鲜和个性是布局的最高境界。网页设计作为一种视觉语言，当然要讲究编排和布局，虽然网页设计不等同于平面设计，但它们有许多相近之处，应充分加以利用和借鉴。

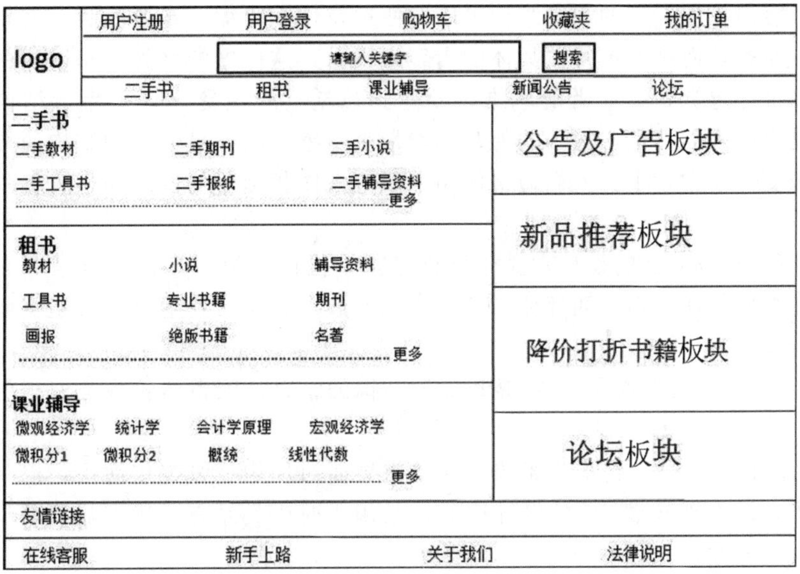

logo	用户注册	用户登录	购物车	收藏夹	我的订单

表格内容布局如下:

图 4-13 网页设计粗略布局

版式设计通过文字及图形的空间组合,表达出和谐与美。一个优秀的网页设计者应该知道哪一段文字及某个图形该落于何处,才能使整个网页生辉。网页设计者应努力做到整体布局合理化、有序化、整体化。优秀之作善于以巧妙、合理的视觉方式使一些语言无法表达的思想得以阐述,做到既丰富多样,又简洁明了。

多页面站点的编排设计要求从页面之间的有机联系反映出来,这里主要的问题是页面之间和页面内的秩序与内容的关系。为了达到最佳的视觉表现效果,应讲究整体布局的合理性。特别是关系十分紧密的有上下文关系的页面,一定要设计有向前和向后的按钮,便于浏览者可以来回仔细研读。

2. 常用版面布局的形式

制作网页常用的版式有单页和分栏(分帧或多框架)两种,在制作网页时要根据网页内容选择版式。但因为浏览器的宽幅有限,一般不宜设计成三栏以上的布局。目前流行的网页布局有井字形、T字形、梯形、"口"形、POP形等。

(1)井字形。这种版面布局的好处是可以使网页的结构非常清晰,常用于栏目多、内容多的介绍性或综合性项目,因为栏目较多,放在导航菜单里会显得很挤,所以将网页中的信息内容全部布置在网页上。

(2)T字形。这种版面布局的好处是所设计的网页功能一目了然。顶部为项目信息,如站标、站名以及导航栏;底下两块中较窄的一块(通常在左边)为辅助区域,即功能区;另外较宽的那块(通常在右边)为主要区域,放入功能所对应的内容。T字形网页具有普适性、容易扩展。它的规则结构可以方便地拉伸和收缩，专业的商业站点一般不会只使用单一模版，而是根据每页具体的内容来设计，这样做的好处也是明显的，用户每打开一页都可以感觉到设计者的思维以及达到视觉上的享受。但 T 字形结构简洁的特点，刚好是它最大的不足，简洁的外观必然带来美感上的不足，这种结构使得可以用来美化的区域变得非常狭小。人们通常使用平面与立体相结合的方法加上改善页面层次感来改进其不足。

（3）梯形。这种版面的设计常见于国外站点，国内用得不多。特点是页面上横向两条色块，将页面整体分割为四部分，色块中大多放广告条。其主要优点是页面上放置的内容相对较多。

（4）"口"形。这种版面是 T 字形和梯形结构的结合，因整体轮廓类似于中文的"口"字而得名。

（5）POP 形。POP 引自广告术语，就是指页面布局像一张宣传海报，以一张精美图片或一个 Flash 动画作为页面的设计中心，常用于时尚类站点。优点显而易见：漂亮动人；缺点就是速度慢。

以上总结了目前网页上常见的几种布局，其实在现实的应用中基本上都是经过一定变化的，所以项目才能呈现出丰富多彩、别具一格的布局形式。网页设计人员在了解这些布局的基本优劣之后，适当地利用其优点，结合，些富有形式美感的因素进行设计，就能设计出非常漂亮的网页。比如：如果网页中的内容非常多，就要考虑用井字形或 T 字形；而如果内容不算太多，而一些说明性的东西比较多，则可以考虑梯形；而如果一个企业项目想展示一下企业形象或个人主页想展示个人风采，封面可首选 Flash。但要注意，好的 Flash 大大丰富了网页，可是它不能表达过多的文字信息。

4.3.2　网页色彩设计

色彩是艺术表现的要素之一，在网页设计中，根据和谐、均衡和重点突出的原则，将不同的色彩进行组合、搭配来构成美丽的页面。色彩在网页设计中占有非常重要的地位，它是调节浏览者视觉心理、引起人们注意的主要手段。由于网页设计是通过计算机来实现的，就要考虑计算机色彩系统的功能。通过计算机色彩系统中提供的三原色的混合，创造出千变万化的富有情趣、而又能引起视觉兴奋的色彩，以达到能够吸引注意力、传达信息、赢得客户的目的。

色彩会对人们的心理产生影响，应合理地加以运用。按照色彩的记忆性原则，一般暖色较冷色的记忆性强。另外，色彩还具有联想与象征的特制，例如，红色象征火、太阳；蓝色象征大海、天空和水面等。设计出售冷食的虚拟店面，可使用淡雅而沉静的颜色，使人会感觉凉爽一些。

1.216 网页安全颜色

在网络中，即使是一模一样的颜色也会由于显示设备、操作系统、显示卡以及浏览器的不同而有不尽相同的显示效果。最早使用 Internet 的国家花费了很长的时间探索如何解决网页中的颜色会受到各种不同环境影响的问题，并最终找到了解决方法——发现了 216 网页安全颜色。216 网页安全颜色是指在不同的硬件环境、不同的操作系统、不同浏览器中都能正常显示的颜色集合（调色板），也就是说，这些颜色在任何终端的显示设备上的显示效果都是相同的，所以使用 216 网页安全颜色进行网页色彩的设计可以避免原有的颜色失真问题。

网页安全颜色是指当红色、绿色和蓝色的数字值为 0、51、102、153、204、255 时构成的颜色组合，一共有 $6×6×6＝216$ 种颜色，其中 210 种彩色，6 种非彩色。用户可以到网上下载 216 网页安全颜色的调色板；或者在使用 Photoshop 图像处理工具的时候，利用其附带的功能将颜色选择为相对应的 216 网页安全颜色。

2. 配色印象空间

网页设计师策划一个项目需要经过反复思考，而在决定网页配色方案时同样需要经过再三的思量，必须根据一定的判断标准对配色方案进行判断才能做出科学性、理论性较强的网页配色方案。目前科学的判断依据是配色印象空间，其主要依赖于色彩的色相和色调来进行判断。

配色印象空间中的色相和色调体系是结合颜色的三种属性（色相、亮度和对比度），并根据人类心理的角度对颜色进行分类的科学体系，它在很大程度上方便了网页设计师对颜色的分类和使用。研究人员通过 SD 方法（Semantic Differential Method）对颜色进行打分，并给出一定的形容词，最终得到了配色印象空间。结果表明：

给人静态柔和感觉的通常是隐约柔和颜色之间的搭配；

给人动态柔和感觉的通常都是鲜亮颜色间的搭配；

给人生硬感觉的通常都是鲜亮颜色和浑浊暗淡色之间的搭配；

给人静态生硬感觉的通常都是灰冷颜色之间的搭配。

各种颜色代表的意义如下。

红色：热情、活泼、热闹、温暖、幸福、吉祥。

橙色：光明、华丽、兴奋、甜蜜、快乐。

黄色：明朗、愉快、高贵、希望。

绿色：新鲜、平静、和平、柔和、安逸、青春。

蓝色：深远、永恒、沉静、理智、诚实、寒冷。

紫色：优雅、高贵、魅力、自傲。

白色：纯洁、纯真、朴素、神圣、明快。

灰色：忧郁、消极、谦虚、平凡、沉默、中庸、寂寞。

黑色：崇高、坚实、严肃、刚健、粗莽。

红色（暖调）：兴奋、幸运、小心、忠心、火热、洁净、感恩。

橙色（暖调）：自由、光亮、希望、富同情心、容易受感动、乐于助人、乐于牺牲奉献。

黄色（暖调）：温暖、光明、富有、稳健独立、自动自发、有正义感、完美主义者。

绿色（冷调）：健康、清新、幼细、生命、恩惠、盼望、培育、自然、和谐。

蓝色（冷调）：悲伤、冷漠、忍耐、自由、动感、活力。

靛色（冷调）：冷静、沉稳、聪明、敏感、锐利、识人能力强。

紫色（冷调）：豪华、美丽、优心、平安、爱、悔改、谦卑、仰望、热情、热忱。

黑色（暗调）：死亡、罪行、恐怖、严重、严肃、苦难。

白色（光调）：纯洁、正直、光明、梦想、胜利、欢喜、能力。

灰色（暗调）：阴暗、悲哀、孤寂、不洁、沉默。

例如，要设计一个著名药店的项目，首先要收集一些与健康、医药有关的站点，对每一个站点的风格和特点进行分析，得出：医院站点的背景主要采用白色和高对比的彩色，辅助色彩和主题色主要使用绿色、蓝色以及黄绿色，突出颜色使用红色和橙色；医药相关站点使用白色和蓝色、绿色等颜色为主颜色，搭配一些灰色为主题色，突出高科技含量产品的感觉，使用较浅的黄绿色和绿色为辅助颜色，突出颜色使用红色和蓝色系列中的鲜明色调和阴暗色调；健康站点则使用白色、蓝色、绿色、红色、紫色等多种颜色，使人在访问过程中可以保持轻松愉快的心态。经过分析确定该药店的配色方案应采用医药站点和健康站点的过渡阶段的配色方案，即在不失医药站点端庄祥和的氛围的同时得到健康项目生动亲切的效果，然后根据方案在配色印象空间中找到相应的配色。

3. 网页色彩搭配的技巧

下面的一些方法是众多的网页设计人员在实践中的体会，希望能够对网页设计人员进行网页的可视化设计起到一定的参考作用。

（1）基于色相进行配色。该方法能够获得稳定的变化效果，补色与相反色相配色能够获得强烈而鲜明的效果，而类似色相配色则能获得沉静而稳重的感觉。

（2）基于色调进行配色。该方法着重于色调的变化，主要通过对同一色相或类似色相设置不同的色调得到不同的颜色效果。通过使用多种不同的亮色调，可以制造出具有鲜明对比感的效果，而使用多种不同的暗色调，可以制造出沉静温和的效果。

（3）进行渐变配色。这是以颜色的排列为主的配色方案，如雨后的彩虹，按照一定规律逐渐变化的颜色，会给人一种富有较强韵律的感觉。渐变分为色相渐变和色调渐变。

(4)进行强弱对比配色。该方法是通过在颜色与颜色之间插入一个分离色来得到强弱分明的配色效果，通常分离色使用白色或黑色等非彩色，常用于需要分辨开但颜色差异本身不太明显的配色环境中，还可以通过插入两个对比过于强烈的颜色之间来达到缓冲效果。

(5)重点突出颜色。该方法是只使用一个颜色强调突出效果的配色方案，一般使用与整体颜色截然不同的特殊颜色来实现。

(6)利用形容词确定适当的配色方案。一般网页设计师会利用一定的形容词来确定网页的风格，并通过这些表达颜色感受的形容词在配色印象空间中确定相应的颜色。

4．网页色彩设计的建议

人常常感受到色彩对自己心理的影响，这些影响总是在不知不觉中发挥作用，左右人的情绪。色彩的心理效应发生在不同层次中。有些属直接的刺激，有些要通过间接的联想，更高层次则涉及人的观念、信仰，对于艺术家和设计者来说，无论哪一层次的作用都是不能忽视的。

对于网页设计者来说，色彩的心理作用尤其重要，因为网络是在一种特定的历史与社会条件的环境下，即高效率、快节奏的现代生活方式的条件，这就需要做网页时把握人们在这种生活方式下应用网络的一种心理需求。

作为网页设计者来说，做到有针对性的用色是相当重要的，因为项目往往是各种各样的，不同内容的网页的用色应有较大的区别，所以要合理地使用色彩来体现出项目的特色，这是高明的做法。

例如：做公司的网页，就不能仅仅使用一些不着边际的颜色来吸引人，而要让人一看到这个项目的用色就立即明确该公司的主题。

如，IBM 的深蓝色，肯德基的红色条形，Windows 视窗标志上的红蓝黄绿色块，都使人们觉得很贴切，很和谐。标准色彩是指能体现项目形象和延伸内涵的色彩。一般来说，一个项目的标准色彩不超过 3 种，太多则让人眼花缭乱。标准色彩要用于项目的标志、标题、主菜单和主色块，给人以整体统一的感觉。至于其他色彩也可以使用，只是作为点缀和衬托，绝不能喧宾夺主。适合于网页标准色的颜色有蓝色、黄（橙）色、黑（灰、白色）三大系列色，要注意色彩的合理搭配。怎么能做到这一步呢？这里建议从公司的标准色入手。

一个公司的企业视觉形象识别系统(CI)是灵魂，做项目往往是为了提升公司的形象。因此把表现企业主题的标准色应用到网页中去，一定会给浏览者留下深刻的印象。这就牵涉到标准色的组合应用，要有一个色彩的基调问题，抓住自己的主色来配以不同的辅色，这样既突出了公司主页的特色，又能使页面丰富多彩(这里要切记多种色彩并重的"花"的情况)。这只是一种用色的参考，版面设计和内容也能体现出企业的形象，只是色彩更加容易达到引人注目的效果。

做到用色有的放矢之后，再回到平面设计上来，因为网页设计实际上就是平面设计，只不过目的性、时效性更强而已。所以要把每一次网页设计都看作平面设计。不过也有一些不同，如网页的外框是受电脑屏幕所限制的，具有特定的比例。同时也有一个与电脑屏幕的颜色搭配问题，这与普通的平面设计不会受到任何限制有所不同。但是用色上要求与规律网页设计是一样的，即色彩的明暗、轻重、冷暖等，以及调和色和对比色的应用等。

针对不同的主题来布置色彩，如健康类的项目就不能采用较为刺激的大红色和黄色、橙色以及象征死亡和神秘的黑色和紫色，这样会造成一种紧张和某种程度的恐慌，以及一些不利于健康的联想。

用色往往不是非常单纯的运用，还要考虑诸多因素，例如，访问者的类别、社会背景、心理需求和场合的差异等，这就要求网页设计者要认真地分析项目受众的不同，并且要多听取反馈信息，总结他们满意或者是不满意的原因，综合考虑。社会背景不同的人，各人的目的不同，他们对色彩的感受也不同，所以项目的用色就要考虑到多方面的需求，尽可能地吸引各种注意力，访问者如果大多是素质较高的人，就应该考虑用色考究，要有一定的品位，有所偏向。

网页设计的用色也要特别关注流行色的发展。每年日本或者欧美都要发布一批流行色，这是从大量的人们的喜好中挑选出来的，关注它，并用心地研究它，而且努力地将这种观念应用到自己的设计中去，做一个色彩方面的有心人，就会使自己的网页富有朝气，更受欢迎。同时多研究别人的用色，多看一些对项目的网友的评价是相当重要的。做到这一点，能提高自己的色彩品位，多用一些受人喜爱的颜色，这样才能吸引人。作为一名网页设计师需要有自己的特色，如自己钟爱的颜色，用色的一些独特方面，这种是不要轻易舍弃的。因为没有一点自己特色的设计师就如同一台机器一样毫无生气。用别人喜欢的色彩是不会掩盖设计师特色的，因为设计师用色往往是在保留自己的用色方式上才去采用一些比较让人接受的颜色。

4.4　数据库设计

数据库设计是指对于一个给定的应用环境，从用户对数据的需求出发，研究并构造数据库结构，使之能够有效地存储数据，满足用户的各种应用需求的过程。

4.4.1　关系型数据库的基本概念

1. 关系型数据库

关系型数据库以行和列构成的二维表的形式来描述数据，这一系列的行和列所构成的二维表被称为表，一系列的表便组成了数据库。

关系型数据库通常包含下列组件：客户端应用程序（client）、数据库服务器（server）、数据库（database）。客户端应用程序和数据库服务器之间用数据库的标准语言SQL语言进行指令的发送和反馈。

现在比较流行的大中型关系型数据库有 Oracle、SQL Server、Sybase、IBM、DB2、Informix 等，常用的小型数据库有 Access、FoxPro 等，现在个人用户比较常用的主要是基于 MS SQL Server 和 Access 的数据库。

2. 主键

能够唯一地标识数据表中的每个记录的字段（或者多个字段的组合）称为主键。

3. 关系

在关系数据库中，各数据项之间关系来组织，关系是表之间的一种连接，通过关系，我们可以更灵活地表示和操纵数据。

4. 视图

表中存放着数据库中的数据，直接打开表可以看到表中的数据，但有时表中的字段太多，我们只需要查看某几个字段的数据，有时候只需要查看某几行记录的数据，有时候又需要同时查看好几个表的数据，或需要对好几个表中的某些有关联的数据进行查看，这时如果通过打开一个又一个的表来进行查找将会非常费力，我们可以用"视图"来方便地解决这些问题。

视图是查看数据表中的数据的一种方式。视图是一种逻辑对象，是一种虚拟表。通过视图，可以将散落在多个表中的数据以一种更简明、更直观、更符合需求的样子展示出；用户可以非常方便地用视图来检索数据库中的数据。一个视图是一个用于指定数据库中一个或多个表中的行和列的 SELECT 语句。

5. 存储过程

存储过程是指封装了可重用代码的模块或例程。存储过程可以接受输入参数、向用户返回结果和消息、调用 SQL 语句并且返回输出参数。

6. E-R 图

E-R 图为实体—联系图，提供了表示实体型、属性和联系的方法，用来描述现实世界的概念模型。构成 E-R 图的基本要素是实体型、属性和联系，其表示方法为：

• 实体型：用矩形表示，矩形框内写明实体名。

• 属性：用椭圆形表示，并用无向边将其与相应的实体连接起来。

• 联系：用菱形表示，菱形框内写明联系名，并用无向边分别与有关实体连接起来，同时在无向边旁标上联系的类型（1∶1、1∶n 或 m∶n）。

4.4.2 数据库设计的基本原则

1. 数据库设计的基本规则——范式

构造数据库必须遵循一定的规则，在关系数据库中，这种规则就是范式。范式是符合对某一种级别的关系模式的集合。

(1)第一范式(1NF)。第一范式要求数据表不能存在重复的记录，即每个表应存在一个关键字。第一范式的第二个要求是每个字段都不可再分，即已经分到最小。主关键字段应达到下面几个条件：

- 主关键字段在表中是唯一的。
- 主关键字段中没有复本。
- 主关键字段不能存在空值。
- 每条记录都必须有一个主关键字。
- 主关键字是关键字的最小子集。

满足 1NF 的关系模式有许多不必要的重复值，并且增加了修改其数据时疏漏的可能性。为了避免这种数据冗余和更新数据的遗漏，就引出了第二范式(2NF)。

(2)第二范式(2NF)。如果一个关系属于 1NF，且所有的非主关键字段都完全依赖于主关键字，则称之为第二范式，简记为 2NF。

例如：有一个库存商品信息的表有四个字段(商品编号、存放货架号、商品数量、厂家地址)，这个库符合 1NF，其中"商品编号"和"存放货架号"构成主关键字，但是因为"厂家地址"只完全依赖于"商品编号"，即只依赖于主关键字的一部分，所以它不符合 2NF。存放货架号不同的相同编号的商品其厂家地址是一样的，导致数据冗余；其次存在更改厂家地址时，如果漏改了某一记录，就会导致数据不一致性；同时，如果某个编号的商品卖完了，那么这个厂家地址就丢失了。

我们可以用投影分解的方法消除部分依赖的情况，而使关系达到 2NF 的标准。从关系中分解出新的二维表，使每个二维表中所有的非关键字都完全依赖于各自的主关键字。

我们可以将刚才的这个表分解成两个表，一个存放商品存放信息(商品编号、存放货架号、商品数量)，另一个存放商品厂家信息(商品编号、厂家地址)，这样就完全符合 2NF 了。

(3)第三范式(3NF)。定义：如果一个关系属于 2NF，且每个非关键字不传递依赖于主关键字，这种关系就是 3NF。从 2NF 中消除传递依赖，就是 3NF。

例如：有一个表存放客户的等级及折扣信息(客户编号、客户姓名、客户等级、折扣额度)，其中客户编号是关键字，此关系符合 2NF，但是因为客户等级决定折扣额度，这就叫传递依赖，它不符合 3NF。我们同样可以使用投影分解的办法将这个表分解成两个表，一个表存放客户等级信息（客户编号、客户姓名、客户等级），另一个表存放客户等级和折扣额度对应关系（客户等级、折扣额度）。

一般情况下，规范化到 3NF 就满足需要了，规范化程度更高的还有更多的规则，感兴趣的读者可以自行查阅数据库设计的相关书籍。

2. 电子商务项目数据库设计的基本原则

如果数据库设计达到了完全的范式规则，则把所有的表通过关键字连接在一起时，不会出现任何数据的复本。范式规则的优点是明显的，它避免了大量的数据冗余，节省空间，并能够保持数据一致性，但它把信息放置在不同的表中，增加了操作的难度，同时把多个表连接在一起进行查询，要付出的性能代价也是巨大的。

事实上，随着计算机硬件的发展，数据库设计上要留一点冗余，多占用一点数据库空间。在电子商务项目的数据库设计上，为了保证系统的扩展性，尤其是在日后增加某项新功能时，为了将程序的改动控制在一个较小的范围，或为了提高查询效率，违反范式规则也是很常见的。一般情况下，第一范式是必须遵守的，而第二、第三范式则可以根据实际的应用选择最有效的方法。

总结以上内容，数据库设计的基本原则如下：

- 真实性：正确反映数据与数据（信息与信息）之间的层次逻辑关系。
- 准确性：对进入数据库的数据有一个有效性检查。
- 完整性：对数据库中的数据进行非逻辑操作和相应的错误处理。
- 实用性：满足应用功能需求，满足系统对性能的要求。

4.4.3 基于 UML 的数据库设计

对关系数据库来说，目前比较常用的设计方法是采用 E-R 图，但越来越多的人开始采用 UML 类图进行数据库设计。相比较而言，UML 类图的描述能力更强，不但可以对数据表建模，还可以对触发器和存储过程等建模。在基于 UML 的面向对象系统分析完成后，我们已经得到了类图，进而可以方便地采用类图进行数据库设计。我们可以用类图来描述数据库，用类描述数据库表，用类的操作来描述触发器和存储过程。UML类图用于数据库建模可以看成是类图的一个具体应用。

4.4.4 数据模型与对象模型的关系及转换

一般来说，可以将对象模型中的类映射成表，将类的属性映射成表的一个字段，而对象之间的关系在数据库中是通过使用外键来实现的。

1. 把类的属性映射成表的字段

一般可以把类的属性直接映射成表的一个字段，但要注意特殊情况。另外需要重点关注的是，在系统中唯一地标识一个对象非常重要，可以将对象标识映射为表的主键。

2. 把类映射成表

对于简单的系统，一般直接把类一对一地映射到表。类的对象的实例就映射为表中的各行。类到表的映射中比较复杂的问题是如何用数据表来表达类的继承关系。一般来讲，有以下几种实现类继承结构到关系数据库映射的策略。

(1)把整个类层次映射为单个数据库表，在表中保存所有类（父类、子类）的属性。这种做法简单，支持多态，而且可以方便地实现报表功能；缺点是对任何层级的类的改动都可能影响到表结构，如对某个子类增加一个属性，就要改动表结构，并且会浪费数据库的空间，因为某个子类的某些属性在父类和其他子类中根本就没有意义，但在数据表的每条记录中还要有此字段。

(2)每个具体子类映射成单个数据库表，数据库表包括自身的属性和继承的属性。抽象基类并不参与映射，其属性都复制到各子类对应的表中。这样做的好处是各表中都包含了子类的所有信息，报表操作比较简单；缺点是对类的修改会导致所有子类对应的表都要更改。

(3)每个类均映射为数据库表，父类所对应的表只包含父类的属性，各子类对应的表只包含子类的属性，父类表中的主键同时作为子类对应表的主键和外键。这种做法与面向对象的概念相一致，表之间是有继承关系的，对多态给予了最好的支持，并且易于修改基类和增加新的类，但由于数据库建立的表比较多，所以访问数据的时间较长，效率比较低，对报表的支持较差。

3. 关系的实现

在对象模型和数据模型之间进行映射时，不仅要将对象映射到数据库中，还要将对象之间的关系进行映射。

(1)一对一、一对多关系的映射。这两种关系是通过使用外键来实现的，即将主表中的主键加入到另一个表作为外键。一对一的关系比较少见，而一对多的关系就比较常见了。

(2)多对多关系的映射。在面向对象方法中，在两个对象之间增加一个新的对象（称为关联对象）来表示关联，使原来多对多的连接变成两个一对多的关系，以简化这种复杂连接。在关系数据库中，在两个表之间增加一个表，用于映射关联对象，在增加的表中建立两个外键，分别指向原来的两个表的主健，从而也把原来多对多的关系简化为两个一对多的关系。

【延伸阅读 4-1】

网上书店订购系统的数据库设计

1. 系统简介

本系统的总体目标为设计一个在线的图书订单处理系统，实现图书的在线查找、销售等功能。以 Windows 7 操作系统为平台，网络连接以 TCP/IP 为基础，使用 Web 服务器提供信息的浏览和查询，采用流行的 B/S 三层体系结构。

该系统应主要满足以下几方面需求。

(1)用户的管理，含注册、检验、修改及获取密码等功能。

(2)普通用户实现浏览图书、搜索图书、查看热门图书、发表留言及管理购物车等功能。

2. 数据库设计

(1)需求分析。本系统的信息需求主要有"用户信息""书籍信息""订单信息""订单细节""出版社信息""书籍类别"和"送货信息"等。

①用户记录。每一个用户都用一个单独的"用户号""账号名""密码""姓名""性别""地址""邮编""电话"及"E-mail"。可通过"用户号"和"密码"鉴定用户。

②书籍记录。书籍记录用于记录相关书籍的基本信息，包括"书籍编号""ISBN""书名""作者""出版社编号""出版日期""页数""版本""分类编号""库存数量""价格"及"折扣价"等。

- 一本书可以由多个用户订购。
- 一个用户可以订购多本书。
- 每一本书都属于一个特定的出版社。
- 每一本书都属于一个特定的书目类别。

③订单记录。订单记录用于记录用户的订购信息，包括"订单号""书籍编号""书名""下单时间"及"下单数量"等。

- 需要确定用户的下单时间。
- 订单的送货方式。
- 用户的支付方式。
- 确认货物到达的时间和收货人的信息。

④订单细节记录。订单细节记录用于记录订单的详细信息，包括"订单号""下单时间""支付方式""用户号""送货编号""订单状态""发货时间""预计到达时间""收货人姓名""收货人地址""收货人电话"及"邮编"等。

- 根据细节内容，可以计算整个订单的价格。

• 根据细节内容，可以计算用户订购的总体数量。

⑤出版社信息。每本书籍都对应某一特定的出版社，用于记录"出版社编号""出版社名称""电话""E-mail""地址""邮编"及"网址"等信息。

⑥书籍类别信息。用于记录书籍所属的类别信息，包括"分类编号""类别名称"及"父类别编号"，每一条记录中都包含了其父类别的信息，如果没有父类别，则设置为空。

⑦送货信息。订单进入确认状态后，订货人必须填写收货人的信息，如"姓名""联系方式""收货地址"和"送货方式"等。

(2)数据关系模式。

• 用户信息(用户号、账号、密码、姓名、性别、地址、邮编、电话、E-mail)。

• 书籍信息(书籍编号、ISBN、书名、作者、出版社编号、出版日期、页数、版本、分类编号、库存数量、价格、折扣价)。

• 出版社信息(出版社编号、出版社名称、电话、E-mail、地址、邮编、网址)。

• 订单信息(信息编号、所属订单号、书籍编号、书名、下单时间、下单数量)。

• 订单列表(订单号、下单时间、支付方式、用户号、送货编号、订单状态、发货时间、预计到达时间、收货人姓名、收货人地址、收货人电话、邮编)。

• 书籍类别(分类编号、类别名称、父类别编号)。

(3)表的设计(见表 4-1～表 4-6)。

表 4-1　用户信息表(User _ List)

数据项	含义说明	数据类型	数据长度	取值范围	约束条件
UserID	用户号	Char	5		主键，Not Null
AccountName	用户显示名	Char	15		Not Null
Password	密码	Char	16		Not Null
Tname	姓名	Char	40		
Sex	性别	Bit			
Address	地址	Char	100		
Zipcode	邮编	Char	7		
Tel	电话	Char	20		
E-mail	E-mail	char	30		

表 4-2　书籍信息表（Book _ Information）

数据项	含义说明	数据类型	数据长度	取值范围	约束条件
BookID	书籍编号	Char	5		主键，Not Null
ISBN	ISBN	Char	13		Not Null
BookName	书名	Char	40		Not Null
Author	作者	Char	40		Not Null
PressName	出版社名称	Char	40		Not Null
PressID	出版社编号	Char	5		外键，引用 Press _ Information
PublishDate	出版日期	Date			Not Null
Pages	页数	Int		>0	
Edition	版本	Smallint		Null 或>0	
CategoryID	分类编号	Char	7		外键，引用 Book _ Category
TotalNUM	库存数量	Int		>0	Not Null
Price	价格	Int		>0	Not Null
DiscountPrice	折扣价	Int		>0。<price	

表 4-3　出版社信息表（Press _ Information）

数据项	含义说明	数据类型	数据长度	取值范围	约束条件
PressID	出版社编号	Char	5		主键，Not Null
PressName	出版社名称	Char	40		Not Null
Telephone	电话	Char	20		
E-mail	E-mail	Char	30		
Address	地址	Char	100		
Zipcode	邮编	Char	7		
WWW	网址	Char	100		

表 4-4　书籍类别表（Book _ Category）

数据项	含义说明	数据类型	数据长度	取值范围	约束条件
CategoryID	分类编号	Char	7		主键，Not Null
CategoryName	类别名称	Char	20		Not Null
BelongID	父类别编号	Char	7		Not Null

表 4-5　订单列表（Order _ List）

数据项	含义说明	数据类型	数据长度	取值范围	约束条件
OrderID	订单号	Char	5		主键，Not Null
OrderTime	下单时间	Datetime			Not Null
Payment	支付方式	Char	5		Not Null
UserID	用户号	Char	5		外键，引用 Use _ List
CourieredID	送货编号	Char	15		Not Null
OrderStatus	订单状态	Char	10		Not Null
DeliverTime	发货时间	Char		＞OrderTime	Not Null
ETA	预计到达时间	Char		＞DeliveryTime	
Consignee	收货人姓名	Char	10		
Address	收货人地址	Char	100		Not Null
Tel	收货人电话	Char	20		Not Null
Zipcode	邮编	Char	7		

表 4-6　订单信息表（Order _ Information）

数据项	含义说明	数据类型	数据长度	取值范围	约束条件
InfoID	信息编号	Char	7		主键，Not Null
OrderID	所属订单号	Char	7		外键，引用 Order _ List
BookID	书籍编号	Char	5		外键，引用 Book _ Information
BookName	书名	Char	40		Not Null
OrderTime	下单时间	Datetime			Not Null
Quantity	下单数量	Int		＞0	Not Null

4.5 移动端设计

4.5.1 电子商务项目移动端设计原则

良好完善的用户购物流程和优化的购物体验是赢得消费者的关键之一。众所周知，子商务从 PC 端过渡到移动终端的过程当中，并不是简单的移植就能满足消费者的需求，移动终端和 PC 端始终拥有着本质区别。在使用场景和时间维度截然不同的条件下，移动电子商务设计需要依据其本质差别，合理量化交互设计，因地制宜改善用户体验。这里仅针对手机端的交互设计进行分析。

电子商务项目移动端在设计当中面临如下挑战。

1. 空间狭小

传统的电子商务网站，在搜索商品时可以根据不同需求和维度进行查找，由于 PC 端界面空间比较充裕，搜索和筛选的选项便不展开了，方便用户单击。但是在手机端为了达到这些功能由于可操作区域小，不得下将其隐藏归纳，来获得更好的移动体验。

2. 排版方式单一

例如，PC 端的淘宝网站首页可以用图文混排方式显得高端大气，商品、价格及字体可以很有节奏地展示，提升用户感官体验。但由于移动端多种影响因素，这种排版的样式难以同时展示图片的多种信息。同时混排样式也少了很多可能性，所以鉴于这种排版方式的难度，需要事先规划，来进行排版。

3. 有限的支付方式

PC 端的支付方式通常可以通过多种方式进行，而且用户在支付流程的操作过程中，相对方便。而移动端的支付方式需要因地制宜，这里所说的有限的支付方式，指的是有效的支付方式不足。因为在移动端支付的过程中由于应用环境因素影响，输入的方式影响，我们不能一股脑地将多种方式都罗列出来，而是要找到最有效的实用的支付方式。

由此可见，电子商务项目移动端需要在解决这些问题的情况下，采用更适合手机的操作模式，引导消费者完成购物体验。

传统的用户交易流程一般为：商品—支付—收货，移动端也不例外。依据现有 PC 端的交易模式，很难生搬照抄在移动端上，移动端需要更加清晰明了的体验方式，概括地总结就是三个字：稳、准、狠。

（1）何为稳？稳，即稳当、平衡。如图 4-14 所示，用户、商户、商品构成了电子商务交易的基本属性。在交易活动中，由商户提供商品，将商品呈现于消费者，从而商户获得口碑吸引消费者，理想情况下，便形成了良性的循环。移动平台作为交易枢纽，需要依照用户、商户、商品这三点来进行设计加固。

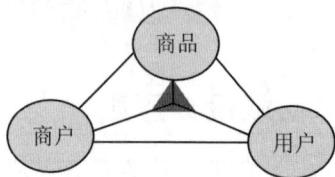

图 4-14　电子商务稳定金字塔形

（2）何为准？准，即适合、精确。用户在移动端购物的这一交易行为，时常受到使用场景时间碎片化的诸多影响，为了满足用户在一定时间内的购物需求，需要采取更加合理的设计优化。

在这里优化一般有两个方向。

- 精确：提供商品目标方向。
- 引导：合理梳理用户偏好，引导购物行为。

（3）何为狠？狠，即简单、迅捷。依据移动端和 PC 端的诸多区别，过于繁复的 UI 界面无法优化移动购物体验。这里的"狠"可以理解为点对点、直来直往的交互，用户明确地知道自己正获得什么信息，在哪个位置，"一针见血"地获取商品信息。

因此，在初步了解了电子商务项目移动端的设计目标之后，我们接下来了解一下电子商务项目移动端的设计原则。

电子商务项目移动端设计体验原则包括两个设计方向：

- UCD(User Centered Design)，以用户为中心的设计。

简单地说，就是始终围绕以用户为中心的设计原则，在产品设计、开发等阶段以满足用户需求为出发点，以提高用户感受体验为方针，全方位地进行设计。用户可以清晰地感受到这种设计方式所带来的愉悦感，同时根据用户的反馈和意见进一步优化。可以说，一个好的 UCD 设计可以让用户感觉不到上手难度，并能体验到良好的人机交互体验。所以，在电子商务项目移动端设计当中，关注用户感受，使用习惯，可以有效地提高用户满意度，并从各方面解决问题。

- CCD(Conversion Centered Design)，以转化为中心的设计。

转化率，是网站内容对访问者的吸引程度及商户所要达到宣传效果的一种衡量标准。以转化率为中心的设计就是用合理的交互设计方法引导用户体验，逐步完成网站所要达到的预期目的。作为一个移动电商网站，必须引导用户完成希望的交易流程，从选择商品到支付购买，这种带有强烈的商业目的的模式，可以利用用户心理，驱动用户完成交易活动。当然，转化率的提高和多种因素有关，这里只涉及从交互设计层面来提高转换率。

电子商务项目移动端设计要运用多种设计原则，因为不是每一种设计方法都能够做到100％完美，要考虑多种因素，分析设计出适合商户和用户的交互方案。交互设计早已在20世纪80年代就诞生了，人们一直在摸索创新，随着科学技术的发展，交互体验逐步被理论化、发现挖掘。所以，即便你了解了很多设计方法，也并不是全部，最好的一定是下一个。那么结合案例，深刻了解我们该如何运用已有的设计思想融入电子商务项目移动端设计当中。

4.5.2　电子商务项目移动端的首页设计

通常，人的第一印象决定了大部分主观感受，首页除了需要具有传达网站形象、清晰网站架构的基本要素外，最重要的是还要用来帮助用户找到他们想要的东西。

电子商务项目移动端首页一般包含Logo、导航、促销、类目列表和页脚等几个模块。也许还可能包含商店位置指引、促销邮件等其他定制功能，这些需要根据不同情况开发设计。就基础功能而言，有效地利用交互设计提高用户对网站的第一印象，能够减少跳出率的发生。

在构建电子商务移动端网站之前需要分析自己的定位，审视自己所处角色，可以通过本身商户定位不同因地制宜地定制优化移动端网站首页。从宏观上分析自己所处位置，是初步发展的小型电子商务网站，还是已经拥有一定用户基础的大型电商？根据定位的不同移动电商首页的侧重点也会有所取舍。

如果你是一个稳步发展的小型商户呢？

你首要解决的问题，一是通过移动电子商务网站提供额外的流量更多的用户，二便是提高网站的口碑。一个商户良好的电商发展趋势便是拥有稳定的用户基础，而通过合理的设计能够在一定程度上得到促进改善，从实际上获得更多的访问量和订单。

"世界真正的神秘性在于可见之物，而不在于看不见的东西。"可见人常常是以一种"以貌取人"的眼光来看待事物，真正能停留下来分析内在因素的人少之又少，电子商务运用人性弱点的案例早已屡见不鲜了。对于商户来说，首页促销图片的运用能在一定程度上抓住用户的眼球。对于小型商户来说这点影响是巨大的，这是减少用户跳出率的关键之一。

无论是APP还是移动网站，导航的地位对于电子商务来说尤为重要，已转化为中心简化用户层级结构，引导用户发现所需商品才是电子商务移动端设计优化所在。

移动端屏幕寸土寸金，生搬硬套传统PC网站的导航是不可能的，需要重组导航内容，整理核心，将有价值的功能合理呈现。引导用户查找信息，理清整个网站结构，同时优化网站的转化率。

作为一个完整的网站导航至少应该包括首页、分类、购物车、账户主页四个部分。其中，按其重要程度从高到低依次为：分类、购物车、账户主页、首页。由此可见，首页导航设计是以转化率为中心，从而帮助用户发现所需要的商品完成购物流程的。电子商务移动端网站首页导航一般位于网站顶部，通过全局导航的方式使得用户在不同的页面可以方便地进行跳转查找，优化页面访问层级，减少用户操作次数。导航的设计思想便是化繁为简，通常处于整个页面较醒目的顶部区域，合理运用层级优化的方法，在梳理层次的同时可以更有效地节约使用空间。以图标代替文字的导航表现手法也颇为常见，但这里需要一些辨识度较高的图标进行标示，而那些不常用的分类目录一般以文字最优。

好的设计在于隐藏。但隐藏并不是在降低用户识别度的情况下而产生的，一个好的导航交互设计需要有以下几点，功能完善、简明扼要、可扩展性、节省空间等。这些设计在实际运用当中有着意想不到的效果，甚至可以说在有限的区域当中开辟了新的用武之地。

4.5.3　电子商务项目移动端的商品列表设计

当用户被你用心设计的网站首页吸引时，用户的购物流程已经开始。电户商务移动端网站的核心其实还是商品，从古至今交易都是"聚天下之货，交易而退，各得其所"，琳琅满目的商品如何呈现如何表示都是有讲究的。为什么超市中尿布要和啤酒放一起？为什么想买的商品都是触手可及？同样，电子商务移动端的商品列表呈现不仅仅是你表面上看到的那样简单，背后还隐藏着交互设计和数据挖掘的思想。

电子商务项目移动端商品的呈现方式一共分为以下两种。

（1）列表呈现方式。商品列表能为用户提供更多地基本信息，如图 4-15 所示，包括商品图片、名称、评价、商品列表、促销内容等。具有良好的可扩展性，清晰规整的商品信息可以方便主观目的型用户通过商品的基本信息来综合查找。根据商户所要达成目的的不同，商品列表的展示内容也有所不同。

就如 Walmart 商品列表所示，商品价格位于每列的第二行，均靠左展示。这样做的好处是：其一，保留了商品价格的可扩展性，使得能够在一行中拥有足够区域显示商品原价和促销价格；其二，突出价格，同时根据用户在移

图 4-15　Walmart 商品列表呈现方式

动端的操作习惯，居左显示避免了拇指的遮挡。让整个移动体验更加流畅，主要内容都显示在视觉可关注的范围之内。

同样，在商品列表当中凸显的促销信息也颇为重要。诱人的折扣、最新商品、热卖商品这些都是引导用户点击的营销方式。冲动型用户关注的是什么？往往这种刺激视觉感官的方式诱发了用户的购买欲望。

最后，我们发现在商品列表中增加了立即购买按钮，能够使商品的点击量提升47%。可见通过提高用户体验，可以引导用户购物的转化率。

(2)图片呈现方式。如图 4-16 所示，商品图片呈现方式以商品为主，价格为辅，能够拥有列表模式的大部分内容。商品图片的呈现方式获得了用户更多的视觉感官体验，以商品为中心，通过商品来吸引用户促进购买欲望。在这里我们要关注一点，因为以图片为主题，所以整个呈现页面要干净整齐，突出重点。通常移动端的图片展示形式会以两列的形式展示，有些商户会为图片配以标题说明，文字排版整齐，这样使得整个页面显得流畅。总之，这两种方式各有自己的优点，并相辅相成。

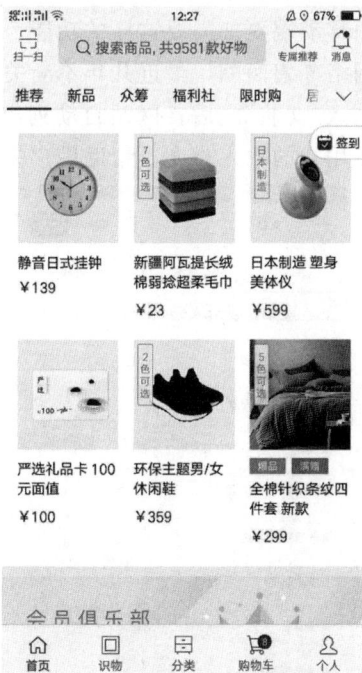

图 4-16　网易严选商品图片呈现方式

通过大致明晰了商品的成列方式之后，我们只是从形式上来优化电子商务移动端商品列表，但商品呈现的核心作用是什么呢？引导用户参与购买行为。如果在移动网站中完成了如上步骤，那么只完成了一小步，并没有从商品上出发，而用户最终的购买对象还是商品。所以，一个好的商品列表页面，还需要具备以下几点。

1. 帮助用户发现

主观目的型用户为了达成购买需求，在发现一商品过程中，会根据自己的主观意愿通过搜索和分类进行查找。

搜索作为移动电商的核心功能之一，其重要程度可想而知。搜索功能用户随时随地都可能用到，移动网站会将它处于一个相对醒目的位置。用户只需要输入想要查询的关键字就可以缩小查找范围。结合手机的使用环境和维度，尽可能简化手机端的输入方式，以用户为中心，使用搜索建议的方法，用户只需要输入几个开头字母，搜索框下部自动出现接下来可能完成输入的信息。上文提到电子商务移动端在设计当中所面临的挑战——输入方式困难，前人虽然对虚拟键盘进行了诸多用户体验、功能优化的方案，但是在手机端的最理想的手势操作便是点击。搜索建议其实早在 PC 端的当中都得到了完整的体现，像 Google 搜索、输入邮箱时的常用邮箱提示等。这些早已在 PC 用户体验方面得到了良好的效果验证、而移动端更加需要这样的功能。

淘宝网作为中国最大的网络零售商圈，最近几年不断关注用户体验，图 4-17 便是一个简单的用户搜索建议，当输入"女装"之后，网站自动列出以女装开头的所有及相关搜索选项，这种做法大大降低了用户的输入难度，帮助用户去发现。

图 4-17　淘宝搜索建议

同样，商品目录分类也是不可或缺的部分。用户需清楚知道自己想要购买的商品属于哪一分类，按照网站上所列出的分类列表进行多级查找，从而找到目标商品。这种方式和直接搜索的区别在于用户不太明确自己想要购买的目的，但可以通过目录分类找到或者启发购买意图，所以最终的呈现商品比较满足用户期望。纵观所有的电子商务网站，均采用面包屑导航的方式来完善查找路径，移动电子商务也不例外，但考虑到移动端的局限性需要适当的优化层级结构，并节省空间提高用户体验。

什么是面包屑导航？面包屑导航特指显示访问路径的导航，即"主页＞栏目页＞文章页"，告诉访问者他们目前在网站中的位置及如何返回。

面包屑导航的作用：

- 让用户了解当前所处位置，以及当前页面在整个网站中的位置。
- 提供返回各个层级的快速入口。
- 减少返回到上一级页面的点击或操作。
- 不占用屏幕空间。
- 降低跳出率。

传统的面包屑导航是这个样子的：Categories＞level1＞level2＞level3……让我们试想一下，常用的手机屏幕宽度为320像素，每个层级的描述文字长度在4～20个字符之间不等，一般的类目层级将超出一行的限制，可见面包屑导航的"不占用屏幕空间"的特性好像并不适用，所以需要结合移动端的特点来完善。通常的方法为减少层级和优化空间，而网易严选就很好地针对移动网站进行了优化（见图4-18）。

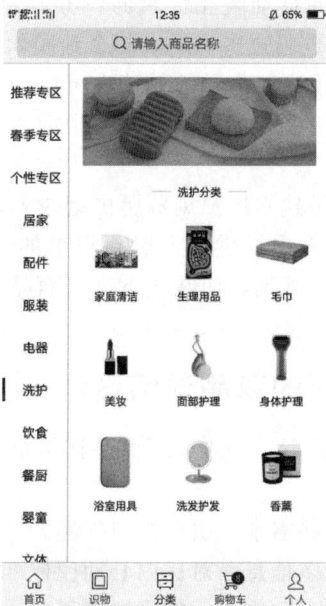

图4-18 网易严选的商品目录优化

2. 帮助用户比较

商品成列琳琅满目，在电子商务移动端商品列表设计当中不可能对每一个发布的商品做到公平地展示，所以在移动设计体验当中要提供用户多种排序方法来帮助用户对商品进行比较。常见的排序方式有：按字母 A—Z 或 Z—A、按价格由高到低或由低到高、按人气销量、按最新商品、默认排序等。

3. 帮助用户回忆

在电子商务移动端商品列表设计当中，每页商品的加载具有一定数量限制，为了提供流畅的用户体验，用户在浏览商品的过程中可以通过翻页的形式继续浏览商品。一般商品加载拥有两种方式：一是无限向下滚动浏览更多，二是翻页查看商品。在移动端的运用中显然无法选择第一种方法，无限加载虽然在 APP 中颇为流行，但在移动网页的设计时需要考虑更多。无限加载的优势：在大量无目的浏览时，给用户带来了无阻断的浏览体验，不需要再去点翻页。劣势：无法看到页脚信息，回溯困难，页面负载过大。所以，我们需要舍去一些新思路回归本源，翻页的本质就是帮助用户回忆，寻找记忆中的商品。

商品列表翻页的展示形式包括上一页、下一页、当前页码和总页数，这四项构成了翻页的基本结构。当然，要帮助用户回忆的情况还是不够的。举一个简单的例子，用户在浏览商品的过程中，突然想要对比一下第 4 页的相关商品，显然一页页的回溯太过烦琐，传统 PC 网页当中的做法为在当前页面的前后增加多个页码。

然而这种方式在空间有限的移动端相性较弱，考虑到手指可点击区域最少为 40 像素×40 像素的大小也不适宜将页码过多展示。那么到底如何办呢？想一想，前文已经运用了多种隐藏的交互设计表现手法，翻页的设计也可以如此。将当前页码和总页数总结为下拉框的展示形式使得具有更多的可回溯空间，帮助用户回忆，用户可以方便快速地选择所要到的页面。

帮助用户回忆的第二点便是建立用户浏览历史记录列表或者添加到愿望清单，移动网站可以为用户在浏览商品过程中提供加入愿望清单的入口，自动记录其浏览过的商品，这些都将会为用户回忆提供帮助，而在接下来的商品详情设计当中，我们会继续完善这种思想。

4.5.4　电子商务移动端的商品详情设计

完成了首页和列表页的设计后，则进入了商品详情页的设计。商品的详情页设计主要需要展现以下几项内容。

- 商品属性：符合用户某些需求，引起用户兴趣。
- 用户状态：希望了解更多信息，对比内心期望标准。
- 用户可能完成操作：加入购物车、加入愿望清单、继续浏览。

当然，作为商户肯定希望用户马上加入购物车、结算支付完成购物行为。但是，在商品详情的设计当中不可避免的需要考虑引导成功和失败的比例，如何将整个购物流程通过详情设计趋于理想化呢？

了解商品属性并合理优化。依据商户网站中存在的数据一般包括如下几个部分：商品细节图片展示，商品标题，商品详情，评价，相关属性操作，以及最终要购物车入口。可见，商品详情的内容有很多，在移动端的优化设计当中需要对这些信息进行整合，将用户想要知道的信息首先呈现在目光所及之处。

利用用户心理满足用户需求。我们需要分析了解用户状态，他们希望在商品详情页面获得什么？作为一个用户，进入商品详情页面时，第一眼会关注商品图片细节的展示，商品图片质量的好坏决定了用户下一步是否继续阅读以下其他内容。接着，就是关注简单明晰的商品详情，用来对比内心期望。最后，用户会通过商品评价来证实商品的可信度。这一整个用户心理流程主导了用户的购买趋势。

通过适当支付流程入口促进趋向交易。对于商户而言，商品详情页最重要的便是添加到购物车的入口，必须做到突出明了方便，用户可以很直观地知道接下来如何操作，从而完成接下来的过程。

下面我们结合案例来具体分析一下，如何设计一个体验良好的移动电子商务详情页面：图 4-19 所示的是 Walmart 商品详情页面，作为国外最受欢迎的移动电商之一，Walmart 拥有许多我们值得借鉴的地方。

图 4-19　Walmart 商品详情案例

（1）商品图片置于顶部。用户进入商品详情页面的感官方式便是利用精致的图片细节轮播图的方式首先在视觉上吸引用户。人是视觉动物，第一眼的重要性使得用户会继续耐着性子看完接下来的其他详情。一般这种轮播图以较为突出的大图展示，通过额外的功能点击放大来获得更好的查看细节的体验。

（2）通过折叠面板整合更多的信息。移动端相比于 PC 端信息需要分类整合，通过运用折叠面板的形式来隐藏容纳更多的内容，合理运用动画帮助用户梳理层级关系，仿佛详情内容是藏在面板里面一样。吸引买家检查商品描绘细节，发生购置愿望，增加商品成交的转化率。

（3）利用用户评价增加可信度。依据心理学分析一些低廉的、免费的、促销的商品在一定数值范围内会降低用户的可信程度，用户会对其是否物有所值产生怀疑。商品评价的重要性就体现出来了，用户更容易详细其他用户的选择，同时这也是商户口碑的体现。

（4）更多的选择。前文提到，用户进入商品详情页面可完成的操作：加入购物车、加入愿望清单、继续浏览，这些都是在设计中给用户提供的选择。其中最优的当然是加入购物车，但是，如何正确引导从而降低用户直接跳出的几率呢？其一，就是加入愿望清单，可能用户现在不需要购买，没准以后有可能，帮助用户回忆。其二，向用户推荐商品，引导用户从一个商品详情到达另一个，当前商品不中意是吧，那换一个试试？

电子商务移动端商品详情的设计模式多种多样，将商户需求和用户体验多方面结合才是最优的解决方案。

4.5.5　电子商务移动端的购物车设计

购物车的设计，是来自生活中逛超市的概念，将喜欢的商品陈列在购物车中"挑好选好"一股脑的进行支付，这种设计理念大大提高了支付效率。

用户通过购物车逻辑选择进入购物车时，这时的购物车的功能便不只是存放商品这样简单了，还需要分析其展现逻辑。既然购物车的概念是从生活中逛超市的行为当中提出来的，那么我们可以分析一下，当我们去结算的过程中需要参考一些什么？用户需要看看买了些什么东西，要付多少钱。这个计算的过程在现实生活中很麻烦，但是在网站当中就相对优化了许多。在移动端的设计当中，购物车的设计需要做到简单明晰，不需要再更多地去影响支付结算流程的这条主线。

购物车商品列表需要明晰。一般包括商品图片、商品名称、商品单价、商品属性和一些操作内容包括移除、增加数量等。购物车商品列表不需要花哨，不需要更多地信息，一切为了干净干脆的进入结算流程。我们将以前的商品列表的数据进行分析，哪些是必需的，哪些是可以去掉的，同时还要考虑移动端设计因素简化明了的操作流程。

（1）依据移动端优化商品展现逻辑。购物车商品列表展现逻辑必须简单清晰，展示内容和操作内容能清晰的区分，展示内容中需要包括商品的图片、名称及单价，用来提示用户购买了什么。操作内容主要提供用户购物车所必要的一些功能，移除商品、加入愿望清单和修改数量等。

（2）依据移动端趋于支付结算。购物车的最终目的还是将用户引导进入商品结算流程。当我们去收银台结算之前肯定希望统计一下相关费用。在购物车页面中，需要清晰地列出商品的总计、小计及颇为引人注目的支付按钮。我们会将这个模块放置于页面顶部来提醒用户支付，或是如 Walmart 一样当购物车商品列表过长时，首页都有提示支付的模块，减少用户上下滑动的操作自始至终是为了更方便地结算。

购物车其他细节考虑如下所述。

虽然购物车在整个网站当中处于非常重要的地位，但是大多数移动端网站的购物车都大同小异。其一，当然是减少用户学习成本上手简单。其二，依旧保持了购物车设计的宗旨趋于结算。所以我们这里所进行的结算，其实是锦上添花的为用户体验提供可靠的帮助，使得整个操作更自然。

商品价格为什么只显示单价而不是总价或是两个都有呢？考虑到平常生活购物过程中我们的单一思维，打个比方，我会说我买了两包4.5元的盐，而不是我买了9块的盐。后者通过了计算反而不能让用户从全局把握中了解到买了什么，增加了思考学习的成本。这个理由，也是我们不把两种价格都放置在页面的原因。

为什么我们会设置添加愿望清单的功能呢？这里其实是对商户进行的考量设计，用户将商品移除其实对于商户来说是一个损失，与其直接移除不如加入愿望清单给用户一个回旋的余地。

将商品数量和结合。运用"少即是多"的原则在可控范围内增加一些属性的实用性，同时也为移动端呈现更多空间来展示信息。

【本章小结】

电子商务项目设计是项目在开始进行程序代码开发之前的重要步骤。在项目设计中，需要对项目的框架结构、前台后台的功能架构、项目的链接结构以及项目的目录结构、色彩特点等进行设计。同时，还需要对项目进行页面的可视化设计、数据库结构以及数据表的设计。有移动端的，还需要进行移动端的设计。本章内容正是对这些设计做了一个完整的介绍和讲解。

【应用案例】

"果色甜乡"项目的设计

在 Internet、电子商务飞速发展的今天，每一个企业都希望在互联网上建立自己的电子商务网站,这样既能宣传企业形象、联系客户,又能展示公司产品、实现产品的在线销售。

1. 网站需求分析

经过调研,归纳出"果色甜乡"网站的系统需求如下:网站要求能够在 Internet 上运行,分前、后台,前、后台操作界面均使用普通浏览器。

前台可以浏览企业发布的新闻、公告,可以浏览企业展示的商品和在线购买商品,可以让用户发表留言;后台用于企业对发布的信息、在线销售的商品进行管理。

前台使用者分为未登录用户和登录用户。未登录用户可在线注册、可浏览商品、查询商品,查询商品既可以按关键字查询又可以按分类查询。购买商品则需进行登录,登录用户可以进行购物操作,购物操作包括将产品放入购物车,修改购物车内容和下订单等。

用户购买商品时,一种商品可以买多个,一次可以购买多种商品,一张订单可以有多种商品。

后台至少有两类用户,一类是网站管理员,负责网站的整体运行管理、维护;一类是企业工作人员,负责企业信息发布、商品管理、订单处理、查看和回复留言等。其中商品管理包括商品信息的添加、商品信息的修改、商品分类信息的管理等。

2. 网站功能结构设计

按照网站系统的业务规划和功能需求,网站的功能结构设计分别从网站的前台功能和后台功能两个方面进行。"果色甜乡"网站的前台功能划分为 8 个模块,后台功能划分为 9 个模块,如图 4-20 所示。

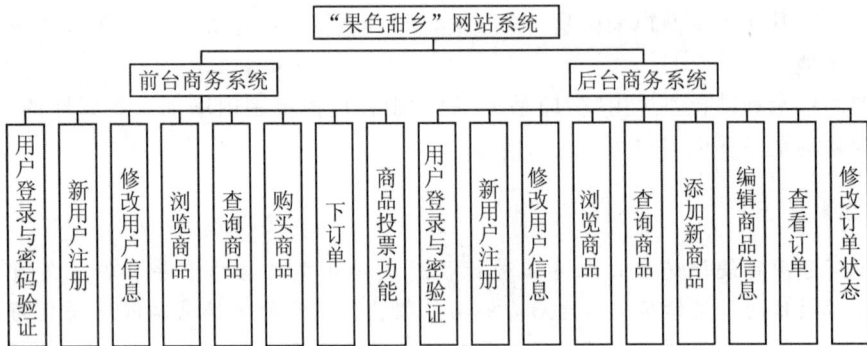

图 4-20 "果色甜乡"网站功能结构图

(1)网站前台功能设计。网站前台商务系统功能设计从用户体验的角度出发,具体设计以下几项功能。

①前台用户管理。包括用户注册、登录、用户信息的修改等功能。

②商品浏览功能。将网站的商品按特价商品、主打商品、新商品等分别展示在页面上。用户既可按商品分类进行浏览又可按关键词进行浏览。

③商品查询功能。为方便用户迅速找到所需商品，设计按关键字查询商品和按分类查询商品。

④商品购买功能。在线购买商品是电子商务网站的必备功能，该功能包括选择商品、放入购物车、查看、修改购物车内容、提交订单等。

⑤下订单功能。该功能可将用户购物车中所选商品及送货信息包括收货人姓名、收货人地址、联系方式、送货方式等集成，生成订单。

⑥查看订单功能。该功能允许用户查看自己的所有订单。订单提交后不能修改。

(2)网站后台功能设计。网站后台管理系统功能设计主要从商品数据管理的角度出发，具体设计以下几项功能：

①后台用户管理功能。包括后台的用户注册、登录、用户信息的修改、用户权限的授予等。

②商品管理功能。商品管理功能是电子商务网站的必备功能，此功能提供对网站商品信息的添加、修改和删除。

③商品分类信息管理功能。此功能提供对商品分类信息的添加、修改和删除。

④浏览与查询商品功能。网站后台工作人员为迅速编辑商品信息，同样需要浏览与查询商品的功能。

⑤用户订单的处理功能。要求可按时间段查看订单，能够根据订单的状态显示订单，并能修改订单的状态。订单的状态包括未处理订单、已发货订单、已付款订单等。

3. 网站首页设计

电子商务网站的前、后台因面向的对象不同、使用的目的不同，所以设计差异较大。网站前台商务系统主要以吸引客户、方便购物为主，为使非登录用户也可以浏览、查询网站商品，本系统将前台用户登录人口设计在显示大量商品信息的首页中，用户不登录也能浏览。若需购物，随时可注册、登录，然后即可购物。这种设计可以增加获得潜在客户的机会。网站后台管理系统主要以安全、实用为主，所以本系统为后台用户登录单独设计一个登录页，只有登录成功后才能进入后台管理首页。

(1)前台首页设计。网站前台商务系统为客户提供网上购物及其他综合服务。因此，网站内容的时效性和完整性，网站功能的合理性和操作便捷性，是网站能否吸引客户的关键因素。

网站首页是网站的形象页面，既要通过色彩、布局和内容吸引客户，表现企业特点、优势，又要突出主营业务。主页的信息应该是网站信息内容的浓缩，在内容组织上应该条理清晰，主题突出，杂而不乱，信息概括力强，易于导航。

本网站是一个水果销售网站，为配合主营产品，尽量将首页的颜色设计得清新淡雅，以突出产品展示区中水果产品的艳丽色彩。在网页布局上，使用 CSS 和 Div 进行网页布局定位，降低网络数据量，提高显示速度。在功能上，本网站将新品推荐、特价商品、购物车、关键词查询等都放在首页上，方便用户使用。若用户为登录用户，便在每件商品下显示购物车，方便用户购买操作，其页面布局如图 4-21 所示。

logo	banner	联系　购物车 注销　修改信息
导航菜单		
用户登录 注册　网站问候	新商品区	
关键字查询		
网站新闻与公告	特价商品区	
网站信息、联系方式、客户服务		

图 4-21　"果色甜乡"网站前台首页设计示意图

（2）后台首页设计。网站后台管理系统是电子商务网站系统重要的组成部分之一，网站信息的更新、订单的处理以及库存的管理等都依赖于网站后台管理系统。一个电子商务网站需要有序的管理才能维持运营。

后台首页的设计以页面结构简单，层次清晰、功能完善、操作简单为主，相对于前台首页而言，后台管理首页在设计时不需要太多的修饰。

本网站将后台管理首页设计为管理操作平台，为网站管理人员提供所有业务管理功能，包括商品管理、分类管理、用户权限管理、订单管理等。

首页页面设计采用页内框架＜iframe＞技术，页面左单元格提供管理功能导航，右单元格内设置页内框架用于显示左单元格内导航菜单所链接的页面。其具体效果应如图 4-22 所示。

logo	banner
网站功能菜单	页内框架
单击后链接内容在 右侧窗口内显示	
网站信息、联系方式、客户服务	

图 4-22　"果色甜乡"网站后台首页设计示意图

4. 网站数据库设计

根据系统的需求确定，"果色甜乡"网站的体系结构采用 B/S(浏览器/服务器)结构。通过系统分析与设计，为该系统用户管理和商品信息处理部分设计五张数据表，分别用于存储用户信息、商品信息、分类信息及购买、订单等信息。

为安全起见，系统为用户管理部分设计两张数据表，将前、后台用户分别进行管理。user 数据表用于存储前台用户的注册信息，admin 数据表用于存储后台用户的注册及权限信息。fruitproduct 数据表用于存储商品信息，每种商品一条记录。为方便分类管理与查询，为商品类别单独创建一张数据表，命名为 sort，每个类别一条记录。将用户购买商品的信息存储在 shoppingproduct 数据表中，用户购买一项商品，就在 shoppingproduct 数据表中增加一条记录。另外，建立 shoppingrecord 数据表记录生成的订单信息，tpcount 数据表用于存储用户为商品投票的相关信息。

各数据表结构如下。

admin 数据表主要用于存储后台用户的注册和权限信息。主要包括用户的用户名、密码、用户权限以及用户的联系方式等信息。该数据表结构如表 4-7 所示。

表 4-7 admin 数据表结构说明

数据项	含义说明	数据类型	数据长度	取值范围	约束条件
ID	序号	自动编号			主键，唯一
Username	用户名	文本			
Password	密码	文本			
Authlevel	权限	文本			
Truename	真实姓名	备注			
Sex	性别	文本			
Email	电子邮件	文本			
Phone	联系电话	文本			
face	用户图形标志路径	文本			
regdatetime	注册时间	日期/时间			

user 数据表主要用于存储前台用户的注册及权限信息。user 数据表的结构与 admin 数据表结构类似，在此不再赘述。

fruitproduct 用于存储商品基本信息。主要包括商品的编号、名称、价格、单位、简介、商品所属类别、商品大小、图片路径以及商品的特殊处理标记等信息。fruitproduct 数据表结构如表 4-8 所示。

表 4-8 fruitproduct 数据表结构说明

数据项	含义说明	数据类型	数据长度	取值范围	约束条件
ID	序号	自动编号			主键
Productid	商品编号	文本			
Productname	商品名称	文本			
Price	商品价格	货币			
Unit	单位	文本			
Producingarea	产地	文本			
Productintro	商品介绍	备注			
Simage	小图路径	文本			
Bimage	大图路径	文本			
Sort	商品类别	文本			
Amount	库存数量	数字			
Maketime	生产日期	日期/时间			
Markimportant	主打商品标记	文本			
Marknew	新商品标记	文本			
markcheap	特价商品标记	文本			

Sort 数据表用户存储商品的类别名如表 4-9 所示。

表 4-9 sort 数据表结构列表说明

数据项	含义说明	数据类型	数据长度	取值范围	约束条件
ID	序号	自动编号			主键
sortname	商品类别名	文本			

Shoppingrecord 数据表用于存储用户的购买信息。主要包括购买者信息、订单信息和收货信息。购买者信息在这里存储的是用户名；订单信息包括订单号、订单状态；收货信息包括收货人姓名、地址等。Shoppingrecord 数据表结构如表 4-10 所示。

表 4-10　**shoppingrecord 数据表结构说明**

数据项	含义说明	数据类型	数据长度	取值范围	约束条件
ID	序号	自动编号			主键
Username	用户名	文本			
Shoppingdate	购买日期	日期/时间			
Orderid	订单号	文本			默认值为 0
Orderstate	订单状态号	数字			默认值为 0
Receiver	收货人姓名	文本			
Address	地址	文本			
City	城市	文本			
Postcode	邮编	文本			
Comments	收货人留言	备注			
paymethod	付款方式	文本			
Deliverymethod	送货方式	文本			
Paid	付款额	货币			
Useremail	收货人电子邮件	文本			
userphone	收货人电话	文本			

Shoppingproduct 数据表用于存储购买的商品信息。主要包括购买的商品信息包括商品的编号、购买数量、购买价格等。表 4-11 所示的是 shoppingproduct 的数据表结构。

表 4-11　**shoppinproduct 数据表结构说明**

数据项	含义说明	数据类型	数据长度	取值范围	约束条件
ID	序号	自动编号			主键
Ordered	所属订单号	文本			
Productid	商品编号	文本			
Shoppingamount	购买数量	数字			
Price	单价	数字			
unit	单位	文本			

tpcount 数据表用于存储用户为商品投票的相关信息。主要包括商品的编号、4 种商品评价等信息。该数据表结构参见表 4-12。

表 4-12　tpcount 数据表结构说明

数据项	含义说明	数据类型	数据长度	取值范围	约束条件
ID	序号	自动编号			主键
Productid	商品编号	文本			
A1	非常好	数字			
A2	比较好	数字			
A3	一般	数字			
A4	较差	数字			

【实验内容】

1. 结合"网上门诊"项目进行栏目规划和内容设计。
2. 试对"网上门诊"项目进行页面可视化设计。
3. 试对"网上门诊"项目进行数据库设计。
4. 试对"网上门诊"项目进行移动端设计。

第 5 章
电子商务项目的实施与维护

【开篇案例】

前期"烧钱"开发，后期运营懈怠

政务平台本是向群众宣传政策、沟通民情、提供服务的有效渠道，但一些地方在前期耗费财力、人力大搞开发，后期却疏于管理和维护，导致运营不善。

以贵州某县 2015 年 4 月上线的党政客户端为例，其简介为"为您提供权威、准确、及时的新闻资讯，同时还具有网上办事、生活资讯等强大的便民服务功能"。然而，记者安装后发现，里面除了一张风景图片外，没有任何内容。与此相似，该县扶贫办的微信账号，从 9 月后就再无更新。

"很多这类客户端都是'僵尸端'，想想前期的巨大投入，实在让人心疼。"说起目前正在管理的一堆端口，曾为某省多个政府部门开发网站和客户端的一位工作人员连连摇头。

与政务微博和微信相比，政务 APP 往往耗资不菲。"一部分已经不更新了，但协议期内还需要人工运营。"一位 APP 开发工作人员说，该公司总共开发 57 个政府网站和 63 个政务客户端，收费从几千元到几十万元不等。"有时候我在后台一看，客户端上一篇文章就两三个阅读量，还是供稿人自己点的。"

5.1 概述

项目实施是整个电子商务项目开发的物理实现阶段。完成电子商务项目设计之后，如何将原来纸面上的、类似于设计图的新项目方案转换成可执行的实际项目，是项目实施阶段的主要工作。在此期间，要进行各方面的准备，制订周密具体的实施计划，即确定项目实施的方法、步骤、所需的时间及费用等。

项目实施包括硬件的获取、软件的获得或开发、用户准备、聘用和培训人员、地点和数据的准备、安装、测试、试运行及用户验收。项目实施阶段的典型步骤如图 5-1 所示。

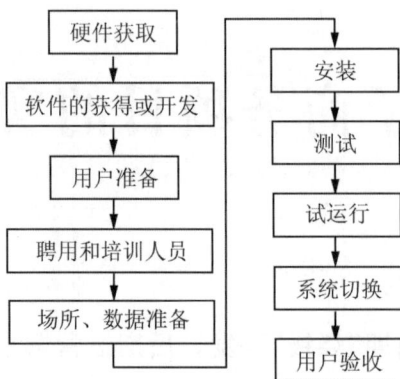

```
硬件获取 ────────────┐
   │                │
软件的获得或开发        安装
   │                 │
用户准备              测试
   │                 │
聘用和培训人员          试运行
   │                 │
场所、数据准备 ──────── 系统切换
                     │
                    用户验收
```

图 5-1　项目实施的典型步骤

项目实施中硬件的获取可按总体设计的要求和可行性报告对财力资源的分析，采用购买、租借或租用的方式，选择适当的设备，通知供货厂家按要求供货并安装即可。软件的获取也可根据实际情况采用从外部购买和自行开发等方式。人员培训主要指用户的培训，包括主管人员和业务人员。为保证项目调试和运行顺利进行，应根据他们的基础，提前进行培训，使他们逐步适应、熟悉新的操作方法。

数据的收集、整理、录入是一项既烦琐且劳动量大的工作。没有一定基础的准备，项目调试就不能很好地进行。一般来说，确定数据库物理模型之后，就应进行数据的整理、录入。

由于项目实施阶段所占用的时间很长，且耗资巨大，必须加强组织和领导工作。根据项目实施的目标，将不同部门的人员组织起来，有条不紊的工作，安排各项任务并按其不同特点进行协调与配合是极为重要的。新项目的实施领导工作应由新项目开发领导小组承担，也可由专门成立的实施领导小组承担，但组长必须由用户单位的最高层领导担任。

新项目实施领导小组必须做好新项目实施计划的编制工作，布置和协调各方面的关系；检查工作的进度和质量并做必要的调整和修改；处理和解决实施过程中发生和发现的一切重大问题。此外，领导小组还要验收各部分工作，组织新项目的调试，负责现行项目向新项目转换的一切组织工作和管理工作。

5.2 电子商务应用的开发

5.2.1 电子商务应用的开发构建方式

目前，电子商务项目应用程序的开发构建方式基本上可以分成两类。

1. 传统的 Web 开发模式

项目的开发工作主要集中在各种静态、动态网页的制作。

2. 基于构件的开发构建方式

这一方式是基于软件复用的思想。基于构件的开发是在一定构件模型的支持下，复用构件库中的软件构件，通过组合手段高效率地、高质量地构造应用软件项目的过程。开发工作的重点集中在查询购买可复用的构件，以及开发那些必须被开发以满足需求的新构件上。

构件模型是可复用构件之间相互通信的一组标准的描述，是基于构件开发的基础。目前，国际上有三大分布式构件模型。

(1)由 OMG 组织推出的 CORBA(Common Object Request Broker Architecture，公共对象请求代理体系结构)。

(2)微软公司提出的 COM+(Component Object Model，构件对象模型)。

(3)Sun 公司 J2EE(Java 2 Enterprise Edition)。

5.2.2 电子商务应用的主要开发工具

电子商务应用的开发工具主要分为网站前台开发工具和网站后台开发工具两个部分。

1. 网站前台开发工具

(1)Microsoft FrontPage。如果对 Word 很熟悉，那么用 FrontPage 进行网页设计一定会非常顺手。使用 FrontPage 制作网页，能真正体会到"功能强大，简单易用"的含义。页面制作由 FrontPage 中的 Editor 完成，其工作窗口由三个标签页组成，即"所见即所得"的编辑页、HTML 代码编辑页和预览页。

FrontPage 带有图形和 GIF 动画编辑器，支持 CGI 和 CSS。向导和模板都能使初学者在编辑网页时感到更加方便。

FrontPage 最强大之处是其站点管理功能。在更新服务器上的站点时，不需要创建更改文件的目录。FrontPage 会跟踪文件并复制那些新版本文件。FrontPage 是现有网页制作软件中唯一既能在本地计算机上工作，又能通过 Internet 直接对远程服务器上的文件进行工作的软件。

（2）Dreamweaver。Dreamweaver 是一个很酷的网页设计软件，包括可视化编辑、HTML 代码编辑的软件包，并支持 ActiveX、JavaScript、Java、Flash 和 Shockwave 等特性，而且它还能通过拖动从头到尾制作动态的 HTML 动画，支持动态 HTML（Dynamic HTML）的设计，使得页面没有 plug－in 也能够在 Netscape 和 IE 浏览器中正确地显示页面的动画。同时还提供了自动更新页面信息的功能。

Dreamweaver 还采用了 Roundtrip HTML 技术。这项技术使得网页在 Dreamweaver 和 HTML 代码编辑器之间进行自由转换，HTML 句法及结构不变。这样，专业设计者可以在不改变原有编辑习惯的同时，充分享受到可视化编辑带来的益处。Dreamweaver 最具挑战性和生命力的是它的开放式设计，这项设计使任何人都可以轻易扩展它的功能。

2. 网站后台开发工具

（1）Asp 技术及其特点。Asp 采用的脚本语言是 VBScript 和 JavaScript，它能够把 HTML 语言、脚本语言、COM（Component Object Model）构件等有机地结合在一起，由服务器解释执行，按用户要求提交给客户端，而无须客户端的执行。用户可以自行增加 ActiveX 组件来扩充其功能，拓展应用范围；ASP 还可利用 ADO（Active Data Object）方便地访问数据库，以此开发出基于 WWW 的应用项目。

ASP 技术采用浏览器/Web 服务器/数据库服务器三层体系结构。客户应用功能层主要解决 Web 服务器与浏览器、Web 服务器与数据库服务器之间的接口问题，实现 Web 服务器对用户的响应、解释以及对数据库服务器的访问功能；数据处理层主要解决数据库服务器与 Web 服务器的接口问题，实现数据库服务器对 Web 服务器的请求功能。

用户使用浏览器从 Web 服务器上请求 ASP 文件，于是 ASP 脚本开始在服务器上执行；然后 Web 服务器调用 ASP 并全面读取请求的文件，执行所有脚本文件，并将 ASP 的执行结果以 HTML 格式（即 Web 页面）传送给用户浏览器，实现了用户的浏览、请求和交互等功能。

ASP 对后台数据库的访问采用 ADO 技术。ADO 是位于 ODBC 和 OLE DB 之上的高性能数据库操作接口，提供了开发数据操作对象的模型，是新一代数据访问与连接标准 UDA（Uniform Database Access）模型的核心技术。用户通过脚本语言调用 ADO 的数据库访问构件。

ASP 技术具有以下特点：①使用简单易懂的脚本语言，嵌入在 HTML 代码中。②无须编译或连接，即可在服务器端直接解释执行。③由于集成在 HTML 中，所以与浏览器无关，用户端只要使用常规的可执行 HTML 代码的浏览器，即可浏览用 ASP 设计的网页内容。④除使用 VBScript 或 JavaScript 语言来设计外，ASP 还可通过 Plugin 的方式，使用由第三方提供的其他脚本语言，如 Perl 等。⑤可通过 Microsoft Windows 的 COM/DOCM 获得 ActiveX 控件的支持，通过 DCOM 和 Microsoft Transaction Server 获得结构支持。ActiveX 服务器构件具有很好的可扩充性，可使用 Visual Basic、Java、Visual C++等编程语言编写所需要的 ActiveX 控件。

和 PHP、JSP 相比，ASP 的缺点是安全性不太好，并且没有跨平台性，用 ASP 编写的代码只能运行在 windows 平台上。

(2)PHP 技术及其特点。PHP 也是目前流行的动态网页设计技术。PHP 采用面向对象的思想，提供类和对象，支持构造器、提取类等，基于 Web 的编程工作非常需要面向对象编程能力。PHP 代码可编译成能与许多数据库相连接的函数，其中与 MySQL 数据库的组合是绝佳的；它还可以自己编写外围函数来间接存取数据库。

PHP 是一种跨平台的语言，可在 Windows、UNIX、Linux 的 Web 服务器上正常运行，还支持 IIS、Apache 等通用 Web 服务器，几乎可运行于所有平台。

PHP 存在的缺点是缺乏规模支持，对于大负荷站点，解决方法只有一个即分布计算，这就增加了开发应用项目的难度。从网络的结构来看，一个网络项目最少可分为三层，即数据层、逻辑层和用户层。微软提出的三层模型为：用户层用 ASP/ASP+、逻辑层是 JavaBeans COM/COM+，数据层是 ADO；Sun 提出的三层模型为：用户层用 JSP、逻辑层是 JavaBeans 以及数据层是 JDBC；PHP 没有这些结构，缺乏对多层结构的支持。PHP 的另外一个缺点是所提供的数据库接口支持彼此不统一，如对 MySQL、Oracle、Sybase 的接口，彼此都不一样，这是 PHP 的一个弱点。

(3)JSP 技术及其特点。使用 JSP 技术，Web 页面开发人员可以使用 HTML 或者 XML 标识来设计和格式化最终页面，使用 JSP 标识或者小脚本来生成页面上的动态内容。生成内容的逻辑被封装在 JSP 标识和 JavaBean/EJB 构件中，并且捆绑在小脚本中。所有的脚本在服务器端运行，Web 管理人员或页面设计者，能够编辑和使用 JSP 页面，而不影响内容的生成。在服务器端，JSP 引擎解释 JSP 标识和小脚本，生成所请求的内容，并且将结果以 HTML(或 XML)页面的形式发送回浏览器。这有助于开发人员保护自身的代码，而又保证任何基于 HTML 的 Web 浏览器的可用性。

JSP 运行模式有两种：①JSP 页面独自客户端响应请求并将结果返回客户，有关数据处理则由 JavaBeans 完成；②结合 Servlet 技术，用 JSP 表现页面，而用 Servlet 完成大量的处理。在这种运行模式中，Servlet 起控制作用，同时负责响应客户端的请求，如创建 JSP 需要的 JavaBeans 对象，并根据请求情况将 JSP 页面发送给客户端。

绝大多数 JSP 页面依赖于可重用的、跨平台的构件(JavaBeans 或 Enterprise JavaBeans)来执行应用程序所要求的更为复杂的处理，开发人员能够共享和交换执行普通操作的构件，或者使得这些构件为更多的使用者或者开发团体所使用。基于构件的方法不仅加速了总体开发过程，而且使得各种组织在他们现有的技能和优化结果的开发努力中得到平衡。

Web 页面开发人员不会都是熟悉脚本语言的编程人员，标准的 JSP 标识能够访问和实例化 JavaBeans 构件，设置或者检索构件属性，下载 Applet，以及执行用其他方法更难以编码和耗时的功能，第三方开发人员和其他人员可以为常用功能创建自己的标识库。JSP 技术很容易整合到多种应用体系结构中，以利用现存的工具和技巧，并且扩展到能够支持企业级的分布式应用。由于 JSP 页面的内置脚本语言是基于 Java 语言的，而且所有的 JSP 页面都被编译成为 Java 类，因此 JSP 页面就具有 Java 技术的所有好处，如具有"一次编写，各处运行"的特点等。

JSP 具有许多优点：①适用平台广。JSP 几乎可运行于所有的平台，只要该平台提供了 Java 虚拟机。②代码执行高效。JSP 代码只在第一次运行时被编译一次，以后每次执行时都不再编译，因此，代码的执行效率高。③代码可移植性好。JSP 是基于 Java 语言的，继承 Java 的一切特性，在一种平台的机器上编写的 JSP 代码，只要做很少的变动，就可原封不动地在另一种平台的机器上编译通过。④JSP 技术可以和 JavaBeans 结合使用，使用 JavaBeans 来增强所需要的功能，可为编程人员节省很多时间。⑤强大的数据库技术。JSP 与数据库的连接非常方便，它通过 Java 语言的 JDBC 技术，可以和任何与 JDBC 兼容的数据库建立连接，使用 JSP 能访问诸如 Oracle，Sybase、MS SQL Server 和 MS Access 等主流数据库。

ASP 只能运行于微软的服务器产品上。虽然在 UNIX 下也有一些插件可以用来支持 ASP，但是 ASP 本身的功能有限，必须通过 ASP＋COM 的组合来扩充，而且在 UNIX 下的 COM 实现起来非常困难。

PHP 可在 Windows NT/2000，Linux 等平台上正常运行，支持 IIS、Apache 等通用 Web 服务器，用户更换平台时，无须变 PHP 代码，可即拿即用。

JSP 同 PHP 类似，可以运行于几乎所有平台，著名的 Web 服务器 Apache 已经能够支持 JSP。由于 Apache 广泛应用在 Windows NT/2000、Linux 等平台，有广泛的运行平台，从一个平台移植到另外一个平台，JSP 和 JavaBeans 甚至不用重新编译，因为 Java 字节码都是标准的与平台无关的。在运行性能方面，曾有人专门做过测试，用 ASP、PHP、JSP 三者分别对 Oracle 8 进行 1000 次 Insert，Update，Select，Delete 操作，JSP 需要 13 秒，PHP 需要 69 秒，ASP 则需要 73 秒，JSP 的运行性能还是比较高的。

（4）传统高级语言。主要包括 Visual Basic、VBScript、C/C＋＋等。传统高级语言通用性好，可以为各种电子商务应用编写代码。通常，目前的商品化软件包（如数据库、中间件产品等）都提供传统高级语言的 API 接口，所以在解决电子商务项目与其他应用互操作这类问题时，传统高级语言也可以发挥作用。

需要注意的是，传统高级语言与操作项目的关系比较紧密，所以在编写跨平台的应用时，传统高级语言受到制约。

(5)Java 和 JavaBean。Java 是由 Sun 公司于 1995 推出的 Java 程序设计语言和 Java 平台的总称。Java 是一种跨平台的面向对象语言，利用该语言可生成独立于平台的应用程序。另外，Java 还有功能强大、与硬件无关、易于使用、支持 Web 和很好的容错性等优点。

JavaBean 技术是为了实现对构件复用的需求而开发的。JavaBean 允许开发人员基于 Java 语言开发并复用构件。JavaBean 构件模型是 Sunsoft 制定的关于 Bean 的构件标准。JavaBean 构件模型提供了一系列的 API，使构件 Bean 不仅易于复用，而且也易于实现。

在电子商务应用编程时，Java 是目前受到普遍欢迎和看好的程序设计语言。

5.2.3　选择开发工具的原则

选择合适的开发工具首先应该考虑选择的开发工具所适用的领域，此外还应该遵守下面的基本原则：

(1)最小工作量原则。

(2)最小技巧性原则。

(3)最小错误原则。

(4)最小维护原则。

(5)减小记忆原则。

在项目开发时，在选择开发工具的过程中应具体考虑以下几个因素：

(1)项目的应用领域。

(2)用户的要求。

(3)可以使用的编程程序或开发环境。

(4)程序员的经验和知识。

(5)软件可移植性要求。

5.2.4　利用商品化的电子商务系统进行应用开发

有了一些建设网站的知识储备后，选择合适的制作软件可以起到事半功倍的效果。针对门户网站、网店系统、商城系统，市面上都有成熟的商品可以快速地进行开发，以下做一些介绍：

1. DedeCMS(织梦内容管理系统)

织梦内容管理系统：①采用 XML 名字空间风格核心模板：模板全部使用文件形式保存，对用户设计模板、网站升级转移均提供很大的便利，健壮的模板标签为站长 DIY

自己的网站提供了强有力的支持。②高效率标签缓存机制：允许对类同的标签进行缓存，在生成 HTML 的时候，有利于提高系统反应速度，降低系统消耗的资源。③模型与模块概念并存：在模型不能满足用户所有需求的情况下，DedeCMS 推出一些互动的模块对系统进行补充，尽量满足用户的需求。④众多的应用支持：为用户提供了各类网站建设的一体化解决方案，在本版本中，增加了分类、书库、黄页、圈子、问答等模块，补充一些用户的特殊要求。⑤面向未来过渡：织梦团队的组建为织梦 CMS 的发展提供坚实的基础，在织梦团队未来的构想中，它以后将会具有更大的灵活性和稳定的性能。

DedeCMS 最适合应用于以下领域。

(1)企业网站，无论大型还是中小型企业，利用网络传递信息在一定程度上提高了办事的效率，提高企业的竞争力。

(2)政府机关，通过建立政府门户，有利于各种信息和资源的整合，为政府和社会公众之间加强联系和沟通，从而使政府可以更快、更便捷、更有效开展工作。

(3)教育机构，通过网络信息的引入，使得教育机构之间及教育机构内部和教育者之间进行信息传递，全面提升教育类网站的层面。

(4)媒体机构，互联网这种新媒体已经强有力地冲击了传统媒体，在这个演变过程中，各类媒体机构应对自己核心有一个重新认识和重新发展的过程，建立一个数字技术平台以适应数字化时代的需求。

(5)行业网站，针对不同行业，强化内部的信息划分，体现行业的特色，网站含有行业的动态信息、产品、市场、技术、人才等信息，树立行业信息权威形象，为行业内产品供应链管理，提供实际的商业机会。

(6)个人站长，兴趣为主导，建立各种题材新颖，内容丰富的网站，通过共同兴趣的信息交流，可以形成自己具有特色的用户圈，产生个人需求，并为其服务。

(7)收费网站，内容收费类型的网站，用户可以在线提供产品销售，或者内容收费，简单清晰的盈利模式，确保以最小的投资，取得最大的回报。

2. ECShop(网上商店系统)

ECShop 是上海商派网络科技有限公司(ShopEx)旗下 B2C 独立网店系统，适合企业及个人快速构建个性化网上商店，系统是基于 PHP 语言及 MYSQL 数据库构架开发的跨平台开源程序。ECShop 悉心听取每一位商家的需求与建议，不仅设计了人性化的网店管理系统帮助商家快速上手，还根据中国人的购物习惯改进了购物流程，实现更好的用户购物体验。ECShop 网店系统无论在产品功能、稳定性、执行效率、负载能力、安全性和 SEO 支持(搜索引擎优化)等方面都居国内同类产品领先地位，成为国内最流行的购物系统之一。

3. ShopNC(网上商城系统)

ShopNC商城系统,是天津市网城天创科技有限责任公司开发的一套多店模式的商城系统。①ShopNC商城系统适合搭建类似淘宝或天猫商城的大型电商运营服务平台。②ShopNC商城系统独立整合数种网上付费网关——轻松实现网上支付功能的接入。③ShopNC商城系统每月持续进行商城系统的功能升级,并对商业用户提供完善的售后技术支持(商业客户即购买了商业授权、技术服务等客户)。④系统支持多语言版本,可以轻松建立简体中文、繁体中文等多语言界面的网上商店,也可根据需要建立其他任意语言文字的网上商店。⑤系统内置多套网上商店专业的精美模板,适合不同的行业店铺使用,实现平台入住店铺可以快速建立不同绚丽的个性化网上商店,内置模板也将持续更新。⑥系统具有商城系统非常完整和专业的功能与流程,系统包括了订单管理、商品管理、购物车功能、网上支付功能、信息管理、客户管理、会员体系设置、优惠促销、广告管理、第三方账号登录等功能模块,可以实现快速搭建各种类型的个性化电商运营服务平台。

4. Discuz(论坛)

Crossday Discuz! Board (以下简称 Discuz!,中国国家版权局著作权登记号2006SR11895)是康盛创想(北京)科技有限公司(英文简称 Comsenz)推出的一套通用的社区论坛软件系统,用户可以在不需要任何编程的基础上,通过简单的设置和安装,在互联网上搭建起具备完善功能、很强负载能力和可高度定制的论坛服务。Discuz! 的基础架构采用世界上最流行的 Web 编程组合 PHP+MySQL 实现,是一个经过完善设计,适用于各种服务器环境的高效论坛系统解决方案。

作为国内最大的社区软件及服务提供商,Comsenz 旗下的 Discuz! 开发组具有丰富的 web 应用程序设计经验,尤其在论坛产品及相关领域,经过长期创新性开发,掌握了一整套从算法,数据结构到产品安全性方面的领先技术。使得 Discuz! 无论在稳定性、负载能力、安全保障等方面都居于国内外同类产品领先地位。

5. KPPW(威客众包)

客客出品专业威客系统 KPPW 是一款应用软件,适用于 PC 平台。

5.3 电子商务项目测试

由于电子商务项目的复杂,更由于人性的弱点,开发人员在开发的过程中不可避免地要出现差错。因此,对项目进行测试是必需的。电子商务项目测试的目的就是尽可能地发现项目中的问题和错误。

【延伸阅读 5-1】

成功的软件测试与不完整的软件测试

用户为了保证自己业务的顺利完成，当然希望选用优质的软件。质量不佳的软件产品不仅会使开发商的维护费用和用户的使用成本大幅度增加，还可能产生其他的责任风险，造成公司信誉下降。一些关键的应用领域（例如银行、证券交易、军事等）如果质量有问题，还可能造成灾难性的后果。

现在人们已经逐步认识到是软件中存在的错误导致了软件开发在成本、进度和质量上的失控。由于软件是由人来完成的，所以它不可能十全十美，虽然不可能完全杜绝软件中的错误，但是可以通过软件测试等手段使程序中的错误数量尽可能少，密度尽可能小。

接下来看看成功的软件测试带来的好处和不完整的软件测试带来的教训。

- IE 和 Netscape

在 IE 4.0 的开发期间，微软为了打败 Netscape 而会集了一流的开发人员和测试人员。测试人员搭建起测试环境，让 IE 在数台计算机上持续运行一个星期，而且要保障 IE 在几秒以内可以访问数千个网站，在无数次的试验以后，测试人员证明了 IE 在多次运行以后依然可以保障它的运行速度。而且，为了快速完成 IE 4.0 的开发，测试人员每天都要对新版本进行测试，不仅要发现问题，而且要找到问题是哪一行代码造成的，让开发人员专心于代码的编写和修改，最终 IE 取得了很大的成功。

- 360 存在严重后果缺陷导致系统崩溃

电脑中了木马，使用 360 安全卫士查出一个名为 Backdoor/Win32. Agent. cgg 的木马，文件位置为 C:\Windows\system32\shdocvw.dll。进行清理后看不到 Windows 任务栏和桌面图标，根本进不去桌面，手工运行 Explorer. exe 也是一闪就关，后来查明是由于 360 在处理此木马时存在严重缺陷。360 安全卫士只是简单的删除了木马文件，没有进行相关的善后处理工作，致使系统关键进程 Explorer. exe 无法加载。

5.3.1 软件测试

1. 软件测试概述

软件测试是对软件计划、软件设计、软件编码进行查错和纠错的活动。

（1）软件测试的目的。软件测试的目的是尽早地、尽可能多地发现软件的错误。通过不同层次的测试（单元测试、集成测试和项目测试）验证和确认软件是否满足设计和需求。

(2)制订测试计划。准备测试的一项主要任务是编写测试计划。测试计划包含项目范围内的测试目的和测试目标的有关信息，并阐述所要用的方法。计划中包含以下信息：

①范围和目标。描述在测试中将包括或不包括哪些内容？描述想要测试完成的任务。

②测试方法。描述将用于测试的一般策略。谁做测试及如何组织参与人员。

当规划测试方法时，需考虑：

- 测试将在哪儿进行？
- 谁来执行测试？
- 将怎样与参与人员交流和组织他们？
- 将怎样进行测试日程安排？
- 将怎样处理应用程序问题？
- 时限是多少？
- 安全要求是什么？是否需要给外单位提供保密数据？
- 用于实施测试或测量结果的工具。
- 用于测试的自动技术。

③需要的资源。逐条说明需要用于支持测试的下列各类资源：硬件、软件、数据库、人员、培训和工具。

通过或不通过的标准以及决定应用程序是否通过的因素。

④特性和功能。包含要测试的所有功能或功能的各个方面的列表。这是一个关于测试什么而不是如何测试的列表。

⑤风险。描述可能阻碍测试成功的已知的风险。

⑥日程安排。起草一个包括测试计划中列出的每个测试的日程安排。

(3)设计测试用例。测试用例是全面测试一个功能或功能的某一方面的详细程序。测试计划描述测试什么，测试用例描述如何执行一个特定的测试。需要为测试计划或测试说明中的每一个测试开发一个测试用例。

测试用例必须由理解正在进行测试的功能或技术的某人来撰写，并需要经过他人的检查。

测试用例包含下列信息：

- 测试的目的。
- 特殊的硬件要求，如一个调制解调器。
- 特殊的软件要求，如一个工具。
- 特殊的设置或配置要求。
- 如何执行测试的描述。

- 测试的预期结果或成功标准。

表 5-1 所示的测试用例的前几个步骤的示例。

表 5-1　测试用例示例

步骤	程　序	成功标准	结　果
1	注销服务器，返回到网络登录屏幕	无	
2	单击域列表以打开	本地服务器名不会出现在列表中	
3	单击域列表以打开	根域名出现在列表中	
4	使用具有管理特权的账户登录到服务器	账户登录到服务器未出现错误	

(4)测试任务列表。需要执行的测试任务如下：

- 写一份测试计划。
- 建立测试用例。
- 实施测试和评估结果。
- 记录测试结果。

(5)测试工作总体流程图。测试工作总体流程图如图 5-2 所示。

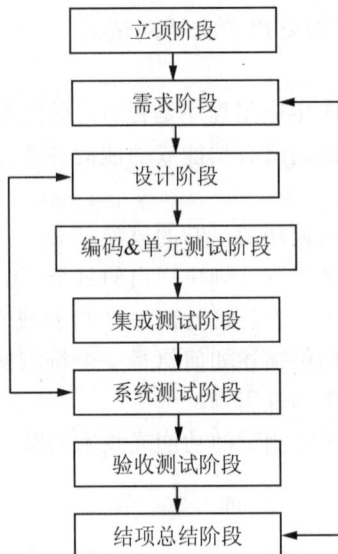

图 5-2　测试工作总体流程图

2. 单元测试

单元测试也称模块测试，其完成对最小的软件设计单元——模块的验证工作。单元测试用过程设计描述作为指南，对重要的控制路径进行测试以发现模块内的错误。测试的相关复杂度和发现的错误是由单元测试的约束范围来限定的。单元测试通常情况下是面向白盒的，而且这个步骤可以针对多个模块并行进行。

由于模块之间存在联系，即存在调用与被调用的关系。为了辅助测试，在对模块测试时，还需要开发以下两种模块。

- 驱动模块：相当于一个主程序，用于接受测试用例的数据，将这些数据送到被测试模块，输出测试结果。
- 桩模块：用来代替被测模块中所调用的子模块，目的是检验入口，输出调用和返回的信息。

3. 集成测试

集成(Integration)是指把多个单元组合起来形成更大的单元。集成测试(Integration Testing)是在假定各个软件单元已经通过了单元测试的前提下，检查各个软件单元之间的相互接口是否正确。

集成测试的策略主要有自顶向下集成和自底向上集成两种。

(1)自顶向下集成。自顶向下集成是构造程序结构的一种增量式方式。它从主控模块开始，按照软件的控制层次结构，逐步把各个模块集成在一起。

自顶向下集成测试的具体步骤包括以下内容：

①以主控模块作为测试驱动模块，把对主控模块进行单元测试时引入的所有桩模块用实际模块替代。

②依据所选的集成策略，每次只替代一个桩模块。

③每集成一个模块立即试一遍。

④只有每组测试完成后，才着手替换下一个桩模块。

⑤为避免引入新错误，须不断地进行回归测试(即全部或部分地重复已做过的测试)。从第二步开始，循环执行上述步骤，直至整个程序结构构造完毕。

自顶向下集成的优点在于能尽早地对程序的主要控制和决策机制进行检验，因此较早地发现错误。缺点是在测试较高层模块时，低层处理采用桩模块替代，不能反映真实情况，因此测试并不充分。

(2)自底向上集成。自底向上测试是从"原子"模块(即软件结构最底层的模块)开始组装测试，因测试到较高层模块时，所需的下层模块功能均已具备，所以不再需要桩模块。

自底向上综合测试的步骤包括以下内容：

①把底层模块组织成实现某个子功能的模块群(Cluster)。

②开发一个测试驱动模块，控制测试数据的输入和测试结果的输出。

③对每个模块群进行测试。

④删除测试使用的驱动模块，用较高层模块把模块群组织成为完成更大功能的新模块群。

从第一步开始循环执行上述各步骤，直至整个程序构造完毕。

自底向上集成方法不用桩模块，测试用例的设计亦相对简单，但缺点是程序最后一个模块加入时才具有整体形象。它与自顶向下综合测试方法的优缺点正好相反。因此，在测试软件项目时，应根据软件的特点和工程的进度，选用适当的测试策略，有时混合使用两种策略更为有效，上层模块用自顶向下的方法，下层模块用自底向上的方法。

4. 系统测试

系统测试（System Testing）是对已经集成好的软件项目进行彻底的测试，以验证软件项目的正确性和性能等满足其规约所指定的要求。软件项目测试要确认软件可以在规定的操作环境里正确地运行，还要考虑软件在那些不正常的强度很大的环境里能正常运行的能力。一个项目也可以看成是一个大的单元，所以，系统测试的目的是要发现那些不能被单元测试或集成测试所发现的错误。

系统测试包括对项目的性能、安全性、可计算性、配置灵敏度、启动和恢复等方面的测试。

5. 面向对象的软件测试

面向对象软件开发方法被认为是开发大型、复杂软件且保证软件可靠性的一种有效方法。同其他软件一样，面向对象的软件在使用之前必须经过测试。但是传统的面向功能或面向数据/过程的测试理论与方法并不完全适用于新兴的面向对象软件项目。面向对象软件开发虽然提高了软件的可重用性和可维护性，然而它的封装性、继承性、多态性和动态连接等新特性却给软件测试提出了新的要求。

在面向对象项目中，项目的基本构造模块是封装了的数据和操作的类和对象，而不再是一个个能完成特定功能的功能模块。每个对象有自己的生存周期，有自己的状态。消息是对象之间相互请求或协作的途径，是外界使用对象方法及获取对象状态的唯一方式。对象的功能是在消息的触发下，由对象所属类中定义的操作与相关对象的合作共同完成，且在不同状态下对消息的响应可能完全不同。工作过程中对象的状态可能被改变，产生新的状态。对象中的数据和操作是一个有机的整体，测试过程中不能仅仅检查输入数据产生的输出结果是否与预期的吻合，还要考虑对象的状态。模块测试的概念已不适用于对象的测试。类测试将是整个测试过程的一个重要步骤，它与传统测试方法的区别如图 5-3 所示。

(a)传统的测试模型

(b)面向对象类的测试模型

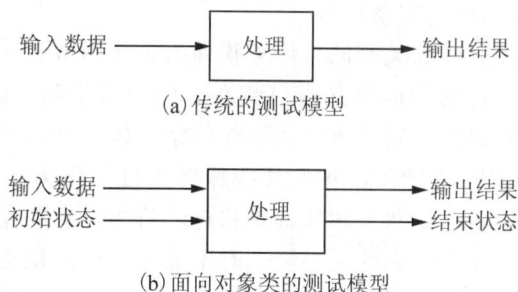

图 5-3　两种不同的测试模型

在面向对象项目中,项目的功能体现在对象间的协作上,而不再是简单的过程调用关系。面向对象程序的执行实际上是执行一个由消息连接起来的操作序列,操作的实现与所属对象本身的状态有关,各操作之间可能有相互作用。

为实现某一特定的功能,有可能要激活调用属于不同对象类的多个操作,形成操作的启用链。显然,基于功能分解的自顶向下或自底向上的集成测试策略并不适用于以面向对象方法构造的软件。

(1)面向对象软件测试策略。面向对象测试的整体目标——以最小的工作量发现最多的错误和传统软件测试的目标是一致的,但由于面向对象的封装性、继承性和动态绑定特性使得面向对象测试的策略有很大不同。

对于传统程序设计语言书写的软件,软件测试人员普遍采用三个级别的测试,即单元测试、集成测试和系统测试。对面向对象的程序测试应当分为多少级别尚未达成共识,一般认为,面向对象的程序也和其他语言的程序一样,都要进行项目级测试。面向对象软件从宏观上来看是各个类之间的相互作用,在面向对象程序中,最小的可测试单元已不是方法,而是类和类的实例。类是面向对象方法中最重要的概念,是构成面向对象程序的基本成分。已经有经验表明类级测试是必需的,也是发现错误的重要手段。因此,将面向对象测试划分为类测试、类集成测试和系统测试三个层次。对由类集成的测试作为集成测试,系统测试层与传统测试层相同。面向对象软件测试的测试层划分如表 5-2 所示。

表 5-2　测试层的划分

传统测试系统	面向对象测试系统
单元测试	类测试
集成测试	类集成测试
系统测试	系统测试

（2）面向对象软件测试的内容及技术。

①类测试。面向对象软件的类测试与传统软件的单元测试相对应，但和传统的单元测试不一样。面向对象软件的类测试是由封装在类中的操作和类的状态行为所驱动的。类是对象的抽象描述，在语法上它是属性和操作的结合体。最小的可测试单位是封装的类或对象。类包含一组不同的操作，并且某特殊操作可能作为一组不同类的一部分存在。同时，一个对象有它自己的状态和依赖于状态的行为，对象操作既与对象的状态有关，但也可能改变对象的状态。因此，类测试时不能孤立地测试单个操作，要将操作作为类的一部分；同时要把对象与其状态结合起来，进行对象状态行为的测试。

类的测试按顺序分为以下三个部分。

· 基于操作的测试：测试类的每一个操作。

· 基于状态的测试：考察类的实例在其生命周期各个状态下的情况。

· 基于响应状态的测试：从类和对象的责任出发，以外界向对象发送特定的消息序列的方法来测试对象的各个响应状态。

类测试如图 5-4 所示。其中，操作测试主要考察封装在类中的一个操作。它可以采用传统的白盒测试方法，如控制流测试、数据流测试、循环测试、排错测试和分域测试等。基于状态的测试重点测试一个作用于被测类的对象的消息序列是否将该对象置于"正确"的状态。类测试可以使用一系列不同的方法，如随机测试、划分测试、基于故障、规约、流图和状态的类测试技术等。

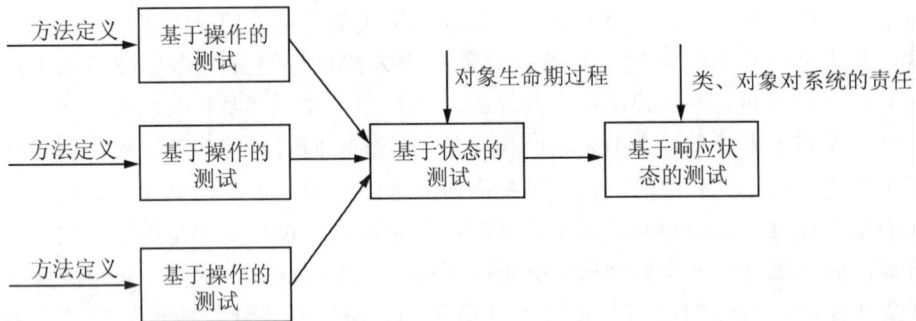

图 5-4 类测试示意图

②类集成测试。因面向对象软件没有层次的控制结构，传统的自顶向下和自底向上的集成测试策略并不适用于面向对象方法构造的软件。这是因为面向对象的程序的执行实际上是执行一个由消息连接起来的操作序列，而这个操作序列往往是由外部事件驱动的。此外，在各个操作分别测试之后，每次任选一个操作集成到类中逐步进行测试直至形成一个完整的类的集成策略也未必合适，原因是各个操作之间可能有相互作用，某一操作可能要求对象处于某个特定的状态，而该状态必须由其他操作设置，所以还需要考

虑集成的次序问题。

面向对象软件的集成测试有两种不同策略：一种是基于线程的测试；另一种是基于使用的测试。

• 基于线程的测试(Thread-Based Testing)。集成一组相互协作以对某输入或事件做出回应的类。每个线程被集成并分别测试，应用回归测试以保证没有产生副作用。

• 基于使用的测试(Use-Based Testing)。通过测试那些不使用服务器的类(称为独立类)而开始构造项目。在独立类测试完成后，使用独立类的类(称为依赖类)被测试。依赖类层次的测试序列一直持续到构造完整个项目。

类簇(Cluster)是一组相互合作的类。类簇测试主要考察一组协同操作的类之间的相互作用，是项目集成测试的一个子阶段。在单个类分别进行测试后，根据项目中类的层次关系图，将相互有影响的类作为一个整体，检查各相关类之间消息连接的合法性、子类的继承性与父类的一致性、动态绑定执行的正确性、类簇协同完成项目功能的正确性等。其测试用例可由多种方案结合主成。如根据类的继承关系图来纵向检查类，同时又根据对象之间操作的相互作用来横向检查类的关系图。

③项目测试。项目测试是对所有类和主程序构成的整个项目进行整体测试，以验证软件项目的正确性和性能指标等满足需求规格说明书和任务书所指定的要求。它与传统的项目测试一样，包括功能测试、性能测试等，可套用传统的项目测试方法。测试用例可以从对象行为模型和作为面向对象分析的一部分事件流图中导出。

5.3.2　电子商务应用程序测试

1. 可用性测试

(1)导航测试与检验。导航为访问者在网站的浏览过程中实现定位和导向。导航测试与检验要解决以下问题：

• 一个电子商务站点是否易于导航。

• 导航是否直观。

• 项目的主要内容是否可通过主页访问。

网站的层次一旦决定，就要着手测试用户导航功能，让最终用户参与这种测试与检验，效果将更好。

(2)图形测试与检验。在电子商务应用中，适当的图片和动画既能起到广告宣传的作用，又能起到美化页面的功能。这里的图形概念包括图片、动画、边框、颜色、字体、背景和按钮等。图形测试的内容有以下几个方面：

• 要确保图形有明确的用途。

• 验证所有页面字体的风格是否一致。

- 背景颜色应该与字体颜色和前景颜色相搭配。
- 图片的大小和质量也是一个很重要的因素，图片尺寸要尽量地小，但要能清楚地说明某件事情，一般采用 JPG 或 GIF 压缩。

(3)内容测试与检验。内容测试用来检验网站提供信息的正确性、准确性和相关性。

- 信息的正确性是指信息是可靠的还是误传的。例如，在商品价格列表中，错误的价格可能引起财政问题甚至导致法律纠纷。
- 信息的准确性是指是否有语法或拼写错误。这种测试通常使用一些文字处理软件来进行，例如使用 Microsoft Word 的"拼音与语法检查"功能。
- 信息的相关性是指是否在当前页面可以找到与当前浏览信息相关的信息列表或入口，即一般电子商务站点中的所谓"相关文章列表"。

(4)整体界面测试与检验。整体界面是指整个电子商务网站的页面结构设计如何。例如，当用户浏览网站时是否感到舒适？整个网站的设计风格是否一致？

对整体界面的测试过程，其实是一个对最终用户进行调查的过程。一般网站采取在主页上做一个调查问卷的形式，来得到最终用户的反馈信息。

对所有的可用性测试来说，都需要有外部人员(与电子商务应用程序开发没有联系或联系很少的人员)的参与，最好是最终用户的参与。

2. 功能测试

(1)链接。链接是电子商务网站的一个主要特征，它是在页面之间切换和指导用户去一些不知道地址的页面的主要手段。链接测试可分为三个方面：

- 测试所有链接是否按指示的那样确实链接到了该链接的页面。
- 测试所链接的页面是否存在。
- 保证没有孤立的页面，所谓孤立页面是指没有链接指向该页面，只有知道正确的 URL 地址才能访问。

链接测试可以自动进行，现在已经有许多工具可以采用。链接测试必须在集成测试阶段完成，即在整个电子商务站点的所有页面开发完成之后进行链接测试。

(2)表单。当用户向电子商务网站提交信息时，就需要使用表单操作。例如，用户注册、登录、信息提交等表单测试的内容有以下几个方面：

- 测试提交操作的完整性，以校验提交给服务器的信息的正确性。例如，用户填写的出生日期与职业是否恰当，填写的所属省份与所在城市是否匹配等。
- 如果使用了默认值，还要检验默认值的正确性。
- 如果表单只能接受指定的某些值，则也要进行测试。例如，只能接受某些字符，测试时可以跳过这些字符，看项目是否会报错。

(3)数据校验。如果根据业务规则需要对用户输入进行校验，测试人员需要验证这些校验功能是否能正常工作。例如，货币种类的字段可以用一个有效列表进行校验。在这种情况下，需要验证列表完整而且程序正确调用了该列表（例如，在列表中添加一个测试值，确定项目能够接受这个测试值）。

（4）Cookies。Cookies 中保存了用户注册信息。如果项目使用了 Cookie，测试人员需要对它们进行检测。测试的内容可包括以下信息：

- Cookies 是否起作用。
- 是否按预定的时间进行保存。
- 刷新对 Cookies 有什么影响。
- 如果使用 Cookie 来统计次数，还需要验证次数累计是否正确。

3. 接口测试

在通常情况下，电子商务站点不是孤立的。电子商务站点可能会与外部服务器通信，请求数据、验证数据或提交订单。

（1）服务器接口。第一个需要测试的接口是浏览器与服务器的接口。测试人员提交事务，然后查看服务器记录，并验证在浏览器上看到的正好是服务器上发生的。测试人员还应查询数据库，确认事务数据已正确保存。

（2）外部接口。有些电子商务项目有外部接口。例如，网上商店可能要实时验证信用卡数据以减少欺诈行为的发生。测试时，要使用 Web 接口发送一些事务数据，分别对有效信用卡、无效信用卡和被盗信用卡进行验证。通常，测试人员需要确认软件能够处理外部服务器返回的所有可能的消息。

4. 兼容性测试

主要验证应用能否在不同的客户浏览器上正确运行。如果用户是全球范围的，需要测试各种操作项目、浏览器、视频设置和 Modem 速度。最后，还要尝试各种设置的组合。

（1）操作项目。站点能否在 MAC 和 IBM 兼容项目上浏览？有些字体在某个项目上可能不存在，因此需要确认选择了备用字体。如果用户使用两种操作项目，请确认站点未使用只能在其中一种操作项目上运行的插件。

（2）浏览器。站点能否使用 Netscape、Internet Explorer 进行浏览？有些 HTML 命令或脚本只能在某些特定的浏览器上运行。请确认有图片的替代文字，因为可能会有用户使用文本浏览器。如果使用 SSL 协议，则只需对 3.0 以上版本的浏览器进行验证，但是对于老版本的用户应该有相关的消息提示。

（3）视频设置。页面版式在 800 像素×600 像素、1024 像素×768 像素或 1280 像素×800 像素的分辨率模式下是否显示正常？字体是否太小以至于无法浏览？或者是太大？文本和图片是否对齐？

（4）Modem/连接速率。是否有这种情况，用户使用 28.8Modem 下载一个页面需要

10 分钟，但测试人员在测试的时候使用的是 T1 专线？用户在下载文章或演示时，可能会等待比较长的时间。最后，需要确认图片不会太大。

（5）打印机。用户可能会将网页打印下来。因此网页在设计时要考虑到打印问题，注意节约纸张和油墨。有不少用户喜欢阅读而不是盯着屏幕，因此需要验证网页打印是否正常。有时在屏幕上显示的图片和文本的对齐方式可能与打印出来的东西不一样。测试人员至少需要验证订单确认页面打印是正常的。

（6）组合测试。最后需要进行组合测试。理想的情况是，项目能在所有机器上运行，这样就不会限制将来的发展和变动。

5．数据库测试

在 Web 应用技术中，数据库起着重要的作用，数据库为电子商务应用项目的管理、运行、查询和实现用户对数据存储的请求等提供空间。在电子商务应用中，最常用的数据库类型是关系型数据库。数据库中应该测试的要素包括以下几个方面。

（1）数据库搜寻结果相关性。搜索结果是相关的，提供到所要求页面的直接链接，而不导致混乱的结果。因此数据库搜寻的相关性是数据处理的一个重要部分。

测试小组假设线上客户的角色并尝试具有不同关键字的随机"搜寻"选项。"搜寻"结果以对关键字的相关百分比来排序。

（2）查询回应时间。回应查询的时间必须很短。此测试的结果可能有助于识别问题，如网络瓶颈、指定查询、数据库结构或硬件等。

（3）数据库完整性。测试验证存放重要数据的正确性。因此，测试应该定期进行，因为数据会随时间有所变更。

（4）数据有效性。数据项目不正确，称为数据有效性错误，这可能是最常见的与数据有关的错误。这些错误也最难以在项目中侦测到。在短时间内输入大量数据时，容易产生这样错误。例如，$68 可能错误输入为 $86。

为了减少数据有效性错误。可使用数据栏位中的数据确认规则。例如，数据库中的日期栏位使用 MM/DD/YYYY 格式。开发人员可以结合数据有效规则，让 MM 不超过 12，DD 不超过 31。

为了发现这种类型的错误，有时可以使用查询来检查数据域的有效性。例如，可以写出一个比较数据库中各数据总和与数据源中各数据总和的查询。查询结果的不同表明至少有一个数据项存在错误。

（5）修复测试。修复测试以各种方式强制项目检测不同的失败方式，以确保以下方面：

- 项目会在在预定的时间内修复错误并继续进行处理。
- 项目是容错型的，即处理错误中并不会停止项目的整体功能。

- 数据修复及重新启动在自动修复状况下是正确的。如果修复要求人为介入，则修复数据库的平均时间是在预先定义的可接受限制内。

5.3.3 网站测试

Web 服务器是整个电子商务项目的关键因素，它主要负责对来自客户端的请求提供应答服务，浏览器和 Web 服务器之间通过 HTTP 协议交换信息。Web 访问的性能不仅与服务器本身的处理能力密切相关，还取决于网络数据的传输和接收情况，因此，在对电子商务项目的性能进行分析时，需要综合各种因素全面考虑。

测试需要验证项目能否在同一时间响应大量的用户，在用户传送大量数据时能否响应，项目能否长时间运行。可访问性对用户来说是极其重要的。如果用户得到"项目忙"的信息，他们可能放弃，并转向竞争对手。

1. 性能测试

(1)连接速度测试。用户连接到电子商务网站的速度与上网方式有关，他们或许是电话拨号，或是宽带上网。当下载一个程序时，用户可以等较长的时间，但如果仅仅访问一个页面就不会这样。如果电子商务项目响应时间太长(如超过 5 秒)，用户就可能会因没有耐心等待而离开。

另外，有些页面有超时的限制，如果响应速度太慢，用户可能还没来得及浏览内容，就需要重新登录了。而且，连接速度太慢，还可能引起数据丢失，使用户得不到真实的页面。

(2)负载测试。负载测试是在某一负载级别下，检测电子商务项目的实际性能。负载级别可以是某个时刻同时访问电子商务项目的用户数量，也可以是在线数据处理的数量。例如，电子商务项目能允许多少个用户同时在线？如果超过了这个数量，会出现什么现象？电子商务项目能否处理大量用户对同一个页面的请求？这样的测试是以程序正常运行为前提的。

(3)压力测试。进行压力测试是指实际破坏一个电子商务应用项目，测试项目的反映。压力测试是测试项目的限制和故障恢复能力，也就是测试电子商务项目会不会崩溃，在什么情况下会崩溃。这类测试的结果是负面结果，如应用程序在这样的压力下崩溃。例如，在测试 Web 服务程序时，可以持续地添加用户的连接数量，直到服务器不能正确响应服务请求。

压力测试的关注点应该是项目可能的瓶颈和用户关注的性能点。

2. 安全性测试

安全性对取得线上客户的信任，对电子商务的成功极其重要。安全性测试的测试内容包括以下内容：

①攻击性内容。

②病毒预防。

③防止数据库被非法访问。

④自然灾害产生的数据丢失。

⑤黑客入侵产生的数据丢失。

⑥人员安全检查。

⑦数据破坏或数据窃取。

⑧硬件破坏或硬件窃取。

⑨信用卡密码窃取。

⑩私有网络数据的非法访问。

⑪私人信息的非法发布。

⑫黑客入侵产生的知识产权受侵。

⑬垃圾邮件。

⑭私有网络资源的非法访问。

【延伸阅读 5-2】

银行网络安全

作为高科技犯罪的典型代表之一，银行网络安全事故近两年来在国内频频发生。年末，互联网上连续出现的假银行网站事件曾经轰动一时。一个行标、栏目、新闻、图片样样齐全的假冒中国银行网站，竟然成功划走了呼和浩特一名市民银行卡里的 2.5 万元。且随后不久，假工行、假农行、假银联网站也相继跟风出现。而早在 2003 年下半年，我国香港地区也曾出现不法分子伪冒东亚、花旗、汇丰、宝源投资及中银国际网站。2004 年 2 月的一段时间，长沙发生利用木马病毒盗窃网络银行资金案，造成损失 8 万余元，直到现在谈起木马病毒，很多人仍然心惊胆战。安徽省人行是中国人民银行领导下的省级分行，作为央行的分支系统，在数据大集中趋势尽显的今天，其网内数据呈现出几何量级快速增长的态势。在目前病毒种类繁多、新型病毒尤其是混合型病毒层出不穷的网络环境下，其危险性之高可想而知。而与此同时，为保障人行对外提供业务服务的质量而时时对外开放的大量业务数据、办公公文等电子数据信息资产，也必须要通过保障内联服务器的永续运行，才能确保外界能够对其实现不间断访问，从而实现全行信息资源和系统资源的共享，及总行、大区行与各分支行之间的信息传输。所以说，网络安全其实是一个系统的、全局的管理问题，网络上的任何一个漏洞，都会导致全网的安全问题。因此银行系统在营业一线严抓管理、狠抓规章制度的制定和落实的同时，还必须积极主动地咨询专业人士，通过种种科技手段，运用识别技术、存取控制、密码、低辐射、容错、防病毒、高安全产品等专业措施，从技术上堵住各种安全漏洞，使不法犯罪分子无可乘之机。

5.3.4 项目测试文件

进行电子商务项目测试需要使用的文档包括测试计划、测试设计规范、测试用例规范、测试过程规范、测试项目的发布报告、测试日记、测试差错报告和测试总结报告。

1. 测试计划

测试计划在测试中处于中心位置，它制定测试准备工作和执行测试的必备的条件，同时也形成了测试过程的质量保证的基础。与测试计划有关的监测任务包括有否测试计划？是否按照此计划执行？计划是否需要进行修改？测试计划的内容如下：

(1)测试计划的标识。

(2)测试计划的简介。

(3)测试项目。

(4)需要测试的特征和不需要测试的特征。

(5)测试手段。

(6)项目通过或失败的标准。

(7)暂停和重新启动测试的标准。

(8)测试的可交付性。

(9)测试任务。

(10)环境的需求。

(11)职责。

(12)人员和培训的需求。

(13)进度表。

(14)风险及偶然事故。

(15)批准。

2. 测试设计规范

测试设计规范规定测试策略和详细的大纲，并且提出测试用例的功能和特征以及标准。按照此标准检验测试特征是否履行。

3. 测试用例规范

在测试用例规范里，对已经在测试设计规范中定义的测试用例再定义，主要包括测试用例标志符、测试目标的参考标准、输入和输出规范及与测试环境有关的需求和确定测试用例次序的方案。

4. 测试过程规范

测试过程规范描述实际的测试过程，规定每个单独测试的测试过程的执行方案。

5. 测试项目的发布报告

测试项目的发布报告根据配置表详细列出测试项目。如果开发小组不承担测试任务或者在合同中没有安排验收测试时，此报告是特别重要的。

6. 测试日记

测试日记按照年代顺序记录每次执行测试的所有细节，如准确的错误信息、失败信息及操作人员的需求等。

7. 测试差错报告

测试差错报告检验发生的偏差，并且提供测试规范和测试日记所登记的内容之间的关系，包括期望的和实际的结果、环境的描述、异常情况、重复测试的企图及测试人员的鉴定意见。采用紧急级别的表示方法对问题适当的分类和描述，对随后的错误分析是十分有用的。

8. 测试总结报告

测试分析报告是对每一个阶段(单元测试、集成测试、项目测试)的测试结果进行的分析评估。

5.4 电子商务站点部署

部署一个电子商务站点，即获得并配置需要的软件和硬件，再把站点植入需要的环境中进行监控和管理。参加站点的部署工作的人员应该包括站点开发人员、测试人员和项目管理员。部署阶段的任务主要包括以下几项。

5.4.1 检查部署核对清单

在部署站点之前，需检查下列核对清单。

1. 电子商务站点开发完毕核对清单

在部署电子商务站点之前，为保证电子商务站点的部署，应确保已确定并记录了服务器名、角色、端口和所需服务；已经获得必需的 Internet 域名和 IP 地址；已经确定 Web 服务器和数据库服务器的安全性模型；已在指定的位置正确安装了防火墙和代理服务器；已创建了初始用户、组、权限和策略；已在站点上安装了服务器硬件；网络硬件和连接都已被设置在正确的位置，已建立与 Internet 的连接；可以在站点上获得替换硬件。

2. 可用性的核对清单

在部署站点之前，为了防范服务器故障，应该制定相应的计划，如地理概念上的分散型数据中心；双重不间断电源供应(UPS)；数据备份；群集数据库服务器；数据复制；面向 Web 服务器的网络负载平衡群集。网络负载平衡为电子商务应用程序提供了可用性和负载平衡。

3. 业务过程核对清单

在部署站点之前，为保证今后业务的顺利进行。应确保已确定并检验了业务规程；项目管理员已经接受了初步的培训；已经指定服务器环境小组，已确定操作步骤(如修改请求、修改控制日志、服务器更新、维护计划表和故障升级步骤)。

4. 安全性核对清单

在部署站点之前，为了保证站点的安全性。应检验是否已进行了相应的安全设计，这些设计也已得到实施。

5. 制订应急计划

在部署站点之前，应检验是否已制订了应急计划。应急(或风险管理)计划描述了如何应付电子商务运行中突如其来的事件。应急计划中应考虑到的意外事故包括火灾、蓄意破坏和盗窃、洪水、自然灾害、不可恢复性破坏和建筑物损坏、企业行为和意外事故、设备丢失或发生故障——计算设备、网络设备或环境设备、软件故障和数据的丢失或误用等。

5.4.2 部署电子商务站点

1. 服务器设置

服务器设置是站点部署的第一步，具体内容包括以下方面。

(1)检查项目设计阶段建立的项目设计说明书。

(2)安装服务器。

(3)配置站点资源和内容。

(4)测试功能与连通性。

2. 站点安全保护

站点安全保护是站点部署的第二步，包括在站点贯彻必需的安全措施，与其他部分安全连接。

3. 站点测试

站点测试是站点部署的第三步，包括安全测试、访问测试、管理作业测试、所有工作流测试，以及应急计划测试。

5.4.3　实现初始化操作过程

在测试部署以后，在站点运行之前，考虑以下运行问题。

(1)如果保存了调试阶段的日志，现在将它删除掉。

(2)进行对硬件的最后审核检查，验证它是否按指定要求进行了校准。

(3)进行对软件的最后审核检查，验证它是否按指定要求进行了校准。

(4)设置性能监测和事件监测服务。

(5)确定在站点运行后需要监测哪些报表。

(6)确定解决问题的过程，并且针对特定问题为小组中成员制定任务。

5.4.4　建立和执行最初的操作步骤

在新站点运行后的第一个月，应该执行以下内容。

(1)至少在最初的两个星期，保持稳定的开发和测试小组。

(2)开发、测试和部署小组定期举行例会，确保站点按预先计划运行。

(3)出于安全目的考虑，跟踪项目管理员登录过程。

(4)重新访问使用配置文件，了解用户到底是怎样使用站点的。

(5)检查 Web 日志文件的大小，确保它们不会占用过大的磁盘空间，并且 Web 日志管理的策略要根据成长的速率实时更新。

(6)观察数据库的增长以确保它们在计划以内。

(7)分析站点以确保在硬件体系结构上没有瓶颈问题。

(8)确保第三方构件在运行环境下工作正常。

(9)确保商务过程工作正常。

当修改项目来解决这些问题时，必须更新站点的体系结构文档和配置文档。

5.5　电子商务项目维护与管理

电子商务项目运行之后，项目维护工作将随之而来。项目维护的目的是保证电子商务项目正常而可靠地运行，不断改善和提离项目，以充分发挥其作用。

5.5.1　电子商务项目维护的内容

电子商务项目维护主要包括一般性维护及电子商务网站维护。

1. 一般性维护

一般性维护包括硬件设备的维护、数据文件及代码的维护和应用软件的维护。

(1)硬件设备的维护。主要是指对主机及外设的日常维护和管理。硬件设备的维护分为两种，一种是定期性的设备保养性维护，保养周期是固定的，维护的主要内容是进行例行的设备检查与保养；另一种是对突发性的设备故障排除维修，即当设备出现突发性故障时，由专业的维修人员或请厂商来排除故障。

(2)数据的维护。数据库中的数据由数据库管理员负责维护。当数据库中的数据类型、长度等发生变化，或者需要添加某个数据项时，数据库管理员要负责修改相关的数据库、数据字典，并通知有关人员。数据库管理员要负责数据库的安全性和完整性，以及进行并发性控制。当用户提出数据操作请求，数据库管理员要负责审核用户身份，定义其操作权限，并依此负责监督用户的各项操作。另外，数据库管理员还要负责定期保存数据字典文件及一些其他数据管理文件，以保留项目开发和运行的轨迹，当项目出现硬件故障并得到排除后要负责数据库的恢复工作。

(3)代码的维护。随着应用环境的变化，需求的变化，以及项目应用的变化，项目中的一些代码需要进行一定程度的增加、修改和删除。

(4)应用程序的维护。开发的应用程序不可避免地存在问题和缺陷，有的需要运行之后才能发现；随着条件的变化，用户会产生新的需求；项目软件版本的改变和升级也要求维护原有的应用程序。所以应用程序的维护是项目维护的主要工作之一。

2. 电子商务网站维护

用户访问企业网站就是来获取信息的。企业电子商务网站是否能产生应有的效益，很大程度依赖于网站内容的丰富程度和网页的更新程度。很难想象一个内容单调、一成不变的网站会有人光顾，更谈不上开展网上经营活动了。所以，企业在电子商务网站运作后，还要面临大量的维护管理工作。

严格地说，网站的管理和网站的维护是有区别的。网站管理主要负责网站平常的正常运营，如设备和网络的管理等；而网站的维护主要涉及网站内容的变化和交互信息的处理。网站维护的主要工作内容包括以下几个方面。

(1)在网站及时发布企业最新的产品、价格、服务等信息。

(2)对用户信息的收集、统计并交各部门及时处理分析。

(3)对用户的投诉或需求信息要及时处理并向用户反馈处理结果。

(4)网站页面设计要经常更新。

网站的内容需要企业管理人员提供，此外，信息处理、反馈、营销创意的实施等工作也需要企业投入人力。另一方面，上述任务中有很多工作单靠网站的管理人员是无法完成的，如信息的处理、客户意见的反馈和营销策略的实施等。所以在一定意义上讲，网站的维护需要企业各个部门的参与和协同才能做好。

5.5.2 电子商务项目维护的组织与管理

项目维护工作并不仅仅是技术性工作，为了保证项目维护工作的质量，需要付出大量的管理工作。具体的组织与管理工作主要包括以下方面。

1. 建立维护组织

建立一个电子商务项目维护组织机构，该机构的成员可包括技术主管、项目硬件和软件维护人员、数据库管理员、应用软件和网页维护人员等。

2. 安排计划

电子商务项目维护工作应当有计划、有步骤地统筹安排。各类维护申请首先提交给维护主管，再由技术主管负责对维护申请进行评估，提出评估报告，该报告要对所提出的问题的原因、严重程度、维护方法、维护计划和维护时间等进行论证，制订出合理的维护计划。然后由维护主管出面协商并下达维护任务。

3. 维护的实施

项目的维护工作应按照维护计划开展，当维护任务完成后，维护人员应填写一份书面维护报告呈交给维护主管。维护主管应按照验收标准对维护结果进行验收，最后要将整个文档资料保存起来。

5.6 电子商务项目的评价

在进行组织的电子商务项目战略规划时和电子商务建设的决策时，需要对当时组织的电子商务项目的现状进行评价，作为规划和决策的依据。而一个电子商务项目投入运行以后，项目建设的成效如何，运行的情况如何，需要对电子商务项目建设进行评价。

5.6.1 电子商务项目的评价体系

如何分析现状？如何分析项目开发工作质量？如何对其所带来的效益和所花费成本的投入产出比进行分析？如何分析一个电子商务项目对信息资源的充分利用程度？如何分析一个电子商务项目对组织内各部分的影响？这些都是评价体系所要解决的问题。

1. 项目质量的评价指标

质量评价的关键是要定出评定质量的指标以及评定优劣的标准。这里给出以下评价的特征和指标。

(1)项目对用户和业务需求的相对满意程度。项目是否满足了用户和管理业务对信息项目的需求，用户对项目的操作过程和运行结果是否满意。

（2）项目的开发过程是否规范。它包括项目开发各个阶段的工作过程以及文档资料是否规范等。

（3）项目功能的先进性、有效性和完备性也是衡量信息项目质量的关键问题之一。

（4）项目的性能、成本、效益综合比是综合衡量项目质量的首选指标。它集中地反映了一个信息项目质量的好坏。

（5）项目运行结果的有效性或可行性。即考察项目运行结果对于解决预定的管理问题是否有效或是否可行。

（6）结果是否完整。处理结果是否全面地满足了各级管理者的需求。

（7）信息资源的利用率。即考察项目是否最大限度地利用了现有的信息资源并充分发挥了它们在管理决策中的作用。

（8）提供信息的质量如何。即考察项目所提供分析结果的准确程度、精确程度、响应速度以及其推理、推断、分析、结论的有效性、实用性和准确性。

（9）项目的实用性。即考察项目对实际管理工作是否实用。

2. 项目运行评价指标

电子商务项目在投入运行后要不断地对其运行状况进行分析评价，并以此作为项目维护、更新以及进一步开发的依据。项目运行评价指标一般有以下几方面。

（1）预定的项目开发目标的完成情况。对照项目目标和组织目标，检查项目建成后的实际完成情况；是否满足了科学管理的要求？各级管理人员的满意程度如何？有无进一步改进的意见和建议？为完成预定任务用户所付出的成本（人、财、物）是否限制在规定范围以内？开发工作和开发过程是否规范，各阶段文档是否齐备？功能与成本比是否在预定的范围内？项目的可维护性、可扩展性、可移植性如何？项目内部各种资源的利用情况。

（2）项目运行实用性评价。项目运行是否稳定可靠？项目的安全保密性能如何？用户对项目操作、管理、运行状况的满意程度如何？项目对误操作保护和故障恢复的性能如何？项目功能的实用性和有效性如何？项目运行结果对组织各部门的生产、经营、管理、决策和提高工作效率等的支持程度如何？对项目的分析、预测和控制的建议有效性如何，实际被采纳了多少？这些被采纳建议的实际效果如何？项目运行结果的科学性和实用性分析。

（3）设备运行效率的评价。设备的运行效率如何？数据传送、输入、输出与其加工处理的速度是否匹配？各类设备资源的负荷是否平衡，利用率如何？

3. 项目经济效益评价

电子商务项目的经济效益评价主要是指对项目所产生的直接经济效益和间接经济效益的评价。电子商务项目所产生的直接经济效益一般较之所产生的间接经济效益来说很小，这部分效益可以借用一般工程投资项目的经济效益计算方法很容易计算出来。电子商务项目所产生的经济效益通常主要体现在其运行结果所产生的间接经济效益方面。而电子商务息项目所带来的间接效益尽管在信息项目经济学、软件工程评估方法中已有一些估算模型，但目前最主要的评价方法还是一些定性的指标。

5.6.2　项目评估的实施步骤

先从最一般的竞争环境和组织结构开始，到项目总体结构，然后是项目和组织之间管理接口的服务水平，接着是项目内部功能的一些特殊结构。

1．项目环境分析

在这一阶段的分析结束时，应该对市场中的竞争压力，主要的竞争对手和关键的成功因素有清晰的定义。组织通过其机构、策略、文化因素等对竞争环境做出反应，这一阶段应该了解这种反应的方式。要正确评价组织对于信息和其支持服务需求的总体水平，以及它们如何影响组织的状况和所处环境。

2．项目基础设施的评价

在第一阶段建立了组织环境之后，第二阶段的评估主要用于分析信息项目基础设施的不同组成部分，如组织的结构和已建立的处理过程，它们决定电子商务项目的性能。基础设施有以下 4 个维度：信息维度（提供信息支持的应用项目和数据库）；技术维度（计算机设备、项目或应用软件以外的软件和远程通信设备的体系结构）；组织维度（信息项目功能的组织和管理结构）；经济维度（组织对信息项目的投资）。

3．项目接口的评价

项目体系结构描述了已建立的电子商务项目的性能，在对其进行评价后，下一阶段要评价项目的管理过程，它是组织体系结构与组织其他部分之间的重要接口。要对管理过程及其质量进行评价，首先要进行项目计划和控制的评价。项目评价用于测试组织使用项目的效率和项目满足用户实际需求的程度。

4．项目活动的评价

最后一个阶段的评价包括项目功能中的活动评价和管理评价。围绕电子商务项目各个功能的评价包括 6 项活动：应用软件开发和维护评价；项目操作评价；预期性能计划和技术实现评价；项目支持功能评价；项目安全措施评价；项目人事管理评价。

【本章小结】

本章主要讲述电子商务项目开发、测试、部署、运营和维护以及评价等内容，系统且详细地对电子商务项目的实施与维护进行分析和讲述。

【应用案例】

案例 5-1 测试用例设计——WEB 通用测试用例

当一个电子商务项目完成后，需要对以下内容进行测试。

1. 易用性

(1)便于使用、理解、并能减少用户发生错误选择的可能性。

(2)当数据字段过多时，使用便于用户迅速吸取信息的方式表现信息，突出重点信息，标红等方式。

(3)显示与当前操作相关的信息，给出操作提示。

(4)界面要支持键盘自动浏览按钮功能，即按 Tab 键、回车键的自动切换功能。

(5)对于常用的功能，用户不需要阅读用户手册就能使用。

2. 一致性

(1)是否符合广大用户使用同类软件的习惯。

(2)表现形式的一致性，字体、按钮、控件风格、颜色、术语、提示信息等。(需要有一个全局的概念，不要每个模块都按照他们自己的风格做，结果每个模块效果做出来都不一致，这也是至关重要的所有要测试人员认真检查)。

(3)交互习惯的一致性，查询、新增、编辑、删除等操作，并保证同一操作类型按钮名称一致。(顺序一致，页面位置也要尽量相同)。

(4)当输入框为不可输入或控件为不可使用状态时，统一为灰色不可输入状态。

3. 有序性

(1)界面文字、表单、图标等元素根据业务规则、使用频率排列。

(2)Tab 键的顺序与控件排列顺序要一致，目前流行总体从上到下，同时行间从左到右的方式。

(3)必填项提示信息按照从上到下，从左到右的提示方式依次提示

4. 安全性

(1)ID/密码验证方式中能否使用简单密码。如密码标准为 6 位以上，字母和数字混合，不能包含 ID，连续的字母或数字不能超过 n 位。

(2)ID/密码验证方式中，连续数次输入错误密码后该账户是否被锁定。

(3)不登录系统，直接输入登录后的页面的 url 是否可以访问，(添加拦截器)。

(4)退出登录后按后退按钮能否访问之前的页面(确认在退出后他的 session 的信息被注销)。

(5)当用户无意录入无效和不符合相关规范的数据(如电子邮箱就需要验证他的邮箱格式是否正确)时，并且给予提示信息。

(6)在用户作出危险的选择时有信息进行提示，比如要删除系统的重要数据，或者这种操作可能对系统造成其他的影响。

(7)对可能引起致命错误或系统出错的输入字符或动作要加限制或屏蔽。

(8)给用户提供清空即 UNDO 功能用以撤销不期望的操作。

(9)输入的特殊字符是否能正确处理：`～！@＃＄％＾＆＊（）＿＋－＝｛｝［］｜＼；；""＜＞，．／？。

5. 灵活性

(1)用户能自由地做出选择，且选择都是可逆的。

(2)用户方便的使用即互动多重性，不局限于单一的工具(包括鼠标、键盘或软键盘)。

(3)当页面数据暴涨，出现较长列表时，是否有滚动条保证页面显示完整的信息。

6. 人性化

(1)用户可依据自己的习惯定制界面，并能保存设置。

(2)提供常用的快捷方式。

(3)尽量减少用户输入动作的数量，加快输入的速度：例如，日期等可以提供默认显示当天日期并且可以进行清除和选择日期，下拉默认选中"请选择"，单选框默认选取使用频率最高的选项等。

(4)是否用合理的最少步骤实现常用的操作，获得高效率。

(5)是否提供进度条、动画等反映正在进行的比较耗时间的过程，(特别有的操作可能造成长时间等待，没有直观的呈现出现在的操作状态或相关的提示信息，容易让不熟悉系统的人误会系统出现了问题)。

(6)是否为重要的操作返回必要的结果信息如：成功、失败(失败的原因)、正在执行。

(7)重要的对象是否用醒目的色彩表示。

(8)色彩使用是否符合行业的习惯，界面的色调是否让人感到和谐、满意。

7. 页面检查

(1)界面布局有序，简洁，符合用户使用习惯。

(2)界面元素是否在水平或者垂直方向对齐。

(3)界面元素的尺寸是否合理。

(4)行列间距是否保持一致。

(5)是否恰当地利用窗体和控件的空白，以及分割线条。

(6)窗口切换、移动、改变大小时，界面显示是否正常。

(7)刷新后界面是否正常显示合理布局。

(8)不同分辨率页面布局显示是否合理，整齐，分辨率一般为 1 024 像素×768 像素、1 280像素×1 024像素、800像素×600像素。

(9)不同的浏览器下渲染出来的页面是否存在变形的情况。

8. 弹出窗口

(1)弹出的窗口应垂直居中对齐。

(2)对于弹出窗口界面内容较多，须提供自动全屏功能。

(3)弹出窗口时应禁用主界面，保证用户使用的焦点。

(4)活动窗体是否能够被反显加亮。

9. 页面正确性

(1)界面元素是否有错别字，或者措词含糊、逻辑混乱。

(2)当用户选中了页面中的一个复选框，之后回退一个页面，再前进一个页面，复选框是否还处于选中状态。

(3)导航显示正确。

(4)页面title显示正确。

(5)页面显示无乱码。

(6)需要必填的控件，有必填提醒，如＊。

(7)适时禁用功能按钮(如权限控制时无权限操作时按钮灰掉或不显示；无法输入的输入框变灰即disable掉)。

(8)网页的javascript代码没错。

(9)鼠标无规则单击时是否会产生无法预料的结果。

(10)鼠标有多个形状时是否能够被窗体识别(如漏斗状时窗体不接受输入)。

10. 控件检查

(1)查询时默认显示全部。

(2)选择时默认显示请选择。

(3)禁用时样式置灰。

11. 复选框

(1)多个复选框可以被同时选中。

(2)多个复选框可以被部分选中。

(3)多个复选框可以都不被选中。

(4)逐一执行每个复选框的功能。

(5)当复选框太多时，提供全选和全不选的功能。

12. 单选框

(1)一组单选按钮不能同时选中，只能选中一个。

(2)一组执行同一功能的单选按钮在初始状态时必须有一个被默认选中，不能同时为空。

13. 下拉树

(1)应支持多选与单选。

(2)禁用时样式置灰。

14. 树形

(1)各层级用不同图标表示，最下层节点无加减号。

(2)提供全部收起、全部展开功能。

(3)如有需要提供搜索与右键功能，如提供需有提示信息。

(4)展开时，内容刷新正常。

15. 日历控件

(1)同时支持选择年月日、年月日时分秒规则。

(2)打开日历控件时，默认显示当前日期。

16. 滚动条控件

(1)滚动条的长度根据显示信息的长度或宽度及时变换，这样有利于用户了解显示信息的位置和百分比，如，Word 中浏览 100 页文档，浏览到 50 页时，滚动条位置应处于中间。

(2)拖动滚动条，检查屏幕刷新情况，并查看是否有乱码。

(3)单击滚动条时，页面信息是否正确显示。

(4)用滚轮控制滚动条时，页面信息是否正确显示。

(5)用滚动条的上下按钮时，页面信息是否正确显示。

17. 按钮

(1)单击按钮是否正确响应操作。如单击"确定"，正确执行操作；单击"取消"，退出窗口。

(2)对非法的输入或操作给出足够的提示说明。

(3)对可能造成数据无法恢复的操作必须给出确认信息，给用户放弃选择的机会(如删除等危险操作)。

18. 文本框

(1)输入正常的字母和数字。

(2)输入已存在的文件的名称。

(3)输入超长字符。

(4)输入默认值，空白，空格。

(5)若只允许输入字母，尝试输入数字；反之，尝试输入字母。

(6)利用复制，粘贴等操作强制输入程序不允许的输入数据。

(7)输入特殊字符集，例如，NUL 及 n 等。

(8)输入不符合格式的数据，检查程序是否正常校验，如程序要求输入年月日格式为 yy/mm/dd，实际输入 yyyy/mm/dd，程序应该给出错误提示。

19. 分页

(1)当列表数据较多时是否使用分页控件。

(2)系统是否都是使用的同一风格的分页控件。

20. 上传功能检查

(1)上传下载文件检查：上传下载文件的功能是否实现，上传下载的文件是否有格式、大小要求、是否屏蔽 exe. bat。

(2)回车键检查：在输入结束后直接按回车键，看系统处理如何，会否报错。这个地方很有可能会出现错误。

(3)刷新键检查：在 Web 系统中，使用浏览器的刷新键，看系统处理如何，会否报错。

(4)回退键检查：在 Web 系统中，使用浏览器的回退键，看系统处理如何，会否报错。对于需要用户验证的系统，在退出登录后，使用回退键，看系统处理如何；多次使用回退键，多次使用前进键，看系统如何处理。

(5)直接 URL 链接检查：在 Web 系统中，直接输入各功能页面的 URL 地址，看系统如何处理，对于需要用户验证的系统更为重要。如果系统安全性设计得不好，直接输入各功能页面的 URL 地址，很有可能会正常打开页面。

(6)确认没有上传资料单击"上传"按钮是否有提示。

(7)确认是否支持图片上传。

(8)确认是否支持压缩包上传。

(9)若是图片，是否支持所有的格式(. jpeg，. jpg，. gif，. png 等)。

(10)音频文件的格式是否支持(mp3，wav，mid 等)。

(11)各种格式的视频文件是否支持。

(12)上传文件的大小有无限制，上传时间用户是否可接受？

(13)是否支持批量上传？

(14)若在传输过程中，网络中断时，页面显示什么。

(15)选择文件后，想取消上传功能，是否有删除按钮。

(16)文件上传结束后，是否有提示信息并且能回到原来界面。

21. 添加功能检查

(1)正确输入相关内容，包括必填项，单击"添加"按钮，记录是否成功添加。

(2)必填项内容不填、其他项正确输入，单击"添加"按钮，系统是否有相应提示。

(3)内容项中输入空格，单击"添加"按钮，记录能否添加成功。

(4)内容项中输入系统中不允许出现的字符、单击"添加"按钮，系统是否有相应提示。

(5)内容项中输入 HTML 脚本，单击"添加"按钮，记录能否添加成功。

(6)仅填写必填项，单击"添加"按钮，记录能否添加成功。

(7)添加记录失败时，原填写内容是否保存。

(8)新添加的记录是否排列在首行。

(9)重复提交相同记录，系统是否有相应提示。

22. 删除功能检查

(1)选择任意一条记录，进行删除，能否删除成功。

(2)选择不连续多条记录，进行删除，能否删除成功。

(3)选择连续多条记录，进行删除，能否删除成功。

(4)能否进行批量删除操作。

(5)删除时，系统是否有确认删除的提示。

23. 查询功能检查

(1)针对单个查询条件进行查询，系统能否查询出相关记录。

(2)针对多个查询条件，进行组合查询，系统能否查询出相关记录。

(3)系统能否支持模糊查询。

(4)查询条件全部匹配时，系统能否查询出相关记录。

(5)查询条件全为空时，系统能否查询出相关记录。

(6)查询条件中输入％，系统能否查询出相关记录。

(7)系统是否支持回车查询。

(8)系统是否设置了重置查询的功能。

案例 5-2　网站运营方案

1. 网站运营的工作组成部分

网站运营主要做网站流量监控分析、目标用户行为研究、网站日常更新及内容编辑、网络营销策划及推广等。

网站运营团队职员如下所述。

(1)网站负责人：整体运营有较强的协调能力、组织能力、策划能力，还要有一定的网络关系和网络宣传技术，包括 SEO，邮件宣传，软文等。

(2)网站策划架构管理：网站的整体构架与内容优化。

(3)美工：网站的页面设计与页面的人性化互动沟通。

(4)后台程序员：实现后台的程序功能。

(5)网站推广员：通过互联网和传统媒体或其他方式推广网站。

(6)网站营销员：通过互联网营销或传统方式销售网站服务产品。

(7)网站编辑/信息管理：管理网站各个栏目的信息。

(8)网站内容撰稿人：提供网站所需的内容。

(9)用户服务职员：为用户提供相关服务。

(10)服务器维护职员：服务器的安全、网站相关功能提供。

以上人员一定要业务过硬，分工明确，协调合作，精诚团结。

2. 网站的运营计划目标

网站要达到的目标计划：①访问量目标。②注册用户数量。③品牌要达到的影响力。④网站的排名、PR等。

计划：以一年为周期计划实施前期目标。

目标：打响网站品牌。

任务：提高网站的流量，培养客户的黏性。

目标人群分析：根据企业目标人群的消费行为习惯，兴趣和爱好等来制定网站推广的策略和方法。

预算投入：要通过合理规划让有限的资金发挥最大的推广效果。

效果监测：做好严格的效果监测，对每一时间段的推广措施做监测跟踪，帮助企业及时调整推广的策略。

策略：根据市场分析和调查的结果，确定推广的策略，详细列出将使用的网站推广方法，如搜索引擎登录、博客营销、邮件营销、QQ群营销、论坛发帖、软文宣传、搜索引擎推广、活动推广、网络广告投放等，对每一种推广方法的优劣及效果等做分析及具体怎么应用。

预备策略：市场的变化并不会因你的一个计划而改变，除了寻求一套最为合适的营销方案，最好还有一套风险预备方案。避免在关键时刻手忙脚乱和束手无策。

只有清晰的目标引导才能更清晰地制定不同阶段的目标，要时刻要关注市场的变化。要实施目标，可分为四个阶段：

第一阶段：网站平台完善期间(2～3周)

• 2周内平台基本建设修改完善阶段，包括网站流程的优化以及页面的美化。

• 2～3周时间的信息搜集整理，每天50～100条完整信息录入，保证网站初期网站内容的信息量。

• 目的：保证网站的流畅稳定运转，网站内容的基本完整。

第二阶段：网站试运行期(2～3个月)

• 本阶段是网站运营初期内容的完善期，网站运营结果更具有真实性，更具有说服力，这个阶段的主要任务是网站的初步推广和网站性能的进一步完善。

• 目的：形成自己的网站风格，提高网站流量。

第三阶段：网站运营中期(5～6个月)

• 重点应该放在网站会员商家的拓展和网站用户的转换上，让普通的活动查看用户转化成活动发布用户，及时有效的搜集用户反馈的信息，初步展开一些线上线下商务活动，主要是网络广告，网站合作，联合商家线下推广。

• 目的：提高用户转化率，培养客户的黏性，提高企业网站会员商家的数量。

第四阶段：网站运营后期(3个月左右)

• 建立网站品牌价值是这个阶段的主要任务，主要是：对网站数据进行分析统计，提高网络营销市场的开拓，进一步完善网络功能，拓展网络产品。

• 目的：企业市场开拓，为占领活跃企业市场做准备。

3. 网站运营的效果评价

一般比较有意义的指标有以下几项。

(1)网站流量。新IP数，回访IP数，每个IP的浏览量也就是PV。

(2)流量来源。多少从搜索引擎来，多少从论坛来，多少从分类信息来，多少直接输入网址来。比较好的是，直接输入网址的比例保持上升，搜索引擎的比例在下降，注意，是比例。

(3)媒体关注程度。有没有人给你写评论，有没有人在议论你，有没有论坛在讨论你，有没有新闻在报道你。

(4)注册量。不管你的网站做得好还是烂，你推广的时候如果"使明白"了，注册量都应该是上升。

(5)订单量、电话咨询量、会员注册量、报名参加量、投票数量。

(6)独立IP和PV ALEXA排名PR。

(7)关键词排名、页面收录量、外链数量、cpc数量。

4. 网站运营的岗位安排及制度

网站实行运营总监负责制。总监主持网站的日常运营工作，总监由编辑部成员民主选举产生，副总监、设计总监、技术总监、频道主编和栏目主持人由总监聘任，并由上述人员组成编辑部，任期一年。总监、副总监、设计总监、技术总监、频道主编等组成网站常务组，负责网站的日常运营工作。编辑部的人员组成将在网站的关于我们页面发布，并为网站唯一对外窗口。

5. 网站维护和服务器系统管理

网站在建设和运行中，要加强安全措施，制定完善的安全管理制度，增强安全技术手段。保证网站每天24小时正常开通运转，以方便公众访问。

• 网站备案。对于新上线的网站，按照工信部的规定及时完成备案工作。杜绝因网站未备案被关停的事件发生。

• 专人负责，明确责任。各部门应明确分管负责人、承办部门和具体责任人员，负责本部门网站日常维护工作，并建立相应的工作制度。

• 定期备份制度。网站应当对重要文件、数据、操作系统及应用系统定期备份，以便应急恢复。特别重要的部门还应当对重要文件和数据进行异地备份。

- 口令管理制度。网站应当设置网站后台管理及上传的登录口令。口令的位数不应少于12位，且不应与管理者个人信息、单位信息、设备（系统）信息等相关联。严禁将各个人登录账号和密码泄露给他人使用。

- 服务器和网站定期检测制度。网站应及时对网站管理及服务器系统漏洞进行定期检测，并根据检测结果采取相应的措施。要及时对操作系统、数据库等系统软件进行补丁包升级或者版本升级，以防黑客利用系统漏洞和弱点非法入侵。

- 客户端或录入电脑安全防范制度。网站负责人、技术开发人员和信息采编人员所用电脑必须加强病毒、黑客安全防范措施，必须有相应的安全软件实施保护，确保电脑内的资料和账号、密码的安全、可靠。

- 应急响应制度。网站应当充分估计各种突发事件的可能性，做好应急响应方案。同时，要与岗位责任制度相结合，保证应急响应方案的及时实施，将损失降到最低程度。

- 安全事件报告及处理制度。网站在发生安全突发事件后，除在第一时间组织人员进行解决外，应当及时向上级报告。

- 人员管理制度。网站应当制定详细的工作人员管理制度，明确工作人员的职责和权限。要通过定期开展业务培训，提高人员素质，重点加强负责系统操作和维护工作的人员的培训考核工作。同时，规范人员调离制度，做好保密义务承诺、资料退还、系统口令更换等必要的安全保密工作。

6. 网站运营要注意的问题

(1)时间就是金钱。企业最需要的是以最快的时间进入战场，占据互联网的有利地形。因此，网站经营者一定要有战略眼光，切勿被眼前的一点小利所诱导而损失大局，更不可因为明显有必要的、可加快进入市场的时机、并可以节省未来资金的投资（此时可能钱要花费多一点）迟疑，贻误时机，造成大损失。

(2)谨记网站定位，制订网站长期与短期经营目标。谨记网站定位。网站长期目标是网站未来发展的愿景目标，它指导了网站至少在一年至二年的发展目标，整个团队均以此作为作战方针。网站短期目标则显得更为重要，短期目标近在眼前，只需团队努力，就很有可能达到，因此短期目标的制定更为关键，实现短期目标的直接效誉是团队信心增强，减小与长远目标的差距，获得销售收入或品牌提升等。短期目标制订应该以"可以实现"为原则，切勿务虚，否则产生时间浪费，财力人力浪费，士气受损等负面影响。

(3)建立有序畅通的企业运营机制。需要建立必要的信息内部传递的顺畅途径和必要的业务合同文档。

①公司基础部门结构：客服推广部、网站技术部、网站业务部。

②公司需要建立的沟通机制：标准业务流程；服务部门与销售部门之间的沟通流程。

③公司需要聘用的核心人才：运营总监、技术负责人、销售经理、客服推广组长。

④公司最需要的沟通：运营总监与核心人才的沟通、业务人员每日销售经验交流、核心人员之间的信息交流、客服推广知识总结、技术人员内部交流。

⑤公司最需要的培训：公司愿景培训、网站定位和运营思路培训、网站产品/服务知识培训、网站销售知识培训、其他具体运营时涉及的临时性培训。

（4）务实整合企业资源。网站普遍问题是资源短缺，无论是资金、人才、关系资源等均缺乏，因此务实的整合资源显得尤其重要。运营者可以以一年为中期运营点，以三个月或半年作为短期运营目标，根据此期间需要做哪些操作，哪块阶段配以哪种资源，进行宏观规划。

例如：第一至第二个月属于平台打造期，此期间聘请最少的开发人员即可，在开发完成时再进行其他人才的招聘；

在第三至第七个月的品牌打造和公司内部资源整合阶段，投入资金会多一些，在这个阶段注意分阶段招聘人才，并在品牌建立期间就应该开展销售业务，以不断补充资源。当然，在实际操作需要具体分析，如果经营者初期没有经验，可以让网站运营顾问给出一个详细的资源规划解决方案，以避免后期运作时产生人员投资浪费、网站推广投资浪费、时间浪费（网站经营最忌讳时间浪费）。

（5）网站平台建设与网站品牌推广精耕细作，加强过程控制。网站就是公司的产品，我们如何把产品做到品质优良，如何把好的产品卖给有需要的客户，这是就是网站运营者一天到晚忙的工作。

我们知道，网站平台建设包括：网站栏目策划、网站整体设计包装、网站功能开发、网站信息充实、网站客户服务。许多网站经营者对平台打造往往是要么重形式轻功能，要么是重功能轻内容，要么是重内容轻形式，造成这些偏见的主要原因网站经营理念未到位，其实网站是一个重要的营销平台，它负责向客户介绍网站的服务或产品，它负责吸引顾问，它负责宣传网站经营者的理念，它负责促使人们产生购买公司产品/服务的欲望。

因此，网站平台建设是一个整体，它需要技术开发、创意包装、信息整合、客户服务等多个部门及人员的努力。如何以打造一个优秀的网站营销平台为核心是关键，这就需要过程控制与精耕细作。

过程控制指的是将每个人手上的事情进行量化评估，制订出合理的奖惩措施，并不断进行调整；精耕细作指的是员工本身把手上的事情做到效率最高，质量最优，效益最好。

很多人可能会问如何才能达到这一目标，那么请公司的人力资源部门协助思考。

做好品牌推广工作依然如此,品牌推广工作做好以下三点,品牌目标成功概率就很大。

①经常关注有关推广方面的方法和网站,这样可以帮助经营者掌握有效的推广渠道。

②按照标准的推广流程办事,控制过程。(前期市场调研、制定可达成目标、分析可利用资源、拿出具体实施方案、把责任落实到人、每周让项目参与者提交进度情况,不定期沟通解决难题及优化推广方法)

③做好网站品牌推广评估与总结,这样可以帮助经营者提高对风险和效果的控制能力。

(6)抓牢经理级以上的核心人才。网站的正常运营,需要这些核心人才发挥重要作用,他们在网站平台建议、网站品牌推广实施、网站销售等核心事务实施过程中,将产生决定性的作用。因此,如何招聘核心人才,如何磨合核心人才团队,如何管理核心人才流失所造成的风险,是网站经营者的重要课程。

在此给出一些建议供参考:

①寻找对这块事业有信心的人才,简单而言即:非常看好这个网站的发展。

②寻找具有与网站经营者共同经验的人才,这一点重点提醒,很多网站经营过程中的重大矛盾,就是因为环境不同,经历不同造成的结果。

③与核心人才建立长期合作方式和优良投资回报,这点很关键!

④委以重任,并保持一周一次的正式沟通,不定期的感情沟通,让大家更团结。

⑤注意洞察有可能成为核心人才底层员工,做好人才储备工作。

(7)网站销售永远最重要,找准适合企业现状的销售方法。网站在前期资金投入后,后期资源来源主要靠销售。网站销售额上来,企业才能生存发展。销售经理核心人才的聘用很关键,但更关键的是做好以下销售基础工作。

①在销售管理方面:拿出合理的销售激励制度和薪资体系,让销售人员认为"有钱途";拿出适合的岗位晋升体系,让销售人员有前途。

②在销售培训方面:准备培训文档,在销售人员入职即开始专业技能和销售技巧的培训,让销售人员对网站发展前景有充分信心,让销售人员对产品有基础了解;在实际做销售的过程中,做好销售后勤工作至关重要,例如:每天交流销售经验,让销售人员时刻保持激情;让销售人员有问题即可找合适的人有效解决问题,销售人员在客户面前变得有底气。

③在人才培养和模式形成方面:发现和提拔一批有能力的销售人员做主管,逐渐形成符合企业发展需要的销售模式,这才最关键。

【实验内容】

1. 结合"网上门诊"项目进行选择合适的开发平台。
2. 对"网上门诊"项目进行测试计划和测试用例的设计。
3. 对"网上门诊"项目进行系统维护计划制订。
4. 对"网上门诊"项目进行系统升级与改进计划制订。

第6章
电子商务项目的营销与推广

【开篇案例】

开心网的成功推广

开心网是国内第一家以办公室白领用户群体为主的社交网站。虽然在 2016 年由于市场变化及经营问题被收购，但是其采用的营销推广方案仍然有其借鉴和参考之处。

开心网在刚推出两个多月的时间里，用户成几何级增长。一些第三方的数据，比如 ALEXA 排名，百度指数上涨幅度都特别的大。开心网是一个不靠花钱做广告，主要依靠病毒营销口碑传播的手段，在短短时间把用户数做到如此巨大。

1. 产品和用户的定位

校内用户定位是学生，51 的主要用户是低端网吧用户，360 圈定位于"90 后"的。而开心网是娱乐性质的 SNS。只要有娱乐的需求，都可以去开心网。所以开心网一开始的用户定位就很广泛，也看得出开心网的野心很大。开心网有 10 多个 API 的功能组件给用户选择。在产品上很好地满足了不同用户的需求。现在 SNS 网站里人气最旺的"好友买卖"游戏就是开心网率先推出的。现在开心又有个"停车游戏"受到了用户热烈的追捧。

2. 病毒营销的极致发挥

光有丰富产品和明确的用户定位，也并不能吸引这么多用户。开心网用户发展这么快，最关键的关键，是开心网把 SNS 网站最传统的病毒营销推广模式，做到了极致。

开心网针对用户不同生活圈里的好友，分别提供了不同的邀请代码。潜意识的告诉用户，不管你身边的什么样的人都可以邀请进来。开心网就是做大而泛的 SNS 网站，什么样的用户都希望拉进来，将娱乐进行到底。

3. 产品功能和病毒营销体系的互相配合

开心网里最火的两个游戏"朋友买卖"和"争车位"，都有邀请好友注册提成的功能。因为很多中国人在现实生活中满足不了自己，到了网上就有了强烈的虚荣心和好胜心。就会疯狂地邀请好友赚取提成，让自己有炫耀的资本。这也是为什么中国网络游戏会这么火的原因，是同样的道理。

6.1 营销推广的目标和作用

所谓网站推广，目的在于让尽可能多的潜在用户了解并访问网站，通过网站获得有关产品和服务等信息，为最终形成购买决策提供支持。一般来说，除了大型网站（如提供各种网络信息和服务的门户网站、搜索引擎、免费邮箱服务商等网站）之外，一般的企业网站和其他中小型网站的访问量通常都不高。有些企业网站虽然经过精心策划设计，但在发布几年之后，访问量仍然非常小，每天可能只有区区数人。这样的网站自然很难发挥其作用，因此网站推广被认为是网络营销的主要任务之一，是网络营销工作的基础。尤其对于中小型企业网站，用户了解企业的渠道比较少，网站推广的效果在很大程度上也就决定了网络营销的最终效果。

网站推广需要借助于一定的网络工具和资源。常用的网站推广工具和资源包括搜索引擎、分类目录、电子邮件、网站链接、在线黄页、分类广告、电子书、免费软件、网络广告媒体、传统推广渠道等。所有的网站推广方法实际上都是对某种网站推广手段和工具的合理利用。因此制定和实施有效的网站推广方法的基础是对各种网站推广工具和资源的充分认识和合理应用。

6.2 目标客户分析

每个电子商务项目基本上都需要进行目标受众与消费群体的分析、锁定，反过来讲，也即每个项目所推出的功能模块都有其特定的消费群体。

目标受众不一定等同于目标消费群体，但这个目标消费群体要来源于目标受众才行，不然就不能认为推广是有效的。从概念上讲，目标受众是传播活动中特定媒介渠道或媒介内容的诉求对象；目标消费群体是电子商务项目在制订网站功能模块时，所选定的消费群体构成。

在推广时，项目可能展示给很多人看，这些人可能是目标消费群体，也可能是与目标消费群体相关联的人，通过这些关系人去影响目标消费者，从而达到提升电子商务项目知名度的目标。

而在做网站营销计划时，还得考虑到这个受众、消费群体与网民的匹配，比如大概有多少网民可能成为目标受众，并进而可能成为目标消费者，或者影响目标消费者的购买决策。现在来看看更具体的分析内容。

1. 第一层次：受众构成分析

这一方面，主要是根据这样一些受众特征做分析，包括年龄区间、区域、性别、阶层、职业、收入等，以及兴趣爱好、行为偏好、消费决策、价值主张等。

2. 第二层次：圈子分析

每个受众属性的分析完成后，再进行聚合，放到圈子或者说阶层、族群中去分析。目标受众在现实生活和线上生活的偏好，如经常去的网站、经常活跃的社会化媒体、加入的 SNS 或微群、博客圈子等；在线下来讲，就是经常光顾的餐馆、会所、健身场所、旅游景点，喜欢的休闲方式等。

3. 第三层次：网民匹配度分析

这个主要是从网民的各种特征去分析，以便发现哪些网民属于企业推广的目标受众，哪些网民正好是企业的目标消费群体，分析方法主要是网民浏览信息的偏好、收入等。并且根据这样一些标准，圈出网民中适合视为推广对象的目标受众，针对性地展开工作。

DCCI、艾瑞、易观等机构会不断发布一些调研数据，在做目标受众分析、了解上网习惯和网络购物习惯方面颇有参考价值。千万别小看目标受众与网民的分析，在整个项目洽谈与项目执行中，都堪称关键。原因其实很简单，分析和锁定目标受众，就是要找到目标受众经常出没和聚合的网络平台，找到他们圈内的语言和符号，加入到他们里面，施加影响。这个事情做好了，后面做传播通路分析才有更大的价值；而且对于网络广告投放策略、事件策划主题、营销方法选择有着非常关键的指导作用。

6.3　推广策略

6.3.1　传统营销方法

在此主要介绍四种主要的大众广告媒体：报纸、杂志、广播和电视。各个独立的部分将对每种媒体进行集中介绍，主要介绍它们的优势和劣势。

2014 年上半年，以上四种传统媒体的广告增幅有升有降，电视的增幅为 1.9%，报纸的增幅为 -13.2%，杂志的增幅为 -7.6%，广播的增幅为 13.1%。

需要认识到的一个重要问题是，没有哪种广告媒体总是最好的。一个媒体的价值取决于电子商务项目在特定时间所面对的环境：广告目标、这一目标针对的目标市场、可用的预算。哪种媒体"最好"完全取决于广告者的目标、创意需求、竞争挑战和可用预算。要确定哪种媒体或媒体组合是最好的，需要对被广告的项目需要和资源进行仔细考察。

接下来将按照以下顺序对传统广告媒体进行介绍：首先介绍的是两种印刷媒体：报纸和杂志，然后是广播媒体：广播和电视。

1. 报纸

历史上，报纸曾是最主要的广告媒体，但后来电视超越了报纸，成为获得最多广告支出的媒体，这其中的部分原因是多年来报纸的读者数量在不断下降。

很明显，地方性广告是报纸广告的主题，但是报纸也在更积极地努力增加全国性广告，通过简化购买报纸版面的工作以及提供折扣让报纸更具吸引力这些方式来帮助全国性广告者。

与所有广告媒体一样，报纸具有各种优势和劣势，如表 6-1 所示。

表 6-1　报纸的优势与劣势

优势	劣势
• 受众在适当的心理模式下对信息进行加工 • 覆盖大众受众 • 灵活性 • 可以使用详细的文案 • 时效性	• 杂乱 • 不是一个有高度针对性的媒体 • 对于偶尔打广告的广告者来说费率更高 • 印刷质量一般 • 对于全国性广告者来说购买过程复杂 • 读者构成发生了变化

(1)报纸的优势。由于人们读报纸时关注的是上面的新闻，而广告呈现的是商店开业、新产品和促销等新闻，因此他们处于适合对广告进行加工的心理模式下。

报纸的第二个优势是覆盖大众受众，或读者面广。报纸的覆盖面并不局限于特定的社会经济或人口统计群体，而是涵盖所有阶层，但平均来说报纸读者在经济上比电视观众更高端，大学毕业生比广大民众更有可能读报纸。由于在经济上处于优越地位的消费者看电视相对不多，报纸便为到达这些消费者提供了一个相对便宜的媒体。一些专门性的报纸也能够到达大量潜在消费者。例如，绝大多数大学生会读校园报纸。

灵活性或许是报纸的最大优势。全国性的广告者可以根据特定的购买偏好和地区性市场的特点来调整文案，地方性的广告者可以通过针对特定地区的不同报纸插页来改变文案。另外，广告文案还可以放置在与被广告产品相匹配的报纸版面。婚礼配饰零售商在新娘版做广告，金融服务提供者在财经版做广告，体育用品商店在体育版做广告，等等。报纸灵活性的第二个方面是，这种媒体允许广告者设计多种不同尺寸的广告(共 56 种)，而在其他大众媒体做广告，可供选择的尺寸和长度很少。

报纸的另一个优势是可以使用详细的文案。报纸广告中可以包含详细的产品信息和大量的评论，在这一点上其他任何媒体都无法与之相比。

报纸的最后一个重要优势是时效性。较短的提前期(从刊登广告到报纸发行之间的时间)允许广告者将广告文案与当地市场的发展或有新闻价值的事件联系起来。广告者可以迅速开发文案或对文案进行修改，从而对动态的市场发展加以利用。

(2)报纸的劣势。杂乱是报纸的一个问题，也是所有其他主要媒体的问题。报纸的读者面对着众多广告的相互竞争，但他们的时间是有限的，因此只有一部分广告能够引起读者注意。但值得注意的是，一项全国性的调查显示，消费者认为报纸在广告方面的杂乱程度显著低于电视、广播和杂志。

报纸的第二个劣势是它不是一个有高度针对性的媒体。报纸能够到达各类人群，但除了少数例外(如校园报纸)，它无法有效到达特定的消费者群组。媒体专家认为，与电视网络相比，报纸在有效地针对特定受众方面表现得很糟糕。

偶尔购买报纸版面的广告者(如不常在报纸上打广告的全国性广告者)支付的费率比经常购买报纸版面的广告者更高(如地方性广告者)，并且很难获得更好的、非 ROP 位置。事实上，报纸的价目表(称为刊例)显示，对全国性广告者收取的费率高于地方性广告者。

一般来说，报纸的印刷质量一般。因为这个以及其他原因，一般不认为报纸能像杂志和电视那样提高产品的感知质量、优雅性或是对挑剔的顾客的吸引力。

对于想要在多个市场获得报纸版面的全国性广告者来说，购买困难这个问题尤其严重。除了向全国性广告者收取高费率之外，每份报纸还需要单独联系。

报纸的最后一个重要劣势涉及报纸读者构成的变化。虽然多数人都曾经读报纸，但在过去的一代人中，读者人数持续下降。最忠实的报纸读者是年龄在 50 岁以上的那些人，而年龄在 30~49 岁的消费者人数众多，且对广告者来说很有吸引力，但他们在阅读日报方面已经不如从前频繁了。

印刷报纸的读者数量已经下降了，但值得注意的是所有主要的报纸都创建了网站，用来吸引那些不买印刷报纸的读者。所以报纸的实际读者数量(电子版和印刷版读者数量的总和)要远大于报纸的发行量。报社正通过在自己的网站上加入搜索引擎，然后对搜索结果旁边弹出的广告进行收费的方式增加自己的广告收入。

2. 杂志

虽然杂志被视为一种大众媒体，但其实存在着数千种特殊兴趣类杂志，既有消费者导向的也有商业导向的，用于吸引表现出特定兴趣和生活方式的受众。标准收费与数据服务公司(现在被简称为 SRDS 媒体解决方案公司)是一家追踪杂志行业(以及其他多数媒体)信息的公司，它的资料显示，有超过 3000 个消费类杂志分属于各个特定类别，比如汽车(如《汽车族》)，综合刊物(如《纽约客》)，体育(如《体育画报》)以及女性时尚、美容和装扮(如《瑞丽》)。除了消费类杂志，还有很多其他刊物被归为商业类杂志。显然，无论是针对消费者还是商务人士对产品进行宣传，广告者都可以从众多杂志中进行选择。广告者和媒体策划员可以从 SRDS 获得标准广告费率、联系方式、读者资料等信息，这些信息有助于媒体策划和购买。

根据广告者的不同需求和资源，杂志也具有优势和劣势，如表 6-2 所示。

表 6-2　杂志的优势与劣势

优势	劣势
• 一些杂志能够到达大量读者 • 针对性 • 生命周期长 • 印刷质量高 • 能够呈现详细信息 • 能够以权威的方式传递信息 • 潜在的高参与度	• 不具有侵入性 • 提前期长 • 杂乱 • 地理选择上受到一定限制 • 发行量随市场变化

(1)杂志的优势。一些杂志能够到达大量读者。例如，《美好家园》《读者文摘》《体育画报》和《时代》这些杂志的读者总数超过 2500 万。

但杂志与其他媒体最大的不同在于定位特定读者的能力(被称为针对性)。如果一个产品存在一个潜在的市场，那么最有可能的情况是，至少有一个期刊能够到达那个市场。针对性使广告者能够实现有效而非浪费的曝光。这使得广告更加有效，并且到达千个目标消费者的成本更低。

杂志还以其生命周期长著称。与其他媒体不同，杂志通常被用作参考，并且会被放在家里(以及理发店、美容院、牙医诊所和医院等)几个星期。杂志的订阅者有时会与其他读者传阅自己的期刊，这进一步延长了杂志的生命周期。

从质量的角度考虑，杂志作为一个广告媒体，在优雅、品质、美丽、威望和对挑剔的顾客的吸引力方面是优越的。这些特点的产生是由于杂志的印刷质量较高，并且广告周围的内容常常会涉及被广告的产品。例如，在《美好家园》上打广告的家具很高雅，在《时尚》和《绅士季刊》上打广告的衣服特别时髦。

杂志也是提供详细产品信息并以权威方式传递这些信息的一种非常好的渠道。也就是说，由于杂志的内容中常常包含一些本身就呈现出深刻见解、专业性和可信性的文章，这些杂志上的广告也因此带有了类似的权威感或正确性。

杂志最后也是特别重要的一个特点是它能够使消费者参与到广告中，或者从某种意义上说，它能够引起读者的兴趣并使他们考虑被广告的品牌。这种能力产生的原因是，与广播和电视这类更具侵入性的媒体相比，杂志具有自我选择和读者控制的特征。

(2)杂志的劣势。杂志也有一些劣势(见表 6-2)。首先，与电视和广播对观众和听众注意力的侵入本质不同，杂志不具有侵入性，读者能够控制自己面对的杂志广告量。

提前期长是杂志的第二个劣势。对于报纸和广播媒体来说，随时调整针对特定市场的广告文案相对比较容易。比较而言，杂志的截稿日期早，因此在实际出版日前几个星期，广告材料就要准备好。例如，下列杂志的四色广告截稿日标注在其后的括号里：《美好家园》(7 周)、《时尚》(10 周)、《体育画报》(4 周)、《时代》(5 周)。

与其他广告媒体相同，杂志存在杂乱的问题。在某些方面，杂乱的问题对于杂志来说比电视更糟糕，因为读者可以只专注于编辑内容而跳过广告。

杂志还比其他媒体提供更少的地理选择，尽管像《体育画报》这种发行量较大的杂志非常有针对性。

杂志的最后一个劣势是每个市场的发行量不同。例如，《滚石》在大城市的读者比乡村地区多，因此想要到达年轻男性的广告者便不会很成功地到达非大城市的读者。这就使广告者必须在《滚石》之外的一个或更多杂志上刊登广告，从而增加了媒体购买的总成本。广播和电视在这方面能够更好地满足广告者的需求，并提供更加均匀的市场覆盖。

3. 广播

广播几乎是一种无处不在的媒体：在中国有线广播电视用户在 2015 年达到了 23 567 万户；几乎 100% 的家庭拥有收音机；多数家庭有几个收音机；几乎所有汽车上都装有收音机。这些惊人的数字显示了广播作为一种广告媒体的巨大潜力。尽管广播一直是地方性广告者的最爱，但地区性和全国性的广告者也已经越来越多地意识到广播作为广告媒体的优势。

广播同样也具有其特定的优势与劣势，如表 6-3 所示。

表 6-3　广播的优势与劣势

优势	劣势
• 能够到达细分受众 • 亲切感 • 经济 • 提前期短 • 转移电视广告图像 • 使用当地的名人	• 杂乱 • 不可视 • 受众分散 • 购买困难

(1)广播的优势。广播的第一个优势是它到达细分受众的能力仅次于杂志。大量的广告节目使广告者可以从中选择特定的风格和电台，使其与他们的目标受众构成和创造性广告战略有最佳匹配度。广播可以使广告针对特定消费者群组以自身的风格服务于特定收听爱好。

广播的第二个优势是它能够以私人和亲切的方式到达潜在消费者。地方性商人和广播播音员能够做到非常私人和有说服力，有时他们就像是在与每个听众进行私下的谈话。一家顶级广告公司的代表将广播比喻为"私人世界的宇宙"和"两个朋友之间的交流"。换句话说，人们选择广播电台的方式几乎与他们选择私人朋友的方式相同。人们收听那些与他们紧密联系的广播电台，正因为如此，广播可能会在消费者处于最易受说服影响的心理模式时被接收。因此，广播是一种私人和亲切的友好说服方式，有潜力增加消费者对其上广告的参与度。

广播的第三个优势是经济。根据目标受众千人成本，广播远比其他大众媒体便宜。在过去的几十年里，广播千人成本的增长比其他任何广告媒体都少。

广播的另一个相对优势是提前期短。由于广播的制作成本一般比较低，而且制定的截止日期较晚，所以广告者可以根据市场的发展变化迅速对广告文案进行调整。例如，突然的天气变化会为与天气相关的产品带来广告机会，广播节目可以很快被准备好，以适应这种情况的需要。可以根据存货量的变化以及特殊事件和假期对广播的广告文案迅速进行调整。

广播还有一个非常重要的优势就是它能够转移电视广告的图像。一个令人难忘的频繁播放的电视广告运动会使消费者在广告中的视觉和听觉要素之间产生一种心理联系。这种心理图像能够被转移到使用电视广告或改编自电视广告的声音的广播广告上。这样广播广告就唤起了听众心中的电视广告画面。广告者花费更低的广播成本便能有效获得电视广告的优势。与将所有预算都投资于电视广告上相比，通过使用电视广告和广播广告的组合，广告者能够到达更多受众并使广告更频繁地出现。

广播的最后一个优势是它能够借助当地的名人，有时甚至是大名鼎鼎的人物。当地市场的广播名人通常是非常受人尊敬和爱戴的，他们对零售店的代言能够提升商店的形象并促进购买。

（2）广播的劣势。广播最主要的劣势与其他广告媒体相同，即杂乱，广播广告周围充斥着众多与之竞争的广告和其他形式的噪音、喋喋不休和干扰。广播听众为了避开广告频繁切换电台。

广播的第二个劣势是它是主要媒体中唯一不能使用视觉元素的。但广播的广告者通过使用声音效果和形象的语言使听众在脑海中想象出画面，来试图克服广播在视觉方面的劣势。需要注意的是很多广告运动将广播作为其他媒体的补充而不是单独的媒体，这就将广播的任务从创作视觉图像减少到激活已经在可视媒体（电视、互联网和杂志）上播放过的广告所创作的图像。比较而言，基于信息的广告运动不是必须要有视觉元素，在这种情况下，广播完全有能力传递基于品牌的信息，如抵押放款公司的利率、当地百货公司的特惠销售或汽车修理店的位置。

广播的第三个问题来自高度的受众分散化。针对性是广播的一个主要优势，但同时，广告者也无法到达多样化的受众，因为每个广播电台和节目都有自己独特的受众群体和兴趣。

最后一个劣势是购买广播时间的难度。对于想要在全国不同的市场投放广告的全国性广告者来说，这个问题尤为严重。美国有将近14 000家商业广播电台，由于费率结构是非标准化的，其中包括一些固定和折扣费率，因此购买时间非常复杂。能够弥补这个问题的一个可能性是发展目前还不成熟的卫星广播行业。

4. 电视

在美国和其他工业化社会里，电视几乎是无处不在的。作为一种广告媒体，电视的独特性在于独特的私人性和说明性，但它也很昂贵，并且受制于杂乱的竞争环境。消费者认为电视是所有广告媒体中最杂乱的。

(1)电视节目时段。广告成本、受众特征和节目适合程度在一天的不同时间里变化很大。与广播一样，这些时间被称为时段。共有如下 7 个电视时段：

早间时段 05：00—09：00

白天时段 09：00—16：00

傍晚时段 16：00—19：00

准黄金时段 19：00—20：00

黄金时段 20：00—23：00

夜间时段 23：00—02：00

通宵时段 02：00—05：00

三个主要时段是白天时段、边缘时段和黄金时间，每个时段都有自己的优势和劣势。

• 白天时段：从早间新闻节目开始，一直延续到下午 4 点的时间被称为白天时段。在白天时段的上午，首先是新闻节目吸引成年人，然后是特别为儿童设计的节目吸引孩子们。下午的节目重点播出肥皂剧、脱口秀和财经新闻，主要吸引在家里工作的人、退休人员甚至是与刻板印象相反的年轻男性。

• 边缘时段：黄金时间前后的时间段被称为边缘时段。傍晚时段开始于下午的节目重播，主要针对儿童，但随着黄金时间的迫近，更多地面向成年人。夜间时段主要吸引年轻人。

• 黄金时间：20：00—23：00 的时间段被称为黄金时间。安排在这一时段的是最好和最贵的节目，黄金时间的观众是最多的。

与其他形式的媒体相同，电视也有一些优势和劣势，如表 6-4 所示。

表 6-4 电视广告的优势与劣势

优势	劣势
• 展示能力	• 迅速上升的成本
• 侵入价值	• 电视观众的流失
• 能够引起兴奋	• 受众分散
• 一对一到达	• 快进和跳过广告
• 能够运用幽默元素	• 杂乱
• 为销售人员和零售商提供有效帮助	
• 能够产生影响	

(2)电视广告的优势。电视具有展示使用中的产品的独特能力，没有其他媒体能够同时通过听觉和视觉到达消费者。观众能够看见和听见正在被使用的产品，与产品使用者产生共鸣，并想象使用产品的情形。

电视还具备其他媒体无法与之相比的侵入价值，即电视广告甚至在人们不想暴露在广告下的时候也能引起他们的注意。相对来说，避开杂志和报纸广告要容易得多，只需要翻页，避开广播广告也只需要切换频道。但耐着性子看完一个电视广告通常要比试图在物理上或心理上避开它更容易。当然，遥控装置和数字视频录像机的出现使观众能够通过快进和转换频道更容易地跳过电视广告。

电视广告的第三个相对优势是它能够提供消遣和引起兴奋。被广告的产品能够活灵活现地呈现出来，或者看上去甚至是大名鼎鼎的。电视广告中的产品可以非常引人注目，并且看上去可能比实际上更令人兴奋，也没那么平凡。

电视还有一对一到达消费者的特有能力，就像是一个代言人在兜售某个特定产品。与销售代表类似，代言人和消费者之间的互动是在个人层面上发生的。

电视能够使用幽默这种有效的广告策略，在这一点上，电视比任何其他媒体都更好。很多最令人难忘的广告都采用幽默的形式。

除了到达最终消费者的有效性以外，电视广告还能为公司的销售人员和零售商提供有效帮助。销售人员发现，如果公司规划了一个重大的广告运动，那么向零售商销售新品牌或已有品牌就会更加容易。电视广告能够更加激励零售商为品牌增加销售支持（如通过广告特点和特别的货架位置）。

电视广告最大的相对优势是能够产生影响，即激活消费者对广告的意识并使他们更加接纳销售信息。

(3)电视广告的劣势。作为一种广告媒体，电视存在一些明显的问题。第一个也可能是最严重的问题是广告成本在迅速上升。在过去的20年里，电视网广告的成本增加了超过3倍。

第二是电视观众的流失。电视集团节目、有线电视、互联网以及其他休闲和娱乐方式的存在使电视网的观众人数逐渐减少。

第三是严重的观众分散。广告者在任何特定节目中做广告时都不能指望去吸引大量同质的受众，因为现在有大量节目可供电视观众选择。

第四是观众在收看电视节目时花很多时间在切换电视台上，跳过或快进广告。跳过广告是指观众在广告播出时转换到另一个频道。研究显示，一个电视广告的潜在受众中有多达三分之一因跳过广告而流失。虽然跳过广告的行为广泛存在，但一项有趣的研究表明，被跳过的广告在被跳过之前是被积极加工的，而且它们可能比那些没有被跳过的广告对品牌购买行为产生更积极的影响。不过这种可能性在被接受为事实之前无疑需要更进一步的证据支持。

除了跳过广告以外,电视观众还可以选择快进。快进是指用数字视频录像机将电视节目和广告一起录下来,然后当观众观看之前录好的节目时用快进的方式跳过广告。研究显示快进的现象广泛存在。

电视广告的第五个严重问题是杂乱。杂乱的产生是由非节目内容数量的增长带来的,这些内容包括公共服务信息以及对电视台和节目的宣传通告,但特别重要的是广告。事实上,主要电视网在黄金时间每一小时的电视内容里,有略多于 15 分钟或超过 25％的时间都在播放非节目内容。正如之前提到的,消费者认为电视是所有主要广告媒体中最杂乱的。以下两个原因造成了电视的杂乱:电视网使用越来越多的宣传通告,鼓励观众收看被大力宣传的节目;广告者越来越多地使用短广告。虽然 60 秒广告曾经非常流行,但如今绝大多数广告只有 30 秒或 15 秒。杂乱的问题会影响电视广告的效果,因为它使消费者对总体的广告产生负面印象,把观众从电视机前赶走,或许还会降低广告识别与回忆。

6.3.2 网络营销方法

网络营销是以现代营销理论为基础,借助网络、通信和数字媒体技术等实现营销目标的商务活动;网络营销是企业整体营销战略的一个组成部分,是建立在互联网基础上,借助于互联网特征来实现一定营销目标的营销手段。

1. 搜索引擎营销

搜索引擎营销(Search Engine Marketing,SEM)就是全面而有效地利用搜索引擎进行网络营销和推广,是一种新的网络营销形式。

在网络营销方法体系中,搜索引擎营销一直是重要内容之一,对于网络营销具有极其重要的价值。近年来,搜索引擎营销的应用更为普及,其效果也获得了广泛认可,已成为企业开展网络营销的重要方法。本节将对搜索引擎营销的基本原理、方法以及效果分析等方面进行系统的研究。

虽然搜索引擎营销从产生到现在只有十几年的历史,但是它的技术已经相对比较成熟。模式也由免费发展到今天的几乎全面收费,但是每一种模式几乎都是在前一种模式的基础上发展而来的,更适应了商业发展的需要。

利用搜索引擎营销的方法常见的有以下几种。

(1)免费登录分类目录。这是最传统的网站推广手段。方法是企业登录搜索引擎网站,将自己企业网站的信息在搜索引擎中免费注册,由搜索引擎将企业网站的信息添加到分类目录中。如今,免费登录分类目录的方式已经越来越不适应实际的需求,将逐步退出网络营销的舞台。

(2)搜索引擎优化(SEO)。搜索引擎优化也叫网站优化,是用于提高网站自然搜索排名的一系列技术和方法。网络营销专家冯英健认为，搜索引擎优化是指按照规范的方式通过对网站栏目结构、网站内容、网站功能和服务、网页布局等网站基本要素的合理设计，提高网站对搜索引擎的友好性，使得网站中尽可能多的网页被搜索引擎收录，并且在搜索引擎中获得好的排名，从而通过搜索引擎的自然搜索获得尽可能多的潜在用户。搜索引擎优化的着眼点并非只是考虑搜索引擎的排名规则，更重要的是要为用户获取信息和服务提供方便、符合体验经济时代顾客对商家的要求。相对于其他几种搜索引擎营销手段，搜索引擎优化的技术性较强。

（3）收费登录分类目录。与原有的免费登录方法非常相似，仅是需要付出一定的费用才能够实现的一种搜索引擎营销方法。

（4）关键词广告。关键词广告是付费搜索引擎营销的一种形式，也可称为搜索引擎广告。付费搜索引擎关键词广告等。当用户利用某一关键词进行检索，在检索结果页面会出现与该关键词相关的广告内容。由于关键词广告具有较高的定位，其效果比一般网络广告形式要好，因而获得快速发展。

（5）关键词竞价排名。关键词竞价排名是一种按效果付费的网络推广方式，由百度在国内率先推出。企业在购买该项服务后通过注册一定数量的关键词，其推广信息就会率先出现在网民相应的搜索结果中。竞价排名属于许可式营销，它让客户主动找上门来，只有需要的用户才会看到竞价排名的推广信息，因此竞价排名的推广效果具有很强的针对性；其次，竞价排名按照效果付费，根据给企业带来的潜在客户访问数量计费，没有客户访问则不计费，企业可以灵活控制推广力度和资金投入，投资回报率高。

（6）网页内容定位广告。基于网页内容定位的网络广告是关键词广告搜索引擎营销模式的进一步延伸，广告载体不仅仅是搜索引擎搜索结果的网页也延伸到这种服务合作伙伴的网页。

2. 电子邮件营销（EDM）

电子邮件营销（E-mail Marketing，EDM），通常也被称为邮件列表营销或 E-mail 营销，它是最古老的网络推广方法之一，也是最成熟的营销方法之一，特别是外国的同行们研究得非常深入。

目前在中国，一提起 EDM，大家马上想到的是邮件群发。其实这是一种错误的认知，群发邮件，不叫电子邮件营销，真正的电子邮件营销的定位是这样的：E-mail 营销是在用户事先许可的前提下，通过电子邮件的方式向目标用户传递价值信息的一种网络营销手段。E-mail 营销有三个基本因素：用户许可、电子邮件传递信息、信息对用户有价值，三个因素缺少一个，都不能称之为有效的 E-mail 营销。

基于上面的定义，目前行业内把电子邮件营销分为两种：一种是正常的电子邮件营销，称之为许可式电子邮件营销；另一种是不被用户所允许的，比如邮件群发，称之为非许可式电子邮件营销。

电子邮件营销有如下的特点。

(1)覆盖范围广。不管用户在何地,只要用户有邮箱,就能覆盖到。

(2)操作简单,效率高。下载一个免费的邮件群发工具,就可以马上进行 EDM,无须掌握复杂的技术或经过烦琐的流程。在群发过程中,也无须人工干预,完全自动化。而且其效率非常高,一天可以发送几百上千万的邮件。

(3)成本低廉,性价比高。如果是使用免费的群发软件,自行上网搜集邮件地址的话,那么 EDM 的成本基本上仅限于电费和一点人工费用。成本非常低廉。

(4)适用性强。不适合做 EDM 的行业还真不多,几乎任何企业都可以采用这种方法。

(5)精准度高。由于电子邮件是点对点的传播,所以可以实现非常有针对性、高精准的传播。比如可以针对某一特定人群发送特定的邮件,也可以根据需要按行业、地域等进行分类,然后针对目标客户进行邮件群发,使宣传一步到位。

3. 新闻营销

新闻营销是指企业在真实、不损害公众利益的前提下,利用具有新闻价值的事件,或者有计划地策划、组织各种形式的活动,借此制造"新闻热点"来吸引媒体和社会公众的注意与兴趣,以达到提高社会知名度、塑造企业良好形象并最终促进产品或服务销售的目的。

新闻营销通过新闻的形式和手法,多角度、多层面地诠释企业文化、品牌内涵、产品机理、利益承诺,传播行业资讯,引领消费时尚,指导购买决策。这种模式非常有利于引导市场消费,在较短时间内快速提升产品的知名度,塑造品牌的美誉度和公信力。

新闻营销主要具有以下几个特点。

(1)隐蔽性。由于新闻营销是以新闻的方式进行包装的,所以普通消费者很难看出背后的真正目的是广告。他们不但不会反感,反而会主动去接受这些信息。

(2)权威性。权威性是媒体自身的重要特点之一,而企业通过新闻的方式进行宣传就可以借助媒体的这个特性,增加企业及产品的说服力。

(3)客观性。新闻都是站在第三方的角度进行报道与分析的,其客观性毋庸置疑,而通过新闻的手法做推广,用户也会认为其内容客观可信,愿意接受。

(4)传播性。媒体是传播效果最好的工具平台,特别是有了互联网之后,媒体的传播力度进一步被放大。通过各种媒体平台进行宣传,企业的信息会被无限传播。如果大家经常关注百度搜索风云榜,就会发现一个规律:在实时热点中上榜的最新搜索热词,往往都是头一两天媒体大肆报道的新闻中提到的关键词。

(5)连锁效应。如果新闻策划得好,还会引发一系列的连锁反应。比如大部分事件营销，都是由新闻事件引起的，或者说新闻是事件营销的重要辅助手段。除此之外，口碑营销、病毒营销、软文营销、品牌营销都需要新闻的支持与辅助才能达到效果最大化。

4. 软文营销

软文营销，就是指通过特定的概念诉求，以摆事实、讲道理的方式使消费者走进企业设定的"思维圈"，以强有力的针对性心理攻击迅速实现产品销售的文字模式和口头传播。比如新闻、第三方评论、访谈、采访、口碑。软文是基于特定产品的概念诉求与问题分析，对消费者进行针对性心理引导的一种文字模式。从本质上说，它是企业软性渗透的商业策略在广告形式上的实现，通常借助文字表达与舆论传播使消费者认同某种概念、观点和分析思路，从而达到企业品牌宣传、产品销售的目的。

软文是最重要的营销推广手段之一，不仅是因为它效果出众，更关键的是，它是论坛炒作、博客营销、新闻营销、事件营销等众多手段的基础，这些方法相互配合使用，组合出击，效果会大幅提升。

5. 网络广告

在各种互联网平台上投放的广告，即为网络广告。比如网站中的横幅广告、文本链接广告、视频广告等。这是互联网上最常见、最基本的一种推广方式。

与传统的四大传播媒体（报纸、杂志、电视、广播）广告及近来备受垂青的户外广告相比，网络广告具有得天独厚的优势，是实施现代营销媒体战略的重要一部分；是中小企业发展壮大的很好途径，对于广泛开展国际业务的公司更是如此。特别是随着互联网的普及与发展，网络广告的市场正在以惊人的速度增长，网络广告发挥的作用越来越重要，效果越来越显著，以致业界人士普遍认为互联网将成为传统四大媒体之后的第五大媒体，甚至后来居上。

与传统广告相比，网络广告主要有以下几个特点和优势。

（1）传播范围广。网络广告不受时间、空间限制，通过互联网发布的信息，可以传递到地球的任何一个角落。只要具备上网条件，任何人在任何地点都可以随时随意地浏览广告信息。

（2）性价比高。作为新兴媒体，网络媒体的收费远远低于传统媒体。比如传统的电视广告，均是按秒收费的，每秒多则可达百万元的费用，让企业望而却步。最终算下来，获得一个有效用户的成本可能高达上万元。而网络广告通常都是按月计费的，甚至按效果计费，获得一个有效用户的成本可低至几分钱。

（3）表现形式多样。传统广告的表现形式单一。比如平面广告只能是文字或图片，广播广告只能是声音，电视广告只能是图像。并且传统媒体还对广告的形式、内容有着严格的要求与约束。而网络广告的表现载体基本上都是多媒体、超文本格式文件，受众不但能够看广告，还可以点广告，与广告互动。甚至一些广告直接以游戏的形式出现，用户还可以玩广告。这些丰富多彩的表现形式，可以传递多感官的信息，让顾客身临其境般感受商品或服务。

（4）互动性强。交互性是互联网媒体的最大优势之一。传统媒体都是单方面地向用户传递信息，用户只能被动接受，没有发言权，也没有选择权，厂商也无法获得用户的反馈。而互联网的特点是信息互动传播，在网络上受众可以有选择性地获取他们认为有用的信息，可以针对这些信息自由发布言论，厂商也可以随时得到受众的信息反馈。

（5）灵活性好。在传统媒体上投放广告，发布后很难更改，即使可以改动，也往往需要付出很大的经济代价。而在互联网上投放广告，可以随时变更广告内容，这就使得经营决策的变化可以及时地实施和推广，降低了风险，提升了效果。

（6）精准度高。传统媒体的受众不明确，无法根据具体的用户分类来进行有针对性的投放，这使得传统广告的精准度大大降低。而互联网上的各种网站与平台繁多，用户细分程度极高，所以可以根据自己的需求，有针对性地进行各种精准性投放。

（7）效果精确统计。传统广告均无法精确统计投放效果，只能通过并不精确的收视率、发行量等来统计投放的受众数量。但是"无法衡量的东西就无法管理"，没有精确而有效的数据做指导，效果就无法得到保证，成本也将大大提高。而网络广告可以通过及时和精确的统计机制，使广告主能够直接对广告的发布进行在线监控，即时衡量广告的效果。比如通过监视广告的浏览量、单击率等指标，广告主可以精确统计出多少人看到了广告，其中有多少人对广告感兴趣而进一步了解了广告的详细信息，有多少人最终购买等。

【延伸阅读6-1】

凡客诚品

凡客诚品（Vancl）成立于2007年，是目前中国最著名的互联网品牌之一。据最新的艾瑞调查报告显示，凡客诚品已跻身中国网上B2C领域收入规模前4位。其所取得的成绩，不但被视为电子商务行业的一个创新，更被传统服装业称为奇迹。

实际上凡客诚品的业务全面铺开仅仅半年的时间，就已经成为了当仁不让的国内最大的服装B2C电子商务网站。凡客诚品的成功之处何在？大规模投放网络广告是成功的重要因素之一。

凡客诚品上线伊始，即强势出击，在新浪、腾讯、网易、搜狐等各大网站大范围地投放广告。不管你喜欢不喜欢，不管你想看不想看，不管你到哪个网站，随处可见凡客诚品的广告。其网络广告之"多"只是一方面，更重要的是广告的"卖点明确、制作精美"，吸引了消费者的眼球，优美的图片加上吸引人的低价，让其产品销售与品牌同步得到提升。曾有人说："即使记不住 Vancl 或者凡客诚品的称号，但也会依稀记住那 68元就可以购买 1 件 Polo 衫或者购买 1 件牛津纺衬衫"。

【延伸阅读 6-2】

淘宝网

众所周知，淘宝网是目前中国最大的 B2C 交易平台，也是亚洲第一大网络零售商圈。但是在 2003 年淘宝刚创立时，并不是一帆风顺的，甚至一开始就遭遇到了难以想象的困境。

想快速提高知名度与品牌，网络广告无疑是最佳选择。而当时的 C2C 领域，eBay 易趣已经一家独大。凭借一份数额不菲的广告合同，eBay 易趣与中国的三大门户网站（新浪、搜狐和网易）签署了排他性协议，以阻止其他同类公司在上述三家网站发布广告。当时三大门户占据了中国互联网绝大多数的网站流量，对于淘宝这样一个新生儿，被排除在三大门户之外，无疑是个沉重的打击。

"既然大的网站不能做广告，我们就做小网站的广告。"淘宝的新策略是以较低的成本，在成百上千个小网站上投放淘宝网的广告，而这些网站是强悍的 eBay 易趣无法顾及的。因为三大门户的流量虽然高，但是并不是所有的用户都会天天登录。相反，成百上千万的中小网站，都是用户天天光临的对象。而正是这些不起眼的小网站，成就了淘宝网的"声名远扬"。

6. IM 营销（QQ 营销）

IM 为 Instant Messaging 的缩写，中文意为即时通信或实时传讯。以各种 IM 工具为平台，通过文字、图片等形式进行宣传推广的活动，即称为 IM 推广。目前国内常见的 IM 工具包括腾讯 QQ、MSN、淘宝旺旺、飞信、新浪 UC、YY、呱呱、雅虎通、Gtalk 等。其中腾讯 QQ 的市场占有率最高，平常做 IM 推广时，都是以 QQ 平台推广为主的。

先来了解一下 QQ 推广的特点。

（1）高适用性。作为中国最大的 IM 软件，2014 年，QQ 的注册用户已经超过 10 亿，同时在线用户突破 2 亿，QQ 已经成为网民的必备工具之一，上网没有 QQ，就如现实中没有手机一样稀奇。从营销推广的角度来说，用户覆盖率如此之大、用户如此集中的平台，是必须要好好研究并加以利用的。

（2）精准，有针对性。QQ 的特点是"一对一"交流及圈子内小范围交流（群交流），而这种交流方式，可以对用户进行更加精准和有针对性的推广，甚至可以根据每个用户的不同特点进行一对一的沟通。这种特点，是其他推广方式所不具备的。

（3）易于操作。与其他营销推广方法的专业性和繁杂程度相比，QQ推广真的非常简单。只要会打字、会聊天，你就可以成为一名QQ推广高手。

（4）近乎零成本。QQ推广的实施非常简单，准备一台可以上网的电脑，再申请一个免费的QQ，就可以马上操作了。申请QQ会员（每月10元），都已经算是大投入了。和其他动辄几十上百万的营销项目相比，几乎是零成本。

（5）持续性。由于QQ推广的第一步是先与用户建立好友关系，所以可以对用户进行长期、持续性的推广。这个优势，是其他营销推广方式所不具备的。比如网络广告，广告主根本不可能知道是谁看了广告、是男是女、叫什么名字，以及看完后有何感受。而在QQ上，广告主明确地知道用户是谁，可以第一时间获得反馈。

（6）高效率。由于QQ推广的精准性与持续性，使得它最终的转化率要高于一般的网络推广方法，可以节省大量的时间与精力，提升工作效率。

【延伸阅读6-3】

小 A 的工作室

小A，自建了一个工作室专为企业做增值服务。由于其资金有限，所以主要是通过网络拓展业务。小A曾经尝试过很多低成本的网络推广方法，包括QQ推广、论坛推广、SEO等，但是都没有取得理想的效果。为了找到原因，他参加了推一把网络营销学院的培训学习。推一把学院网络推广课程的第一节，就是QQ推广。结果小A在听完课后的第二天，就兴冲冲地说，他用学到的方法，一天时间就把学费赚回来了。原来小A以前做QQ推广时，只是一味地群发广告，效果可想而知，收效甚微。而听了QQ推广一课后，当天晚上他就把QQ资料重新设置了一番，包括通过修改头像、名字、资料增加信任感，通过特殊字将提升QQ排名等。由于他之前已经加过许多群，所以当QQ排名上来后，第二天就有人主动找他洽谈业务，并且签单。而且一直到现在，都还经常有人通过群来与他洽谈。

7. 友情链接

友情链接大家都不陌生，这是最古老的推广方法之一，大部分人的网络推广生涯，都是从交换第一个友情链接开始的。

现在一起来了解友情链接的作用。

（1）提升PR值。世界上的网站有千千万，如何判断自己的网站达到了什么级别标准？当与其他网站合作时，又如何快速判断对方网站是否优质？有没有一个可以量化的评判指标？答案是肯定的，这个指标的名字叫PR值。

PR是最常见的营销术语之一，它的全称为PageRank，是Google（谷歌）公司发明的一种网页评级技术，是用于评测网页重要性的一种方法，级别从 1 到 10 级，10 级为满分。PR 值越高说明该网站越受欢迎，也越容易在搜索引擎中取得更好的排名，一般 PR 值达到 4，就算是一个不错的网站了。

而想提升自身的 PR 值，最有效的一个方法就是与 PR 值高的优质网站交换友情链接。

除了谷歌的 PR 值外，百度权重也是一个重要的指标，其原理与谷歌的 PR 值类似。不过目前百度官方不提供百度权重的查询，可以在第三方网站比如爱站网查询。

(2)提高关键词排名。随着搜索引擎的普及，通过搜索引擎推广已经成为最重要和最受欢迎的推广手段之一，这种手段的专业叫法为 SEO(Search Engine Optimization)，翻译成中文即搜索引擎优化。它的主要原理是通过提高目标网站在搜索引擎中的排名来达到推广目的，其效果立竿见影。

比如一个销售太阳镜的网站，肯定希望用户在搜索引擎中搜索"太阳镜"时，该网站能出现在自然结果第一页，甚至是第一位，因为这样会极大地提升销量。而通过 SEO，就可以实现这一排名效果。

关键词排名的原理，可以简单地理解成投票原理，一个网站想获得好的排名，就需要有很多网站对它进行投票。专业术语称为外部链接(也称外链)。而友情链接是最优质的外链形式之一。

所以，若想在搜索引擎中获得更好的关键词排名，寻找优质的友情链接是必不可少的一步。

(3)提高网站的权重。网站权重也是常见的营销术语之一，特别是做 SEO 时，会经常提到这个词。那什么是网站权重呢？网站权重主要是指搜索引擎对一个网站的重视程度，可以简单地理解为搜索引擎对网站的喜欢程度。搜索引擎越喜欢一个网站，这个网站从搜索引擎中获取到的流量就越多。

那如何让搜索引擎喜欢自己呢？主要分为两方面：对内，需要网站结构合理，页面漂亮美观，符合用户的使用习惯，并且每天要多多更新优质内容；对外，则需要大量获取优质的外部链接，当项目与大量的优质网站交换链接时，搜索引擎就会增加项目的网站权重。

(4)提升知名度。在特定情况下，友情链接还会增加网站的知名度。比如一个新上线的网站，若能获取到腾讯、新浪、网易等知名大网站的首页友情链接，知名度肯定会在短期内得到大幅提升。再比如一个行业网站，若能得到该行业所有知名网站、名博的链接，也会达到提升知名度的效果。

(5)关于提升流量。很多刚入行的新人，认为友情链接可以大幅度提升流量，这是不正确的，友情链接并不能达到大幅度提升流量的效果。友情链接的主要作用还是体现在以上 4 点。

8. 论坛推广

以论坛、社区、贴吧等网络平台为渠道，以文字、图片、视频等为主要表现形式，以提升品牌知名度、口碑、美誉度等为目的，通过发布帖子的方式进行推广的活动，就叫作论坛推广，也被称为发帖推广。

由于论坛的历史悠久，所以发帖推广是互联网上出现较早的一种推广手段，也是目前普及率比较高的一种方法。论坛推广时，通常要经历几个阶段。

(1)论坛群发器。论坛推广在于质，不在于量。就算群发的数量再多，若是没效果还是等于做无用功。所以利用论坛群发器进行推广时，一定要注意群发文章的质量。

一部分人用群发器是为了辅助 SEO，增加网站外部链接。外链还要分质量好坏，所以在具体操作的时候，还要注意规避风险，如果突然之间增加大量的外链，是很容易被搜索引擎惩罚的。

所以在做推广的时候，不要盲目，不要看到人家用，就跟风随大流。关键要弄清楚自己的需求，要知道为什么这样做。

(2)手动群发广告。很多朋友发现了群发器的弊端：群发软件无法识别论坛类型和板块主题，导致发的论坛或板块不精准；而且胡乱群发会导致账号经常被封，甚至帖子几乎是发一篇删一篇。于是他们开始改用人工操作，有选择性地去发。这也是目前比较主流的一种推广方式。

但问题是虽然意识上升了，但本质没变，发送的内容还是广告，只不过由群发器无节制地乱发广告变成了由人工有选择性地发。最后的结果还是被删帖、封 ID，甚至直接封 IP 地址。

(3)手动发软文。到了此阶段，才算是真正步入论坛推广的大门。能将发广告升级到发软文，说明营销意识已经越来越强。这个阶段的核心是"软文"，帖子发出去后会不会被删除、会不会产生效果，在很大程度取决于软文的质量和力度。

除此之外，还要看发布的渠道是否精准匹配，以及相关论坛管理员的监管力度。通常越老的论坛，对于软文的敏感度越高。

(4)边互动边发软文。虽然将广告换成软文会降低被删除的概率，但是在论坛中发完软文就走，不与坛友互动，效果还是会大打折扣。因为论坛推广的本质是互动，不是一个人自言自语。论坛的圈子文化决定了只有与论坛里真实的人产生互动，才会有效地将信息传递出去。

能达到这一境界的朋友，应该说对论坛推广已经有了深刻的认识，并具备了一定的经验。最重要的是说明他的执行力非常强，因为和坛友互动，并不是一项轻松的工作。

(5)真正的论坛推广。那到底如何做才算是达到了最高境界呢？一切用效果说话。如果推广能同时达到以下几个标准，则说明你已经跻身顶尖高手之列。

①不被删除。这是基本条件，如果帖子发完即被删除，则一切都是空谈。

②吸引眼球。即使帖子不被删除，但是若没人看，也是在做无用功。所以内容质量是关键。

③打动用户。帖子能吸引用户围观，但是触动不了用户的那根神经也属失败。项目最终的目标是要影响用户的选择和行为。

④有人互动。若是大家都看帖不回帖，那么帖子很快就会被淹没。没有机会被更多展示，自然影响的人群就非常有限。

⑤加精推荐。如果帖子能被论坛内的版主给予加精、加红，甚至推荐，那么说明你的功力已经相当深厚了。

⑥有人转载。如果帖子能被用户主动转载到其他论坛或网站，那么恭喜你，说明你已经大功告成了。

9. 论坛炒作

论坛炒作和论坛推广有点像，都是基于论坛或社区，但论坛炒作要比论坛推广复杂得多，可以理解成是论坛推广的升级版。论坛炒作注重的是策略，论坛推广注重的是执行。论坛推广通常只是简单地发发外链或发发广告帖，一个人就可以操作，没有计划性与策略性。而论坛炒作是经过周密而复杂的策划，为了达到某种营销目的而进行的一系列行为，往往需要团队协作才能完成。比如通过论坛妙火一个话题、一个事件或一个人等。

论坛炒作经常需要软文支持，它是实现事件营销、精准营销、口碑营销、病毒营销的重要手段之一。

论坛炒作这种营销手段，也是现在主流的网络营销手段之一，不管是专业的网络营销公司，还是各大企业厂商，都非常热衷。主要是因为论坛妙作具有以下几个特性。

(1)营销针对性强。论坛是互联网上最早的产品形态之一，特别是随着 Web 2.0 概念的兴起与迅猛发展，网络论坛更是遍地开花，据不完全统计，互联网上至少有几十万个论坛。而且这些论坛的种类非常丰富，既有综合性的大众化论坛，也有专注于各个领域的垂直论坛。论坛的细化程度高，就意味着其用户群也是非常集中和精准的，也就意味着可以通过这些平台进行非常有针对性的营销。

同时，论坛炒作的适应性也非常强，既可以作为普通的宣传活动手段使用，也可以针对特定目标组织特殊人群进行重点宣传活动。

(2)营销氛围好。论坛最大的特点是互动，一个好的论坛，里面的交流氛围会非常深厚，用户之间的交流深度与感情也会很深。在这种氛围深厚的论坛做宣传，能够达到很好的深度。而且由于论坛用户之间信任感强，所以发布的信息更容易被大家接受，容易激起用户的认同，在心理上引起共鸣。

(3)口碑宣传比例高。Web 2.0网站与Web 1.0网站的最大区别是，用户产生内容。而作为Web 2.0的典型代表，论坛也一样，它只是一个平台，论坛内的所有内容都是由用户的言论产生的。而如果传递的信息与产品能够成功激起用户的讨论，那么就会在用户的口口相传之下，产生非常好的口碑效应。

(4)投入少，见效快。论坛由于投入低而深受广大人民群众的喜爱。而且由于论坛具有即时发布信息的特点，所以论坛推广的周期性非常短，甚至可以达到马上实施、马上见效的境界。

(5)掌握用户反馈信息。在论坛中发布信息，用户会快速响应，可以即时掌握用户反馈信息，第一时间了解用户需求与心理。这个优势是其他普通网络营销方法所不具备的，比如网络广告，根本无法知道谁看了广告，也不知道用户看完广告后，有何意见和想法。而当掌握到用户的这些反馈信息后，就可以及时调整宣传策略及战术，避免走弯路，使方案或计划执行得更顺畅，使效果得到更大的提升。

10. 博客营销

企业或个人利用博客这种网络应用平台，通过博文等形式进行宣传展示，从而达到提升品牌知名度，促进产品销售为目的的活动，即称之为博客营销。由于博客推广易于操作、费用低廉，而且针对性强、细分程度高，所以越来越受到营销推广人士的喜爱。

(1)细分程度高，用户精准。博客的主体通常都是个人，其主要体现的是一个人的兴趣、思想、观点、知识等，而由于每个人的喜好均不同，所以博客的细分程度非常高，具体的主题和内容千差万别。大家能想到的和想不到的领域，都有相关博客，其细分程度远远超过了其他形式的媒体。而所谓"物以类聚"，博客的主题定位越明确，吸引来的人群就越精准。所以博客营销是一种比较精准的营销方式。

(2)口碑好，可信度高。博客在网民中的口碑较好，绝大多数网民宁愿相信博客发布的消息，也不相信商业网站发布的新闻。博客之所以如此受用户信赖，是因为博客里的内容都是个人观点的表达，正如在现实世界中一样，消费者更愿意相信其他用户的意见。

(3)引导社会舆论，影响力大。博客是个人观点的表达，体现的是草根的力量。而随着互联网的普及与发展，这种草根力量的强大越来越凸显，博客渐渐成为网民的"意见领袖"，引导着网民舆论潮流。比如"上海钓鱼执法事件"，最早就是被韩×的博客曝光并引起大众关注的。

(4)降低传播成本，性价比高。相对于其他营销方式来说，博客营销的成本非常低廉，甚至可以接近零成本。最省钱的一种解决方案是：在新浪、Sohu等博客平台申请免费博客，然后指定企业内部人员自行维护。在这种情况下，只需要额外付出一点点时间，就可以达到博客营销的目的。

(5)有利于长远利益和培育忠实用户。博客营销的本质在于通过原创专业化内容进行知识分享，争夺话语权，建立起信任感与权威性，形成博客品牌，进而影响用户的思维和行为。而想达到这一目的，是需要在长期执行过程中不断积累和沉淀才能实现的。所以博客营销突出的是长期利益，它的策略是通过长时间地与用户互动交流，培育忠实用户，再运用口碑营销策略，激励忠实用户向他人做口碑宣传。

(6)角色的转变。在传统营销模式中，营销人员一直处于被动地位，要被动地依赖媒体，被动地接受媒体制定的规则。而有了博客后，营销人员可以脱离传统媒体的束缚，拥有了主动权，可以从被动地依赖媒体转向自主发布信息。

11. 微博营销

以微博这种网络交流平台为渠道，通过微博客的形式进行推广，以提升品牌、口碑、美誉度等为目的的活动，就叫微博推广。

相对于强调版面布置的博客来说，微博的内容只是由简单的只言片语组成。从这个角度来说，对用户的技术要求门槛很低，而且在语言的编排组织上，没有博客那么高，只需要反映自己的心情，不需要长篇大论，更新起来也方便，和博客比起来，字数也有所限制；微博开通的多种 API，使得大量的用户可以通过手机、网络等方式来即时更新自己的个人信息。

目前主要的主流微博平台有新浪微博、腾讯微博等。

微博营销有如下特点。

(1)操作简单。微博的操作非常傻瓜，只要你会打字，能够写出 140 字以内的内容，然后到新浪、腾讯等免费微博平台申请一个账号，即可开始微博营销之旅。

而且信息发布也非常便捷，不需要长篇大论，100 字左右即可，也不需要任何审核，马上书写，马上发布。

(2)互动性强。与传统博客相比，微博的互动性非常强，可以与粉丝即时沟通，及时获得用户的反馈与建议，第一时间针对用户的问题给予回应。

(3)低成本。微博的申请是免费的，维护也是免费的，而且维护的难度和门槛非常低，不需要投入很大的资金、人力、物力等，成本非常低廉。

12. 微信营销

微信，是腾讯旗下的一款为智能终端提供即时通信服务的免费应用程序，当前比较火爆的手机通信软件，支持发送语音短信、视频、图片和文字，可以群聊。微信营销，就是利用微信这个网络平台进行品牌的宣传，产品的推广等。

微信营销的特点如下。

(1)微信作为一种消费产品的便捷和便宜。无论固定电话、移动电话还是短信，都作为沟通的一种工具和服务，而需要用户付费。但与之相比，微信则既能不需要用户手握听筒，也不需要用户费力阅读，就能在最短时间内将产品的信息通过多种手段传递到用户面前。更为重要的是，微信让用户为此而花费的金钱大大减少。

（2）微信充分照顾用户的个性化需求。在微信为平台的营销过程中，由于作为一种社交平台和信息获取工具的微信本身已经将客户的很多信息体现并加以集中。因此，销售团队往往能够得到更多的支持信息和便利条件。另外，通过微信平台向潜在用户传递的相关信息也更加适应其自身的特点，能够更加尊重用户的实际需求，并起到高效、亲和的沟通作用。

（3）微信充满了情感交流的特点。由于微信具备社交功能，可以用来充分地聊天互动，同时也代表了一种彼此之间的承认和信任，因此，微信的出现让营销不仅获得了远距离沟通的便利，也具有能够包含情感的营销方式的特点，这种充满情感交流的工具显然可以弥补传统沟通技术的不足。

（4）微信用户数量庞大。由于界面简单、操作方便，并很容易同手机、平板电脑的使用捆绑在一起等特点，微信用户数在短时间内迅速暴涨，微信用户的数量庞大。

微信已经成为了近几年网络营销中一个主流的，几乎免费的营销手段。其营销模式多种多样，不再具体描述，下面来看一个成功的例子。

【延伸阅读6-4】

微信最经典的几个营销案例

1. "丢书大作战"（见图6-1）

图6-1 丢书大作战

2016年11月15日一整天，微信朋友圈有关"丢书大作战"的活动刷屏，《我准备了10000本书，丢在北上广地铁和你路过的地方》，没过多久，阅读量就飙升10万＋。不得不说，这次营销活动，策划得很到位。似乎每一个环节参与者都收获了他们想要的东西。新世相快速涨粉，明星树立了美好形象，各大赞助商也在这场活动中盛大亮相。

2. 支付宝营销案例（见图 6-2）

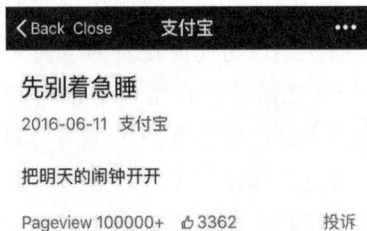

图 6-2　支付宝营销案例

2016 年，支付宝的微信公众号惊艳了不少人。"山无棱，天地合，都不许取关！"这是关注支付宝微信后弹出的自动回复。和常见的企业伟光正画风完全相反，支付宝的微信公众号很少发死板的品牌公告、也很少给自家产品做硬广，而是把原本无趣生硬的品牌内容用年轻人喜欢的语言包装起来，比如标题"先别着急睡"打开后就只有一句话："把明天的闹钟开开"点赞很多。在这个公众号背后，是支付宝在社交媒体领域与年轻人沟通的一种大胆尝试。

3. 小米手机微信营销案例（见图 6-3）

图 6-3　小米手机微信营销案例

为了证明新推出的小米 Max 手机的超强待机能力，小米手机在二次元网站哔哩哔哩上进行了小米 Max 超耐久无聊待机直播的直播活动。在直播中，小米 Max 手机上没有运行程序，但每一个小时都会有人唤醒手机一次，证明手机还在运行。每次唤醒时，都会抽取幸运观众，送手机。这场直播活动吸引了超越 2 千万的网友。虽然过程无聊但主题明确,证明小米 Max 有超长的待机时间。这种营销突出了手机的卖点,让小米长达两周的超强续航能力给网友留下深刻的印象。

4.《疯狂动物城》营销案例(见图 6-4)

图 6-4 《疯狂动物城》营销案例

《疯狂动物城》没有前期营销,也没有当红明星配音,似乎少有人关注它。从首映日 UBER 公众号推送了一篇"别逗了!长颈鹿也能开 UBER?还送电影票?!"的文章开始发力。在微信公众号等的推荐下,原本对该电影无关注的人在朋友圈里发起了约看邀请。第二日迪士尼顺势推出《疯狂动物城》性格大测试的 H5,测试结果在朋友圈刷屏。而树懒式说话和动态图也在微博走红。借助这一波新媒体营销,影片的排片、票房迅速上升,话题热度居高不下。

13. 数据库营销

所谓数据库营销,就是企业通过收集和积累会员(用户或消费者)信息,经过分析筛选后有针对性地使用电子邮件、短信、电话、信件等方式进行客户深度挖掘与关系维护的营销方式。或者说,数据库营销就是以与顾客建立"一对一"的互动沟通关系为目标,并依赖庞大的顾客信息库进行长期促销活动的一种全新的销售手段。它是一套内容涵盖现有顾客和潜在顾客,可以随时更新的动态数据库管理系统。

数据库营销的特点如下。

(1)精准。通过数据库营销,可以快速、精确地找到最终目标用户。同时还可以做到非常有针对性地与用户"一对一"沟通。

(2)性价比高。通过数据库营销,可以最大化地将新用户转化成老用户,同时深入开发和挖掘老用户的价值。而不管是前者还是后者,都将极大地压缩成本,提高收益。

(3)竞争隐蔽化。其他的网络营销方法,都是对外可见的。比如网络广告、软文营销、新闻营销等,竞争对手只要稍微花些心思,就能够知道是如何实施的,甚至完全还原整个营销过程。但是数据库营销的操作过程，完全是隐藏而不透明的。除了内部相关人员，谁也不可能知道具体是如何实施的。

（4）个性化。世界上没有任何两个人的性格、喜好、想法等是完全相同的。所以在做营销时，最理想的状态是针对每个人的不同情况与特点，进行有针对性的营销。但是其他营销手段很难做到这一点，不管是网络广告、软文营销还是 EDM 等，都不可能做到个性化。而通过数据库营销，却可以实现这样的效果。

（5）反馈率。用户反馈是掌握用户心理及需求的一个重要手段，所以在营销过程中，提升用户反馈率，收集用户反馈信息，也是一项非常重要的工作。而数据库营销的用户反馈率是极高的，通过数据库营销，能够很容易地把握到用户心理及需求。

14. 网络游戏植入营销

网络游戏植入营销的主要表现形式是网游内置广告（In-GameAdvertising），是指通过网络游戏为媒介所投入的广告，包括静态、动态游戏内置广告，是基于互联网和无线通信技术的一种新媒体形式。

为什么大家如此看好网络游戏植入营销呢？主要是因为和其他营销手段比，它有以下几大特点。

（1）忠诚度。网络游戏玩家对其所钟情的游戏，忠诚度是相当高的。

（2）情感效果。网游玩家对于游戏的感情，是无法用语言形容的。而通过适当的引导，也可以让这种情感效果作用到品牌和产品上，让玩家通过游戏喜欢项目本身。

（3）记忆效果。一个玩家玩一款游戏，少则三五个月，多则几年。而在长期的游戏过程中，会逐渐加深对产品的印象，直到挥之不去。

（4）长期引导。在玩家长期游戏的过程中，可以慢慢地将理想灌输给玩家，长期对玩家进行引导。这点是其他营销方式所无法比拟的。

（5）催眠效果。网络游戏对于玩家是有一定催眠效果的。在现实中，因为网络游戏的这个特性而发生的笑话和悲剧，时有发生。

15. SNS 推广

通过 SNS 网站这种网络应用平台，利用其各种功能进行宣传推广，从而达到提升品牌知名度，促进产品销售为目的的活动，即为 SNS 推广。先来和大家解释一下 SNS 的含义。SNS 有如下三层含义。

（1）Social Network Service：中文意为社会性网络服务或社会化网络服务，即社交网络服务。

（2）Social Network Software：中文意为社会性网络软件。依据六度理论，以认识朋友的朋友为基础，扩展自己的人脉，并且无限扩张自己的人脉，在需要的时候，可以随时获取一点，得到该人脉的帮助。

(3)Social Network Site：就是依据六度理论建立的网站，帮你运营朋友圈的朋友。知名的 SNS 网站有开心网(www.kaixin001.com)、人人网(www.renren.com)、腾讯朋友(pengyou.qq.com)、搜狐白社会(bai.sohu.com)等。

平常说的 SNS，主要是指 SNS 网站。和头几年相比，SNS 领域的格局也发生了变化——想当年开心网横空出世，短短几个月火遍大江南北，引爆了 SNS 行业，并独领风骚，成为行业领头羊；而风水轮流转，几年后人人网又后来居上。

目前，将 SNS 当成营销主战场的企业越来越少，大部分企业还是将它作为辅助渠道来使用。目前，SNS 主要有以下几种应用策略。

(1)官微策略。此策略是企业以官方名义开通 SNS 账号，作为在 SNS 平台中的官方对外窗口来使用，与企业开通官方微博的性质和目标一致。

(2)大号策略。此策略与微博、微信中的大号策略一致，就是针对用户喜欢的主题和内容，开通有针对性的账号，通过优质的内容来吸引大量用户关注，继而进行营销的方式。比如笑话类的账号、星座类的账号、情感心理类的账号等，都是比较容易聚集粉丝的账号类型。

(3)号群策略。此策略是指在 SNS 中，开通数个乃至大量的账号，用集群作战的方式；进行营销的手段。

(4)传播策略。此策略是指将 SNS 作为一个传播渠道，将企业的新闻、软文、活动等，通过 SNS 中的大号进行传播，与通过微博、微信大号传播原理一致。

【延伸阅读6-5】

悦活玩转开心农场

对于开心网的老用户来说，"悦活"这个品牌一定不陌生。因为悦活种子曾经是开心农场中最热门的种子，榨"果汁"送网友，也是当时的热门话题之一。大家可能已经意识到了，这是悦活利用开心农场进行的一次 SNS 植入营销。悦活是中粮集团旗下的首个果蔬汁品牌，在其上市之初，受客观经济影响，并没有像其他同类产品那样选择在电视等媒体密集轰炸，而是独辟蹊径，选择了互联网。当时开心网正火，于是在 2009 年，中粮集团与开心网达成合作协议，以当时最火的开心农场游戏为依托，推出了"悦活种植大赛"。

只要用户直接在农场道具商店内领取悦活产地场景卡，安装后再到种子商店中购买悦活种子，即开始参赛。游戏中一共有 4 个不同的悦活场景卡，代表了 4 个不同的产地，同时也通过这些场景向用户传递一个信息："悦活果汁的生产原料绿色、天然、安全、新鲜"。同时游戏中还有 5 种悦活种子，分别代表了其 5 款不同的产品：红色5＋5、橙色5＋5、悦活石榴、悦活番茄、悦活橙子。通过这些果实饱满的形象表现及开心网花园场景卡，悦活新鲜自然无添加的产品概念被巧妙植入。

另外，在游戏过程中，用户不但可以选购和种植"悦活果种子"，还可以将成熟的果实榨成悦活果汁，并将虚拟果汁赠送给好友。系统会每周从赠送过虚拟果汁的用户中随机抽取若干名，赠送真实果汁。把虚拟变成现实，为游戏增加了趣味性，提升了用户的积极性。

在这个活动的基础上，悦活又在开心网设置了一个虚拟的"悦活女孩"，并在开心网建立悦活粉丝群。通过这个虚拟 MM，向用户传播悦活的理念。

由于该活动植入自然巧妙、生动有趣，所以活动刚上线便受到追捧，两个月的时间，参与悦活种植大赛的人数达到 2 280 万，悦活粉丝群的数量达到 58 万，游戏中送出的虚拟果汁达 1.2 亿次。根据斯戴咨询公司调研报告显示，悦活的品牌提及率短短两个月从零提高到了 50％多。

16. 问答推广

利用问答网站这种网络应用平台，以回答用户问题，或者模拟用户问答的式进行宣传，从而达到提升品牌知名度，促进产品销售为目的的活动，即为问答推广。主流的问答平台有百度知道、新浪爱问、天涯问答、搜狗问答、SOSO 问问等。其中百度知道的市场占用率最高。

问答推广具有以下三个特点。

(1)SEM 效果好。由于问答类平台权重都比较高，往往都能在搜索引擎中获取到非常好的排名，所以问答类网站是搜索引擎营销(SEM)的重要辅助手段之一。

(2)精准。通过问答类网站寻求帮助和找答案的用户，往往都是对相关问题涉及领域感兴趣或者有需求。如想知道"如何减肥"的人，基本上都是想给自己或者身边的朋友寻求减肥方法。所以通过问答推广吸引来的用户，精确度比较高。精准度高就意味着转化率高、效果好。

(3)可信度高，口碑效果好。在问答类平台中，用户与用户之间相互回答和互助，其中不夹杂任何利益关系，完全是普通用户之间的观点与经验交流，所以里面产生的信息可信度高，也更容易在用户中间形成口碑效应。

17. 百科推广

利用百科网站这种网络应用平台，以建立词条的形式进行宣传，从而达到提升品牌知名度和企业形象为目的的活动。主流的百科有百度百科、互动百度、腾讯百科等。其中以百度百科的市场占用率最大。

百科推广主要有以下三个特点和作用。

(1)辅助 SEM。如果大家经常在百度中搜索各种名词(包括人名、企业名、产品名、概念术语等)时就会发现，往往排在搜索引擎结果页第一位的，都是百科网站中该词条的页面。

(2)提升权威性。互联网上的百科网站，源于现实中的百科全书。而在传统观念中，能被百科全书收录的内容，一定是权威的。这种观念也同样被延伸到了互联网中，大部分用户都认为百科收录的内容比较权威。

(3)提升企业形象。随着互联网的普及，许多人在接触到陌生事物时，会先到互联网上进行检索。比如与一家陌生的公司接触洽谈时，会先上网搜索一下该公司的背景、实力、口碑、信任度等。而如果公司能被百科收录，则会大大提升企业形象，增加客户的信任感。

综上所述，虽然小小的一个百科词条简单而又不起眼，但是能在关键时刻起到举足轻重的作用。

18. 分类信息推广

利用分类信息网站这种网络应用平台，以发布信息为主要宣传手段，从而达到提升品牌知名度和企业形象为目的的活动，即为分类信息推广。网络上各种各样的分类信息平台有很多，且绝大多数是免费使用的。主流的分类信息平台有58同城、赶集网、口碑网、百姓网等。除了这些专业的分类信息网站外，许多门户网站还开设有分类信息频道，比如天涯(最大的中文社区之一)、中关村在线(中国最大的IT门户之一)等。由于通过分类信息网站进行推广成本低廉(除了人工成本外，其他投入几乎为零)、效果明显，所以受到了很多企业的欢迎。

分类信息推广是SEM和SEO重要的辅助手段之一，对于SEO来说，它是免费增加网站外部链接的重要渠道之一；对于SEM来说，分类信息是抢占搜索引擎的主要手段。

19. RSS推广

RSS推广即指利用RSS这一互联网工具传递营销信息的网络营销推广模式。RSS推广通常与EDM(电子邮件营销)配合使用。因为RSS的特点，使它比EDM具有更多的优势，可以对后者进行替代和补充。

RSS和EDM相比，主要有以下几个优点。

(1)做过电子邮件营销的人都知道，发送邮件时，有个重要的数据指标叫送达率(指有多少人正常收到了邮件)，而不管用什么样的EDM营销系统，送达率都不可能达到100%的效果。而RSS的送达率几乎为100%，这点是电子邮件营销所无法比拟的。

(2)在日常生活中会经常收到一些带有图片的电子邮件，但是因为种种原因，这些图片可能会经常被邮箱系统阻止。而RSS则没有此问题，可以完美地呈现所有图片。

(3)不管是EDM还是RSS，都有一个单击率的问题。而由于电子邮件内容上的局限性，使得其单击率远不如RSS高。

从营销成本来看，RSS 也要比 EDM 低很多。最起码的是，做 EDM 时，是主动推送内容，所以每发送一封营销邮件，都需要付出相应的成本。而做 RSS 推广时，用户是通过 RSS 阅读器主动收阅内容的，在这个过程中，是不需要付出任何代价的。

虽然 RSS 的优点很多，但是缺点也很明显。RSS 营销的定位性不如电子邮件营销强，很难主动选择让谁订阅 RSS，因此 RSS 很难实现个性化营销。同时 RSS 也不容易做到像 EDM 那样跟踪营销效果。

最重要的一点是，想订阅 RSS，必须要多做一件事情：下载 RSS 阅读器。而这个门槛就会将大批用户拒之门外，这也是 RSS 阅读不流行的重要原因之一。

20. 电子书(电子杂志)推广

电子书推广就是指以计算机技术为基础，借助电子书这种形式和手段进行宣传活动的一种网络营销推广形式。它主要具有以下特点。

(1)绝对长尾。电子书推广是一种非常长尾的推广方式，这个"长"主要体现在两方面。首先是传播的时间长。电子书往往不具备时效性，只要内容优质，就会被网友不停地传阅下去，能够在互联网上流传十几年甚至几十年。其次是在用户电脑中保存的时间长，可以长期影响及引导用户，提高转化率。

(2)离开网络一样可以传播。大部分网络推广方式，都需要借助互联网来进行。而电子书离开互联网一样可以传播，比如 U 盘、移动硬盘、软件甚至手机等。

(3)可以实现精准推广。电子书都是被目标客户主动下载的，也就是说，如果用户选择下载某本电子书，一定是对书的内容感兴趣，有相关需求。所以只要电子书的主题与企业欲推广的产品信息调试融合，那么吸引来的人群就是非常精准的用户群。

(4)适用性广。电子书推广适合大部分行业、企业、网站及产品，比如商城网店、医疗保健等都非常适用。

(5)比软文生命力强。软文的隐形传播效果好，但是生存周期太短，当新的文章出来后，旧的文章就会淡出用户的视线。而电子书可以说是软文的升级与延伸，由于里面的内容量非常庞大，用户需要时间来消化和吸收，而在这个过程中，就可以通过书中的内容慢慢地影响与引导用户。

(6)制作简单，成本低廉。电子书的制作非常简单，甚至不需要懂任何专业的计算机技术。而且它的成本也非常低廉，只需要上网下载一个免费的电子书制作软件就可以操作。

21. 图片推广

将企业的产品、服务等信息以图片的形式进行包装，然后通过各种互联网平台传递到用户手中，以此达到宣传推广目的的活动，就叫图片推广。这种推广方式源自传统的图片广告，比如车身广告、路牌广告等。但是传统的方式形式单一，广告意图太明显，投资大，效果差。而互联网的出现，让图片广告焕发了青春，拥有了更多的表现形式。而且也让它的广告味越来越淡，使之更容易让用户接受。总结起来，图片推广具有以下几个特点。

（1）成本低。图片的制作非常简单，无须掌握太高深的技术，也不需要额外的投资，一个没有电脑基础的人，经过简单的培训，也可以做出精美的图片。所以图片的制作成本非常低廉。

（2）应用广。不管什么样的网络平台，都离不开图片。比如用户看文章时，一定更喜欢看图文内容。尤其是在以互动为主的平台（如 QQ、MSN、论坛、SNS、微博等），大家特别喜欢用图片进行交流与沟通。一张好的图片会被反复传播，奉为经典。

（3）传播快，范围广。由于网络用户遇到好的图片都喜欢和别人分享，所以在有好素材的前提下，图片推广的传播速度是非常恐怖的，而且覆盖的范围也非常广。

（4）记忆深刻。由于图片本身就具有较强的感性认知，具有丰富的冲动力，所以好的图片会给用户留下非常深刻的印象，久久难忘。特别是那些经典的图片，还会被长时间传播，经久不衰。

22. 活动推广

通过策划组织各种活动吸引用户参与关注，以此达到宣传推广目的的手段，即称之为活动推广。活动推广是一种非常好的方法，因为其适用性强，任何企业或个人皆适用。活动规模和投入也可大可小，甚至普通网民在不投一分钱的情况下，也可以组织出有声有色的活动。最重要的是它的效果和作用甚佳：往小里说，可以提升用户满意度，增加用户黏性；往大里说，可以直接带动业绩与品牌的增长。总结起来，主要有以下几个方面的作用。

（1）带动流量。流量是网站的命脉，如何提高流量，是许多网站管理人员苦苦追寻的答案。而好的活动，可以对流量起到非常大的促进作用。某某杂志做过一次历时近半年的"封面精灵"评选活动，活动主要是通过网络进行的。结果在活动期间，网站的日流量翻了几十番。

不过，活动所带来的流量，通常只是暂时性的，往往活动一结束，流量就会回落。所以通过这种方式让流量持续增长，就需要保持活动的连贯性。

（2）带动销售。在传统营销方式中，活动营销、会议营销被很多销售人员奉为制胜法宝。一场好的活动或会议，能带来几十万、几百万甚至上千万的订单。而在网络上也是如此，好的活动对销售也会有极大的帮助。比如在天猫每年举行的"双十一"活动，带动了千亿的销售量。

（3）带动注册。对于互动型网站、网络商城等，用户注册量是重要的考核指标。但是提升注册量要比提升流量难得多，因为想提升流量，只要让用户来浏览页面即可；而想提升注册量，却在这个基础上增加了一个让用户注册的动作，这个小小的门槛，会让很多人望而却步。而有效的活动会刺激用户的积极性，让他们主动来注册。比如著名的团购网站美团网刚上线时，举办的愚人节活动，为该网站增加了 13 468 个注册用户。对于当时上线还不足一个月的美团网来说，这是不小的用户资源。

(4)提升品牌知名度。对于大型的活动，会在行业及用户中引起非常大的反响，成为被关注的焦点。在这个过程中，品牌知名度及权威性自然也就建立起来了。比如悦活果汁这个名字，大多数人都是通过开心网中的活动认识这个品牌的。

(5)带来内容。对于网站来说，如何获取优质内容(如文章、图片、视频等)，是个比较令人头疼的问题。不仅是网站，对于产品也是如此，比如如果能让用户在网络论坛或博客中写一写使用产品的感受，做一些评论，一定会引发非常好的口碑效应。那如何才能有效地获取到这些内容呢？活动是个不错的选择，比如最传统的网络征文大赛。

(6)搜集数据。在营销推广工作中，用户数据起着举足轻重的作用，特别是数据库营销，更是以数据为核心。但是如何能搜集到更多的有效数据呢？这是很多人一直在研究的课题。传统的方式基本上还是一对一的，比如街头调查、电话调查等，这些方式普遍存在着成本高、效果差等弊病。而互联网的出现，有了更多新的选择。通过网络活动来搜集数据，将使效果得到大大提升，而成本则呈直线下降。

(7)提升用户忠诚度。丰富多样的活动，会极大地提升用户的忠诚度。尤其是对于网站，黏性很重要，只有黏性高的网站，用户才会喜欢，也更容易盈利。而活动提升网站黏性、增加用户活跃度的良药。

【延伸阅读 6-6】

迎奥运，××网攒机大赛活动方案

1. 活动主题

迎奥运，××网攒机大赛。

2. 活动目的

将公司旧网站会员吸引到新网站。

3. 活动简介

由于公司战略调整，决定废弃旧网站 AA 网，未来的重点和精力将转移到新社区 BB 网。但是由于 AA 网已经成立××年，用户对其已经有了一定的感情，所以强行将 AA 网会员转移到 BB 网，容易让用户产生抵触心理，引起用户流失。所以我们决定用活动的形式，将用户一步一步引导到 BB 网。

由于我们是 IT 网站，社区内的计算机爱好者非常多，而 8 月期间又是攒机高峰，所以第一次活动的形式为攒机大赛。

4. 参与人群

所有 AA 网与 BB 网会员。

5. 参与办法

在 BB 网活动专区发帖。（具体发帖格式略）

6. 活动阶段与作品要求

第一阶段：家用型电脑阶段时间：8 月 1—15 日。

参赛作品要求：

(1)整机预算不超过 3500RMB(配件价格以 BB 网报价为准)。

(2)配置要求为家用型电脑。

(3)不少于 200 字的配置说明及点评。

第二阶段：游戏型电脑阶段时间：8 月 16—31 日。

(1)整机预算不超过 5000RMB(配件价格以 BB 网报价为准)。

(2)配置要求为游戏型电脑。

(3)不少于 200 字的配置说明及点评。

7. 奖项设置(每阶段各一套)

一等奖一名：康舒 F1350 一台，价值 199 元。

二等奖两名：罗技 G1 鼠标一个，价值 149 元。

三等奖五名：金士顿 DataTraveler(逸盘)(1GB)，价值 45 元。

8. 评选办法

第一阶段(9 月 1—3 日)：由评审团(超版、版主组成)对作品进行初评，评选出 20 套符合要求的配置。

第二阶段(9 月 4—9 日)：对初评的配置进行公示。

第三阶段(9 月 10—28 日)：针对以上 20 套作品进行网络投票，以此排定最终名次。

9. 评审标准

(1)配置合理性：各硬件之间搭配是否合理，是否存在兼容性问题。要注意配置是否冗余，如整合主板配独立显卡、声卡就会造成投资浪费。

(2)市场敏感度：尽可能选择市场上的促销产品和市场上容易买到的产品。奇货可居必然造成价格的提升。对一些过气的产品，一定要选择在市场上可以买到的。

(3)性能价格比：在性能相同的情况下，价格的优势将为你的配置带来更多的分数。像一些隐含的性能我们也要考虑在内，比如配置的超频能力如何，也是对性价比评估的标准之一。

(4)个人创造性：DIY 就是要突出个性，针对不同层次的应用，配置也不会相同。我们希望大家尽可能为不同类型的应用推荐各种配置，对应用有自己的真知灼见，将是得到最高分的捷径。

(5)网友人气度：网友的评价与投票也会成为此次大赛评奖考虑的因素，所以希望大家在自己提交方案的同时，也多多参与评论其他网友的方案，提出中肯的建议或意见。

10. 效果预估

获得有效作品××份，活动总参与人数××万，论坛活动期间日发帖量达到××帖，论坛注册人数达到××人。

11. 活动预算

1500元。

12. 注意事项

(1)每个会员每阶段只能发一套配置，主楼发配置，二楼发点评，配置不允许编辑，否则取消比赛资格。

(2)禁止论坛管理人员参赛(版主、分区版主、超版、副管和管理员)，禁止会员马甲同时参赛，否则取消比赛资格。

(3)作品内容要客观真实，不得含有恶意诋毁、投诉等语言。不得大量重复发表相同的作品内容，发现后取消比赛资格。

(4)投票期间如发现马甲投票或IP地址相同的多次投票，均取消比赛资格。

(5)复制粘贴的配置、与之前参赛会员配置相同[不同配件少于3个(含)]的配置，均取消比赛资格。

(6)凡在参赛非规定时间内发配置参赛的都不具备参赛资格。

(7)由于参赛期为一个月，IT市场价格波动比较大，可能会在中途对预算进行适当调整，以示公正。

(8)配置点评是我们重要的考核环节，配置合理、点评出色的作品才是我们心中的优秀作品。

(9)针对配置相似、内容质量相仿的配置方案，我们优先选择发帖时间靠前的方案。

(10)对于一些不合理的配置我们将会进行过滤，去除不符合参赛标准，如有严重搭配错误的攒机配置。

23. 资源合作推广

企业之间通过交换各自的优势资源，以此达到相互宣传推广效果的活动，即为资源合作推广，比如典型的广告互换、流量互换等。

这种方式最大的特点和优势是能够在投入资金的情况下，利用自己手中已有的资源实现营销推广、扩大收益，让手中的资源发挥最大的效用。它适合于任何规模的公司、单位，甚至个人。

但是它的难点也非常明显，其成功的关键是如何深入挖掘自身资源，有效扩大资源价值。所以这就需要我们在实际操作时充分发挥想象力，合作方式要不拘一格，好的合作创意将能带来更佳的效果。

由于资源合作有着化腐朽为神奇的效果，所以各大公司对它越来越重视，甚至已经演变成了一个专门的部门和职位，它的名字叫 BD，即 Business Development，中文意为商务拓展。在一些公司中，BD 部门的重要性已经超越了传统的市场部。

6.4　整合营销与阶段性推广

整合营销主要有两方面含义。

第一个含义，整合营销是通过互联网手段，将各种资源有机整合。举个例子，如果要开一家鲜花速递公司，并在全国主要城市实现 6 小时内送花上门的服务，需要多少投入呢？1000 万元、2000 万元还是 1 亿元？有一家公司，成功地实现了这种模式，但却花费了很少的资金。他们的做法是首先建立一个鲜花网站，然后通过网站聚集人气，产生订单。当有了客户后，与各大城市的花店洽谈合作，整合各地的花店资源，由合作花店负责为当地客户送花，然后双方进行分成。

第二个含义，整合营销是对各种营销工具和手段进行系统化融合。就是把各个独立的营销综合成一个整体，以产生协同效应。这些独立的营销工作包括广告、直接营销、销售促进、人员推销、包装、事件、赞助和客户服务等。

其实在实际操作中，一次营销活动往往需要多种方法综合运用，所以可以说，成功的营销推广都是整合营销。如王老吉的营销案例，有人说它是论坛营销，有人说它是口碑营销，还有人说它是病毒营销，而实际上最准确的说法是，王老吉是一个成功的整合营销代表，因为在王老吉的案例中，运用了许多营销手段。

在营销推广过程中，不仅要综合企业的财务能力和人力资源考虑，采用不同的营销方法的组合。同时还需要结合产品和服务的特点和生命周期，对营销推广进行分阶段运作，在不同的阶段采用不同的营销方法，进行分阶段的投入运作。

【延伸案例 6-7】

某网站的站外优化方案

1. 站外优化措施一

（1）具体内容：

①网站的搜索引擎推广账户开户。

②网站 SEM 账户设置（关键词、创意、点入页）。

③网站 CPS 推广联盟建立及动态调整。

（2）具体方法：

①账户架构以及优化：分类设置推广计划，然后根据推广计划进行推广单元的分类，最后设置推广单元的关键词。

②关键词筛选：从行业词例如心理咨询师，产品词心理咨询师培训，地区词北京心理咨询师，以及长尾关键词心理咨询师报考条件，使用百度推广工具以及分析用户使用百度推广工具以及分析用户行为、爱好（我们考证人员关心什么词、我们心理咨询师爱好者关心的词等）来扩展关键词，然后把这些关键词对应前面的推广计划和推广单元进行分类，使用不同的关键词匹配方式帮助我们通过不同的方法来定位潜在人群。

③关键词投放：针对旺季和淡季投放时间不同，例如旺季投放的时间就会较长。

④创意撰写：每天对账号关键词进行广告语编写，创意的标题、创意的内容要写的让大家有点击了解的欲望。

⑤数据分析：核心关键词如果投放在第一位的话，通常会有很高的点击量，但是如果竞争非常激烈的话会导致点击价格也过高，预算在这样的情况下会消耗过大；这时，或许用较低的价格投放在第二、第三位也是不错的选择，但是这些都需要根据后台数据、根据关键词的转化率来调整，所以要每天关注推广后台数据，及时对数据进行分析，调整关键词、调整创意语。

2. 站外优化措施二

（1）具体内容：

①建立独立官方博客及小号博客。

②形成博客营销链轮环，并引入直接点流量到新网站。

（2）具体方法：根据不同人群选择不同博客、空间推广产品、服务。

①利用新浪博客、天涯博客进行华夏产品的宣传介绍、公司动态更新。

②百度空间、网易博客进行产品、服务类型长尾关键词发文推广。

③搜狐博客综合方面进行产品服务发文推广。

④和讯博客主要针对行业大客户、企业大客户人群进行细分产品宣传推广。

小结：所有的博客空间推广直观地传达华夏产品、服务、最新动态给我们的潜在人群。

【本章小结】

一个新电子商务项目的推出，在最初没有任何客户知道这个项目存在之时，必须对项目进行营销和推广。本章按电子商务项目推广的流程，从营销推广的目标开始讲述，然后分析了各种传统营销方法和网络营销方法的概念、特点、优缺点等。

【应用案例】

××公司网络推广计划方案

1　××公司网站概述及推广作用

1.1　网站概述

××公司网站(www.××.com)以公司产品为中心，重点突出××公司的研发生产优势，并辅以公司的招商引资，全方位地把××公司的产业链整合与产能优势，以及重点产品的研发制造能力推广出去，以配合公司未来三年营销战略方针，并且在公司 EA 销售，4S 服务模式与 BOT 投资运营的三大营销模式基础上，全面占领青岛，强势辐射山东，近而以点代面，以 4S 店招商加盟的方式，攻占全国市场。

1.2　推广作用

通过公司网站建设与推广，可以大大提高我们服务的响应速度，使各种资源得以整合和实现最大的优化，成为连接公司与客户、4S 加盟商与市场的一个开放而高效的交流平台，让客户尽享产业链一站式服务，进而树立企业形象、展示企业文化。

通过线上线下的宣传推广与市场开拓，国内国外市场开拓人员的不懈努力，最终使网站在公司发展壮大的过程中，完全发挥电子商务应有的优势与能力。使公司网站能达到资源与信息收集，客户与商情反馈，促进市场与产品开发，加速公司改制转型的多重成效，为公司创建全国城市美化行业内第一品牌而起到电子商务应有的作用。

2　目标客户分析

我们的产品不是买来后直接消费的，而是用来被其他人来使用或观看的，多是一种传媒传播、美化亮化的载体，客户群是以公司、工程项目或政府的名义来采购、招标为主，以公司客户为主，以订单工程类项目为主。

为了让目标客户更方便更快捷地找到我们，达成销售，就要对目标客户做些基本的分析，以做到知彼境界，更好地选择推广策略、方式与工具，更好地达到推广效果。

2.1　目标客户在哪里？

全世界范围内都有，应对公司发展战略来讲，现阶段目标客户在山东省内，重点是青岛地区，主要集中在基础建设、交通与户外公共设施、地产项目与户外广告领域。

2.2　目标客户会有哪些特点？

我们的客户主要包括：

(1)工程项目类客户，比如山东各地政府主导的河道治理、公园修建、景观大道，城市广场、地铁车站机场、地标性城市综合体类工程项目。

(2)渠道通路类客户，比如户外广告、文化传媒公司(LED 电子屏、广告机 O-Pad、数字标牌 DS-Pad、候车亭、广告灯箱、海报框等），交通与公共设施管建单位(指标牌、路灯路桩、垃圾桶、户外座椅、景观小品等)、地产置业开发公司(导向标示等)，酒店用品经销商，广告器材经销商，国外的街具贸易商等。

(3)直接终端类客户，比如金融机构、医院学校、社区物业、警务公安等。

(4)招标代理的机构，比如青岛市的各招标代理公司。

(5)EA 类客户，比如只购买一两个或一两种产品的公司、店铺门头类客户。

(6)同行类小客户，他们大都是些门头小店，没有规模与生产能力，他们有些做不了的产品也会成为我们的中间客户。

2.3　目标客户会在互联网上的哪些地方出现？

(1)搜索引擎：百度、Google、搜狗、有道等。

(2)B2B 网站：阿里巴巴、慧聪网、环球资源网、生意宝等。

(3)工程建筑园林类门户网站：筑龙网、中国建设建材网、中国园林网、工程项目招标网等。

(4)地方性分类信息网站：58 同城、赶集网、站台网、易灯网、普加网等。

(5)展会、展具租赁公司、装饰公司等。

2.4　目标客户用哪些方法寻找他们需要的产品和服务？

搜索引擎、网络广告、电话黄页等。

2.5　哪些群体会成为我们的目标客户？

城市街道改造、河道治理、公园绿化、新建经济区域、景观大道、户外广告平台、社区楼盘开发、物业管理、店铺门头、城市美化、展览展示宣传类的群体，会成为我们的目标客户。

2.6　目标客户的网络习惯？

目标客户经常去的网站、社区、论坛以及对搜索引擎的使用习惯；搜索引擎、B2B、分类信息网，专业性、行业性建筑园林类网站、专业性的户外广告门户网站。

2.7　目标客户的接受信息反应分析

主动搜索信息、对被动接受信息的反应分析。有需求时，会搜索相关信息，并打电话询价。

3　推广策略与推广目标

3.1　推广策略

从上目标客户分析与公司发展阶段来看，我们要做的网站就是以产品内容为主的营销型网站，所要开展的推广就是以公司网站为主的推广，建立以公司网站(产品中心)为核心，辅以搜索引擎、B2B、行业性网站、博客与分类信息网为层次的推广方式。

这是一个"内容为王"的电子商务时代，我们不是为了推广而推广，而是为了向我们的目标客户提供价值而推广，我们推广的重心在于内容，终点在于客户。

前期，网站建设与网站优化；

中期，SEO优化、付费搜索引擎推广、B2B平台推广（贸易平台推广）、博客营销、分类信息网推广等；

后期，间歇性付费搜索引擎推广、付费B2B推广、网站内容维修与继续优化。

推广工作是一个循序渐进，不断优化、改进、完善与深入的过程。建立网站很容易，时间可以控制，但做出好的网络推广，需要结合公司的发展战略，长期不懈努力的过程，它只有开始，但永远没有结束。

3.2 推广目标

通过广泛有效的推广，将××公司在行业内的影响力全面延伸到互联网的各个角落，建立全国范围内领先的街具、展具、广告器材产品中心，初期做到国内具有一定影响力的公司电子商务平台。

通过网站后台的访问统计工具，分析出目标客户的所在地、消费采购偏好、预测系数等，建立一定的统一的客户资源中心，收集重要的客户信息，对公司的产品研发与线下市场的开发提供数据与信息支持，并通过我们公司专业的产品与服务，为目标客户提供高效、快捷、实用的产品。

在青岛，使我们绝大多数潜在客户只要用网络搜索关于公司产品信息，都能很快找到我们公司，使公司EA单品销售有个良好的开端，并能有机会发展为4S客户；在山东省内，使潜在目标客户在利用专业搜索引擎搜索时，能及时快捷地得到公司的产品和服务信息，并能有效地转化为线下成交合作，发展4S客户。

在全国范围内，使重点省市的潜在目标客户能找到我们公司。

4 阶段性计划以及进度目标

网站推广永远重于网站建设，基本成本费用比在8∶2，时间投入比一般在9∶1。

推广计划分为四个阶段。

第一阶段：处于公司网站建设和测试优化期，主要包含的工作为网站建设、内容添加、产品资料上传、网站内部优化和SEO搜索引擎优化。

本阶段我们可以利用一些网站测试工具来对网站的整体性能与用户体验进行测试与优化，比如Google网站优化工具，WDG HTML Validator，W3C Markup Validation Service，W3C CSS Validation Service等网站测试工具。

进度及目标：优化调整阶段，时间控制在两个月内，为下一步的网络推广打好基础。

第二阶段：处于公司网站正式推出后的初期，主要工作包括国内外搜索引擎登录和导航网站的收录，向专业建筑与行业B2B网站上发布，公司产品的持续上传与资料的不断优化，关键词的调整、设置与优化等。

本阶段我们可以利用各大搜索引擎对公司网站的收取、链接、PR值等分析进行测试。

进度及目标：本阶段主要为公司网站的外部链接、内链链轮及反向链接数目的增加，目的为提高搜索引擎搜索的有效性和排名。时间控制在 1 个月内。

第三阶段：处于公司网站的主推期，主要工作为网站整合推广，包括各大 B2B 平台建铺推广、分类信息推广、本地公司网站推广、SNS 推广、博客 BLOG 推广、软文新闻推广、QQ 交流群、圈子、百度问吧、百科、线上线下整合设计等大量渠道推广。

本阶段，我们可以购买一些适用的工具软件，辅助我们进行网络推广，以提高工作效率与成果转化。

进度及目标：公司有效内容（产品与服务、品牌与口碑）的宣传将是一项长远的工作计划，也是吸引有效用户最直接的手段，是公司在明年发展中的重要动力，预计会给公司带来一大批优质客户资源，并能有效转化为成交和合作。在此阶段公司网站流量会慢慢增多，客户来电会越来越多。

第四阶段：网站进入持续稳定期、可维护期，包括友情链接策略、渠道网站联盟、同业与客户资源链接置换、线下 DM 手册推广、与客户联合推广和系统性的软文与新闻推广。

进度及目标：如何将公司现有的资源迅速整合和发展起来，是品牌推广，倚身公司对电子商务的深刻理解与应用，这是关键，也对公司对产品与服务品质的管理把控提出了新的更高的要求，要流程化服务，更要细节化管理，这也将是公司要向前发展，创建品牌，做好 4S 加盟招商工作的推广模式。

5 公司网络推广基本流程

5.1 网站优化与搜索引擎推广基本流程

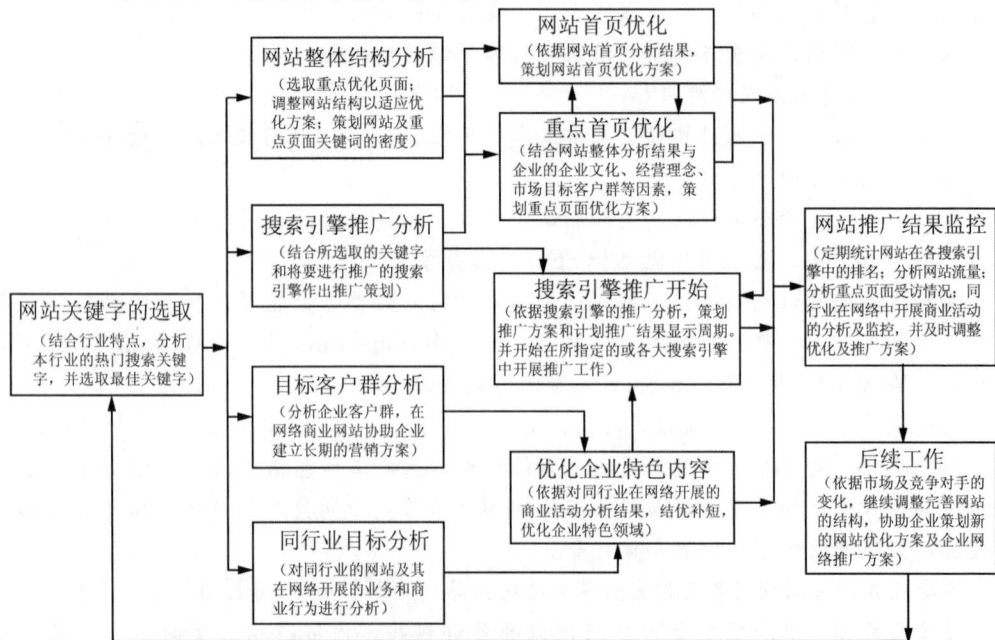

图 6-5 网站优化和搜索引擎推广基本流程

5.2　公司B2B平台推广基本流程

首先选择几个适合我们公司的B2B网站，然后在每个B2B网站上进行如下工作。

(1)注册一个免费账号。

(2)完善公司信息。

(3)发布产品信息。

(4)设置产品搜索关键词。

(5)定期更新产品信息。

(6)每天登录检查后台询盘。

(7)开发买家数据库。

(8)看公共询盘，有与我们产品相关的询盘，需要抢先回复，抢占先机。

(9)更新产品信息。

6　实施步骤及具体内容

第一阶段　网站建设及SEO优化：

1. 公司网站建设

(1)尽量按照用户习惯进行网站设计。

(2)页面必须有层次感，必要的文字要做一下突出的表现(例：加粗、文字变大或变颜色)。

(3)新闻或产品的一些内容，觉得在首页没必要放那么多，但又想要让用户知道后面还有的话，最好加一个更多，并把这个做一个修饰，让用户知道后面还有东西。

(4)页面模块间的内容联系保持合理，布局要符合逻辑，特别是主页的外部链接必须有较强的关联性和互补性，内容页之间的链接需要有必然的联系，这对于搜索引擎抓起网站更多页面起到致关重要的作用。

(5)尽可能少的去要求用户使用前进后退按钮，合理的选择链接页面是否在新窗口打开。

(6)少用图片作为栏目标题，尽可能让搜索引擎全方位的吸收页面的所有内容。

(7)网页的META标签的设计、页面标题(Title)的选择，这对于前期所做的公司关键词分析整理非常重要。统一完成网站所有页面的META标签、页面标题的设计。

(8)优化所有页面关键词和关键词密度比如对于"灯箱""候车亭""标牌"等关键词的调协等。适当增强公司网站首页、内容页的关键词密度，但不可在页面中重复过多，合理的按照页面内容出现，密度保持在5％以内(百度搜索引擎的关键词合理密度在2—8％之间)，合理的关键词密度对于增强搜索引擎对网页好感度、提升页面的权值起很大作用。

公司网站有效内容的引入工作包括：

• 企业信息的填充、尽可能多的发布可证明企业资信与成功案例信息。

- 产品信息及商机信息的填充，要专业、描述详细并完整。
- 资讯、新闻、行业动态与公司研发信息的完善。
- 人才招聘信息的填充，不时的发布人才招聘信息与人才要求。
- 招商加盟方案的搭建，图文相结合。
- 技术与工艺性专业知识的填充，在相关网页上给客户提供技术与工艺性方面的知识。

制作合理的站内地图和关键词列表：

为用户制作简单、一目了然的网站功能及模块列表，以及能提现出我们公司主要产品的关键词列表，尽可能体现我们公司网站的关键模块，如产品中心、研发产能优势、帮助中心、会员注册申请等，让用户更为快速的理解公司网站的主要功能和基本框架，让用户能及时寻找到自己所需要的内容。同时，为搜索引擎蜘蛛程序提供一个快速通道，让搜索引擎更好地来了解整个公司网站的架构布局，它可以顺着网站地图提供的内部链接来搜寻其他网页。

网站地图建设的内容包括：

- 为公司网站导航、栏目、功能以及部分关键内容，制作与网站内容重要性相关的网站地图索引。
- 为每个链接提供一些简短的描述语句，在描述中适当增加目标链接的关键词。
- 因为一般蜘蛛只抓取前三级页面，网站地图的内容尽量不采用过于深入的页面链接。

做好网站后，要进行前期的优化，这包括程序代码规范，多用静态编码，框架结构与网站架构三层模式与树形结构，站点地图与友情链接的应用等

2. 网站优化的关键流程

(1)网站结构优化。

- 树形结构，或称为金字塔结构。
- 清晰导航。

(2)关键词研究。

- 关键词分析。
- 网站关键词布置。

3. 页面优化

(1)网页代码优化，包括五个环节清理垃圾代码、HTML 标签转换、CSS 优化、JS 优化及表格优化。

(2)标题标签、关键词标签、描述标签的优化。

(3)内页与首页的链接处理。

(4)文本优化。

(5)ALT 文字，ALT 文字是指图片的替换文字。

(6)内部链接及锚文本。

4.网站更新的持续性

5.网站向搜索引擎提交

6.内部外部链接建设

7.网站流量分析

8.网站后期维护

第二阶段　网站推广

1.首先向搜索引擎提交收取。然后再进行适当的付费竞价排名

在有针对性的对公司网站进行优化后，便可开始全方位的外部推广，即开始向国内外搜索引擎及各大分类目录网站提交收录。

提交登录国内外搜索引擎：

(1)Google 搜索。

(2)Google 网页目录。

(3)百度搜索。

(4)百度网址站。

(5)百度 site 网站收录网址。

(6)搜狐、搜狗。

(7)爱问搜索。

(8)雅虎中国搜索。

(9)网易有道搜索。

(10)中国搜索。

(11)有道搜索。

(12)TOM 搜索。

(13)天网搜索。

(14)MSN/Bing 中文搜索。

国内外越来越多的网址导航站的出现，如 hao123、265、360 网址导航等，用户对导航网站的依赖性也越来越强，导航站也就成为网站吸引用户的一个有效的窗口，特别是具有很强针对性的行业导航站点，成为有效目标用户的庞大入口。

提交登录国内著名网址导航站及行业导航站：

(1)hao123：http://www.hao123.com/login.htm。

(2)2345 网址导航：www.2345.com。

(3)114la 网址导航：www.114la.com。

(4)百度网址导航：www.baidu256.com。

(5)百度网址大全：http://site.baidu.com。

(6)搜狗网址导航：http://123.sogou.com。

(7)雅虎网址大全：http://site.yahoo.com.cn/。

(8)好1983上网导航：www.hao1983.com。

(9)easy518网址导航：http://www.easy518.com/。

(10)金山网址导航：http://123.duba.net/。

(11)360安全导航：http://hao.360.cn。

(12)36网址大全：http://hao.36.cn/。

(13)qq网址导航：http://hao.qq.com。

(14)网站联盟：http://alexa.315top.com/shoulu.asp。

(15)全球B2B商贸网址导航：http://www.b2b99.com/。

(16)贸易人：http://www.maoyiren.com/。

(17)中国站长站：http://www.admin5.net/index.asp。

(18)网站收录网：http://www.n08.net/index.html。

(19)265自助链：http://link.265.com/index.html。

(20)生意宝行业网址导航：http://china.toocle.com/b2b_guide/。

(21)生意网址：http://123.toocle.com/。

(22)中国网大全：http://www.zgwdq.com/。

(23)中国设备网址导航：http://navigate.cnsb.cn/。

(24)富商中国网址大全：http://www.b2b123.org/。

(25)中国商业网址大全：http://www.360hy.com/。

(26)五金行业网址大全：http://www.360hy.com/hy/wj.htm。

(27)行业网址导航：http://www.hywz.com.cn/。

(28)勤加缘行业网址大全：http://daohang.qjy168.com/。

(29)互联265生意人网址大全：http://www.hl265.com/。

(30)66商业网址导航：http://www.66good.com/。

(31)0460网址之家：http://www.0460.com/site/hangyewangzhi.html。

(32)360网络黄页导航：http://www.net114.com/site/。

(33)中国B2B网站大全：http://www.0086b2b.com.cn/。

(34)鲁班路建筑网站大全：http://www.lubanlu.com/。

2.B2B推广(贸易平台推广)和分类信息网推广

专业的B2B，国家有很多家，我们可以注册建店，发布公司产品信息。全行业性质的平台举例如表6-5所示。

表 6-5　专业的 B2B 平台列表

环球资源网	阿里巴巴	慧聪网	世贸无忧网
亚商服务通	中国制造网	中国商品网	买麦网
闽南商贸网	中国义乌小商品网上商城	制造网	商国互联
中国 114 百事通	中国优秀企业网		

垂直性的建筑建材 B2B 平台举例如表 6-6 所示。

表 6-6　垂直性的建筑建材 B2B 平台列表

中国环保建材网	中国建材第一网	西部建材网
筑龙网	中国玻璃会员网	世界建筑建材总网
网易土木在线	中国建材信息总网	中国建设招标网
中国建材网	中国建材电子商务网	大陶瓷网·中国

还有一些与广告 B2B 相关的平台，如中华广告、中国广告设备网、中国广告网、中国广告门户网等。我们要在这些平台发布信息与广告。

第三阶段　产品信息的优化与推广

公司网站面向的用户群体是政府、广告、地产类企业或是带有工作性质的个人，而搜索引擎所带来的用户繁杂多样、目的性不强，而我们需要的是更为有效的访问量，有效的访问量才能生成极高忠诚度的用户群体，因此，网站有效内容宣传，有针对的对网站的用户群进行广泛的宣传也是我们进行宣传的重要渠道，包括 B2B 推广、分类信息网推广，BOLG 推广、软文推广、网络广告及部分活动宣传：

1. 分类信息网推广

现阶段，分类信息网的应用已经是如火如荼，对于本地区的信息检索与应用，分类信息网扮演着越来越重要的角色。比如，在我们青岛地区，如果你想租房，转卖二手货，找一家灯箱制作公司，那么最有效的方式便是去像 58 同城，赶集网，普加网这样的分类信息网站了。

分类信息网的广告优势是非常明显的。

便捷性：分类信息是一种按钮广告，网民在网上获取信息是主动的，只要对某种产品或服务感兴趣，仅需轻按鼠标就能进一步了解更多、详细的信息，从而使网民能够按照自己的选择亲身体验产品、服务。

精准性：分类信息是典型有自己阅读率的广告，在 Internet 上，可以通过访客流量统计系统精确统计出每条分类信息的浏览次数，这些量化的销售数据有助于广告主正确评估广告效果，审定广告投放策略。

海量性：分类信息讲究规模性，报纸分类信息因为报纸版面有限，不能提供更多和更详细的信息。而网络分类信息的信息容量几乎无限，尤其是网络分类信息还利用超级链接，可以使用详细的分层类目，构建庞大的数据库，提供最详尽的广告信息。

成本可控性：分类信息网采取的赢利模式不是像搜索引擎那样的竞价排名，而是只要购买一个时期的服务，就可以永远排名在第一位，而且费用成本低。像58同城，赶集网，易登网，普加网等，费用成本都可控制，而且保证都是青岛本地做推广，或是山东各地做推广。

2. 博客Bolg、日志平台推广

在各大博客网站建立Bolg空间，作为公司网站宣传的渠道之一，并作为发布公司网站各种宣传性文章的平台，Bolg推广的主要工作内容如下。

选择博客门户：百度空间、新浪博客、网易博客、阿里巴巴商人博客、中国博客企业博客、筑龙博客。

(1)建立以公司网站命名的Bolg空间，并将用户名称设定为公司网站代表性的文字。

(2)定期在Bolg中发布公司网站相关的日志内容，如公司网站招商文案、介绍性文字等。

(3)在个文章日志中加入相关内容的关键词或与Bolg背景色相同的地址链接，提高各大搜索引擎的搜索率。

(4)并建立公司网站相关的交流群体，如博客圈子等适当进行口碑宣传。

(5)博客内容20％用在公司产品与公司动态上，80％用在与公司产品相关的行业商情、技术研发、创意产品上。

3. 贴吧类推广

包括百度贴吧、百度知道、百度百科、雅虎知识堂、新浪爱问推广渠道，目前来说，该宣传渠道是个人网站推广成本最低、效果最高的手段，百度贴吧、百度知道、百度百科等推广将会更容易被百度搜索引擎所收录，且排名更加靠前。

但在这些渠道推广也不是任意发布广告及可完成的，必须注意以下几点。

(1)不要推广整站，应该推广站中最有价值的内容，最好是咨询或询问性的问题，或是技术性的问题。

(2)我们要站在浏览者的角度去加标题。大家知道内容的标题一般是吸引用户的关键，如果我们的标题不适当，那么再好的文章，也难以引起别人的注意。

(3)最好能够在有效帮助浏览的同时对自己的内容进行推广。

4. 软文推广

定期不定期的制作几篇软文，或是邀请记者前来采访，与一些网站或报纸合作投放，软广告的作用是非常好的。

(1)性价比高：成本一般是硬性广告的5％。

（2）更具公信力：新闻营销就是以新闻的视角、新闻的表现形式，完整、清晰地将真实、可靠的新闻事件向公众阐述清楚。并被多家媒体转载、报道，这样就更容易被客户所接受，所信赖。

（3）内容完整：新闻文章可以将时间完整的报道、阐述，图文并茂，使得客户对时间信息能够进行全面、完整的了解。

（4）多点传播：好的软广告新闻易被转载，可进行二次或多次传播。

（5）客户广泛：由于新闻的真实性和时效性，人们更愿意关注，因此客户更为广泛，包括消费者，投资者，媒体记者、编辑等。

5. 活动大赛与宣传

活动宣传也是一种很好的宣传方式，不过不是什么活动都能够有效果的，想有很好的效果，就必须有很好的策划。首先必须明确活动的主题需要有强烈的吸引力，必须符合用户的口味，让用户能够快速融入活动中，必要时可以适当做引入帮助，营造出广泛的声势，就算用户不参与，也能给用户留下较深的印象。比如举办街具设计全国大赛，或是联合全国各大资源举办行业论坛或展会等。

6. 网络广告投放或搜索引擎竞价排名

网络广告投放虽然要花钱，但是给网站带来的流量却是很客观的，也是目前最好的推广方式。我们可以在一些同业专业性的 B2B 网站上进行广告宣传，比如中国标牌网、中国广告设备网、中国建筑网等。

搜索引擎竞价排名推广，费用是按效果来收费的，但是如果选择的是热门关键词，推广费用是很大的，所以不建议我们公司在做搜索引擎推广时，选用与公司产品最相关的热门关键词，那样会造成以下结果。

（1）被竞争对手恶意点击。

（2）被搜索引擎广告联盟网站恶意点击。

（3）被搜索引擎地方代理商的员工恶意点击。

（4）被公司上游供应商的销售人员恶意点击。

最终的结果是，费用很高，但效果却很低。所以，我们要选择组合式的关键词，单次点击费用低，推广也有效果，还可以规避以上的恶意点击行为。

目前来说搜索引擎的竞价排名中，用的最多的是百度和 Google，目前此两个搜索引擎都有收费服务，当然也有免费登录。对于收费服务，根据自己的情况选择。百度是每下点击最低 0.76 元。Google 每下点击最低 0.5 元，搜狗是最低 0.5 元。

这要求我们对公司产品的关键词设置非常重要，热门关键词不选择，核心组合式关键词选择 20～50 个，长尾组合式关键词选择 150 个以上，有效的关键词设置，可以降低成本，提高推广效果。

根据我们公司的发展规划，明年工程项目主要在青岛地区，而电子商务是面对整个全国市场的，做搜索引擎竞价推广，可以把地域选择在山东地区，时间定在每天的上午9:00—11:30，下午为14:30—18:00，每周推广5天，每天的推广费用定在50～100元，这样可以有效控制费用。

一旦做了搜索引擎推广，我们的排名出现在第一页或第二页的前10位即可。

点击我们的推广链接的，大部分是潜在目标客户，还有一部分是我们的竞争对手，也有可能出现竞争对手恶意点击的行为。

第四阶段　网站渠道及上下游网站的整合

友情链接策略。网站链接的相关性是网站提升网站PR值，提高网站Alexa国际排名的重要指标。另外还有助于网站在等搜索引擎种的排名。特别是对与Google来说，大量的有效外部链接或是反向链接将更加容易让蜘蛛程序找到我们的网站。

7　推广工作人员安排

电子商务总监由×××负责，具体实施公司电子商务战略规划，目标制定、计划实施，项目监督、绩效考核、员工培训、管理部署与部门协调等工作。

营销推广岗位由×××负责，具体负责网站技术维护、网站优化、SEM、博客营销与B2B平台推广等工作。

在线客服岗位由×××负责，负责在线零售，与客户的沟通、联络、订单处理等工作。

美工设计岗位由×××负责，负责公司产品图片的平面美化与设计工作，产品内容整理编辑，上传公司网站，并兼职产品摄影等工作。

8　推广效果预估与费用预算

8.1　推广效果预估

推广效果预估及指标将在推广正式开始后，对各工作人员的推广工作进行评估。

网站建设与网站优化阶段。可以有专门的工具或是人为的搜索测试来评估。

网站建设完成之后，更重要的是对网站的推广，而网站推广是一个长期的过程。因此，在某个阶段内，就要对网站进行推广的效果评估。例如：

(1)如网站访问量增加。

(2)网站排名、关键词排名上升。

(3)网络品牌的提升。

(4)在线用户注册数量增加。

(5)促进线下销售的增长。

(6)直接产生销售。

不同阶段方法要有具体的实施方法和评估方法与标准。

8.2　推广费用预算

(1)网站建设费用：每年3万～5万元。

(2)搜索引擎竞价排名费用：每年 2 万～5 万元。

(3)B2B 平台服务：每年 0.5 万～1 万元。

(4)分类信息网广告：每年 0.3 万～0.6 万元。

(5)推广软件费用：每年约 0.2 万元。

(6)电子商务工作人员费用：每年 8 万～12 万元。

(7)其他：每年约 1 万。

我们选择一个目标客户经常使用的搜索引擎进行针对性的优化和广告投放，把有限的资源放在最能创造效益的地方。另一方面可以在行业商贸网站上进行供应信息的发布，对网站的访问量有一定的促进，又能够增加链接量，提高网站在搜索引擎的排名，这样做是更有效地控制我们的成本费用。

9　网络推广工具选择

好的适合我们用的推广工具，可以引起事半功倍的效果，提高推广工作效率与效果。以下是目前常用的网络推广工具：

(1)百度指数搜索。

(2)百度关键词分析工具。

(3)站长工具之关键词挖掘。

(4)站长工具之网络推广必备工具。

(5)书生商友。

(6)商务先锋 2012。

(7)超级采集与超级管家。

(8)百度白金竞价助手。

(9)蜗牛精灵 SEO 优化。

(10)亿奇 SEO 工具免费版。

【实验内容】

1. 结合本章内容，对"掌上门诊"项目选择合适营销推广方法。

2. 结合本章内容，对"掌上门诊"项目编写具体策划方案。

第7章
电子商务项目经济效益分析与资金筹措

【开篇案例】

小王接到的任务

一天老板对小王说："最近看了老吴写的儿童物品交换平台，很受启发，我想做这么一款产品，解决孩子间用过的图书、玩具和衣服的再利用问题，你回去想下，分析下这款产品需要投入的成本以及会带来的效益，一周后给我分析报告。"然后小王就苦思冥想了……

从何处下手呢？有时老板闪过一个思路，员工需要分析这个思路，研究它的成本和收益，给老板一个正确的建议。那么，产品的成本估算需要从哪些方面入手呢？效益又该从哪些角度分析呢？

7.1 电子商务成本及估算

7.1.1 电子商务项目成本

1. 电子商务项目成本的构成

电子商务项目的成本是指为实现项目目标而开展各项活动所耗用资源的货币总和。根据划分标准的不同，项目成本的构成也不同。

(1)按与项目的形成关系划分。

①项目直接成本，主要是指与项目有直接关系的成本，是与项目直接对应的。主要包括以下两方面：

a)直接人工成本，如项目工作包含的工人的工资、职工福利费和劳动保护费等；

b)直接材料成本，如在项目实施过程中直接从事工程所消耗的、构成工程实体或有助于工程建成的各种材料、结构件的实际成本，以及周转材料的摊销及租赁成本。

②项目间接成本，是指与项目的完成没有直接关系，成本的发生基本上不受项目业务量增减影响的成本。间接成本主要包括筹资成本费、税金及项目管理成本，如人工费、固定资产使用费、办公费、差旅费和保险费等。

(2)按项目生命周期阶段划分。

①项目决策和界定成本，是指在项目启动过程中，用于信息收集、可行性研究、项目选择以及项目目标确定等一系列分析决策活动所消耗的成本。

②项目设计成本，是指用于项目设计工作所花费的成本，如项目施工图设计成本、新产品设计成本等。

③项目资源获取成本，是指为了获取项目的各种资源需要花费的成本，如对于项目所需物资设备的询价、供应商选择、合同谈判与合同履约等的管理所发生的成本(人力、物力、财力)，但不包括所获资源的价格成本。

④项目实施成本，是指为了完成项目的目标而耗用的各种资源所发生的成本，是项目总成本的主要构成部分。项目实施成本具体包括人力资源成本、物料成本、设备成本、顾问成本、其他成本以及不可预见成本等。

2. 电子商务项目主要的费用要素

(1)人工费用。人工费用这是指在项目中工作的各类人员的报酬。它包括项目施工、监督管理和其他方面人员(但不包括项目业主/客户)的工资、津贴、奖金等全部发生在活劳动上的成本。

(2)物料费用。物料费用是指项目组织或项目团队为项目实施需要所购买的各种原料、材料的成本，包括项目进行中所使用的或项目结束后成为最终产品组成部分的各种原材料的价格。如油漆、木料、墙纸、灌木、毛毯、纸、艺术品、食品、计算机或软件等。

(3)设备费用。项目组织为实施项目会使用某种专用仪器、工具，不管是购买这种仪器或设备，还是租用这种仪器和设备，所发生的成本都属于设备费用的范畴。

(4)顾问费用。顾问费用又叫作分包费，是指当项目组织或团队因缺少某项专门技术或完成某个项目任务的人力资源时，他们可以雇用分包商或专业顾问去完成这些任务。为此，项目就要付出相应的顾问费用。

(5)不可预见费用。项目组织还必须准备一定数量的不可预见费用(意外开支的准备金或储备)，以便在项目发生意外事件或风险时使用。例如，由于项目成本估算遗漏的费用，由于出现质量问题需要返工的费用，发生意外事故的赔偿金，因需要赶工加班而增加的成本等。

(6)其他费用(如保险、分包商的法定利润等)。不属于上述科目的其他费用。例如，项目期间有关人员出差所需的差旅费、住宿费、必要的出差补贴、各种项目所需的临时设施费等。

3. 电子商务项目成本的构成要素

电子商务项目在整个生命周期的概念、规划、实施和收尾各个阶段以及项目建成后的运营过程中都需要投入大量的人力、物力和财力。期间人员、技术、设备和材料等的投入都构成了电子商务项目的成本。按照项目生命周期来分析电子商务系统的成本，可分为规划建设成本与运行管理成本两部分(见表 7-1)。

表 7-1　电子商务项目成本的构成要素

类别	项目所处阶段	构成要素
规划建设成本	系统规划费用	调查分析
		方案设计
	系统建设费用	软硬件购置费用
		ISP 服务费用
		系统开发费用
运行管理成本	运行费用	网站推广费用
		人员费用
		耗材费用
		域名、通信线路等费用
		安全费用
	管理费用	系统完善费用
		系统纠错费用
		数据更新费用
		岗位培训费用

4. 影响电子商务项目成本的因素

影响电子商务项目成本的因素有很多，主要包括以下 4 个方面。

(1)项目工期。项目成本与项目工期直接相关，随着工期的变化而相应地发生变化。

一般来说，当项目工期缩短时，项目成本会随之减少；但是，当项目工期被拖延时，项目成本也会增加。

(2)项目质量。它表示项目能够满足客户需求的特征和性能。显然，项目成本与项目质量成正比例关系。项目质量要求越高，项目成本也就越高；项目质量要求越低，项目成本也就越低。

(3)项目范围。它是影响项目成本的最根本因素。一般来讲，项目需要完成的活动越多，项目成本就越高；项目需要完成的活动越复杂，则项目成本也越高。

(4)项目耗用资源的数量与单价。项目成本与项目所耗资源的数量和单价成正比例关系。在这两个要素中，项目所耗资源的数量对项目成本的影响较大，对项目来说，资源的数量是内部因素，是相对可控的；而资源的单价则是外部因素，是相对不可控的。

7.1.2　电子商务项目成本估算

1. 电子商务项目成本估算的概念

电子商务项目成本估算是指为了电子商务实现项目的目标，根据项目活动资源估算所确定的资源需求，以及市场上各项资源的价格信息，对电子商务项目所需资源的全部成本进行的估算。

一般而言，编制电子商务项目成本估算包括如下 3 个步骤：

(1)识别和分析电子商务项目成本的构成要素，即项目成本由哪些资源项目组成。

与一般的项目不同的是，电子商务系统在经过系统规划、建设、投入运行后，需要进行推广，因而电子商务项目的成本构成除了要考虑规划、建设、运行费用，还要考虑推广费用，具体的成本构成要素如表 7-1 所示。

(2)估算每项项目成本构成要素的单价和数量。

(3)分析成本估算的结果，识别各种可以相互代替的成本，协调各种成本的比例关系。

【延伸阅读 7-1】

芬芳鲜花店位于广州天河区，为了使花店能够突破实体地理距离和地城的限制，吸引广州市天河区以外的鲜花需求，为花店带来新的业务增长点。芬芳鲜花店决定开通网上鲜花店，网站提供的在线订购和个性化服务功能实现了实体花店不能做到的事情，更好地满足了客户的需求。芬芳网上鲜花店的成本包括系统规划、软硬件系统购买、网站系统开发、网站推广、网站运营/维护等几部分费用，共计 786 900 元，其中计算系统运行管理费用的时间是从系统建成后到投入运行一年的这段时间，具体见表 7-2。

表 7-2　芬芳网上鲜花店的成本估算

成本项目		金额(元)
系统规划建设	用户需求分析与调研	3 000
	系统方案设计	6 000
	软硬件购置及基础设施费用	8 0000
	ISP 服务费用	3 000
	系统开发费用	30 400
系统规划建设费小计		122 400
系统运行管理	网站推广费用	30 000
	人员费用	100 000
	鲜花包装耗材费用	400 000
	域名费用	100
	系统维护完善费用	10 000
	岗位培训费用	2 000
系统运行管理费小计		542 100
合计		664 500

2. 电子商务项目成本估算的依据

电子商务项目成本估算的依据如下。

(1)范围基准。范围基准包括已批准的详细项目范围说明书、工作分解结构等内容。

(2)项目进度计划。决定项目成本估算的主要因素是资源的类型和数量，以及这些资源用于项目工作的持续时间。活动资源估算涉及确定完成计划活动所需人员、设备和材料的数量及其可用性。因此，计划活动资源及其各自的持续时间是项目成本估算过程的主要依据。它和成本估算紧密联系。如果项目估算考虑了包括利息等的融资成本和在计划活动持续时间内按时间使用资源，则活动持续时间估算将影响项目成本估算。计划活动持续时间也能影响对时间敏感的活动成本估算。

(3)项目人力资源计划。项目人力资源计划中的项目人员的属性和人工费率等信息都将是编制项目成本估算的必要组成部分。

(4)风险登记册。在编制项目成本估算时，项目团队应考虑项目风险应对方面的信息。风险对计划活动和项目成本都会产生很大的影响。作为一般规律，当项目遭遇不利风险时，项目成本几乎总是增加，而项目进度也将会延误。

(5)项目的制约因素。

①市场条件。在市场中从何处、在何种条件和条款下能够得到何种产品、服务等。

②商业数据库。商业数据库可跟踪反映技能和人力资源成本，提供材料和设备的标准成本。从商业数据库经常可获得资源成本率信息。公布的卖方价格清单是另外一种数据来源。

(6)组织积累的相关资源。在编制项目成本管理计划时，将考虑现存的正式和非正式的计划、方针、程序和指导原则，考虑选择使用的成本估算工具、监测和报告方法。

①成本估算方针。一些项目组织已预先定义了项目成本估算的方针，所以项目成本估算应在其已有的项目成本估算方针所确定的边界范围内操作。

②成本估算模板。有些组织已经建立了可供项目团队使用的模板(或格式标准)。同时，根据这些模板的应用领域和以前项目的使用情况，项目组织还将对这些模板进行持续改进，以便更好地服务于后续的项目成本估算工作。

③历史信息。从组织内部的不同部门所获得的与项目产品和服务有关的信息将影响项目成本估算工作。

④项目文档。组织以前项目实施过程和活动的相关记录将对编制项目成本估算提供帮助。

⑤项目团队知识。项目团队成员在项目成本估算方面积累的知识和技能将对编制项目成本估算提供帮助。

⑥吸取的教训。项目团队在项目成本估算工作上积累的经验将对编制项目估算提供帮助。

3. 电子商务项目成本估算的方法

电子商务项目成本估算的常用工具和方法有：自上而下估算，参数模型估算法，自下而上估算，应急储备金分析，项目成本管理估算软件，供应商投标分析，最小、最大和最有可能的估算以及按阶段的估算。

(1)自上而下估算法。自上而下估算法也叫类比估算法，其过程是由上到下一层层地进行的，它是一种最简单的成本估算方法。根据项目管理人员的经验和判断，再结合以前相关类似活动的历史数据，管理人员估计项目整体的成本和子项目的成本，把这个估计的成本给底层的管理人员，底层管理人员再对任务和子任务的成本进行估计，最后到最底层。该过程和自顶向下进行工作分解结构的分解很相似。图 7-1 所示的是自上而下成本估算法。

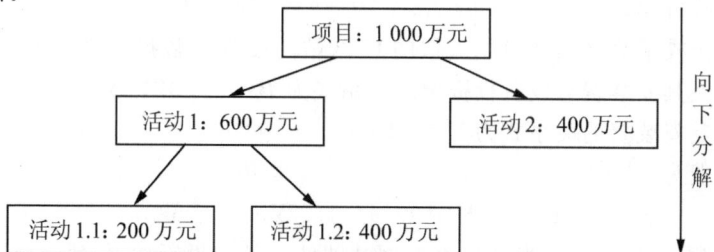

图 7-1 为自上而下成本估算法示意图

自上而下的依据主要是历史的同类项目的成本。参考同类项目的成本是人们对新项目的成本估算最常使用的方法，虽然历史不会重演，但也会有惊人的类似。一个组织进行的同类项目越多，那么进行该类项目的成本估算就越准确。通过和历史同类项目的比较，比较需要进行估算的项目在规模、范围和难度等方面和历史项目的不同，管理层就能大致估算项目的成本。

自上而下估算的主要优点是：管理层会综合考虑项目中的资源分配，由于管理层的经验，他们比较能准确地把握项目的整体需要，能够把预算控制在有效的范围内，并且避免有些任务有过多的预算，而另外一些任务被忽视。

它的主要缺点是：如果下层人员认为所估算的成本不足以完成任务时，由于在公司地位的不同，下层人员很有可能保持沉默，默默地等待管理层发现估算中的问题再自行纠正，而不是试图和管理层进行有效的沟通，讨论更为合理的估算。这样会使得项目的执行出现困难，甚至是失败。

（2）参数模型估算法。参数模型估算法是一种比较科学的、传统的估算方法。它是把项目的一些特征作为参数，通过建立一个数学模型来估算项目成本的方法。在估算成本时，参数模型估算法只考虑对成本影响较大的因素，对成本影响较小的因素则忽略不计，因而用此法估算的成本精确度不高。

采用参数模型估算法时，如何建立一个合适的模型，对于保证成本估算结果的准确性非常重要，为了保证参数模型估算法的实用性和可靠性，在建立模型时，必须注意如下几点：

① 用来建模所参考的历史数据的精确性。

② 用来建模的参数是否容易量化。

③ 模型是否具有通用性。

例如，某网站建设项目的硬件设备已经选定，其他活动还未设计，所以采用参数模型估算法来估算该项目的硬件设备及其安装成本。通过分析，设计该项目的成本估算模型如下：

$$Y = EW$$

式中，Y 为新项目所需要的投资额；E 为参数（通过以前的历史数据分析得到）；W 为已知项目的投资额。

假设已知与被估算网站建设相类似的 G 网站的硬件设备投资额为 W；又已知 G 网站的硬件设备及其安装费与设备投资额的关系式为 $B = 1.22W$；又已知 G 网站总建设费与硬件设备及其安装费的关系式为 $Y = 1.54B$。

则总建设费为

$$Y = 1.54B = 1.54 \times 1.22W = 1.88W$$

此时的参数 E 为 1.88，当获知了 G 网站硬件设备的投资额 W 后，就可以估算出新项目的总建设费。

（3）自下而上估算法。自下而上估算法，也称工料清单估算法。首先估算其各项活动的独立成本，然后将各项活动的估算成本自下而上汇总，从而估算出项目的总成本（见图 7-2）。

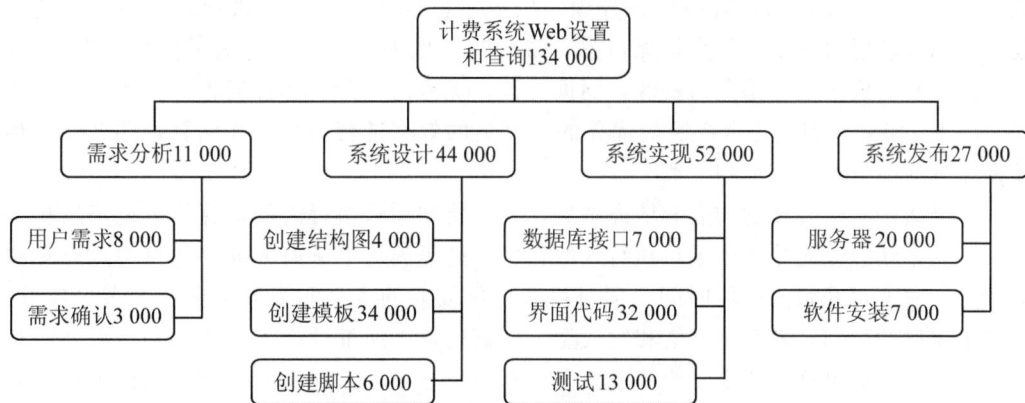

图 7-2　计费系统成本自下而上估算

采用自下而上估算法估算电子商务项目成本时，由于参加估算的部门和需估算的活动较多，有必要将各项活动资源的度量单位量纲加以统一。自下而上估算法的优点在于它是一种参与管理型的估算方法，与那些没有亲身参与工作的上级管理人员相比，基层管理人员往往对资源的成本估算有着更为准确的认识。另外，由于基层管理人员直接参与具体的成本估算工作，还可促使他们更乐于接受项目成本估算的最终结果，从而提高了项目成本估算工作的效率。

实际工作中，自下而上估算法应用得却非常少，上层的管理人员一般都不会相信基层管理人员所收集和汇报的成本估算信息，认为他们会夸大自己所负责活动的资源需求，片面强调自己工作的重要性。另外，有些高层管理人员认为项目成本估算是组织控制项目的最重要工具，从而不信任自己下属的工作能力和经验。

自下而上估算法的最大缺陷还在于，该方法存在着一个独特的管理博弈过程。基层管理人员可能会过分夸大自己所负责活动的成本估算，因为他们担心因日后的实际成本高于估算成本而受到责罚，同时也期望因实际成本低于估算成本而获得奖励。而高层管理人员则会按照一定的比例削减基层人员所作的成本估算，从而使得所有参与者陷入博弈怪圈。显然，无论采用自上而下还是自下而上的估算方法，管理层和项目执行人对任务的执行所需要的资源和资金都有自己的估算。一般来说，在实际中，总是管理层的估算要比项目执行人要乐观一些。首先，管理层往往不了解工作的细节，容易低估工作中可能遇到的实际困难和问题。其次，管理层会一厢情愿地估计任务的成本，以适应市场或者上层管理者的要求；而作为项目的实际执行者，则为了保险起见，倾向于多估算项目的成本。

管理层和项目执行人之间的协商能够把双方的估计成本拉近，双方越坦诚，那么双方的成本估算就越接近。不幸的是，许多组织管理层和项目执行者在项目的成本估算上从来不进行协商和沟通，管理层估算项目的成本，这个估算值在执行的过程中不断突破，直到管理层对成本的提高忍无可忍，最后甚至取消项目。对于电子商务开发项目，由于最主要的成本之一是人力资源，而据统计，优秀的程序员和普通程序员的效率可达到 10∶1，如果管理层完全按照最优秀的程序员的效率进行项目成本估算，那么就很难和程序员的项目成本估算相一致了。

如果在进行了有效的沟通和协商之后，管理层和项目执行人的估算值可能仍然相差较大，那么就应该充分考虑项目执行人的估算。这是因为电子商务软件项目的建设有如下特点：在项目开始前一段时间，项目投资人所投入的资金和资源不能产生多少效益，而到了项目的后期，各个子系统相继成型，项目投资人所继续投入的资金和资源则能立即产生效益，如果这时候由于成本超出了估算而停止投入，那么电子商务软件项目可能一事无成。而对于其他一些项目后期所产生的效益并不明显的项目，即使采用管理层的估算值，当项目后期超出成本估算而减少投入时，项目的损失相对电子商务软件项目类型的项目而言较少，项目执行人也比较能够接受。

（4）应急储备金分析。很多项目团队将在项目的成本估算过程中预留一些应急储备金，但这或许会夸大项目计划活动的估算成本。应急储备金是由项目经理或项目团队自由支配的成本，可用来处理项目不确定的事件，它也是项目范围和成本基准的一部分。应急储备金一般分为实施应急储备金和价格保护应急储备金两类。实施应急储备金用于补偿估算和实施过程中的不确定事件；价格保护应急储备金用于预防通货膨胀和价格波动所造成的不确定事件。应急储备金的分类如图 7-3 所示。

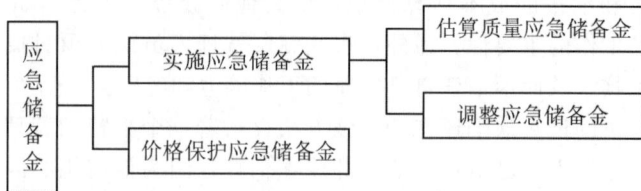

图 7-3　应急储备金的分类

实施应急储备金包括估算质量应急储备金和调整应急储备金。估算质量应急储备金主要用于弥补由于预算过程本身的不完善所造成的不确定性，如预算时间过短、预算人员缺乏经验或计算出现误差等，可以通过以往项目的历史资料来估算这部分应急储备金提的数量，或者估算出应急储备金占直接材料、直接人工、其他直接费和间接费等之和的百分比。

一般情况下，一个项目需要多次试运行和调整才能达到设计的要求。调整应急储备金主要用于支付试运行和调整期间的各项成本，如系统调试成本、某零部件的返工成本和重新组装成本等。

价格保护应急储备金用于补偿询价和实际订货期间隐含的通货膨胀因素。在项目报价有效期届满之后、实际订货之前，供应单位有可能会因为通货膨胀而提高价格。成本估算人员应该预测价格上涨的幅度，把有可能增加的部分列入价格保护应急储备金。

例如，某网店需要购买一批计算机，向若干厂家询价，报价最低者为1万元，有效期为30天。项目从收到报价、编制出项目成本估算到预期购买这批计算机要4个月时间。届时，厂家报价失效，价格可能上涨，尤其是在通货膨胀时期。假设这段时间的年通货膨胀率为10%（每月为0.83%），试估计这批计算机的价格保护应急储备金。

解：该批计算机的价格保护应急储备金为：

$$0.83\% \times (4 - 30/30) \times 10\ 000 = 249(元)$$

（5）项目成本管理估算软件。项目成本管理估算软件可以简化一些成本估算工作，便于进行各种成本估算方案的快重计算。

（6）供应商投标分析。如果项目需要采用竞价方式对外招标，则项目团队需要根据合格供应商的投标文件进行成本估算工作，审查每项可交付成果的价格，以便得出该子项目的最终成本数额。

（7）最小、最大和最有可能的估算。面对电子商务项目开发建设过程中的许多不确定因素，无论是经验丰富的实践家还是满腹经纶的理论家，在项目开始实施之前，都不可能做到准确的估算。所以在项目的成本估算中，常常采用有范围的估算，即给出项目的最小成本估算、最大成本估算和最有可能的成本估算。这3个值供项目的出资人或者管理层作为项目决策的参考。如果项目的最小成本估算也要比组织能够提供的要多得多，那么项目就必须进行重新估计和判断，表7-3就是采用这种估算法的示例。

表7-3 项目估算的最小值、最大值和最有可能值

成本因素	最小成本估算（元）	最大成本估算（元）	最有可能的成本估算（元）
服务器（固定值）	9 000	15 000	12 000
软件许可（固定值）	7 000	14 000	11 000
系统设计	7 000	15 000	9 000
系统实现	20 000	36 000	27 000
系统测试与调试	14 000	37 000	20 000
文档	3 000	9 000	5 000

在实践中，管理层往往不喜欢接受这样的估算方式，他们会认为这种估算是不负责任和难以确定的。管理层希望项目负责人能给出确定的估算成本，这个时候项目管理员往往迫于压力，或者不知道如何和管理层沟通，而被迫给出一个让管理层满意的估算值。这样做的结果是往往把项目管理员自己推上了一条绝路：为了给管理层满意的估算值。项目管理员的估算就必须进行乐观的估计，可在电子商务开发项目实施的过程中，有些困难所需要的成本、有些风险和项目人员的离职给项目带来的成本增加往往远远大于项目管理者的乐观估算。项目管理人员应该坦率地和管理层沟通，把自己乐观的估计、悲观的估计和最有可能的估计所依据的原因提交给管理层，让管理层对当前项目的成本估算有全面的了解，同时让管理层知道，这种估算有一个逐渐细化的过程，以争取管理层的支持。

(8)按阶段的估算。电子商务项目的复杂性决定了有时候无法准确地估算整个项目的成本，很多时候，项目是否能够成功都是一个问题。这也并非说项目成本估算无路可走，可以采用按照阶段估算的方式。

这种方式对客户的好处在于客户可以在每个阶段来考察项目的进行情况和成本使用情况，以决定项目是否继续进行。

4. 电子商务项目成本估算的结果

电子商务项目成本估算的结果主要包括项目成本估算、项目成本估算依据和更新的项目文件3个文档。

(1)项目成本估算。项目成本估算是对完成项目的各项工作所需的成本进行量化，既可以是对成本总额的估算，也可以是分项的估算。成本估算应涵盖项目各活动所需的全部资源(包括人力、财力和物力，并考虑通货膨胀或意外事项等)。成本计量通常以货币单位(如人民币、欧元或美元等)表示。

(2)项目成本估算依据。由于应用领域差异，项目成本估算时所采用的数量计量尺度和所依据的信息类型会有所不同。项目成本估算所依据的信息应是清晰的、专业的、完整的，其体包括以下几个方面。

①活动工作范围的描述。

②项目成本估算编制的依据。

③所作假设的文字记载。

④制约条件的文字记载。

⑤关于估算范围的文字记载。

(3)更新的项目文件。在进行项目成本估算时，可能还需要根据情况对风险登记册等文档进行更新。

7.2 电子商务经济效益分析

企业通过电子商务项目获得的效益可以从直接经济效益和间接经济效益两方面进行分析。

7.2.1 直接经济效益

直接经济效益是指电子商务系统建成运行后所产生的经济效益。电子商务的直接经济效益主要包括以下几部分。

(1)扩大销售量。通过电子商务，企业产品可以打破地域限制，有更多的市场空间和交易机会，能够扩大销售量，为企业获取更多的利润。

(2)时效效益。通过电子商务能够使商务周期加快，使商家提前回笼资金，加快资金周转，使单位时间内一笔资金能从事多次交易，从而增加年利润。

(3)销售广告版位。电子商务系统的网站可以出售广告版位来获得利润，这需要电子商务系统的网站知名度高。

(4)降低管理成本。电子商务通过使用电子手段和电子货币等，大大降低了管理的书面形式的费用。

(5)降低库存成本。大量的库存意味着企业流动资金的占用以及仓储面积的增加。利用电子商务可以有效地管理企业库存，降低库存成本，这是电子商务企业的生产和销售环节中最突出的特点。

(6)降低采购成本。利用电子商务进行采购，可以提高劳动效率和降低采购成本。

(7)降低交易成本。虽然企业从事电子商务需要一定的投入(如域名、软件系统和硬件系统的维护费用)，但是与其他销售形式相比，使用电子商务进行交易的成本将会大大降低。

【延伸阅读 7-2】

广西食糖中心批发市场(GSEC)由于实施全电子化的交易模式，因此至少从 3 个方面获得直接的效益：①大幅度降低了工商企业的交易成本，吸引全国涉糖企业广泛参与，大大提高了产销衔接速度；②GSEC 提供的第三方结算有效避免了购销企业之间三角债的产生；③GSEC 还与有关银行合作，为交易商提供融资服务、交易商交存交割、仓库的仓单办理相关手续后可获得银行提供的质押货款，有效加快了资金周转。目前 GSEC 交易商数量已达 500 余家已实现网上交易白砂糖 600 多万吨。

7.2.2　间接经济效益

间接经济效益是指电子商务系统通过对相关业务的积极影响而获取的收益。相比直接经济效益,间接经济效益的估算要困难得多。因为电子商务系统通过提高管理水平、增强反应和应变能力等方式,使企业的许多部门和岗位都收益,这其中有的是有形的,有的是无形的,要对此做出准确估计的难度相当大,电子商务的间接效益主要包括以下几个方面。

(1)提高工作效率和管理水平所带来的综合效益。

(2)提高企业品牌知名度所带来的综合效益。

(3)实施电子商务后,由于信息迅速、准确地传递而获得的收益。

(4)企业通过互联网为客户提供产品的技术支持,一方面可以为企业节约客户服务费用,另一方面可以提高客户服务水平和质量。

直接经济效益和间接经济效益并不是独立的关系,而是相互影响的,对于电子商务项目来说,有时间接经济效益的比重反而更大。

【延伸阅读 7-3】

小鹏旅游资讯有限公司,利用网络环境推出的旅游行业信息在线管理与营销DIMOS 系统已覆盖广西全区旅游管理部门及旅行社,实现了全区旅游行业的信息化管理。从间接经济效益看,旅游行业信息在线管理与营销 DIMOS 系统有效提升了旅游行业的信息化水平。从直接经济效益看,公司的业务量也得到了快速提高,进而提升了公司的利润,更进一步的是旅游行业的业务量也得到了提升。这些效益虽然并不那么直接和明显,但从企业和社会的总体效益看,在某种程度上却具有更大的价值。

7.3　电子商务项目资金筹措

电子商务项目资金筹措是指电子商务项目的主体根据其建设活动和资金结构的需要,通过一定的筹资渠道,采取适当的方式获取所需资金的各种活动的总称。

7.3.1　电子商务项目资金筹措分类

资金筹措方案必须要有明确的资金来源,并围绕可能的资金来源,选择合适的筹资方式,制定科学的资金筹措方案。电子商务项目资金筹措可以按照所筹资金的权益性质、资金使用期限的长短、是否通过金融代理机构以及出资者来源进行分类。

1. **按所取得资金的权益特性分类**

(1)股权筹资。股权筹资是指以发行股票的方式进行筹资，是企业经济运营活动中一个非常重要的筹资手段。股权筹资所获得的资金亦称自有资金或权益资金或权益资本，是企业依法取得并长期拥有，自主调配运用的资本。

(2)债务筹资。债务筹资是指通过负债筹集资金。债务筹资包括通过借款、发行债券、融资租赁以及赊购商品或服务等，要求企业在规定期限内需要清偿债务。通过这种方式取得的资金叫债务资金。

2. **按是否借助于中介分类**

(1)直接筹资。企业直接与资金供应者协商筹集资金。直接筹资方式主要有发行股票、吸收直接投资、发行债券等。

(2)间接筹资。企业通过银行和非银行金融机构筹集资金。间接筹资的基本方式是向银行借款，形成的主要是债务资金。

3. **按所筹集资金的使用期限分类**

(1)短期筹资。企业筹集使用期限在1年以内(含1年)的资金筹集活动。
(2)长期筹资。企业筹集使用期限在1年以上的资金筹集活动。

4. **按资金的来源范围分类**(见表7-4)

表7-4 资金筹措来源分类

资金筹措来源分类标准	类型
所筹资金的权益性质	股权筹资
	债务筹资
资金使用期限的长短	长期筹资
	短期筹资
是否通过金融代理机构	直接筹资
	间接筹资
出资者来源	内部筹资
	外部筹资

(1)内部筹资。内部筹资即将作为筹资主体的既有法人内部的资金转化为投资的过程。既有法人内部筹资的渠道和方式主要有货币资金、资产变现、企业产权转让、直接使用非现金资产。

(2)外部筹资。外部筹资即吸收筹资主体外部的资金，外部资金的来源渠道很多，应当根据外部资金来源供应的可靠性、充足性以及融资成本、融资风险等，选择合适的外部资金来源渠道。

7.3.2　电子商务项目权益资金的筹资

1. 电子商务项目权益资金筹资方式

电子商务项目权益资金筹资方式包括以下5种。

(1)创业者(原始股东)投入。

(2)利润积累。

(3)管理层(员工)持股。通过向企业管理层转让股票、定向增发股票或授予股票等形式，管理层(员工)成为股东，解决部分股权资金众筹集问题

(4)私募。面向特定少数投资者的、非公开发行的股权融资行为，比如通过风险投资进行融资。

(5)公开发行股票筹资(公募)。面向不特定的多数投资者的证券公开发行行为。

鉴于电子商务项目权益资金筹资方式中比较流行风险投资资金模式，下面介绍风险投资资金模式。

2. 风险投资资金模式

风险投资(Venture Capital，VC)，是由职业金融家的风险投资公司、跨国公司或投资银行所设立的风险投资基金投入到新兴的、迅速发展的、有巨大竞争潜力的企业中的一种权益资本。在这种投资方式下，投资人为融资人提供长期股权投资和增值服务，培育企业快速成长，数年后再通过上市、兼并或其他股权转让方式撤出投资，取得高额投资回报。

风险投资型资金模式，是指风险投资对电子商务公司的直接投资，或已经建立电子商务网站的电子商务公司吸引风险投资的介入。这种风险投资一般在电子商务公司创业阶段就进入，因而也被称为创业投资。

风险投资中有一种比较常见的形式为天使投资(Angel Investment)，是指富有的个人或机构出资协助具有专门技术或独特概念的原创项目或小型初创企业，进行一次性的前期投资。天使投资人又被称为投资天使(Business Angel)。

【延伸阅读 7-4】

创业与风险投资

硅谷创业主要涉及三组角色。首先是站在媒体聚光灯前的互联网创业公司。公司的创始人和公司所代表的商业模型是公司价值的代表，也是股市投资人购买股票时所考虑的主要对象。其次是创业公司背后的风险投资基金和项目管理人，后者通常具有丰富的管理经验，能够在幕后为创业公司筹集资金，出谋划策，最后敦促这些创业公司上市或

者被收购，从而可以连本带利拿回它们的投资。但是风投公司并不能直接帮助创业公司上市，它们还需要投资银行也就是硅谷创业需要的第三个角色，来担任承销商为创业公司上市估值并寻找主要投资者。

互联网创业公司的产生有多种方式。早期互联网创业有依靠自筹资金逐渐发展起来易贝，也有通过把校园项目市场化获得成功的雅虎和谷歌，后来出现了像 Y Combinator 这样的专门扶持互联网创业公司的孵化器模式。更多的硅谷创业公司是由硅谷的几个大型高科技公司的前员工成立的，尤其是当后者逐渐失去了创新企业所特有的活力时。这些公司里仍然充满创新精神的老员工如果发现了一个重要的机会，可以把有潜力的技术转变成大众愿意使用的服务或者是产品，往往就会和他的合伙人一同辞职，像惠普公司的创始人那样，在自己的车库里面进行创业。因为有现成的人脉和钱脉，这种类型的创新公司往往比较容易起步。互联网经济里创业人把脑袋里面的想法变成现实时所需要的起步资金称为种子资金(Seed Money)。这笔钱是创业人用自己积蓄、个人贷款或者是通过亲朋好友以及他们介绍的人来筹集的，后者有时被称为天使基金(Angel Fund)。当公司通过这笔起始投资开始成型时，如果还需要大笔的资金继续投入才能进行的话，就需要邀请风险投资公司的介入了。这时公司的创始人就会带着自己的商业计划和目前公司经营状况。

风险投资公司最初是在美国东部以波士顿为中心兴起的，但从 20 世纪 80 年代中期到 90 年代中期，伴随着北加州以硅谷为中心的高科技企业的兴起，风险投资的主要资本大多流到了硅谷。

硅谷的风险投资公司分为早期创投公司和后期创投公司两种。早期创投资本通常是一个商业计划刚形成不久，或者是公司刚成立不久的时候，对其进行投资。通常风险投资公司一般获得创业公司的 30% 左右的股权。每一个创业公司都希望能够得到硅谷最有声望的风险投资公司的青睐，20 世纪 90 年代，硅谷最有名的风险投资公司要数凯鹏华盈(KPCB)和红杉资本(Sequoia Capital)。这两家风险投资公司给硅谷的创业者所带来的不仅仅是资本，还有硅谷的人脉，它们旗下的众多互联网明星公司，都有可能给新的创业公司的未来发展提供重要的支持，所以有了这两家创投公司中一个的支持，一个创投公司就可以发展得比较顺利。

当风险投资公司和创业公司在合作意向方面达成基本一致的意见后，创业公司的主要负责人会与风险投资基金的项目负责人见面。后者将对创业公司从商业运作模式到公司经营状况等方面进行全面的研究。这份研究报告将提交给创投公司的合伙人作为重要的决策依据来对投资细节做出决定，最后资金才能进入创业公司。

向创业公司注入资金后，作为主要股东的创投公司开始指导创业公司的发展。这样做既是帮助也是监督后者全力以赴地开发出预期的服务或者是产品。在进行了第一笔注资后，创投公司通常会根据公司的发展情况，参与或帮助后者进行第二轮(B 轮)、第三轮（C 轮）融资。大的创投公司在创业公司发展前景好的前提下，往往在后两轮融资中都会继续投资。如果创业公司发展顺利准备上市，一般会进行最后一轮融资，这轮融资被称为夹层基金（Mezzanine Fund），因为这时创业公司和它的主要股东一般不愿意再以全部股份的形式获得资金，而是以部分股份、部分借贷的形式获取资金。这一轮融资的目标是筹集到足够的资金可以一直维持到上市之前的公司运营。

当市场时机成熟时，风险投资基金的股东会要求创业公司创始人联系投资银行将公司估值和包装上市。

7.3.3 资本结构构成

资本结构是指企业各种资本的价值构成及其比例关系，是企业一定时期筹资组合的结果。最佳资本结构便是使股东财富最大或股价最大的资本结构，亦即使公司资金成本最小的资本结构。资本结构反映的是企业债务与股权的比例关系，它在很大程度上决定着企业的偿债和再融资能力，决定着企业未来的盈利能力，是企业财务状况的一项重要指标。合理的融资结构可以降低融资成本，发挥财务杠杆的调节作用，使企业获得更大的自有资金收益率。

1. 项目资本金与项目债务资金的比例

项目资本金与项目债务资金的比例是项目资金结构中最重要的比例关系。当资本金比例降低到国务院规定的各行业项目资本金的最低比例以及银行不能接受的水平时，银行将会拒绝贷款。资本金与债务资金的合理比例需要由各个参与方的利益平衡来决定。资本金所占比例越高，企业的财务风险和债权人的风险越小，可能获得较低利率的债务资金。由于债务资金的利息（股票融资除外）是在所得税前列支的，故可起到合理减税的效果。在项目收益不变、项目投资财务内部收益率高于负债利率的条件下，由于财务杠杆的作用，资本金所占比例越低，则能为权益投资者获得较高的投资回报。

2. 项目资本金内部结构的比例

项目资本金内部结构的比例是指项目投资各方的出资比例。不同的出资比例决定各投资方对项目建设与经营的决策权和承担的责任，以及项目收益的分配比例。

3. 项目债务资金内部结构的比例

项目债务资金结构比例反映债务各方为项目提供债务资金的数额比例、债务期限比例、内债和外债比例以及外债中的各币种债务比例等。

【延伸阅读7-5】

亚马逊开端时的资金筹划

1994 年随着互联网上各种商业机会的隐现,贝佐斯经过一番深入的调查研究,发现了包括计算机软件、办公用品、书籍、音像制品在内的 20 种合适网上销售的商品,其中图书和音像制品都居首位。而从数量上看,图书有 300 多万种,音乐 CD 只有 30 万种,所以图书成为贝佐斯认定的网络零售首选产品。

而当初传统的图书市场存在几个严重的弊端:市场分散,销售成本居高不下,图书出版商和零售商很难收集到某一个顾客的完整的购书行为数据,因而无法对顾客提供个性化服务。

贝佐斯认为这是一个潜在的商机,于是决定进行互联网创业。1994 年,贝佐斯和妻子离开东海岸来到了西雅图开始了他的亚马逊创业历程。创业的起始资金为一万多美元现金和 7.4 万美元的个人贷款。在创业最初的一段时间,效果并不理想,有一段时间贝佐斯几乎花光了所有的钱,他的父母把养老的钱都拿出来作为投资给了他。1995 年 1 月他又通过各种关系说服了西雅图的一些天使投资人,从他们手里募集了 120 万美元。这些投资人凭信心投资由此成了千万富翁,而另一些人则与其失之交臂。

1996 年的第一季度亚马逊的发展速度进入了指数增长阶段,网站销售额达到了87.5 万美元。这时的亚马逊吸引了一些创投公司的注意,不过贝佐斯最想得到的是凯鹏华盈的投资,因为凯鹏华盈的"企业集团"策略能够带来的不仅仅是资金,还有与它投资的一连串重要的网络公司的合作机会(包括美国在线、雅虎等)。贝佐斯还坚持凯鹏华盈高级合伙人约翰·杜尔担任亚马逊的董事,从而可以利用他在互联网创业公司的发展方面的丰富经验。最终贝佐斯如愿以偿。亚马逊以 13% 左右的股份换取了凯鹏华盈 800 万美元的投资。5 月 16 日《华尔街日报》的一篇关于亚马逊书店和贝佐斯的报道使亚马逊变成媒体的焦点,让没有花一分钱做广告的亚马逊网站流量大增,贝佐斯也开始每天被各种风险投资公司的邀请所包围。

【本章小结】

在开展电子商务项目时要进行电子商务项目的经济效益分析及资金筹措规划。电子商务项目的经济效益分析包括对电子商务项目的成本进行估算以及对所产生的经济效益进行分析。根据划分标准的不同,电子商务项目成本的构成也不同。电子商务项目成本包括电子商务项目生命周期每一阶段的资源耗费,其基本要素有人工费、材料费、设备费、咨询费、其他费用等。电子商务系统的成本可分为规划建设成本与运行管理成本两部分。电子商务项目成本的影响因素有电子项目的范围、质量、工期、资源数量及其价格、项目管理水平等。电子商务项目成本估算的常用工具和方法有：自上而下估算，参数模型估算法，自下而上估算，应急储备金分析，项目成本管理估算软件，供应商投标分析，最小、最大和最有可能的估算以及按阶段的估算。电子商务产生的经济效益包括直接经济效益和间接经济效益两个部分。电子商务资金筹措规划需要根据通过一定的筹资渠道，采取适当的方式获取所需的资金，其中还要考虑各种资金的比例，以便使得公司的资金成本最小。

【应用案例】

527GG 水果网站成本估算和经济效益分析

527GG 公司是一家传统的水果公司，公司已经拥有大量的实体水果店，店铺邻近医院、酒吧、办公区，拥有很好的销售额。公司拥有完整的物流配送系统、丰富的水果来源和雄厚的资金，水果大都来自盛产水果的四川和云南两地，水果的品质均为优等。

1. 市场及需求分析

水果的市场需求相当大，因为水果里含有丰富的维生素，有助于人体的身体健康。从具体的水果品种来看：国外水果品种在不断地被人们接受，越来越多的超市、水果店在对这些水果进行销售。国内水果品种由于交通的便利也不会存在地方差异，在任何一个地方都会出现各个地方特产。而今人们对水果的需求已经向实在、营养、时尚的方向发展，天然果种、果味鲜美、价格适中是人们的首选。由于网络营销的兴起，也有越来越多的水果超市在网上出现，方便顾客，让顾客了解、品尝到更多的水果。

527GG 公司决定建立 527GG 水果网进行水果网上品牌宣传和网上销售。

由于水果的目标消费者范围广，不分男女老幼和职业，几乎每个人都有对水果的需求。527GG 水果网把消费者限制在首先是熟悉电脑、有网购经历、愿意尝试新事物的人群。

527GG 水果网的 B2B 用户主要针对西南地区的水果批发商和零售商。

527GG 水果网的 B2C 用户是网站主要的目标用户，可大致分为四大类：一是居家人士，二是大学生，三是工作人员，四是探病人员。在同样要求品质的条件下，不同类的人对水果的需求侧重点是不一样的。这几类人群有以下需求特点。

(1)居家人士主要指家庭主妇，大多为中年人、退休人员或全职太太，上网玩是她们的业余生活爱好。针对居家人士，在水果的需求方面多侧重营养的搭配。

(2)对于大学生来说由于经济的限制，在水果的需求方面多侧重于实惠和品种多样。

(3)对于工作人员来说，人数众多，也是网购最大的客户群，他们最乐意尝试新事物，在会议、工作餐、午间休息时间会对水果有大量需求。

(4)在这三类中，女性对水果需求是最大的，女性对服务的需求及个性化的需求也是最多的。

针对上述客户，网站将以独特的风格、高质量的服务，为他们提供水果与健康的相关知识，建立好玩的水果社区，提供热情周到的服务，提供多样化个性化的产品。

2. 成本估算

527GG 水果网项目的成本估算见下表，其中系统运行管理的成本涉及的活动时间为系统建成后投入运行的一年内，从表中可以看出 527GG 水果网系统规划建设费用为 99 900 元，而系统建成后投入运行的一年内费用为 485 100 元，因此，527GG 水果网规划建设及第一年运行管理费用总计为 585 000 元。

表 7-5　527GG 水果网项目成本估算

成本项目		金额（元）
系统规划建设	用户需求分析与调研	2 000
	系统方案设计	5 000
	软硬件购置及基础设施费用	80 000
	ISP 服务费用	2 500
	系统开发费用	10 400
系统规划建设费小计		99 900
系统运行管理	网站推广费用	20 000
	人员费用	60 000
	鲜花包装耗材费用	400 000
	域名费用	100
	系统维护完善费用	5 000
系统运行管理费小计		485 100
系统规划建设和运行管理费用合计		585 000

3. 收益估算

电子商务的实施对企业来说，开拓了网络营销渠道，并带来更多的增值服务项目。网上网下整合营销和服务将为企业带来直接效益和间接效益。

（1）直接效益。527GG 水果网站项目给企业带来的直接收益首先体现在以下几项主要盈利模式：

①水果网站主要通过水果的网上批发零售获取利润，该项目将吸引新的客户和突破地域的限制，带来业务量和销售量的增加。经估算水果网站投入运营后第一年仅零售收入就达 80 万元左右。

②网络销售的成本比现实店减少 15%～20%，成本的节约直接反映为水果销售的利润。

③利用网站营销的特点，还可以通过以下几点获得更多的收益：礼品包装费。这一点属于很普通的方式，按不同的礼品包装类型收取不同的费用。现场拼盘制作费。网站提供水果拼盘现场制作的服务，并收取一定的费用。

④销售广告版位。广告一直是互联网的重要盈利模式。

(2)间接效益。527GG 水果网站项目间接效益主要体现在通过网络营销策略的制定和实施，提高企业品牌知名度所带来的综合效益，由于电子商务信息迅速、准确传递的特点而获得的收益包括：

①客户数量的增加和市场占有率的增加。

②企业运营成本的减少和客户满意度的提高。网站通过互联网为客户提供产品技术支持，能够为企业节约客户服务费用，另一方面可以提高客户服务水平和质量。

【实验内容】

"味道网"(校园订餐网站系统)建设项目

国家的高校扩招政策在给我们带来更多接受高等教育机会的同时，也带来了一些问题。随着高校学生规模的日益扩大，很多高校现有的后勤资源已经不能满足学生日益增长的个性化需要，比较突出的就是食堂"吃饭难"的问题。

在高校里，食堂几乎处于垄断地位。首先，有些食堂开饭时间比较固定，常常出现过了中午 12:30 就无饭可吃的现象；其次，食堂的饭菜一般都是大锅饭、大锅菜，口味单一并且花色品种常年不变。所以，有一部分同学选择了学校内部或者附近的一些小饭馆餐，因为那里有他们爱吃的菜品，营业时间也普遍较长，而且价格总体上也相对公道。

在这种情况下，某高年级同学深受送餐公司的启发，想利用学校周围的饭馆优势，利用校园网的优势条件，建立一个网上订餐系统：把所有附近餐馆的菜品的信息放在网站上供同学们选择浏览，选购好自己喜欢的餐馆的菜式之后，相应餐馆会有专门的外送人员把订购的饭菜送过来。这样，广大同学就可以不受食堂用餐时间的限制，也可以足不出户地享用自己的美食。该同学相信，这个网站将是连接同学和餐馆之间供求的桥梁，同学们能自由选择菜式以及享受配送服务，而餐馆也可以利用"网络效应"增加自己潜在的客户。

该同学估计，在暂时不考虑后期维护的情况下，建设这样一个网站大约需要投入经费 5 万元，建设周期需要 6 个月。

假设你是承担此项目的项目经理，带领你的团队完成此项目。

要求：根据以上材料，完成如下任务。

1. 对该项目进行简单的成本估算。

2. 对该项目的经济效益进行分析。

3. 为该项目进行资金筹划。

第8章
电子商务项目风险管理

【开篇案例】

高校二手用品跳蚤市场网站开发项目

"高校二手用品跳蚤市场网站项目"是某高校信息技术协会的获奖项目，该项目在需求调研阶段就受到广大师生的高度重视。该协会的网站建设团队在相关商务网站中具有比较丰富的实践经验，因此在项目开始阶段就非常重视项目的质量问题，并为此制订了严格的质量计划，规定了每个阶段的质量标准和实施要求。

在调研网站的用户需求时，项目小组同学通过随机访问和调查问卷的方式界定了用户的基本需求和一些好的建议，在此基础上界定了网站的主题和风格。

在网站的设计阶段，负责前台设计的同学参照淘宝网等知名网站设计风格，根据二手市场交易对象的不同设计出不同风格的前台界面与功能。

在网站开发初始阶段，由于团队成员之间的沟通障碍，导致网站前后台的数据一致和同步性出现问题，使得项目小组只能返工重新编码。吸取此教训后，在后续的开发过程中，项目小组经常一起讨论和沟通，做到了网站前后台的数据一致和同步。同时，项目组还把大量的时间用于系统集成测试，从而保证了网站上传之后的顺利运行。

在该项目中，由于项目负责人能有效地进行风险识别并提供相应的对策，使得该项目能够顺利开发和运营，最终取得了一定的效益。那么，电子商务项目一直是一个高风险的项目，该如何识别其中的风险因素，并通过一定的技术和管理对策来避免？

8.1 电子商务项目风险管理概述

项目风险是一种不确定的事件，一旦发生，就会对项目目标产生某种正面或负面的影响。风险有其成因，同时，如果风险发生，也会导致某种后果。电子商务项目由于具有范围难以精确确定且经常发生变更、采用的技术复杂且更新较快、受人力资源影响很大等特点，导致电子商务项目建设过程中经常存在很多不确定的因素。显然，电子商务项目的风险管理对于电子商务项目建设的成功来说是一个很重要的内容，需要引起高度重视。电子商务项目风险管理最主要的目的就是帮助电子商务项目积极迎接风险，主动控制风险，以最小代价应对风险，使潜在机会或回报最大化，潜在风险损失最小化。风险管理的范畴可以从以下三个方面分析。

1. 风险管理面向项目进行的全过程

风险管理既不是在项目实施前对影响项目的不确定性因素的简单罗列与事先判断，以及建立在此基础上的项目风险管理制度；也不是在项目进行过程中，当实际的项目风险发生时的危机管理以及应变对策；更不是纯粹的项目风险发生后的补救方案设计与事后经验总结。风险管理强调的是对项目风险全过程的管理。通过有效的风险管理工具或风险处理方法，对项目运行过程中产生的风险进行分散、分摊或分割，同时在项目风险发生后，采取有效的应对措施并能够总结经验教训。

2. 风险管理是全员参与的过程

风险管理并不仅仅是项目管理者的事情，是需要所有关系人参与的事项。风险管理是对不确定性因素的管理，特别是项目自身在其计划、组织、协调等过程中所产生的不确定性因素的管理。对于后者而言，人为的主观影响成分较大。因此，需要全员共同参与，了解项目进行中各阶段的风险，并在风险发生时采取应对措施。

3. 风险管理要对全要素进行集成管理

风险管理主要涉及项目工期、造价以及质量三个问题。可见，项目风险管理的过程是一个在可能的条件下追求项目工期最短、造价最低、质量最优的多目标决策过程，不能仅满足于对单一目标的追求。例如，项目工期的提前或滞后将直接影响造价的高低，项目质量的优劣与项目工程造价直接相关，同样项目的工期与质量的波动又会受造价因素的影响。由此不难得出，项目风险管理是对工期、造价以及质量的全要素集成管理。

项目风险管理就是对项目风险进行识别、分析和应对的系统的过程。因而本节主要阐述三方面的内容：电子商务项目风险的识别、电子商务项目风险的分析、电子商务项目的风险应对与监控。

8.2　电子商务风险识别

风险识别一般包含两方面：识别可能影响项目进展的风险和记录已识别的具体风险的特征。需要指出的是，风险识别不是一次性行为，而应有规律地贯穿于整个项目中。风险的识别一般需要经过以下几步：首先，要对项目进行了解并获取相应的资料及其相关资料；其次，根据经验对影响项目进展的风险因素进行归类确认，并详细描述各个风险因素的特征；最后，将识别风险因素的识别结果记录下来，放到风险因素数据表中或者到相应的数据库中。

风险的识别需要相关项目的背景经验和技术支持，而且项目实施的每一个阶段都有可能产生新的风险，因此风险识别的人员相对来说比较多，除了项目组相关成员外，可能还要风险管理人员、领域专家、客户、终端用户等人的参与。即便如此，风险识别也是一项不断反复的过程，风险识别的好坏直接影响风险的量化和应对措施的制定，进而影响风险控制和项目的实施情况。

8.2.1 项目风险识别依据

1. 项目说明

项目说明明确地阐述了项目应该提供的产品和服务特征，因此在所识别的风险中，项目说明起决定作用。同时，项目说明会随着项目的进展，对项目的特征说明也会逐步显现，项目产品或服务与客户需求及其他影响因素之间的关系描述也会越来越详细，从而成为风险识别的主要数据来源和依据。

2. 相关计划

风险识别需要对项目的目标、范围、客户、项目关系人的目标等内容进行充分了解，因此需要对项目管理中的各种计划进行风险因素的识别。例如成本计划中的相关因素对项目的成本风险会有所影响，人力资源计划中的项目组人员的技术会对整个项目的技术风险产生影响等。

3. 历史资料和相关经验

风险识别人员的相关经验以及与本项目相关的所有以前已完成的项目情况的历史资料也是识别风险因素的主要来源之一。其中历史资料一般包括项目资料文件、商业数据和项目组的经验知识等信息。

8.2.2 电子商务项目风险识别方法

1. 头脑风暴法

头脑风暴法又称智力激励法，是由美国创造学家奥斯本提出的一种激发性思维的方法，是项目风险识别的主要方法之一。其目标是通过营造一个无批评的自由的会议环境，使与会者畅所欲言，充分交流、互相启迪，产生出大量创造性意见并形成风险因素列表，以备在将来的定性、定量风险分析过程中逐一加以明确。

头脑风暴法的具体操作过程如下。

(1)准备阶段。明确议题的实质和关键问题，设定解决问题所要达到的目标。

(2)开始阶段。说明会议原则，让参与者处于一种自由、宽松的境界。

(3)提出问题。简介会议议题，会议议题的介绍必须简洁明确，否则会限制参与者的思维。

(4)重新表述问题。经过一段时间的讨论后，记录并整理参与人的发言，从不同的角度和思维对问题进行表述。

(5)讨论阶段。就如何解决问题，参与人自由发言，相互启发，形成不同创意的解决方案。

(6)方案筛选。根据议题的一般认知标准对解决方案进行筛选，一般需要经过多次反复比较和排序等统计分析工作来完成。

2. 德尔菲法

德尔菲法是依靠领域专家各自独立的经验知识和综合判断能力对某一事物进行辨识的学科方法，也是常用的项目风险识别方法之一。其主要的工作过程是专家小组根据议题和与该项目有关的专家联系，各个专家采用匿名发表意见的方式对议题进行预测和答复，需要说明的是专家之间不得互相讨论，不发生横向联系，只能与调查人员发生关系，这样经过多次调查专家对问卷所提问题的看法，通过对专家意见反复征询、归纳、修改和综合分析，把专家意见集中统一的看法作为议题的预测结果。一般来说就某个议题征询的专家人数视议题的大小和设计面的宽窄而定，一方面为了便于处理，最好不要超过 20 人；另一方面循环征询的次数也不便过多，一般 3～5 次即可。

3. SWOT 分析法

又称态势分析法，主要从风险因素的优势、劣势、机会和威胁四个方面进行详细的分析，从中找出对自己有利的因素以及对自己不利的要避开的因素，发现存在的风险，找出对策的一种方法。SWOT 分析可以将风险要素按轻重缓急分类，明确哪些要素是主要要素，哪些要素可以稍后考虑。

除了以上常用的风险识别方法外，还有情景分析法、访谈法、核对表法等风险因素识别方法。风险识别的方法的选择在项目实施的不同阶段和不同的议题会有所不同，通常需要针对不同的风险情况来使用不同的方法对其因素进行识别。

8.2.3 电子商务项目风险识别结果

1. 风险事件

风险事件是指对项目的进展可能产生影响的活动集合，一般以潜在的风险因素用来定性或定量描述风险事件的某个特征的数据。

2. 风险因素

风险因素用来定性或定量描述风险事件的某个特征的数据。

3. 风险触发机制

风险触发机制是一种实际风险事件的征兆和间接显示。

风险识别结果一般使用表格形式进行存储，即形成风险因素表。典型的风险识别表，如表 8-1 所示。

表 8-1　网站建设项目风险因素

风　　险	概　　率	影　　响	触发机制	发生阶段
客户需求改变	0.9	整个项目进展	相关系统，认知加强	需求分析
项目复杂性加大	0.6	系统实施周期	系统方案设计	系统设计
测试周期延长	0.8	项目验收	测试错误一直很多	系统实施
用户数量超出计划	0.6	项目发展	项目推广力度	系统运营

8.3　电子商务项目风险的定性和定量分析

通过风险识别得到风险清单并记录在风险登记册后，项目团队可以采取进一步行动对风险进行定性和定量的分析。定性风险分析是指对已识别的风险进行风险分类，评估其发生的概率以及一旦发生将对项目产生的后果。定量风险分析是指量化各项风险对项目预期产生的影响，得到每个风险的风险期望值，在此基础上，对所有风险进行排序和确定风险级别。

8.3.1　风险的定性分析

风险的定性分析主要包括两个部分：风险发生概率的评估和风险一旦发生造成影响或后果的评估。简而言之，就是通过风险定性分析，希望得到某个具体风险事件的风险概率和风险影响值。风险概率评估指调查每项具体风险发生的可能性。风险影响评估旨在调查风险对项目目标(如进度、成本、范围、质量)的潜在影响，既包括消极影响或威胁，也包括积极影响或机会。针对识别的每项风险，确定风险的概率范围和影响范围。

风险的定性分析可通过挑选对风险事件熟悉的人员，采用召开会议或进行访谈等方式对风险进行评估，参与人员既可以是项目团队成员也可以是项目外部的专业人士。访谈或会议需要由经验丰富的主持人引导讨论过程，参与者对每项风险事件的概率级别及其对每个项目目标(成本、进度、范围、质量)的影响进行评估，确定风险概率和风险影响值的等级。粗略评估风险概率及影响之后，通过查询风险概率(可能性)度量表以及风险影响值度量表(见表8-2、表8-3)，就可以将定性分析的结果转化为一个定量的数值。

表8-2 风险概率(可能性)度量表

现象分析	风险可能性范围	分级概率数值	顺序计量分值
非常不可能发生	0~10%	5%	1
发生可能性不大	11%~40%	25%	2
预期可能在项目中发生	41%~60%	50%	3
较可能发生	61%~80%	70%	4
极有可能发生	81%~100%	90%	5

举例来说，如果有一个风险事件是电子商务网站系统的人机界面很不友好，经过项目团队的评估，该风险较可能发生，那么我们可以对照表8-2，它出现在第一列的第四种现象，对应的风险概率可以采用以下三种方式给出。

(1)对应第二列可以给出具体的数值，比如估计为75%。

(2)对应第三列可以给出分级概率数值，即70%。

(3)对应第四列可以给出顺序，计量分值，即4。

当然，对于具体采用上述三种方式中的哪一种来计算，项目团队应该在风险管理计划中规定。

我们进一步对这个风险事件一旦发生造成的影响进行评估，这个风险可能会造成项目一定程度的返工，预测该风险事件一旦发生对于进度的影响将是12%，对于成本的影响是7%，对于质量的影响是很小，只涉及个别模块，对于范围的影响几乎察觉不到。那么，如表8-3所示，如果采用非线性度量法，我们可以在表中查到该风险对项目主要目标的影响分别是：成本影响值：0.1；进度影响值：0.4；范围影响值：0.05；质量影响值：0.1；该风险的最终影响值是上述四个影响值的最大值，即0.4。

注意，任何一个风险事件都是在项目的成本、进度、范围、质量四个方面对项目产生影响，所以在定性分析中，必须要分析出每一个风险事件对上述四个方面的具体影响，并参照表8-3的表体部分内容给出相应的描述，再从表8-3中找出对四方面影响最大的值作为该风险事件的风险影响值，比如上述人机界面不友好的风险影响值是0.4。

表 8-3　风险对四大项目主要目标影响值

定性度量		非常低	低	中等	高	非常高
非线性度量		0.05	0.1	0.2	0.4	0.8
项目目标	成本	不显著的成本增加	成本增加<10%	成本增加 10%～20%	成本增加 20%～40%	成本增加>40%
	进度	不显著的进度拖延	进度拖延<5%	进度拖延 5%～10%	进度拖延 10%～20%	进度拖延>20%
项目目标	范围	范围减少，不易察觉	范围次要部分受到影响	范围主要部分受到影响	范围减少，干系人无法接受	项目最终结果不可用
	质量	质量退化，不易察觉	只有要求很高的应用受到影响	质量降低，需要干系人确认	质量降低，干系人无法接受	项目最终结果不可用

8.3.2　风险的定量分析

风险的定量分析是指在得到风险概率和风险影响值之后，进一步得到每个风险的风险期望值，在此基础上，对所有风险进行排序和确定风险级别。风险期望值是评价风险预期损失或机会的重要参数，它的计算公式为：

风险期望值＝风险概率×风险影响值

比如在上面人机界面不友好的例子中，如果我们采用表 8-2 中第三列的分级概率数值得到风险概率为 70%，即 0.7，而风险影响值为 0.4，那么对于人机界面不友好这个风险事件来说：

风险期望值＝风险概率×风险影响值＝0.7×0.4＝0.28

如果风险概率我们采用表 8-2 中第二列或第三列的百分比计数，风险影响值采用表 8-3 中非线性度量计算，那么风险概率和风险影响值都是小于或等于 1 的值，得到的风险期望也是小于或等于 1 的值。这样，就消除了项目规模对风险期望值的影响，可以将不同项目识别出的风险事件的风险期望值进行统一比较，排序，以实现多项目的风险统一管理。

如果项目团队特别想知道上述得到的风险期望值 0.28 的具体含义，可以将 0.28 乘项目总的合同金额，比如项目合同金额为 100 万元，那么，该风险事件的风险期望值为 28 万。当然，这只是一个大致的估计，不是精确的估计，是为了让大家对风险期望值有一个直观的理解。

知道了每个风险事件的风险期望值之后，我们还需要对它们确定等级，不同的等级应该对应不同的负责人。我们可以按照风险的期望值大小对识别的风险事件划分等级，具体的划分原则要根据各个企业的风险政策细则来确定。比如表8-4所示，某IT公司规定风险期望值在0～0.05的风险为四级风险，由项目成员负责，并通知项目经理；0.05～0.1的风险为三级风险，由项目经理负责，并通知公司主管项目的副总；0.1～0.2的风险为二级风险，由公司主管项目的副总负责，并通知客户和总经理；风险期望值在0.2以上的风险为一级风险，由总经理负责，并通知客户。这样，就可以对识别出的所有风险事件进行分级，并且每个风险事件的责任也很明确。要说明的是，表8-4中的数据只是一个模板，不同的企业、不同的项目团队应该制定自己的风险等级政策。

表8-4 风险登记划分表

风险等级	风险值范围	风险负责人
一级风险	0.2<风险期望值≤1	总经理负责，通知客户
二级风险	0.1<风险期望值≤0.2	公司主管项目的副总经理，通知客户和总经理
三级风险	0.05<风险期望值≤0.1	项目经理负责，通知主管的副总
四级风险	0≤风险期望值≤0.05	项目成员负责，通知项目经理

在上述对每个风险事件都计算得到了风险期望值，并且进行了排序和定级后，我们可以找到每个报告期中前10个风险事件。这10个风险事件需要重点关注和应对，我们通常所说的"十大风险追踪"就是对前10个风险事件进行跟踪和监控。

对于识别出的每个风险事件，还可以对每个风险事件的紧迫性进行评估。需要近期采取应对措施的风险可被视为急需解决的风险。实施风险应对措施所需要的时间、风险等级等都可作为确定风险优先级或紧迫性的指标。

8.4 电子商务风险的应对与监控

风险应对是指为电子商务项目增加成功实现的机会、减少失败威胁而制定方案，采取相应措施进行处理的过程。风险监控则是风险应对计划制订以后，在每个报告期中对已识别的风险进行监控，对新出现的风险进行重新识别和应对的过程。

8.4.1 风险的应对

风险应对过程包括确认与指派相关风险应对负责人，从几个备选方案中选择一项最佳的风险应对措施来应对识别出的风险。风险应对过程应该根据风险排序和定级后的优先级水平处理风险。电子商务项目风险应对的措施可以分为两大类：一类是对于威胁大于机会的消极风险的应对策略；另一类是对于机会大于威胁的积极风险的应对策略。

1. 消极风险的应对策略

(1)规避。风险规避是在考虑到某项目的风险及其所致损失都很大时，主动放弃或终止该项目，以避免与该项目相联系的风险及其所致损失的一种处置风险的方式，它是一种最彻底的风险处置技术。当然，这是一种消极的风险处置方法，因为采取这种策略的同时也失去了实施项目可能带来的收益。

(2)转移。风险转移是指项目组将风险有意识地转移给与其有相互经济利益关系的另一方的风险处置方式。购买保险是最重要的风险转嫁方式，非保险型转嫁方式是指项目组将风险可能导致的损失通过合同的形式转嫁给另一方，其主要形式有租赁合同、委托合同、分包合同等。通过转嫁方式处置风险，风险本身并没有减少，只是风险承担者发生了变化。

(3)缓解。风险缓解是为了最大限度地降低风险事件发生的概率和减小损失幅度而采取的风险处置技术。比如在时间和空间上把风险因素与可能遭受损害的人、财、物隔离等。

2. 积极风险的应对策略

(1)开拓。风险开拓是指通过确保机会肯定实现而消除与特定积极风险相关的不确定性，比如可以为项目分配更多的资源，如增派有经验、能力强的项目成员。

(2)分享。风险分享是指将风险的责任分配给最能为项目利益获取机会的第三方，比如建立风险分享合作关系，签订机会利润分享合同等。

(3)提高。风险提高是指通过提高积极风险的概率或其积极影响，识别并最大限度地发挥这些积极风险的驱动因素，强化其触发条件，提高机会发生概率。

除上述措施外，不管是威胁还是机会都可以采用风险接受的策略。风险接受又称作风险自留，是由项目团队自行准备风险准备金以承担风险的处置方法。在实践过程中有主动接受和被动接受之分。

主动自留是指在对项目风险进行识别和分析的基础上，明确风险的性质及其后果，风险管理者认为主动承担某些风险比其他处置方式更好，于是筹措资金将这些风险自留。被动自留则是指未能准确识别和分析风险及损失后果的情况下，被迫采取自身承担后果的风险处置方式。被动自留是一种被动的、无意识的处置方式，有时会造成严重的后果，使项目团队遭受损失或错过机会。有选择地对部分风险采取接受方式，有利于项目团队获利更多。但接受哪些风险是项目团队必须认真研究的问题，如自留风险不当可能会造成更大的损失。

在风险应对的过程中，就是要在风险登记册或风险事件应对表中针对每个具体的风险事件给出相应的风险应对措施、风险应对措施处理的截止日期、风险事件的负责人等信息。

针对特定风险事件的风险应对措施应该是很具体的，但归纳来说，可以将风险应对措施分为两大类：预防措施和纠正措施。

预防措施是指为防止风险事件发生采取的措施。鉴于风险事件发生后有很多不良后果，我们首先要想办法避免这种引起不良后果的风险的发生。这里要列举的就是防患于未然的措施。比如项目文档不完备可能会对后面的系统维护和升级造成困难。为防止这一风险发生，项目经理就可以要求项目成员做好系统实施的各个阶段的文档，并定期抽查以监督项目成员的文档撰写。

纠正措施是指风险一旦发生时所采取的应对措施。当防范措施失效或防范措施没有被认真执行时，风险就有可能发生。风险一旦发生，项目组就必须想办法将风险事件发生后的损失降低到最低程度。比如由于项目成员跳槽造成项目进度延迟而一时又招不到合适的员工时，可以采取去高校招聘相关专业的处于实习阶段的在校学生来做兼职人员。

8.4.2 风险的监控

在项目生命期实施项目风险应对措施时，应持续对项目工作进行监督，对已经识别的风险进行监控，同时寻找可能出现的新风险。换句话说，风险监控是指识别和分析新生风险，追踪已识别风险和"风险应对表"中的风险，重新分析现有风险，审查风险应对策略的实施并评估其效果的过程。风险监控是项目生命期内不间断实施的过程。

在风险监控中，一般要关注以下工作。

（1）风险再评估。应安排定期进行项目风险再评估，同时要检查并记录风险应对策略处理已识别风险及其根源的效果。

（2）偏差和趋势分析。通过挣值分析、项目偏差和趋势分析等对项目总体绩效进行监控，与基准计划的偏差可能表明威胁或机会的潜在影响。

（3）风险准备金分析。在项目任何时点都要将剩余的风险准备金金额与拟接受的风险进行比较，以确定剩余的风险准备金是否仍旧充足。

（4）更新风险登记册。将新的风险识别和应对情况以及原有风险的变动情况纳入风险登记册中。

（5）更新风险数据库。对于典型的风险事件可以形成记录并对风险分解结构和组织的风险数据库进行更新。项目风险管理活动获取的经验教训，将有助于积累组织经验教训，使风险数据库更加丰富。

【本章小结】

电子商务项目的风险管理对于电子商务项目建设的成功来说是一个很重要的内容，需要引起高度重视。项目风险管理就是对项目风险进行识别、分析和应对的系统的过程。可通过项目说明、相关计划、历史资料和相关经验来识别风险。电子商务项目风险识别方法包括头脑风暴法、德尔菲法、SWOT分析法。风险识别结果一般使用表格形式进行存储，即形成风险因素表。电子商务项目风险分析包括定性分析和定量分析。定性风险分析是指对已识别的风险进行风险分类，评估其发生的概率以及一旦发生将对项目产生的后果。定量风险分析是指量化各项风险对项目预期产生的影响，得到每个风险的风险期望值，在此基础上，对所有风险进行排序和确定风险级别。电子商务风险应对过程包括确认与指派相关风险应对负责人，从几个备选方案中选择一项最佳的风险应对措施来应对识别出的风险。电子商务项目风险应对的措施可以分为消极风险的应对策略和积极风险的应对策略。在项目生命期实施项目风险应对措施时，应持续对项目工作进行监督，对已经识别的风险进行监控，同时寻找可能出现的新风险。

【应用案例】

校园二手用品跳蚤市场网站建设项目的风险识别、分析与应对

我们使用规范的风险管理思想来识别、分析、应对与监控校园二手用品跳蚤市场网站建设项目的风险。本项目风险的识别与应对经过了以下三个步骤。

风险识别：列出所有可能的风险事件。

风险分析：为每个风险事件分析风险概率和风险影响值，计算风险期望值，确定风险的级别和顺序。

风险应对：确定风险应对的策略、应对措施及截止时间和负责人。

1. 风险的识别

风险识别的方法是确定风险"编号"，找出可能发生风险的"WBS模块"，再拟定"风险事件"名称。

项目组成员依据已有WBS中那些没有下一层工作的底层工作包，通过头脑风暴法识别出可能会影响项目进度、成本、范围、质城的潜在风险，对每个风险进行编号、赋予一个含义明确的名称记录在表8-5的风险识别、分析和应对表中。

2. 风险的分析

风险的分析阶段由项目团队分别确定"风险概率""风险影响描述""风险影响值""排

序""级别"。具体做法如下:

(1)对每个风险事件,由项目组有经验的成员分别对该风险事件发生概率进行评估,加总平均得出此事件的风险概率。

(2)对每件风险事件,由项目组有经验的成员分别对该风险事件一旦发生造成的影响进行讨论。将对进度、成本、范围与质量四方面的影响进行具体描述,然后在表8-3(风险对四大项目主要目标影响值表)中分别找到对应的影响值,将四方面影响最大的影响描述填入表8-6风险影响值一栏中,将对应的风险影响描述填入"风险影响描述"一栏中。

(3)根据得出的风险概率和风险影响值,将"风险概率"与"风险影响值"相乘计算得出"风险期望值",并将风险事件按照风险期望值从大到小排序,为其赋予一个顺序编号,对于前10个风险我们要重点进行监控,进行十大风险追踪。

(4)假设我们项目组参照表8-5中风险等级划分表确定风险等级,可以根据得到风险期望值得到风险的级别,并确定相应的风险负责人。假设规定风险期望值在0~0.02的风险为二级风险,由项目相应的工作包负责人负责,并通知项目经理;在0.02~1的风险为一级风险,由项目经理负责。

3. 风险的应对

在风险应对中,确定"风险策略""风险应对措施""风险处理截止时间"和"风险负责人"。对每件风险事件,项目组员讨论确定一种主要的风险策略,确定出一项或多项措施来应对风险。参照表8-5中风险的级别可以得出每件风险事件的负责人。根据所采取的具体措施,确定处理的截止时间,比如截止时间填写一周,那么,对于预防类措施,截止时间是指风险识别之后的一周之内;对于纠正类措施,截止时间是风险发生之后的一周之内。

表8-5 校园二手用品跳蚤市场网站建设项目的风险等级划分表

风险等级	风险影响值	负责人
一级	≥0.02	项目经理
二级	<0.02	项目成员,并向项目经理报告

在这个项目中,我们讨论了干系人分析、SWOT分析、WBS分析及挣值分析中所识别的风险,校园二手用品跳蚤市场网站建设项目的风险识别、分析和应对表如表8-6所示。

表 8-6　园二手用品跳蚤市场网站建设项目风险识别、分析与应对表

| 风险识别 | | | 风险定性与定量分析 | | | | | | 风险应对 | | |
编号	WBS模块	风险事件	风险概率	风险影响描述	风险影响值	风险期望值	排序	级别	风险策略	风险应对措施	风险处理截止时间	风险负责人
1	需求分析	需求分析不准确	10%	用户需求描述不清,网站说明书细需求质量低	0.2	0.02	2	一级	缓解	预防、摸清用户背景,对说明书做调整	一周	项目经理
2	总体设计	体系结构设计不合理	1%	对网站体系规划不合理,影响系统质量	0.2	0.002	10	二级	接受	纠正、调整体系结构	一周	项目成员
3	总体设计	功能模块设计不合理	1%	对功能的划分不合理,对项目的范围产生影响	0.1	0.001	12	二级	接受	纠正、调整模块	三天	项目成员
4	详细设计	用户界面设计不美观	5%	设计风格不好;甲方不满意,由于返工影响项目进度	0.1	0.005	5	二级	接受	纠正、及时与用户沟通、征求用户意见	三天	项目成员
5	详细设计	数据库设计不合理	5%	数据组织不合理,对进度产生影响	0.1	0.005	6	二级	接受	纠正、重新组织	一周	项目成员
6	软硬件购买	开发所用软硬件不到位	5%	硬件的厂商代理不能按时到货,对进度有较大影响	0.4	0.02	3	一级	接受	纠正、寻找其他供应商	一天	项目经理

续表

风险识别					风险定性与定量分析					风险应对		
编号	WBS模块	风险事件	风险概率	风险影响描述	风险影响值	风险期望值	排序	级别	风险策略	风险应对措施	风险处理截止时间	风险负责人
7	Web应用开发	团队不稳定	10%	开发人员突然离职，影响系统质量	0.4	0.04	1	一级	缓解	预防、进行人才储备	一周	项目经理
8	强度、响应测试	与用户要求的非功能需求有偏差	5%	相应速度慢，强度不够，影响系统质量	0.1	0.005	7	二级	接受	纠正，寻找关键瓶颈并解决	一天	项目成员
9	安全、可靠测试	系统可靠性问题	3%	系统测试过程中出现安全故障，影响系统质量	0.1	0.003	9	二级	接受	纠正，寻找并弥补漏洞	一天	项目成员
10	验收	验收时出现问题或遭到用户反对	1%	用户对网站提出不满意见，影响项目进度	0.2	0.002	11	二级	接受	纠正，及时与用户沟通	三天	项目成员
11	培训	接受培训的人员不配合培训工作	5%	接受培训的人员对系统有抵触情绪，影响进度	0.1	0.005	8	二级	接受	纠正，及时沟通	一天	项目成员
12	内部总结	总结会议及报告质量低	10%	项目成员不重视总结工作，影响系统的运行质量	0.2	0.02	4	一级	缓解	预防、进行考评管理	一周	项目经理

【实验内容】

网站合作运营的利润分配风险

信息技术有限公司 A 为某省某运营商 B 建立一个同城网络超市的商务业务平台，并采用合作分成的方式进行运行。即由 A 公司负责该平台的前期建设和投资以及后期的维护工作，运营商只负责该平台的运营，运营后的收入按照某种的比例运营商和 A 公司分成。

同时，该平台还有另一个软件公司 C 在进行建设，但其和 A 公司的设备、技术、人员相互独立。也就是说运营商同时让 A 公司和 C 公司都做这个平台，并提供完全相同的同城网络超市的服务。在整个项目进行了 10 个月开发建设并成功试运营了 1 个月后，运营商停止了 A 公司的平台业务，并把该平台的所有用户信息转移到了 C 公司的平台上。运营商口头承诺会履行合同，按照原来的分成比例给 A 公司分成。但是由于无法获取该平台在转移后的具体使用情况及用户多少，所以该项目的收益如何根本无法计算，对 A 公司来讲，真是哑巴吃黄连有苦说不出。

之所以出现这种严重的问题，就是因为 A 公司在项目合作之前没有将可能出现的风险考虑全面，如果在项目之初考虑到有此风险，三方制订相应制度来应对这一风险，则 A 公司的利益不会没有保障。

要求：根据以上材料，对该项目中 A 公司存在的风险进行识别、分析并采取应对措施。

附录 A

"书屋"

电子商务项目

策

划

报

告

目录

第一章　项目概况

一、项目简介

本项目是一个线上跟线下相结合的二手书购买，租赁和课业辅导的平台。主要是针对在校大学生选修课所需书籍和闲置书籍的买卖和租赁。课业辅导是学科较弱的同学可以找学习成绩好的同学进行一对一的辅导或课程班辅导。

二、电子商务模式与亚模式

1. C2C：二手书、课业辅导
2. B2C：租书、O2O体验店

三、盈利模式

1. 广告费（可宣传校园组织活动或附近商家的广告，3～4个）
2. 租书的费用
3. 佣金（课业辅导）

四、电子商务战略

1. 线上第三方平台＋线下自营体验店

初期：平台发展初期主要作为第三方平台为大学生提供见习的途径，启动成本，技术成本等都比较低，易于开发。积攒一定流量和用户，再进一步发展相关的业务。由于使用范围可能交易双方距离较近，收取交易佣金易出现跑单等现象，另外考虑到积攒用户量，保证交易二手书时双方的满意度，平台初期不收取交易佣金，盈利方式主要靠广告，软文推荐等方式。

后期：后期随着用户量增加，发展自营性业务，并开发出APP，开展自营性二手书租赁，出售，并在二手书采购的时候对二手书的磨损程度进行归类，采用差价的形式提高性价比。在学校周边进驻自营体验店，通过线上线下来提高营销效果。

2. 以大学生为市场导向拓宽业务

为了区别与市面上竞争者的核心业务，本平台立足于校园，通过每年的数据调查，来确定大学生的阅读偏好和习惯，譬如，大学生每学期选课都要用到的教科书，或者是一些中短篇小说，两三天内看完，不想购买，在图书馆又借不到。平台每年期初都会开展数据调查来保障货源。

3. 打造以阅读为核心的文化体系

传播平台的文化，以此塑造平台形象，提高营销效果。定位于"方便学生阅读，提高学生阅读体验"。譬如，可与学校的社团组织取得联系，协助开展相关的活动，提高营销效果。

第二章　项目市场分析

一、行业分析

（1）现有竞争对手间的竞争：目前尚没有类似本项目的平台；

（2）替代品的威胁：由于该行业的进入壁垒不高，但谁先抢占市场，谁就有利，故我们可以先抢占市场，减少威胁；

（3）行业的进入壁垒：该行业技术要求低、成本低，故进入壁垒不高；

（4）供应商的议价能力：由于购买产品的量大，所以对于供应商的议价能力较低；

（5）购买者的议价能力：一般。

二、市场分析

（1）企业的目标市场规模：前期是厦门大学嘉庚学院，后期可以扩大到周边的学校。

（2）企业的具体顾客：前期是厦门大学嘉庚学院的大学生，包括在校大学生和已经毕业的学生。后期可以是厦门高校的所有大学生。

（3）与顾客进行交流：在前期自己在现在班级里进行试行，比如购买后者交换所需要的书籍，需要进行课业辅导，了解有多少同学有这种需求。在后期规模扩大后可以招聘校园大使进行顾客调查。

（4）用统计方法分析顾客的行为：在前期统计书籍购买以及租赁的成交量，主要通过两个方面进行，一是在一定时间内如开学初或者期末，二是在一定的范围内。等到发展到后期对大数据进行复杂详细的分析，从中找出大型市场中顾客的行为模式。

（5）分析顾客的贡献水平：我们提供一个买卖二手书租赁和课业辅导的平台，每一本书的售价减去给卖家的钱就是我们的收入。租赁的书籍是按学期后者月份来收取一定的租金，我们从中收取一定的费用。课业辅导是按照课时来收取相应的费用。

三、竞争对手分析

1. 现有市场竞争者

学校周边书店及书摊、以孔夫子旧书网为代表的第三方购书平台、以有路为代表的自营性购书平台。

2．价值取向

便利大学生购书租书，实现旧书再利用，线下提高大学生阅读体验。

3．竞争力度

目前旧书网站类型比较多，但以绝版书籍或者珍藏书籍为主，以我们的核心业务存在差别。其中以"孔夫子旧书网"所占市场份额最大，如图 A-1 所示。

图 A-1 "孔夫子旧书网"市场数据

4．竞争者分析

优势：图书种类较多；用户积累较多；技术成熟；APP，网站等使用体验较高；
劣势：线下无店铺，缺乏直接营销的效果；不能满足用户一些比较特殊的需求。

5．平台定位

竞争者：购书平台，主要提供市面上停印或是比较珍贵书籍的购买。
书屋：便利大学生购书租书，实现旧书再利用，线下提高大学生阅读体验。以校园为市场导向。

四、企业自我分析

1．核心竞争力

产品本身为 C2C 第三方平台，提供旧书方与求购者都为学生，价格浮动比较自由，可由两方协商，可由持书者发布书籍信息吸引他人，或是需要者发布求购信息，这在某种程度上可以为购买者提供实惠和便利，也为个人持有书籍者解决了旧书处理。

2．企业未来规划

旨在提高大学生阅读书籍的内容，提高大学生阅读体验，在未来的发展中，希望能在校园附近开办本品牌的自营性书店，传播品牌文化，建立起一个以"阅读"为核心的文化体系，也在营销上起到积极的作用。

第三章　网站系统分析

一、系统业务流程分析

(一)二手书交易流程

二手书交易流程如图 A-2 所示。

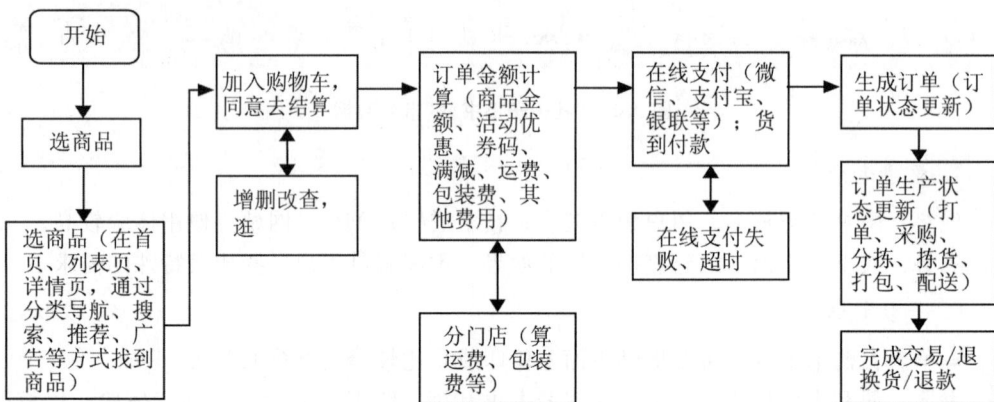

图 A-2　二手书交易流程

中后期主要发展自营业务，如根据市场调研收购大量二手书，拥有自己的库存。在支付方面，采用第三方支付，考虑到成本及技术，物流将采取外包的形式。另外，根据各大高校的市场以及地理位置，发展线下阅读体验店。

(二)课业辅导流程

课业辅导流程如图 A-3 所示。

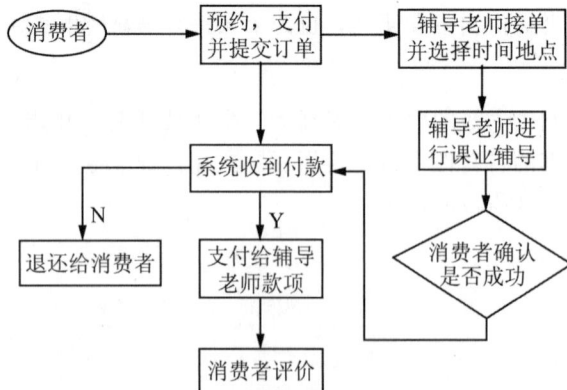

图 A-3　课业辅导流程

二、功能需求分析

(一)注册功能

用户注册、注册用户信息查询、修改和注销。各类人员必须注册后才能应用系统平台进行交易，可以检查用户的注册信息。

(二)用户管理系统

通过对用户身份的识别，对用户进行管理，有利于改平台的稳定发展。

(三)平台信息查询

平台信息包括平台简介、业务范围、联系方式、具体书籍、授课学生的基本信息。

(四)书籍信息显示

用户能够通过该平台，方便地查看该平台提供的书籍以及课业辅导信息，用户还可以给该平台留言，预约课业辅导和预购书籍。

(五)书籍管理系统

及时发布，更新书籍信息，对书籍进行整理。

(六)课业辅导管理系统

课业辅导管理系统包括老师管理、课程管理、预约时间管理。

(七)公告板系统

系统提供给系统管理员发布平台信息，包括书籍种类，存货量，课业辅导的学科以及时间等，对于发布的信息，按照发布时间先后显示，可以对自己发布的信息进行管理和删除。

(八)售后服务功能

如果交易的书籍严重损坏导致不能用的情况，可以要求退款或者退货。

三、性能需求分析

(一)可用性

1. 可理解性

书屋公众号需提供功能目录。

2. 在线帮助和反馈

书屋公众号要有在线帮助，在线反馈，常见问题解答。

3. 用户界面及友好性

书屋公众号需提供及时信息，业务规则说明，沟通渠道，支付方式说明，购物清单保存，响应时间的一致性。

(二)性能

书屋公众号在响应时间，存储空间，加载能力等方面要满足客户需求。

(三)可靠性

书屋在响应时间，存储空间，加载能力等方面要满足客户需求。销售服务系统要求展开 7×24 小时的服务，那么一天的工作时间是 1 440 小时，每分钟约有 150 个客户同时使用；每分钟页面申请为 60 个，数据库事物操作为 25 个。按网页平均大小 10kb 计算，要求网络流量 10kb/s。

(四)可维护性

书屋要能及时的排除系统故障，它的日常管理需简便。

(五)可重用性

书屋的系统组成模块或者成分应该是结构化或者参数化的，并且按照适当方式存档。

(六)灵活性和可扩充性

书屋的系统规模可能会随着时间的推移进一步扩大，应满足系统生存期额外的需求。

(七)可跟踪性

识别出原来的需求与被规范的功能之间关系的可能性，便于系统升级。

(八)软件平台要求

1. 系统平台

客户机：Windows 7、Windows XP 或 Linux RedHat 10。

服务机：Windows 2000、HP-UX 11。

2. 应用软件

客户机：支持 Internet Explorer 6、Netscape Communicator 4.5。

服务机：Tomcat 4、Weblogic 6.0、IIS。

第四章　网站系统设计

一、功能模块与子系统划分

(一)用户管理模块

1. 用户权限

(1)管理员。管理员拥有系统中的所有权限，可以对系统中所有的内容进行后台管理，如：添加/删除文件、修改界面、修改其他用户的权限等。

(2)会员用户。会员用户是经过注册过后的用户。在普通用户权限的基础上图文上传的功能，能浏览系统中的全部内容。

(3)普通用户。普通用户是未经过注册的用户，只能浏览网页中的部分内容。经注册过后能对相应的产品进行评价，能对管理员进行留言。

2. 用户注册

用户注册时需要填写账户，密码(密码将以"＊"号显示)，确认密码、性别、邮箱、验证码等。在用户填写完账户之后，确定数据库中是否存在相同的账户，若有相同的账户存在，注册将失败，并且清空注册中的所有内容。

3. 用户登录

用户登录时将填写已注册的账户密码，在用户确认登录时，系统将进入数据库中验证账户密码是否正确，如正确将转入主页，如错误将清空密码栏。

(二)主要业务流程管理模块

商品简介、商品规格、商品属性、立刻购买、未登录添加购物车、已登录加入购物车、商品配件、选择促销信息展示、销售记录展示、评论与咨询相关商品、展示商品、收藏、商品详情页描述、商品到货通知、商品分享、商品多图展示、商品普通、高级搜索、商品销售排行榜、在线咨询、商品评论、浏览记录。

(三)订单管理

1. 订单管理

对商店的所有订单进行管理，可按订单状态进行快速筛选，可按订单类型、关键字进行搜索，同时可按配送方式、支付方式、下单时间、金额区间、所属库房、订单节点为条件进行高级搜索。

2. 订单导出

将订单导出 xls 文件，并可自定义选择需要导出的订单字段。

3. 退换单管理

管理系统的退货订单。

4. 售后服务

(四)新闻公告管理

如行业新闻，常见问题。可自由更新动态，插入图片。可自行排版内容格式。

(五)广告

应用于网站的自动变换的广告位，或一些固定的广告位，只需设计一张相同大小的广告图片，从后台上传，即可替换。

全站广告位的集中统筹管理，商城页面广告位全部都可以在后台设定。广告的形式（BANNER，漂浮，对联，弹出窗口）可支持首页幻灯片广告、静态图片、动态图片等。广告内容可以是 FLASH、图片、图文并茂等。

二、前台后台功能设计

网站前后台功能结构图如图 A-4 所示。

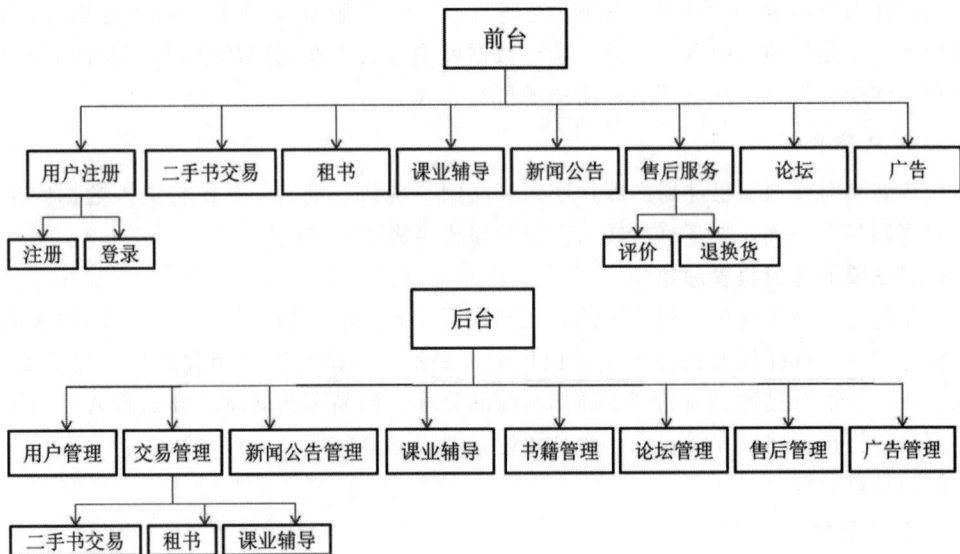

图 A-4 网站前后台功能结构图

三、链接结构设计

（一）前台链接结构设计

网站前台链接结构如图 A-5 所示。

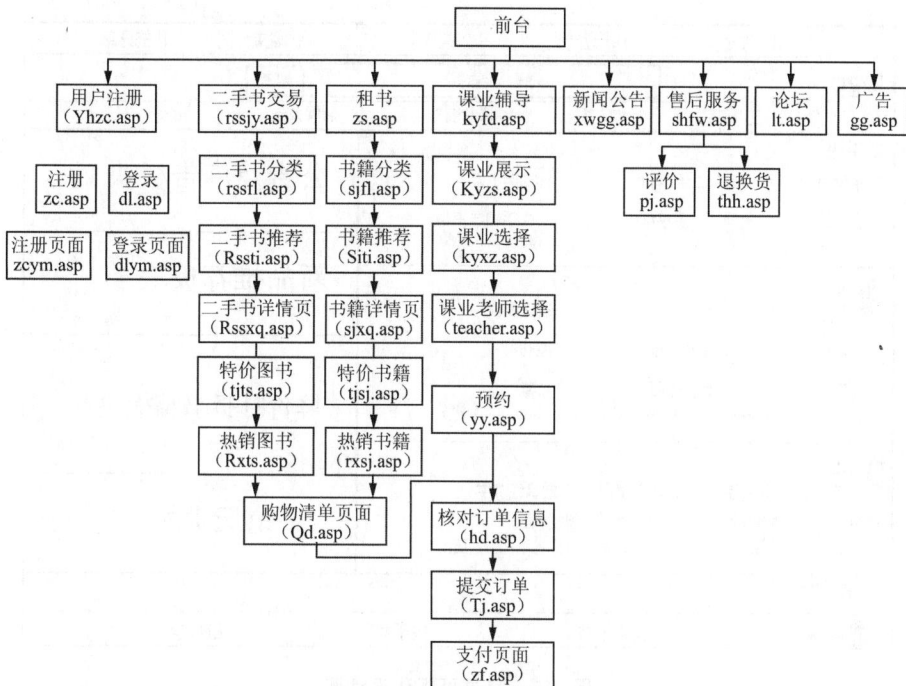

图 A-5 网站前台链接结构图

（二）后台链接结构设计

网站后台链接结构如图 A-6 所示。

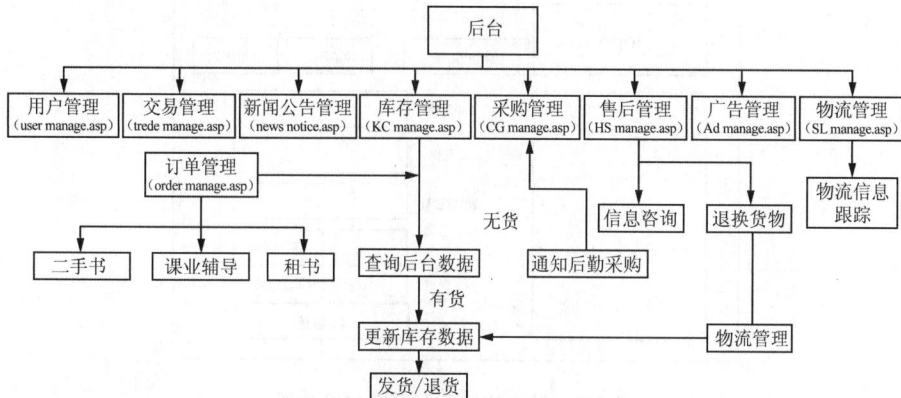

图 A-6 网站后台链接结构图

四、页面可视化设计

各相关页面的可视化设计如图 A-7～图 A-14 所示。

(一)首页

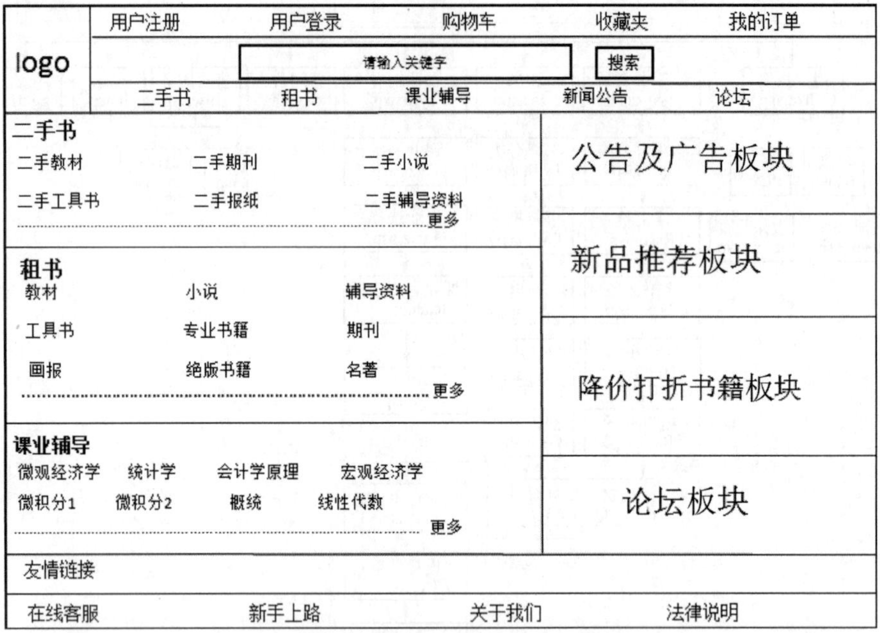

图 A-7 首页可视化设计图

(二)用户注册页面

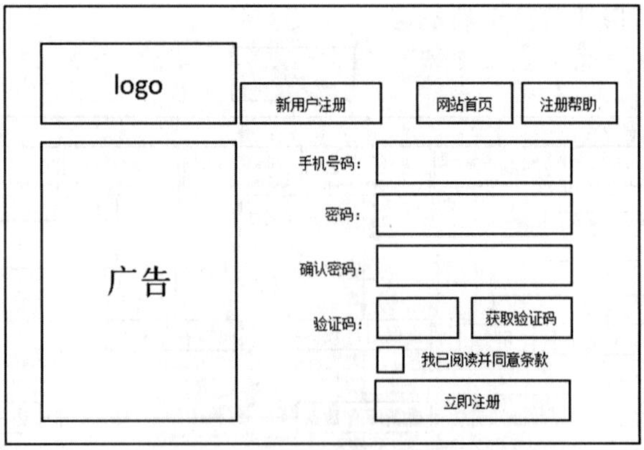

图 A-8 用户注册页面可视化设计图

(三)用户中心页面

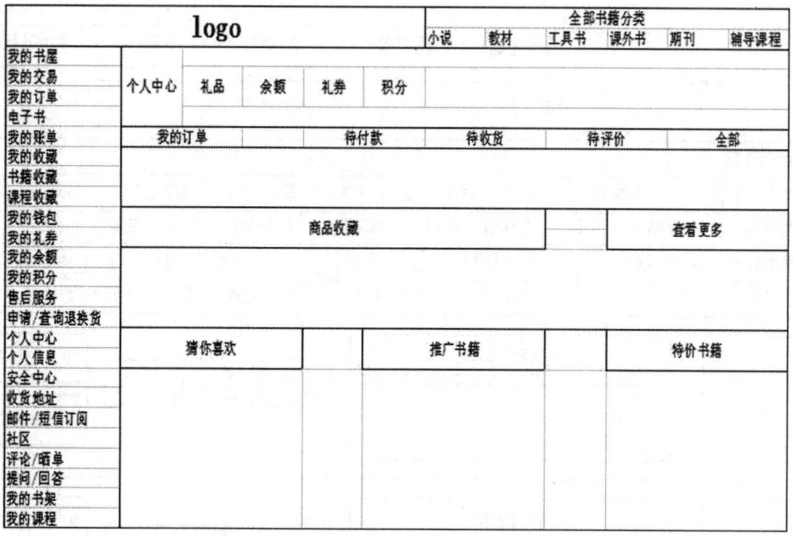

logo					全部书籍分类					
					小说	教材	工具书	课外书	期刊	辅导课程

我的书屋									
我的交易	个人中心	礼品	余额	礼券	积分				
我的订单									
电子书									
我的账单	我的订单		待付款		待收货		待评价		全部
我的收藏									
书籍收藏									
课程收藏									
我的钱包			商品收藏					查看更多	
我的礼券									
我的余额									
我的积分									
售后服务									
申请/查询退换货									
个人中心		猜你喜欢		推广书籍			特价书籍		
个人信息									
安全中心									
收货地址									
邮件/短信订阅									
社区									
评论/晒单									
提问/回答									
我的书架									
我的课程									

图 A-9　用户中心可视化页面设计图

(四)主要流程页面

1. 二手书页面

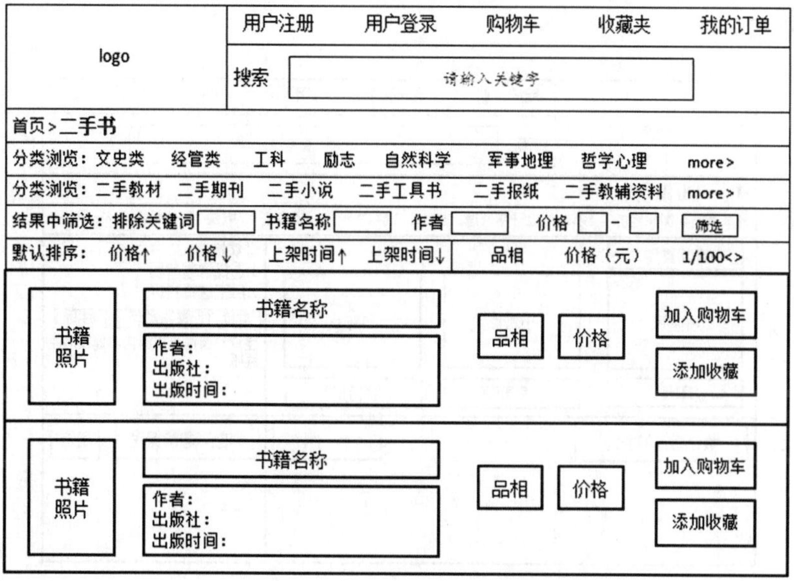

logo	用户注册　　用户登录　　购物车　　收藏夹　　我的订单
	搜索　　　　　　请输入关键字

首页>二手书

分类浏览:	文史类	经管类	工科	励志	自然科学	军事地理	哲学心理	more>
分类浏览:	二手教材	二手期刊	二手小说	二手工具书	二手报纸	二手教辅资料		more>
结果中筛选:	排除关键词 □	书籍名称	作者		价格 □ - □		筛选	
默认排序:	价格↑	价格↓	上架时间↑	上架时间↓	品相	价格(元)	1/100<>	

书籍照片	书籍名称		品相	价格	加入购物车
	作者: 出版社: 出版时间:				添加收藏

书籍照片	书籍名称		品相	价格	加入购物车
	作者: 出版社: 出版时间:				添加收藏

图 A-10　二手书页面可视化设计图

2. 租书页面

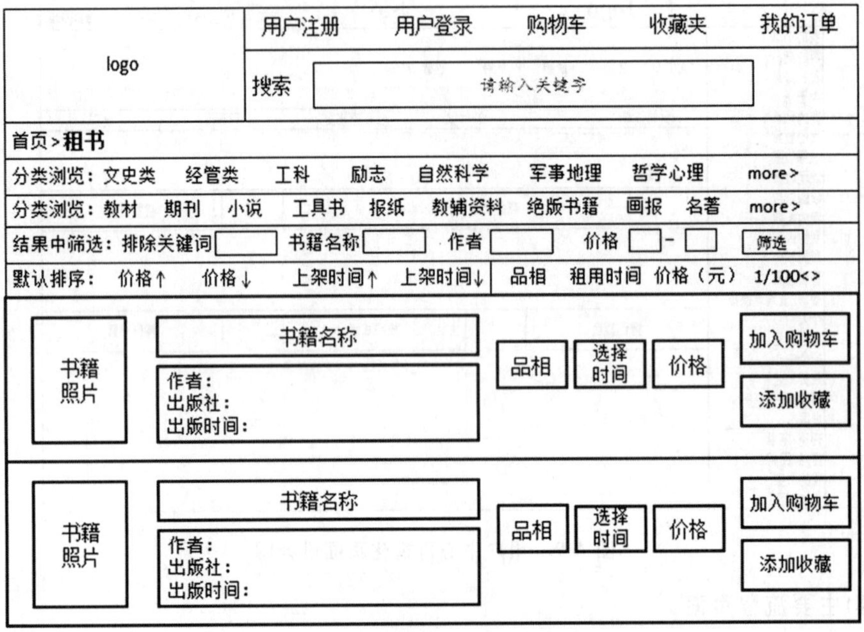

| logo | 用户注册　　用户登录　　购物车　　收藏夹　　我的订单 |
| | 搜索 　请输入关键字 |

首页>租书

分类浏览：文史类　经管类　工科　励志　自然科学　军事地理　哲学心理　more>

分类浏览：教材　期刊　小说　工具书　报纸　教辅资料　绝版书籍　画报　名著　more>

结果中筛选：排除关键词□　书籍名称□　作者□　价格□-□　筛选

默认排序：价格↑　价格↓　上架时间↑　上架时间↓　品相　租用时间　价格（元）　1/100<>

| 书籍照片 | 书籍名称 | | 品相 | 选择时间 | 价格 | 加入购物车 |
| | 作者：
出版社：
出版时间： | | | | | 添加收藏 |

| 书籍照片 | 书籍名称 | | 品相 | 选择时间 | 价格 | 加入购物车 |
| | 作者：
出版社：
出版时间： | | | | | 添加收藏 |

图 A-11　租书可视化页面设计图

3. 课业辅导页面

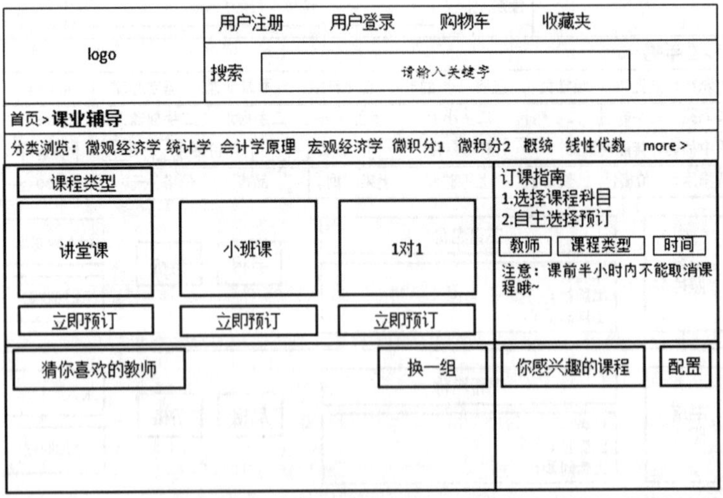

| logo | 用户注册　　用户登录　　购物车　　收藏夹 |
| | 搜索 　请输入关键字 |

首页>课业辅导

分类浏览：微观经济学　统计学　会计学原理　宏观经济学　微积分1　微积分2　概统　线性代数　more>

课程类型			订课指南 1.选择课程科目 2.自主选择预订
讲堂课	小班课	1对1	教师　课程类型　时间 注意：课前半小时内不能取消课程哦~
立即预订	立即预订	立即预订	
猜你喜欢的教师　　　　　　换一组		你感兴趣的课程　　配置	

图 A-12　课业辅导可视化设计图

(五)后台管理首页

当前管理员信息					
首页	订单管理	库存及采购管理	物流管理	信息管理	商品管理
用户登录 账号： 密码：	销售数据分析				
物流信息查询	线上店铺页面设计及广告布局管理				
商品信息查询	官网及相关论坛链接				

图 A-13　后台管理可视化设计图

(六)订单管理页面

当前管理员信息					
首页	订单管理	库存及采购管理	物流管理	信息管理	商品管理
用户登录 账号： 密码：	订单信息/状态				
物流信息查询	联系库存/库存变动信息				
配货通知					
商品信息查询	联系最近客户				

图 A-14　订单管理可视化设计图

五、数据库设计

各相关数据库设计如表 A-1～表 A-8 所示。

(一)用户管理表

表 A-1　User(用户管理表)

字段名	字段类型	字段说明	字段唯一	备注
Username	Char	用户名	是	主键
Password	Char	密码		
Name	Char	姓名		
Sex	bit	性别		
Date	Char	出生年月		
Stage	Char	等级		
Address	Char	收货地址		
Phone	int	绑定手机号码		
email	Char	邮箱		

(二)书籍管理表

表 A-2　Books(书籍管理表)

字段名	字段类型	字段说明	字段唯一	备注
Bookid	Char	书籍编码	是	主键
bookname	char	书籍名称		
searchcode	char	书籍检索码		
bookclass	char	书籍所属类型		
bookauthor	char	书籍作者		
Bookpublish	char	书籍出版社		
bookphase	char	书籍品相		
booknum	int	书籍数量		
bookversion	char	书籍版本		
bookprice	int	书籍定价		
bookinventory	int	书籍库存		

续表

字段名	字段类型	字段说明	字段唯一	备注
bookstate	int	书籍状态		0 表示书籍完整 1 表示书籍破损程度较小 2 表示书籍破损程度较为严重 3 表示书籍破损程度极为严重
rentmark	int	租售标记		0 表示出售，1 表示出租

(三)课业辅导管理表

表 A-3 Tutoring(课业辅导管理表)

字段名	字段类型	字段说明	字段唯一	备注
coursecode	char	课程编码	是	主键
coursename	char	课程名称		
grade	char	年级		
time	char	辅导时间		
place	char	辅导地点		
price	int	价格		
tutor	char	辅导老师		

表 A-4 Course tutor(课业辅导教师人员管理表)

字段名	字段类型	字段说明	字段唯一	备注
teacherid	char	教师 ID	是	主键
name	char	姓名		
major	char	专业		
Age	int	年龄		
sex	bit	性别		
Tutorcourse	char	辅导课程		
introduce	char	教师简介		
email	char	邮箱		
phone	int	手机号码		

(四)订单管理表

表 A-5　Book-order(书籍订单表)

字段名	字段类型	字段说明	字段唯一	备注
ordeid	char	订单编号	是	主键
username	char	用户名		与用户管理表关联
address	char	送货地址		
code	int	邮编		
phone	int	手机号码		
ordertime	char	下单时间		
orderstatus	int	订单状态		0 表示未付款 1 表示已付款，未发货 2 表示已发货 3 表示已收货
orderamount	int	订单金额		
returnlabel	int	退换货标记		0 表示不需退货，1 表示需退货
returndemo	char	退货、换货原因		

表 A-6　Order(订单明细表)

字段名	字段类型	字段说明	字段唯一	备注
detailid	char	订单明细编码	是	主键
orderid	char	所属订单编码		与订单表关联
goodsname	char	商品名称		
goodsnum	int	商品数量		
goodsprice	int	商品价格		

表 A-7　Tutor-order(课业辅导订单表)

字段名	字段类型	字段说明	字段唯一	备注
orderid	char	订单编号	是	主键
username	char	用户名		与用户管理表关联
courseid	char	课程编码		与课业辅导管理表关联

续表

字段名	字段类型	字段说明	字段唯一	备注
progressmark	int	上课进度标记		
courseprice	int	课程价格		

(五)新闻公告管理表

表 A-8 News(新闻公告管理表)

字段名	字段类型	字段说明	字段唯一	备注
newid	char	新闻 ID	是	主键
author	char	提交人账户		
newsclass	char	新闻类别		
time	char	信息发布时间		
newscontent	char	新闻内容		
newname	char	新闻标题		
managemark	int	审核管理		

第五章　网站运营与维护

一、网站测试

(一)功能测试

1. 链接

(1)测试所有的链接是否按指示确实链接到该链接的页面;

(2)测试所链接的页面是否存在;

(3)保证没有孤立页。

2. 表单

(1)测试提交操作的完整性,以检验提交给服务器信息的正确性;

(2)默认值的正确性;

(3)输入校验和测试。

3. 数据检验

对输入数据进行校验,测试需要验证这些检验功能能否正常工作。

4. Cookies

(1)Cookies 是否起作用；

(2)是否按预订时间进行保存；

(3)刷新对 Cookies 的影响；

(4)Cookies 统计次数功能的正确性。

(二)性能测试

1. 链接速度测试

2. 负载测试

(1)同一时刻系统用户数量；

(2)在线处理的数量。

3. 压力测试

实际破坏一个电子商务应用系统，测试系统的反映。

二、网站运营

(一)日常运营

(1)"书屋"网站需要根据不同时期的销售计划定期由网站策划组织网站活动、网站美工、编辑配合制造专题，提高客户黏度。

(2)由网站编辑进行线上内容的更新，要图文结合，并且标题新颖。同时要对每日最高访问量、最低访问量的文章进行统计，形成分析文字，以供决策。

(3)每日由运营专员负责网站数据的录用，产品上下架，价格更新。

(4)运营专员每周收集推广数据，分析推广效果，形成文字总结，以供调整推广策略。

(5)论坛版主负责论坛板块数据收集，分析板块活跃度，为网站整体运营提供数据支持以及会员招募。

(6)"书屋"网站客服每日负责用户的服务答疑，形成具体的文字记录，为公司提供决策数据，并寻找相关的目标企业入驻。

(7)通过各类网站分析工具获取网站运营，对网站运营计划进行补充改进。

(二)网站优化

1. 网站的访问优化

由于"书屋"的访问者是想要购买书籍，租赁书籍、寻找辅导老师的在校大学生。"书屋"网站的书籍信息及辅导信息的快速更新能满足他们对"书屋"网站较大的要求。所以在开学初、考试周等时期。"书屋"网站要能迅速的更新书籍信息，辅导信息。方便访问者购买书籍或预约辅导。而在平时，"书屋"网站也要能及时更新信息，给访问者良好的服务。同时"书屋"网站在日常运营的过程中，要能及时解决访问者在网站上遇到的问题，网站的客服人员需要时常在线，提高客户的访问体验。

2. 网站的搜索引擎优化

"书屋"网站的主营业务是二手书销售和租赁，同校大学生的课业辅导。其搜索引擎的关键字应该是"二手书""课业辅导"。"书屋"网页设计应该简洁不繁琐，但是要包括网站的所有业务。在外部链接这一块，"书屋"可以写一些高质量的软文发布到各大网站，如果大家认可，会有无数的网站转载，这样可以获得很多好的外链。或者在百度查询"二手书"看看排名第一页的网站的反向链接。然后联系这些跟排名靠前网站做链接的网站交换链接。在搜索引擎竞价排名这一块，可以参加百度搜索竞价排名，注册关键字"二手书"和"大学生课业辅导"，以此来吸引潜在客户。

三、网站维护

(一)硬件维护
对服务器，网络连接设备和其他硬件进行维护，使所有硬件设备处于良好状态。

(二)软件维护
对操作系统，数据库进行维护和升级。

(三)内容维护
(1)及时更新网站的内容，在网站及时发布最新的动态，包括书籍、价格、服务等信息。

(2)对用户信息搜索统计，并及时进行分析。

(3)对用户的投诉或需求信息及时处理并向用户及时反馈处理结果。

(4)网站的页面及时进行更新。

(5)对网站访问量数据进行分析，通过对访问量数据的分析，可以找出网站的优势与不足，从而对进行相应的修改。

(6)对网站所有的网页链接进行测试，保证各链接正确无误。

(四)安全维护
(1)安装补丁程序。

(2)安装和设置防火墙。

(3)安装侵入检测系统。

(4)安装漏洞扫描工具。

(5)安装网络杀毒软件。

（6）账号和密码保护。

（7）检测系统日志。

（8）关闭不需要的服务和端口。

（9）定期对服务器进行备份。

四、网站升级

（一）网站改版

随着用户量的增大，网站的系统内部也需要做出改动。

1. 内容多状态管理

系统中管理的内容按照新发稿、已编辑、已审核、需返工、已发布、已删除六种状态来管理。

（1）新发稿：内容首次录入到采编发中进行管理。

（2）已编辑：内容在首次录入以后经过编辑，可以看到谁在什么时间做了修改，可以恢复到任何一次修改之前的状态。

（3）已审核：内容已经审核通过，可以发布，但此时该内容在网站上还没有出现，只是后台能够看到。

（4）需返工：该内容审核没有通过，需要重新编辑或该内容不适合发布。

（5）已发布：该内容已经发布到外部网站上，浏览网站的用户此时能够看到该内容，已经发布的内容不能修改和删除，如果需要修改和删除，必须先执行撤稿工作，把内容从外部网站上撤下来。

（6）已删除：该内容已经被删除，被删除的内容不能进行修改和发布，外部网站也看不到，删除的内容均放在采编发系统的回收站中，没有真正删除，如果用户确定不要这些内容，可以通过清空回收站来彻底删除，如果是误删除，可以到回收站中进行恢复。

2. 静态文件存储

对于已经发布的内容，系统采用静态文件的方式来存储，以提高效率。动态网站的性能瓶颈在于数据库存储过于频繁，每一篇文章都要有数据库操作，当用户数增大到一定程度的时候，系统性能会急剧下降；采用静态文件的方式以后，会大大降低数据库的压力，使网站的性能得到提高。

3. 所见即所得的排版技术

信息采编发系统使用所见即所得的可视化排版技术，提供类似于Office的格式控制功能，用户可以任意在内容中插入图片、附件、超连接等内容，支持图文混排，可以通过扫描仪直接输入图片，可以在线编辑和修改图片等。

(二)网站美化

网站的布局是每个平台留给用户的第一印象，既要体现品牌文化，又需要提高营销效果，提高用户的用户体验，在平台发展中起着十分重要的作用。

1. 简洁而不简略

由于功能的增加，页面难免出现杂乱的问题，因此在后续网站的美化时，要兼顾二者，既要求页面不杂乱，又需要不影响用户体验。删繁就简。

2. 风格重点突出

风格要体现品牌文化、有新意、体现阅读知识和产品营销；要求协调、页面流畅，不可以给用户凌乱的感觉、保证浏览者在较短的时间内看到最想看到的内容；注重页面设置、文字和图片的协调；合理安排首页的信息，避免信息过多分不清主次，造成信息冗余。

3. 注重细节

关注用户习惯，通过收集大数据，留意用户的个人行为。

第六章　营销推广策划

一、营销目的

通过营销，与用户建立了快捷有效沟通，并取得了用户对"书屋"的信任感和认同感，树立了良好的形象，有利于用户打消顾虑，优化我们与用户之间的关系，以提升"书屋"知名度、美誉度和忠诚度，吸引消费者关注，激发购买欲望，将目标流量转化为有效流量。

二、营销综述

通过营销，对"书屋"的优势和特色进行宣传，介绍"书屋"的产品和服务，对线下线上各类特色活动进行预告，通过多种方式对"书屋"进行详细地解读，从多个不同的功能角度去认知，加深受众的全面认知性，所以我们准备采取友情链接、校园传单、合作推广、校园邮件、网络广告投放等营销方案。

三、营销方案

(一)校园传单

根据书屋网站的类型，面对的客户人群规模。校园传单是最快速，有效，全面的推广方式。如表 A-9 所示，在校园里发传单的转化率为 10％～20％，也就是说，每发出 100 份传单，就会有 10～20 个人关注它，所以推广的效果是显著的。

推广方式的具体内容：组织一定的人员，在上下课时间，食堂门口发放传单。同时，有扫码免费获取小礼物的活动，获得免费借阅一次书籍，免费试听课业辅导的优惠活动。传单上印有书屋的二维码，最新书籍，特价活动等。

表 A-9　校园传单营销推广

类别	说明	发送数	效果评估	预计费用
食堂门口发送	在用餐时间在食堂门口发送传单，人流量大，效果好，同时有扫码就免费送小礼物的活动	北区发送 1 000 份，南区跟中区各 800 份，一天	根据调查，转化率为 10％～20％	传单费用三个食堂一天总计为 500 元（包括人工费用）
上下课时间在教学楼口发送	人流量大，目标客户集中，在发送传单的同时调查所需的书籍的种类数量等信息，提供信息者可获得免费借阅一次书籍的机会	一天共预计发送 1 000 份（包括所有的教学楼，上课时间段）	人流量大，获得很好的宣传效果。能上目标客户知道该网站，并且获得相关的书籍信息	一天预计 200 元（包括人工费用）
校门口发送	在中午和晚上在校门口发送传单，扩大覆盖面。扫码人群可以获得一次免费听课的机会	北区发送 300 份，中区 100 份，南区 200 份	转化率为 8％～15％	费用总计 150 元（包括人工费用）

（二）合作推广

与学校的社团，组织合作推广是有效的推广手段，而且能提高客户忠诚度，持续与学生会等组织合作，能起到提高书屋的知名度。扩大客户群，获得理想的宣传效果。与组织和社团充分展开合作，定期在组织和社团的活动和微信公众号上作宣传，发送最新公告，是效果最明显的推广方式，可以借助合作伙伴的力量，促使书屋网站的活动有效开展，如表 A-10 所示。与社团微信公众号友情链接，征求链接互换，包括最新活动，新书上架，特价活动和网站软文的链接。展开合作，就某个组织的活动，如学生会等组织就书屋平台相关活动展开合作，借助合作伙伴的平台进行书屋网站的活动推广。公告软文推广，就书屋网站上线，各类活动开展情况，热门话题等主题，撰写文稿，同相关的组织，社团合作，及时发布公关软文。

表 A-10　书屋网站合作推广

类别	说明	效果评估
友情链接	与 10 个知名社团微信公众号的友情链接，征求链接互换，包括最新活动，新书上架等	扩大网站外部链接活力，有效推广网站的系列活动
展开合作	就某个组织的活动，如学生会等组织就书屋平台的相关活动展开合作	扩大网站活动影响力，提升网站形象，提高用户忠诚度
公告软文	就书屋网站上线，各类活动开展情况，热门话题等主题，撰写文搞，同相关的组织，社团合作，及时发布公关软文	提高网站得知名度，扩大网站得影响力

(三)校园邮件

邮件营销是快速、高效的营销方式，但应避免成为垃圾邮件广告发送者，参加可信任的许可邮件营销。通过注册会员、过往客户、微信公众号订阅用户等途径获取客户邮件地址，向目标客户定期发送邮件广告，是有效的网站推广方式，如表 A-11 所示。

建设自己的邮件列表，定期制作更新"书屋"网站电子短文，向以往用户和其他订阅用户发送，能有效的联系网站访客，提高用户忠诚度。

有奖调查：启发式设问激发邮件接收人参与调查的兴趣，在线填写问卷，前 1000 名将获得网站送出的热销书籍；特价书籍系列活动通报：面向所有参加活动和对活动感兴趣的同学，及时通报活动情况。

邮件主题：想看的书，自己做主

邮件正文：

为了满足您的个性化阅读需求，我们每隔一段时间都将发布新书书目。大家可在以下书单中勾选自己喜欢的书。

下面是本期的书单：

- 《绽放最好的自己》北京理工大学出版社 2018.01
- 《烦恼心理学》人民邮电出版社 2018.01
- 《每天读点博弈心理学》中国纺织出版社 2017.12

　　……

如果以上没有你喜欢的书，可以在回复邮件时写下你想要的书本信息：书名、作者、出版社、ISBN 号。

感谢大家对"书屋"工作的支持。

表 A-11　书屋网站邮件营销推广

类别	说明	发送数	发送频数	预计费用
邮件列表	定期更新网站的宣传短文，书籍信息，课业辅导的信息	初期为 2 000 份 后期为 5 000 份	每周发送一次，共发送 16 周	前期 800 元 后期 1 500 元
有奖调查	启发式设问激发邮件接收人参与调查的兴趣，在线填写问卷，前 1 000 名将获得网站送出的热销书籍	初期为 2 000 份 后期为 5 000 份	每个月一次，共 4 次	1 000 元
活动通报	面向所有参加活动和对活动感兴趣的同学，及时通报活动情况	初期为 2 000 份 后期为 5 000 份	每 3 周一次，共计 5 次	1 000 元

（四）网络广告投放

根据艾瑞咨询 2016 年度中国网络广告核心数据显示，中国网络广告市场规模达到 2 902.7 亿元，同比增长 32.9%，较去年增速有所放缓，但仍保持高位。随着网络广告市场发展不断成熟，未来几年的增速将趋于平稳，预计至 2019 年整体规模有望突破 6 000 亿元。

网络广告是投入较大，效果明显的网站推广方式之一。广告投放对象选择要符合网站访问群特征，并根据网站不同推广阶段的需要进行调整。针对书屋网站的特点，我们制订了相应的网络广告投放计划。

1. 广告投放对象

书屋网站是二手书和租书，以及同校课业辅导的网站，它所面对的受众主要是大学生，他们经常上网，接受信息量大，喜欢快速解决问题。针对网站的受众特点，我们将网络广告投放对象选择为学校各种微信公众号、学校贴吧等，如表 A-12 所示。

表 A-12　书屋网站网络广告投放

类别	举例	投放页面	点击率
学校各类微信公众号	掌上嘉庚（以厦门大学嘉庚学院为例）	公众号栏目 微信公众号推文的开头和结尾	5%～7%
学校贴吧	厦门大学嘉庚学院贴吧（以厦门大学嘉庚学院为例）	贴吧的开头，可关闭广告	2%～3%

2. 广告投放办法

书屋网站的网络广告投放分两个步骤来进行（见表 A-13）。

第一个步骤为书屋网站发布之际,在各类目标网站投放"庆祝书屋网站上线,注册会员,换取积分赢大奖活动"广告,吸引网民访问网站,并注册成为会员。

第二个步骤为分三个活动主题进行广告制作与投放,三个活动依次序投放广告并开展活动。(制作相应的广告页面,并引导网民访问书屋网站的相关栏目和内容)。

3. 投放周期

整个网站广告投放周期为12个月。

4. 广告形式

根据书屋网站的网络广告投放需要,我们将设计规划多种广告形式进行广告投放。主要广告形式有飘浮广告、banner广告、文字广告等。

表 A-13　广告投放具体方案

步骤	广告内容	广告周期	投放网站	效果评估
第一步	横幅广告、BANNER广告、弹出广告、飘浮广告	3个月	学校各类微信公众号及各类贴吧	第一步广告投放多,有较为良好的宣传效果
第二步	广告、弹出广告、飘浮广告	12个月	学校各类微信公众号及贴吧	第二步时间长,可以赢得更多的客户

(五)搜索引擎优化

按照一定的规范,通过对网站功能和服务、网站栏目结构、网页布局和网站内容等网站基本要素的合理设计,增加网站对搜索引擎的友好性,使得网站中更多的网页能被搜索引擎收录,同时在搜索引擎中获得较好的排名,从而通过搜索引擎的自然搜索尽可能多的获得潜在用户。SEO的着眼点不仅考虑搜索引擎的排名规则,而且更多的考虑到如何为用户获取信息以及服务提供方便,此外,细分目标客户群,分析消费者心理,研究他们对关键词的界定。

1. 具体营销方案

(1)关键词竞价排名。竞价排名即网站缴纳费用后才能被搜引擎收录,费用越高者排名越靠前。

通过修改每次点击付费价格,用户可以控制自己在特定关键词检索结果中的排名,也可以通过设定不同的关键词捕捉到不同类型的目标访问者。竞价排名的见效快,只要充值并设置关键词价格后即刻进入搜索引擎排名前列,但SEO(搜索引擎优化)的效果较慢,一般要三个月以上才能见效。同时竞价排名具有精准投放和关键词无限量等优势。但其同时也存在费用高和有可能被竞争对手和广告公司恶意点击等缺点。竞价排名和网站优化各有优势,对于预算充足的公司可以先做竞价排名,与此同时进行

SEO，当 SEO 工作结束，排名达到要求后，再停止竞价排名，这样可以顺利过渡也不会对营销造成影响。

（2）固定排名。固定排名是一种收取固定费用的推广方式，企业在搜索引擎购买关键词的固定排位，当用户检索这些关键词信息时，企业的推广内容就会出现在检索结果的固定位置上。这种方式可以避免非理性的关键词价格战，但当某一关键词变成"冷门"时，可能会使得企业资源浪费。

（3）购买关键词广告。即在搜索结果页面显示广告内容，实现高级定位投放，用户可以根据需要更换关键词，相当于在不同页面轮换投放广告。关键词广告显示的位置与搜索引擎密切相关，有些出现在检索结果的最前面，有些出现在检索结果页面的专用位置。

2. 预计达到目标

（1）被收录。在主要搜索引擎或分类目录中获得被收录的机会，让网站中尽可能多的网页(而不仅仅是网站首页)被搜索引擎收录，增加网页的搜索引擎可见性。

（2）排名靠前。在被搜索引擎收录的基础上尽可能获得好的排名，在搜索结果中有良好的表现。

（3）被点击。通过搜索结果点击率的增加来达到提高网站访问量，通过搜索引擎营销实现访问量增加的目标。

（4）客户转化。将访问者转化为客户，将网站访问量的增加转化为企业实现收益的提高。从各种搜索引擎策略到产生收益，增加网站访问量。

（5）提高品牌知名度。

3. 营销费用

SEO 收费分为 2 种：一是单纯的关键词优化；二是整站优化。

收费方式：按月收费，自签订合同起，预算服务周期，在服务周期内，首月按月 SEO 项目的 40% 支付每月的服务费用，月底结算余款；直到达到效果后，全部付清。（例如：SEO 每月费用是 2 000 元，对站点进行预算周期是 3 个月，那么每月首付 800 元，月底结算 1 200 元。）

（1）单个关键词的优化收费。这种主要是指根据关键词的难易程度来收费，比如指数，收录量，竞价数量，首页独立网站数量，收费每个地方每个人都有可能不一样。

搜索引擎以百度为例，例如百度竞价，通过缴纳一定的费用可以将网站更快速的排到百度首页的前列。

对于首次开户的客户，需要一次性缴纳 5 600 元，其中 5 000 元是客户预存的推广费用，600 元是服务费。后期为按点击付费，即点击一次广告百度收一次费用。不同的关键词，费用是不同的(见图 A-15)，通常分为：

①泛关键词(如"二手书交易"，设置"二手书交易"为关键词就是泛关键词)。

②长尾关键词(如"在线二手书交易"之类的)。

③地域长尾关键词(如"福建高校在线二手书交易")。

④精准关键词(如"福建嘉庚在线二手书交易")。

关键词	选择理由	整体日均搜索量	移动日均搜索量	推荐出价	竞争激烈程度
二手书交易	便宜,精准类别	10	<5	0.98	17
在线二手书交易	便宜,精准类别	<5	<5	0.8	11
福建高校在线二手书交易	便宜,精准地区	<5	<5	0.8	11
福建嘉庚在线二手书交易	便宜,精准地区	<5	<5	0.8	8

图 A-15 关键词营销效果分析图

(2)整站优化。所谓整站优化,即:并不以某个关键词为最终目的,而是对一个网站进行综合的优化,包括了域名选择、网站结构或栏目设置、内部及外部链接,内容建设,访问者体验等多个方面进行的优化,关键词的排名只是一方面,更重要的目的是为最终的销售服务。

具体的费用几千元到一万元不等,看网站的优化水平与需求。

第七章　项目财务分析(成本收益分析)

一、成本分析

成本分析明细如表 A-14 和表 A-15 所示。

表 A-14　成本明细表(第 1 年)

单位:元

工资费用				
职位	人力	月工资	月份	小计
网站开发项目经理(PM)	1	6 000	2	12 000
网站开发人员(PG)	2	5 500	2	11 000
网站美工人员	2	5 000	2	10 000
系统监控维护人员	1	4 500	12	54 000
会计员	1	5 000	12	60 000
销售员	1	5 000	12	60 000
合计		207 000		

续表

固定资产

项目	数目	费用		小计
台式电脑	4	5 000		20 000
办公桌椅	8	500		4 000
打印机	1	500		500
基本电器设备				2 000
合计		26 500		

其他费用

项目		费用	月份	小计
办公室租用		3000	12	36000
公司注册				1000
合计		37000		
以上共计		270500		

表 A-15　成本明细表(第 2~5 年)

单位：元

工资费用

职位	人力	月工资	月份	小计
财务部	2	5 000	12	120 000
技术部	2	5 000	12	120 000
销售部	3	5 000	12	180 000
人事部	2	5 000	12	120 000
物流部	3	5 000	12	180 000
合计		300 000		

其他费用

项目		费用	月份	小计
办公室租用		3 000	12	36 000
水电费		400	12	4 800
合计		40 800		

续表

运营成本			
项目			小计
营销推广			30 000
出行应酬			5 000
合计	35 000		
以上共计	375 800		

注：以后每年在此基础上增加10%花销。

二、投资分析

由成本分析可知，公司第1年注册发展所需要的资金额及资金用途如表A-16所示。

表 A-16　资金来源和资金用途

单位：元

资金用途	所需资金额
固定资产	26 500
网站、APP 开发与维护	5 000
人力资源成本	207 000
营销成本	30 000
总计	336 500

融资方案：公司注册成本100万元，股本结构和规模如表A-17所示。

表 A-17　公司股本结构表

股本规模	股本来源		
	自筹资本	银行贷款	众筹融资
金额	55 万元	15 万元	30 万元
比率	55%	15%	30%

三、收益分析

主要收益分析如表 A-18～表 A-20 所示。

(一)主要业务收益分析

表 A-18　主要业务收益表

卖书	在该平台上卖出一本书，我们向卖家收取 10％的佣金，例如卖出一本书收益 30 元，我们从中获利 3 元
租书	在该平台上租书，按月份收费，按书的种类不同，收取不同的费用，但是租书者租出几个月的书，就要向该平台支付这些月份租书的租金，具体数额为每个月支付租金的 10％，具体地，如果一个月获得的租金为 10 元，那么就要向该平台支付 1 元，自己获利 9 元
课业辅导	课业辅导按小时计费，不分科目和年级。规定该平台向被辅导者每小时收取一定的费用，辅导结束后，该平台再支付给辅导人员总佣金的 80％。例如，一节课收费 30 元，则该平台向辅导人员支付 24 元/每小时，自己获利 6 元

(二)第 1 年收入预测

表 A-19　第 1 年收入表

类别	金额(元)
书籍出租费(按 50％收费)	$300 \times 12 \times 100 \times 50\% = 180\ 000$
二手书销售(按 40％收费)	$200 \times 12 \times 150 \times 40\% = 144\ 000$
课业辅导(按 20％收费)	$100 \times 12 \times 300 \times 20\% = 72\ 000$
合计	396 000

(三)收入明细表

表 A-20　收入明细表

单位：元

类别	第 1 年	第 2 年	第 3 年	第 4 年	第 5 年
书籍出租费	180 000	198 000	217 800	239 580	263 538
二手书销售	144 000	158 400	174 240	191 664	210 830
课业辅导	72 000	79 200	87 120	95 832	105 415
合计	396 000	435 600	479 160	527 076	579 783

注：1. 第 2 年收入预测：各项收入在第 1 年的基础上增加 10％左右。

2. 第 3～5 年收入预测：预计以后的收入在每年的基础上增加 10％左右。

第八章 项目风险分析

一、管理风险

1. 风险分析

(1)团队缺乏创业经验和电子商务方面的实践经验，增大了决策失误的风险。

(2)缺乏对内部人员有效的激励机制和约束机制，没有建立相关的管理制度。

(3)平台初建，很难吸引高水平员工自主加入。

2. 应对方案

派相关人士去相关的企业中进行互动交流与学习。学习经营经验与管理制度。定制完善的公司制度，奖惩体系使得员工发挥最大的能动性。建立风险预防体系，建立完善的管理人员相关的监督管理体系。为了顾客消费者的利益制定相关的制度及应急措施，顾问以处理相关事宜。

二、市场风险

1. 风险分析

(1)市场竞争者的竞争风险或推广风险：在校大学生习惯于在"淘宝"等电商平台上购物，他们对于"书屋"平台能否接受，以及接受程度仍然未知，缺乏知名度。

(2)信息风险：存在信息收集不准确或不完整的风险，不能提供给用户最优质的服务。

(3)书屋可能会在旺季(开学初)出现租赁图书二手书籍库存不足、考试周时辅导人员不足等问题。

(4)书屋的竞争者包括学校周边书店及书摊、以孔夫子旧书网为代表的第三方购书平台、以有路为代表的自营性购书平台。它们的长处在于图书种类较多、用户积累较多、技术成熟、APP、网站等使用体验较高。

2. 应对方案

(1)加强宣传迅速建立品牌效应，提高市场知名度和市场接受率。

(2)在假期前通过每年的数据调查获得要增加的书籍清单。在开学之前增加库存，考试周提前招聘辅导老师。

(3)充分考虑用户的需求，加强服务创新，优化服务。在原有服务的基础上，不断创新推出更多服务，为客户提供更多附加值，以降低风险。

（4）定期进行市场调查。针对市场变化风险，应以预测、防范为主。

（5）通过线下店铺进行体验营销、给顾客最快的物流体验。同校或同城内下订单可当天送书到宿舍。另外，书屋要进行大力的宣传工作。

（6）提高用户忠诚度，加强用户联系，提供一系列优惠和个性服务。

三、环境风险

1. 风险分析

（1）当网站发展到后期，网站可能会做的比较大，自然就会有人来效仿我们，所以如何更好的管理和经营，在竞争对手中获胜，是我们需要考虑的问题。

（2）书屋作为一个大学生购买租赁二手书、寻找课业辅导的网站，其生命周期包括：幼稚期，成长期，成熟期，衰退期。在幼稚期和成长期，书屋会因其物流速度快，具有一个成型的大学生辅导系统等优势获得较快发展。同时，书屋在拓宽市场时也会遇到种种问题。例如物流速度慢、库存少、以及书屋的二手书购买业务有很多的竞争者导致的网站流量减少等问题。

2. 应对方案

（1）根据实际情况改进网站，更新系统，积极创新，引领行业潮流，留住客户。

（2）这些问题会在发展期暴露，在成熟期会得到一定的解决。而在衰退期，书屋则会通过转型或者其他方式来保持企业的活性。

四、技术风险

1. 风险分析

（1）由于不完善或有问题的内部操作过程、人为或系统等导致的直接或间接损失的风险。

（2）网络服务器可能会遭受黑客的袭击，个别网络中的信息系统受到攻击后无法恢复正常运行。

（3）网络软件可能会被人篡改或破坏，网络中存储或传递的数据可能会被未经授权者篡改、增删、复制或使用等。

（4）网络体系不够完善，各方面还都不是很成熟。

2. 应对方案

（1）聘请专业技术人员维护负责网站安全，并与相关网站合作，保证遇到风险时第一时间解决。

（2）对现有技术环境进行深度调研，提高团队整体技术研发能力。

（3）采用迭代开发方法，以减少开发风险，建立更加优化的网络平台和服务系统。

（4）设立防火墙、加强访问控制，采用数据加密技术，建立漏洞识别和检测系统，用多种工具和方法来清查网络的各种弱点。

（5）资金允许的情况下聘请专家进行指导和技术支持。

五、资金风险

1. 风险分析

（1）"书屋"因平台运作未成熟，对风险投资人吸引力不足。

（2）因为"书屋"平台开展的新兴市场，对于其平台未来走势和生命周期不能准确判断，从而会对当下资金分配决策产生错误。

2. 应对方案

（1）加大宣传力度，向投资人充分展示平台经营前景、核心竞争力、管理模式和盈利模式，获得风险投资人的管理、技术等支持。

（2）建立良好的信用，与银行建立融洽的合作关系，合理利用借款对平台资金需要的保障。

（3）严格控制资本支出，减少不必要的资金流出，做好增收节支。

（4）定期做好各种比率分析，及时发现并处理可能出现的财务问题。

第九章　项目升级计划

1. 课业辅导业务

网站到后期将发展线下的课业辅导业务，因此将在网站上设置出相关模块，譬如线上预约，基于位置的课业辅导相关信息等。

2. 线下体验店业务

为了宣传本品牌文化，后期将会在学校附近开展自营性的阅读体验店，因此网站也会有相关的体验店信息，与延伸出来一连串的相关校园兼职、校园推广等业务。

3. 搜索模块升级

全文搜索和高级搜索功能。其中高级搜索包含对栏目、文号、来源、日期等条件的搜索。搜索结果排序可定义。

4. 社区交流改善

改善公众参与和互动功能。网上留言：要求能发表不少于150字的留言，并能在后台回复，并可选取部分在前台展示留言内容和回复。

5.个性化服务

根据用户的阅读习惯，推荐相关书目以及文章。也便于软文营销。

第十章　结论

本项目是一个线上跟线下相结合的二手书购买，前期主要用户为学生，当积累一定用户量，会相应根据社会上人群消费习惯增加相关业务。本项目初期为 C2C 校园二手书交易平台，主要是为了解决当前大学生用书购书信息不对称的问题，例如对于一些选修课程的书，可重复利用，此时，一本二手书也不失为一个好的选择；另外，大学生阅读量较大，查阅书籍需求大，对于一些停止出版的书籍和文摘，也可以通过此平台进行交换。在平台发展到一定规模时，相应发展自营，线下体验书店，以及围绕高校考试的课业辅导等力求将品牌的文化带进校园。

针对大学生群体的用书需求，是许多线上线下书店不得不考虑的因素。我们在构想这个项目前也时常碰到一手书籍太贵或者已经停印的问题，因此在此基础上做了一些市场问卷调查以及相关准备工作。当准备开始构想整个项目的框架时，我们也想了一些方案的雏形。例如，确定了企业的初期和后期目标市场规模和主要用户，如何根据统计数据而总结出用户习惯，用户行为等。根据当前市场存在竞争者去寻找自己的竞争优势，市场空白。去定位平台的本身，核心竞争力。此外，还有具体的交易流程，前台与后台的设计，功能设计，页面设计等。随着用户量积累的用户人群的扩大，我们也给出了一些业务的扩大，功能的升级与优化等。当然在此过程中，如何去培育和输出企业的阅读文化，如何营销，也是必不可少的部分，每个创业者，都需要牢牢把握住自己平台的优势特点，从而去在客户心目中留下深刻的印象。最后，对于项目的落地，最首先要解决的就是项目的成本效益问题，我们根据平台初期运营所需要的一些资金，以及可能获得的收益，做一个大致的总结。

本平台致力于"全而廉"，满足读者的阅读需求，在电子书流行的今天，纸质书依然也是许多大学生的选择，现如今人们精神追求提高，因此对于一些珍贵的已经停印的书籍，也赋予的一定的情怀，对于书的"感情"以及"需求"，使我们对于目标用户痛点的概括。另外，我们珍惜提高用户的阅读体验，开展线下自营书店，去传播企业文化。同时"课业辅导"也能满足一定大学生的课业需求。

资料来源：厦门大学嘉庚学院本科学生项目策划。

参考文献

［1］邓超明. 网络整合营销［M］. 北京：电子工业出版社，2012.

［2］杜晓静. 网络商务项目管理与实践［M］. 北京：机械工业出版社，2015.

［3］方建生，杨清云，邱碧珍. 电子商务［M］. 3 版. 厦门：厦门大学出版社，2016.

［4］江礼坤. 网络营销推广实战宝典［M］. 2 版. 北京：电子工业出版社，2016.

［5］柯丽敏，吴吉义. 电子商务项目管理理论与案例［M］. 北京：清华大学出版社，2013.

［6］李怀恩. 电子商务网站建设与完整实例［M］. 北京：化学工业出版社，2014.

［7］李琪. 电子商务项目策划与管理［M］. 北京：电子工业出版社，2011.

［8］李晓旭. 三生有幸——幸福心理学的三种时间尺度［M］. 北京：中国工人出版社，2017.

［9］李志刚. 电子商务项目运作与管理［M］. 北京：中国铁道出版社，2011.

［10］李志刚，李砚，卢海霞. 电子商务项目运作与管理［M］. 北京：中国铁道出版社，2011.

［11］厉小军. 电子商务系统设计与实现［M］. 北京：机械工业出版社，2007.

［12］骆正华，向东. 电子商务系统规划与设计［M］. 2 版. 北京：清华大学出版社，2012.

［13］［美］特伦斯·A. 辛普，张红霞. 整合营销传播：广告与促销［M］. 8 版. 北京：北京大学出版社，2013.

［14］商务部，网信办，发改委. 电子商务"十三五"发展规划［J］. 中国信息化，2017(3).

［15］唐文. 轻营销［M］. 北京：机械工业出版社，2017.

［16］万赞. 电商进化史［M］. 北京：机械工业出版社，2015.

［17］徐天宇. 电子商务系统规划与设计［M］. 北京：清华大学出版社，2009.

［18］薛万欣. 电子商务网站建设［M］. 北京：北京交通大学出版社，2015.

[19]于克达. 软件工程管理的现状和创新策略[J]. 微计算机信息，2012(5).

[20]张凯. 电子商务系统分析与设计[M]. 北京：清华大学出版社，2014.

[21]周翔. 决战移动电商[M]. 北京：电子工业出版社，2014.

[22]朱国麟，崔展望. 电子商务项目策划与设计[M]. 北京：化学工业出版社，2009.

[23]左美云，杨波. 电子商务项目管理[M]. 2 版. 北京：中国人民大学出版社，2008.

[24]达内网络营销培训. 一名合格的电商运营官，每天必做的工作内容有哪些？[EB/OL]. (2017-06-06)[2018-05-15]. http://www.sohu.com/a/145614216_369382.

[25]中国电子商务研究中心. 2017 上半年中国 B2C 网络零售市场份额天猫第一，占 50.2%[EB/OL]. (2017-09-14)[2018-05-15]. http://www.100ec.cn/detail——6415513.html.